Das Risiko fliegt mit

Für
Cpt. Christian Kepp
(26. 8. 1946 – 5. 10. 1999)
Godspeed & Tailwinds

sowie für

Vera, Ina und Ute
in Dankbarkeit und Liebe

und

für alle meine Freunde in ihren
fabelhaften, fliegenden Maschinen
und auf dem Boden in Anerkennung
ihrer Bemühungen, das Fliegen
sicherer zu machen.

Always happy landings.

TvB

Tim van Beveren

Das Risiko fliegt mit

Die versteckten Gefahren im Flugverkehr

Alle Informationen in diesem Buch wurden von ausgewählten und zuverlässigen Quellen zusammengetragen. Es wurde jeder Versuch unternommen, etwaige Fehler oder zweifelhafte Informationen auszuschließen. Dennoch besteht immer die Möglichkeit eines Fehlers. Weder der Autor noch der Herausgeber können für solche Fehler haftbar gemacht werden. Die in diesem Buch wiedergegebenen Meinungsäußerungen Dritter, insbesondere in Zitaten und aus Interviews, entsprechen nicht unbedingt der persönlichen Meinung des Autors.

2 3 4   06 05

© Tim van Beveren & tvbmedia productions, Miami
Das Werk ist registriert gemäß Titel 17USC unter TXU1223363 bei der
US-Library of Congress
© Eichborn AG, Frankfurt am Main, September 2005

Umschlaggestaltung: Christina Hucke
Foto: © Ruben Wey
Lektorat: Dr. Barbara Werner
Layout: Tania Poppe
Satz: Fuldaer Verlagsanstalt
Druck und Bindung: GGP Media GmbH, Pößneck
ISBN 3-8218-3977-5

Verlagsverzeichnis schickt gern:
Eichborn Verlag, Kaiserstraße 66, D-60329 Frankfurt am Main
www.eichborn.de

Inhalt

III. Falschteile

IV. Ein neues Bedrohungspotenzial – 9/11

Vorwort: Bedrohliche Entwicklungen

»Was sich auf die Wirklichkeit bezieht, ist nicht sicher,
und was sicher ist, ist nicht wirklich.«

Albert Einstein

Ich fliege nach wie vor sehr gern, und weder als Passagier noch als so genannter »verantwortlicher Luftfahrzeugführer« plagen mich Ängste – am wenigsten dann, wenn ich eigenhändig ein mir bekanntes und in seinem technischen Zustand vertrautes Flugzeug fliege. Mein Denken und Handeln sind in dieser Situation seit meiner ersten Flugstunde einem Prinzip unterworfen: Prävention. Gerade in der Fliegerei ist man gut beraten, »vorausblickend« zu agieren. »Bewege dein Flugzeug niemals irgendwohin, wo du nicht schon vorher in deinen Gedanken gewesen bist.« Dieser Grundsatz, den Fluglehrer und Ausbilder nicht oft genug wiederholen können, besitzt seit 100 Jahren, in denen der Mensch den Luftraum eroberte, uneingeschränkte Gültigkeit. Denn nicht das Fliegen hat sich in einer rasanten technischen Entwicklung verändert. Was sich wirklich verändert hat, sind die Flugzeuge, ihre Systeme und die nationalen sowie international geltenden Vorschriften, die weltweit höchste Sicherheitsstandards garantieren sollen.

Sicherheit im Luftverkehr. Für die einen ein Reiz-, für die anderen ein Tabuthema – und für Millionen von Reisenden das Wichtigste, sobald sie in ein Flugzeug steigen. Natürlich kann und wird es niemals einen hundertprozentigen Schutz vor Unfällen geben. Viele Katastrophen aber könnten verhindert werden, wenn die Ursachen und Fehler genauestens analysiert und die verantwortlichen Institutionen die konsequente Bereitschaft zeigen würden, schnell und unbürokratisch aus eben jenen Fehlern zu lernen. Prävention ohne Ursachen- und Fehlerforschung ist sinnlos, auch und vor allem in Fragen der Flugsicherheit. Um so unverständlicher ist es, dass fast jeder Zwischenfall der jüngsten Vergangenheit auf Defizite verweist, die längst erkannt sind, aber nie behoben wurden. Und immer häufiger kommt dabei der »human factor« ins Spiel: Hinter den Unfällen und Beinahe-Katastrophen steht zunehmend menschliches Versagen bis hoch in die Managementebenen von Airlines, Wartungsbetrieben, Herstellern und nationalen wie internationalen Aufsichtsbehörden. Das Sicherheitsnetz hat klaffende Lücken bekommen. Werden diese nicht geschlossen, sind weitere Katastrophen unvermeidlich.

Der amerikanische Flugzeughersteller Boeing hat diese Entwicklung schon Anfang der Neunzigerjahre vorausgesehen. Wenn man nicht massiv gegensteuere, hieß es damals, käme es im Jahr 2000[1] alle 14 Tage zu einem Flugzeugunglück. Schon 1995 wurde die Prognose von der Realität übertroffen: Nach Angaben der Rückversicherer für Flugzeug- und Personenschäden gab es weltweit 32 große Abstürze, damit lag der Schnitt über den prognostizierten zwei Wochen, kleinere Unfälle mit reinen Sachschäden nicht eingerechnet. Erfreulicherweise hat sich diese Tendenz nicht konstant fortgesetzt, so dass die Zahl der Getöteten bei Unglücken mit Verkehrsflugzeugen in den Jahren 2002 bis 2004 deutlich unter 1000 pro Jahr lag. Aber die Statistik kann genauso rasch wieder in die andere Richtung weisen, zumal in naher Zukunft eine neue Kategorie von Großflugzeugen zum Einsatz kommt, die bis zu 800 Menschen befördern können. Es bleibt zu hoffen, dass der Airbus A380 bei aller technischen Innovation nicht zum traurigen Spitzenreiter der künftigen Unfallstatistik avanciert.

Verändert hat sich im Laufe der Jahre nicht nur die Technik, sondern auch das Rahmengebilde des Systems »Luftfahrt«, und hier liegen meiner Meinung nach die gravierendsten Schwachstellen. Dabei verfügt die Luftfahrt durchaus über nationale Aufsichtsbehörden zur Überwachung der Flugsicherheit, die auf internationaler Ebene zusammenarbeiten. So gibt es beispielsweise in Deutschland das Braunschweiger Luftfahrtbundesamt (LBA), in England die Civil Aviation Authority (CAA), in Frankreich die Direction Générale de l'Aviation Civile (DGAC) und in den USA die Federal Aviation Administration (FAA). Über bilaterale Abkommen werden die meisten Anordnungen einer Behörde von den Schwesterbehörden übernommen und umgekehrt. Das gilt heute vermehrt auch im Bereich der Neuzulassung und Zertifizierung von luftfahrttechnischem Gerät und Bauteilen. Aber darf es sein, dass sich diese Flugaufsichtsbehörden lediglich von nationalen Interessen und Kosten-Nutzen-Analysen leiten lassen?

Zu trauriger Berühmtheit hat es in dieser Hinsicht ausgerechnet die amerikanische FAA gebracht, die deshalb sogar in Washingtoner Politikerkreisen »Grabsteinbehörde« genannt wird. Denn die FAA muss wie jede andere US-Behörde den zu erwartenden Nutzen und die entstehenden Kosten gegeneinander abwägen, bevor sie eine Sicherheitsvorschrift erlässt, und die Mühlen der Administration mahlen bekanntlich langsam – manchmal eben viel zu langsam. Doch der Bürokratismus in Sicherheitsfragen ist kein rein amerikanisches Phänomen. Auch in Europa wird das Verhältnis von Kosten versus Nutzen immer häufiger über die Sicherheit gestellt. Ob die neu gegründete European Aviation Safety Administration (EASA), die künftig die Aufgaben der Joint Aviation Administration (JAA) wahrnimmt, in das gleiche Fahrwasser rutscht wie ihr amerikanischer Gegenspieler, bleibt abzuwarten. Zumindest ist auch diese europäische Behörde schon jetzt von ehemaligen Industrievertretern unterwandert, wie ein Blick in die Biografien des Managements zeigt.

Neben den Aufsichtsbehörden verfügen die meisten Nationen über eine unabhängige Organisation zur Untersuchung der Flugunfälle, etwa die deutsche Bundesstelle für Flugunfalluntersuchung (BFU) in Braunschweig oder das National Transportation Safety Board (NTSB) in den USA. Doch was nutzen deren Erkenntnisse, wenn die daraus resultierenden Sicherheitsempfehlungen nicht verbindlich angeordnet werden können? Die Empfehlungen des NTSB oder der BFU gelten lediglich als Vorschläge; die Umsetzung bleibt den Luftaufsichtsbehörden vorbehalten. Dabei wäre schnelles Handeln eigentlich dringend erforderlich. Alle in den letzten Jahren durchgeführten Untersuchungen und die darin eindeutig identifizierten Gefahren haben nämlich in ihrer Quintessenz eines gemeinsam: Die Resultate sind bei näherer Betrachtung mehr als nur Besorgnis erregend – und die Sorge vertieft sich angesichts der Tatsache, wie schleppend die Informationen von den Aufsichtsbehörden verarbeitet werden.

Vor allem in Europa, wo die oft divergierenden nationalen Auffassungen zu einem Konsens gelangen müssen, verzögern sich viele Anordnungen und Gesetzesinitiativen auf unbestimmte Zeit. Nicht zu unterschätzen ist auch der weit reichende Einfluss von Lobbygruppierungen speziell aus der Industrie und den Airlines, die in Europa wie in den Vereinigten Staaten die Entscheidungsprozesse lahm legen können. Nur eine Gruppe von Betroffenen hat bisher keine richtige Lobby: die der Passagiere. Deren Interessen werden zwar offiziell durch die Politik vertreten; auf welcher Seite die Regierenden wirklich stehen,

zeigt sich jedoch immer dann, wenn es um Zugeständnisse an die Flugzeugindustrie geht, die nur mit dem Zauberwort »Arbeitsplätze« zu
argumentieren braucht.

Warum zum Beispiel gibt es immer noch keine Vorschrift für Kinder-
sitze in Flugzeugen, obwohl die Diskussion darum seit über zehn Jahren geführt wird? Wenn man ein Kleinkind ungeschützt auf dem Rück-
sitz eines Autos transportiert, ist ein Bußgeld fällig; aber die Airlines
dürfen ihren Passagieren und besonders ihren Passagierinnen weiterhin ungestraft zumuten, die Kinder im Arm zu halten, wenn der Flieger auf über 300 Stundenkilometer beschleunigt. Eine nicht geringe
Zahl von Flugunfällen, bei denen die Überlebenschancen eigentlich
recht hoch waren, zeigt, wie wenige Chancen eine Mutter beim Wirken
von Beschleunigungskräften von 3 G^2 hat, ihr Baby oder Kleinkind fest-
zuhalten. Für die Mutter ist das so, als ob ihr zwölf Kilogramm schweres Kind plötzlich 36 Kilogramm wiegen würde. Ebenso verhält es sich
bei Turbulenzen. Hier wurden und werden Säuglinge reihenweise verletzt, weil sie nicht wie die erwachsenen Passagiere angeschnallt werden können. Bislang bieten in Deutschland nur die Charter-Carrier
LTU und Condor in Zusammenarbeit mit dem TÜV Rheinland seit
Herbst 2004 die Möglichkeit eines Kindersitzes[3] für die jüngsten Fluggäste an. Lufthansa, Air-Berlin sowie HapagFly sollen 2005 folgen. Ein
erfreulicher Schritt, denn bislang teilen die Flugbegleiter renommierter
Airlines immer noch den als Wirbelsäulen-Brecher berüchtigten
»Loopbelt« für Kleinkinder aus, der am normalen Sicherheitsgurt befestigt ist. Die Kinder sitzen festgeschnallt auf dem Schoß ihrer Eltern.
Bei großer, abrupter Beschleunigung laufen sie Gefahr, in einer Art
»Klappmessereffekt« zwischen den Oberschenkeln und dem Oberkörper der Erwachsenen eingequetscht und so unwillentlich am Rückgrat
tödlich verletzt zu werden. Diese Missstände sind lange erwiesen.
Trotzdem konnten die Aufsichtsbehörden keine gesetzliche Auflage an
die Airlines durchsetzen. Die Lobbyisten der Fluggesellschaften verweisen regelmäßig auf den Gewinnausfall, den strengere Vorschriften
besonders in den Ferienreisezeiten durch den Wegfall von Vollzahler-
Plätzen bewirken würden. In den USA liegt eine bis dahin sehr weit
gediehene Gesetzesinitiative der FAA seit Januar 2001, der Amtsein-
führung von Präsident George W. Bush, auf Eis.

In den offiziellen Verlautbarungen der Airlines ist von solchen ökonomischen Überlegungen natürlich keine Rede. Dort wird man nicht müde, der Sicherheit der Passagiere »oberste Priorität« zuzuweisen. Nach jedem Unfall wird es dann aber sehr schnell still um die hoch gesteckten Ziele und Versprechungen. Nach wie vor werden die kritischen Vorkommnisse in der Luftfahrt am liebsten unter dem Deckmantel der Verschwiegenheit abgelegt, da die Fluggesellschaften fürchten, der offene Umgang mit Informationen könne die Klientel verunsichern. Diese antiquierte Haltung wird bei uns besonders gerne von der Lufthansa Pressestelle gepflegt.

Doch nicht nur gegenüber den Medien und somit der Öffentlichkeit, auch untereinander spricht man so gut wie gar nicht oder aber erst mit erheblicher Zeitverzögerung über sicherheitsrelevante Ereignisse. Häufig werden die Sachverhalte geschönt, um ja kein schlechtes Bild abzugeben. Aufsichtsbehörden legen Vorfälle unter der Kategorie »Vertraulich« ab, konkrete Anfragen bleiben mit dem Hinweis auf den Datenschutz unbeantwortet. Für mich drängt sich da die Vermutung auf, dass die Behörden über interne Unzulänglichkeiten hinwegzutäuschen gedenken.

Und kommt es dann am Ende tatsächlich zu verbesserten Sicherheitsvorschriften, ist man erstaunt, welch großzügige Fristen den Airlines von den staatlichen Stellen eingeräumt werden, um die Defizite zu beseitigen. Statt künftigen Katastrophen vorzubeugen«, wird mit dieser »Verzögerungstaktik« der Grundstein für weitere Flugunfälle gelegt. So war auch der Absturz von Swissair Flug 111[4] am 2. September 1998, bei dem 229 Menschen getötet wurden, letztlich das Resultat solch schleppenden administrativen Handelns. Sie alle kamen ums Leben, weil Fehler und daraus resultierende potenzielle Gefährdungen zwar erkannt, aber nicht angemessen kommuniziert und folglich auch nicht abgestellt wurden. Vielen Beteiligten waren die katastrophalen Auswirkungen dieser Versäumnisse gar nicht bewusst. Doch es gab auch Stimmen, die schon einige Zeit vor dem Eintritt der Tragödie auf entsprechende Sicherheitsmängel hinwiesen und deren Warnungen entweder auf »Dienstwegen« versickerten oder aufgrund von »dramatischer Fehleinschätzung« nicht zu den Verantwortlichen durchdrangen.

Die Bemühungen der Unfallermittler haben in den letzten Jahren mitunter recht groteske Züge angenommen. Dafür gibt es zahlreiche

Beispiele, nicht zuletzt auch in Europa. Zwar sind die Unfalluntersucher heute vorsichtiger, wenn es darum geht, der Besatzung mal eben
schnell die Schuld an einer Katastrophe zuzuschieben, und das ist
sicher ein Fortschritt in die richtige Richtung. Die dezidierte Fehler-
und Ursachenanalyse bleibt dennoch nicht selten auf halber Strecke
stecken. Die Verantwortlichen in den Chefetagen bei Flugzeugherstel-
lern, Airlines und Aufsichtsbehörden werden fast nie beim Namen
genannt, weshalb man nur in ganz wenigen Fällen die wahren Verur-
sacher oder Dulder zur Verantwortung ziehen kann. So wächst in aller
Regel in ein paar Monaten genügend Gras über ein »bedauerliches
Missgeschick«, und man geht zur Tagesordnung über. Die Presse- und
Kommunikationsabteilungen leisten ein Übriges, üben sich im Ver-
harmlosen oder nutzen ungeniert einseitige Statistiken, um ihre Darstellung der Geschehnisse zu untermauern. Da es – auch wegen der
komplizierten Materie – immer weniger Journalisten gelingt, das Kartell des Schweigens und der gezielten Desinformation zu durchbrechen
oder zu unterwandern, dringt so nur wenig über die wahren Hintergründe und Ursachen von Flugkatastrophen an die Öffentlichkeit.
Hinzu kommen gerade auf Seiten der Redaktionsleiter die Bedenken,
im Zweifelsfall von einer Airline oder einem Hersteller mit einer mil-
lionenschweren Klage überzogen zu werden. Und in der Medienwelt
spielen mitunter auch Überlegungen mit, ob ein Artikel oder ein Fern-
sehbeitrag durch das ins Visier geratene Unternehmen mit der Stornie-
rung von Werbeaufträgen geahndet werden könnte. Wirtschaftliche
Interessen haben allem Anschein nach nicht nur Vorrang vor Sicher-
heitsinteressen, sondern auch vor den Informationsbedürfnissen der
Öffentlichkeit.

Völlig überfordert scheinen letztlich diejenigen zu sein, die mit der
Ahndung von Sicherheitsversäumnissen von Amts wegen betraut sind:
die Juristen, speziell die Staatsanwaltschaften und die Richter. Immer
wieder hört man von Prozessen, in denen die Angehörigen der Opfer
eine Entschädigung einklagen, aber so gut wie nie wird den Verantwortlichen eines Flugunfalls der Prozess gemacht. Wenn ein Autofah-
rer einen Unfall verursacht, bei dem ein Mensch zu Tode kommt, gibt
es immer einen Prozess. Bei einem Flugzeugabsturz ist das eher selten
der Fall. Auch hier werden die legitimen Bedürfnisse der Öffentlichkeit
hinter den Interessen der Airlines und ihrer Lobby klar zurückgestellt.

Das ist auf Dauer mehr als bedenklich und konterkariert fundamentale juristische Grundsätze sowie leider auch die Bestrebungen nach mehr Sicherheit.

Dieses Buch soll der Tendenz des Schweigens, Vertuschens und Ignorierens entgegenwirken. Es beschäftigt sich daher mit einer Reihe von Vorkommnissen und Unfällen aus den letzten Jahren und versucht, hinter die Ebene der offiziellen Verlautbarungen zu dringen. Es will Fehleinschätzungen, Versäumnisse und Schwachstellen im System »Flugsicherheit« aufzeigen, die geradezu exemplarischen Charakter haben. Denn für mich steht nach wie vor fest: Es kann nie genug getan werden, um die im Flugverkehr lauernden Gefahren möglichst effektiv auszuschließen. Das Risiko, dass etwas passiert, fliegt immer mit. Dabei ist das Rezept, es weitgehend zu minimieren, mehr als einfach: Notwendig ist ein konsequent angewandtes Präventionsdenken.

Wir – und damit meine ich nicht nur diejenigen, die dem Traum vom Fliegen erlegen sind, sondern alle zahlenden Flugreisenden, die Tag für Tag auf Flugsicherheit angewiesen sind und darauf vertrauen – dürfen uns nicht stillschweigend mit sinkenden Sicherheitsstandards zufrieden geben. Eine solche stillschweigende »Duldung« konkreter oder potenzieller Gefährdungen verhindert nichts. Im Gegenteil: Aus gesellschaftspolitischer Perspektive käme sie einem geduldeten Massenmord gleich. Die Unterwanderung der Sicherheitsmaßstäbe, die durch Behörden zum Wohle aller erlassen wurden, gerade durch die Industrie und deren Lobby ist alarmierend. Letztendlich steht dabei nicht nur die Sicherheit der Passagiere auf dem Spiel, sondern es ist auch eine Frage der Ethik und Moral. Oder haben sich die ehemals geschützten Werte wie das Leben und die Gesundheit eines Menschen in unserem Denken schon so radikal zugunsten von Wirtschaftlichkeit und Profit verschoben? Falls Sie so denken, lesen Sie dieses Buch besser nicht.

KMIA, im Frühjahr 2005

Tim van Beveren

E-Mail: tvb@avialaw.de
Webpage: www.dasrisikofliegtmit.de

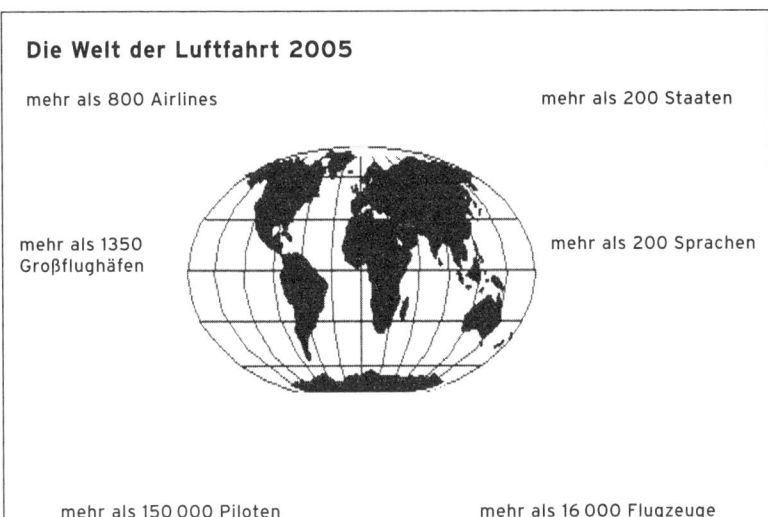

Die Welt der Luftfahrt 2005

mehr als 800 Airlines   mehr als 200 Staaten

mehr als 1350
Großflughäfen   mehr als 200 Sprachen

mehr als 150 000 Piloten   mehr als 16 000 Flugzeuge

Maßeinheiten, die im Buch verwendet werden:

1 nautische Meile (nm)	=	1,85 km
1 Knoten (kt)	=	1,85 km/h
1 Fuß (ft)	=	0,3048 m

I. Menschliches Versagen und die Tücken der Technik

*»Wenn die Erde explodiert, wird die letzte hörbare Stimme die eines
Experten sein, der behauptet, dass dies unmöglich sei.«*

Sir Peter Ustinov

Hundert Jahre Luftfahrt

Im Dezember 2003 jährte es sich zum 100. Mal, dass die amerikanischen
Brüder Orville und Wilbur Wright ihre ersten erfolgreichen Motorflug-
übungen in Kitty Hawk absolvierten. In diesen hundert Jahren hat sich
die Luftfahrt auf ein solch hohes Niveau entwickelt, dass die Ungetüme
aus Holz, Bespannung, Drahtzügen und primitiven Antriebsmotoren
anno 1903 im Vergleich mit einem Airbus oder einer Boeing mehr als
abenteuerlich anmuten. Die Brüder legten bei ihrem zwölf Sekunden
dauernden Flug am 17. Dezember 1903 eine Strecke von 36,6 Metern
zurück; für einen modernen Jet ist die Bewältigung von 4000 und mehr
Kilometern in knapp fünf Stunden tägliche Routine. Die Flugpioniere
riskierten bei Wind und Wetter halsbrecherische Abstürze. Heute
braucht man nur noch selten wegen schlechter meteorologischer
Bedingungen einen Flug abzusagen. Es muss schon am Startflughafen
oder im Zielgebiet ein katastrophales Unwetter herrschen, damit ein
Flug ausfällt, verschoben wird oder die Maschine zu einem Ausweichflughafen abdreht.

So gibt es zwar heute wie vor hundert Jahren die gleichen physika-
lischen Grundvoraussetzungen, aber die modernen»Flugröhren«, mit
denen wir uns über die Kontinente hinwegbewegen, bestehen aus einer
Vielzahl von technischen Errungenschaften, die uns das Fliegen auf
angenehme und komfortable Weise ermöglichen. Oft denke ich darüber nach, wie unüberlegt wir den Verzehr einer warmen Mahlzeit in
zehn Kilometern Höhe in unseren Alltag aufgenommen haben oder
wie selbstverständlich für uns fast jeder Punkt der Erde in 16 bis 24
Stunden Flugzeit zu erreichen ist. Davon waren Orville und Wilbur
Wright noch weit entfernt.

In den Tagen von Kitty Hawk wurden die Steuersignale des Piloten über dünne Stahlseile übertragen, die mit den Steuerklappen an den mit Leinen bespannten Tragflächen und dem Leitwerk verbunden waren. Die Stahlseile sind mittlerweile elektrischen Kabeln und Lichtimpulsleitungen gewichen. Das Zauberwort der modernen Fliegerei heißt »Fly-by-Wire«.[5] Computer bewegen die Steuerflächen viel genauer und präziser, als so manche menschliche Pilotenhand die Lenkbefehle ausführen könnte. Gesteuert werden die Maschinen mit Hilfe von ausgeklügelten Softwareprogrammen, die in unterschiedlichen Versionen auf mehreren Rechnern an Bord installiert sind und sich gegenseitig überwachen. Die Computer kontrollieren kontinuierlich alle wesentlichen Systeme der Flugzeuge, können diese vollautomatisch starten, fliegen und landen.

Dennoch braucht es nach wie vor Menschen, um die Maschinen von A nach B zu bringen. Unbemannte Versionen haben sich bislang nur für militärische Spionageaktionen und in der Raumfahrt qualifiziert. Und solange Menschen in den Cockpits die Verantwortung tragen, müssen diese bei aller Technik den menschlichen Bedürfnissen – und Limitierungen – entsprechen. Die Technik soll dem Menschen helfen und den täglichen Job erleichtern. Bevormundet sie ihn dagegen, kann es gefährlich werden, etwa wenn man ihn seiner angeborenen taktilen Fähigkeiten beraubt. Natürlich kann man ein Flugzeug per Joystick fliegen und landen, ohne dass der Pilot ein Feedback über die Hand und die Armstellung sowie die aufzuwendende Kraft erhält, aber im Grunde kommen solche rezeptiven Empfindungen dem Menschen doch eher entgegen. Nicht umsonst setzt Boeing weiterhin auf eine Steuersäule, die den Zustand und die damit verbundene Kräftewirkung der Steuerflächen simuliert, während Airbus der Macht der Technik den Vorzug gibt. Die Frage, was besser ist, ähnelt einem weltanschaulichen Grundsatzstreit im Mittelalter und ist nicht abschließend zu beantworten. Beides ist legitim und möglich – und beides bringt, wie wir in diesem Teil sehen werden, seine eigenen Gefahren mit sich.

Was nämlich ist, wenn die technische Innovation so weit fortschreitet, dass die vielschichtigen Softwareprogramme und automatisiert ablaufenden Prozesse für die sie bedienenden Menschen nur noch schwer zu durchschauen, im Notfall vielleicht gar nicht mehr zu beeinflussen sind? Auch heute, knapp 20 Jahre nach der Einführung des Fly-by-Wire-Konzepts, verbergen sich in der Vielfalt der Möglichkeiten auch latente Gefahren für Fehleinschätzungen durch Piloten, wenn sie ihr Flugzeug in einem semi-automatischen Betrieb pilotieren, es also selber lenken. Die an Bord befindlichen Handbücher sind gespickt mit »gelben Seiten«, auf denen die Änderungen gegenüber der Vorversion vermerkt sind. Streng genommen muss ein Pilot also auch alle Ausnahmen, Neuerungen und Sonderregelungen des Manuals kennen, bevor er aktiv wird, um Störungen zu beheben und dadurch eine Katastrophe abzuwenden. Eine absurde Vorstellung. Deshalb verfügen moderne Maschinen über computergenerierte Checklisten, die bei Störungen alle erdenklichen Möglichkeiten abdecken sollen. Piloten werden trainiert, bei Fehlern das Problem nach diesen Bildschirmanweisungen zu beheben beziehungsweise abzuarbeiten. Aber das ist noch nicht alles. Mitunter enthalten die gelben Seiten der Handbücher die interessante Aufforderung, bei einem eventuellen Störfall eines Bordsystems gerade nicht der automatisch generierten Checkliste auf dem Bildschirm zu folgen. Im 2003 gültigen Handbuch zum Airbus A320/321 warnte der Hersteller beispielsweise vor zehn möglichen Fehlern und ihren Kombinationen, bei denen der Pilot ausdrücklich nicht wie vom Flugzeugrechner empfohlen vorgehen soll. Dies allerdings widerspricht dem im Training Erlernten. Damit drängt sich natürlich die Frage auf: Wo liegen die meisten Gefahren des Flugverkehrs – im menschlichen Versagen oder in den Tücken der Technik? Zweifellos: Die Computertechnologie ist aus der Konstruktion, der Bedienung und der Überwachung von modernen Fluggeräten ebenso wenig wegzudenken wie aus unserem alltäglichen Leben. Dennoch müssen wir uns angesichts der sagenhaften Geschwindigkeit immer neuer Innovationen vor Augen führen, dass es letztendlich Menschen sind, die mit dieser Technologie befördert werden, die sie entwickeln, bedienen, warten und reparieren. Hier liegt einerseits eine große Erleichterung für diese Menschen, andererseits aber auch ein mindestens genauso großes Potenzial für Fehlleistungen, die anders als bei mehr erdverbundenen Aktivitäten schnell in ein Unglück mit vielen Toten und Verletzten münden.

Damit der Ausfall eines Systems oder ein individueller menschlicher Fehler nicht gleich zu einer Katastrophe führt, hat sich in der Zivilluftfahrt das Prinzip der Redundanzen durchgesetzt. Wesentliche Systeme gibt es doppelt und in manchen Fällen dreifach an Bord. Denn es ist ja auch nicht ein Pilot, sondern in der Regel sind es zwei, die ein Flugzeug steuern, sich gegenseitig überwachen und korrigierend eingreifen, wenn etwas falsch läuft. Das Prinzip der mehrfachen Absicherung ist ein wichtiger Aspekt der Prävention von Flugkatastrophen, ein Versagen sowohl im System »Maschine« als auch im System »Mensch« ist dadurch aber noch längst nicht ausgeschlossen.

Schon seit Jahren gibt es für Piloten spezielle Schulungsprogramme, die unter dem Oberbegriff *Crew Resource Management* veranstaltet werden. Eigentlich sollte ein solches Training auch für die nicht direkt mit dem Flugbetrieb befassten Abteilungen einer Airline obligatorisch sein. Der *human factor* ist allgegenwärtig in allen Industriezweigen, vom Management bis hinunter zu den Arbeitern und Angestellten. In allen anderen Branchen ziehen die Fehlleistungen wirtschaftlich messbare Konsequenzen nach sich. Entsprechende Schulungen und Seminare stehen dort daher längst auf vielen Ebenen auf der Tagesordnung. Anders in der Luftfahrt, obwohl dort jenseits des Profitverlusts viel mehr auf dem Spiel steht: das Wohlergehen und die körperliche Unversehrtheit von Besatzungen und Passagieren.

Wenn es also letztlich um das Leben – und den möglichen Tod – von Hunderten von Flugpassieren geht, müssten doch alle Beteiligten von der Entwicklung über den Bau, den Betrieb, die Wartung bis zum Fliegen der Jets an einem Strang ziehen. Theoretisch mag das so sein. Die Praxis zeigt allerdings, dass vielfältige Interessen genau dieses allzu oft verhindern. Bei der Flugsicherheit und der Unfallprävention geht es um das Bewusstmachen von Gefahren. Im Gegensatz zu einer Maschine sind die mit ihnen umgehenden Menschen lernfähig. Menschen können durch Training konditioniert werden, mit einer außergewöhnlichen und sogar gefährlichen Situation umzugehen. Das ist einer Maschine und auch einem Computer sowie seiner ihn steuernden Software nicht vergönnt. Flugzeuge und deren Komponenten sind nicht lernfähig. Folglich wird sich ein Fehler im Programm unter gegebenen Umständen jederzeit wiederholen, solange bis das Programm geändert wird. So sind die Hersteller nicht nur verpflichtet, ihre diversen Flugzeugtypen während des Betriebs kritisch zu überwachen und im Bedarfsfall Korrekturen vorzunehmen, sondern auch, über bestehende Risiken und notwendig gewordene Modifikationen zu informieren. Das bezieht sich auf das Flugzeug und seine einzelnen Bauteile ebenso

wie auf die Wartung, das Pilotentraining und die Bedienungshand-
bücher. Hier hat beim europäischen Airbus-Konsortium offenbar ein
Umdenkungsprozess eingesetzt. Während vor zehn Jahren noch teilweise berechtigte Kritik am Flugzeug und seinen Systemen vorwiegend als unerwünscht gehandhabt und dadurch eine urteilsfreie Kommunikation ebenso wie ein Anwendungsfeedback zwischen Hersteller
und Betreibern nahezu unmöglich gemacht wurde, ist man bei Airbus
heute geneigt, den Anregungen und Erfahrungen der Anwender eine
größere Bedeutung beizumessen. Beide Seiten bewegen sich also in die
richtige Richtung. Aber leider gibt es auch immer wieder Vorkommnisse, wo diese gute Absicht auf halber Strecke liegen bleibt. Daher kommt
es trotzdem immer wieder zu Problemen beim Austausch über Vorfälle und Ereignisse. Der sicherheitsrelevante Grundsatz »Share your
experience!« (Teile deine Erfahrung mit) wird nach wie vor vernachlässigt. Vorfälle werden nicht ausreichend ernst genommen und deshalb einfach nicht weiter kommuniziert.

Oft ist der Grund ökonomischer Natur. Viele Airlines verfügen nicht
annähernd über genügend Personal, um entsprechende Informationen
für die eigenen Piloten oder Mechaniker sach- und verständnisgerecht
aufzubereiten. Auch aus Angst, das Publikmachen von Sicherheitslücken könnte negative Auswirkungen auf die Buchungszahlen haben,
werden Vorkommnisse schlicht verschwiegen. In einzelnen Fällen verstoßen sogar renommierte Betriebe bewusst gegen die behördliche
Meldepflicht. Auch wenn eine Airline alle sie betreffenden Vorfälle
intern erfasst und auswertet, garantiert dies noch längst nicht, dass die
Konkurrenz ebenfalls in den Genuss solcher sicherheitsrelevanten Fakten kommt. Nicht einmal, wenn sie mit dem gleichen Flugzeugtyp operiert. Profit geht offenbar vor Sicherheit. Und der Konkurrenzdruck
unter den Airlines führt dazu, dass Qualität, Zuverlässigkeit und Moral
der größtmöglichen Auslastung der Flotte geopfert werden.

In hundert Jahren Luftfahrt hat sich demnach nicht nur in technischer
Hinsicht viel verändert. Die simpelsten Grundsätze des Präven-
tionsdenkens sind auf der Strecke geblieben – einerseits in einem unre-
flektierten Vertrauen in die scheinbar grenzenlosen Möglichkeiten der
Technik, andererseits aus handfesten betriebswirtschaftlichen Überlegungen. Die Flugpioniere, die Piloten und Flugzeugbauer in einer Per-

son vereinigten, tauschten außer in Kriegszeiten Informationen und Erkenntnisse aus – auch über nationale Grenzen und Sprachbarrieren hinweg. Man bewegte sich im gleichen Element, verfolgte die gleichen Ziele und Visionen. Da verstand es sich von selbst, für die gemeinsame Sache miteinander zu kooperieren. Im 21. Jahrhundert auf dem – vorläufigen – Endpunkt jener Erfolgsgeschichte, sollte man nicht so überheblich sein und annehmen, dass alte Werte und Strukturen, die der Sicherheit einer weltweit operierenden Industrie und ihrer Nutzer dienen, dank unserer unermüdlichen Hightech-Innovationen überholt oder gar überflüssig geworden sind. Das gilt vor allem für die Top-Manager der Airlines, die mit ihren Entscheidungen die Durchführung von Flügen jenseits der Rentabilitätsgrenzen, zu Billigstpreisen und damit langfristig auch auf Kosten der Flugsicherheit durch ihren anhaltenden Verdrängungswettbewerb verantworten müssen. Welche Folgen das haben kann, musste die Öffentlichkeit in den letzten Jahren bei Zwischenfällen wie in Little Rock, in Bilbao, auf dem Frankfurter Flughafen, beim spektakulären Absturz der Concorde und bei zwei aufeinander folgenden Unfällen in der Schweiz zur Kenntnis nehmen.

Die Brüder Wright waren limitiert durch die zu ihrer Zeit eher bescheidenen technischen Möglichkeiten und Materialien. Hundert Jahre später ist die Luftfahrt limitiert durch Kosten-Nutzen-Analysen und wettbewerbsorientierte Vorgaben. Das ist nicht weniger nachteilig für die Flugsicherheit, als es anno 1903 die fragilen Bauteile und die Unzuverlässigkeit eines simplen Zweitaktmotors waren.

1. Juni 1999:
Little Rock, Arkansas, 17:50:04 UTC
AMERICAN AIRLINES FLUG 1420 – Überstunden im Cockpit

>*»I hate droning around visual at night in weather*
>*without having some clue where I am.«*
> Kapitän Richard Buschmann, kurz vor dem Crash

Nach einer Studie der FAA[6] sind Piloten, die lange Zeit im Cockpit sitzen, gegen Ende einem fünf Mal höheren Unfallrisiko ausgesetzt als am

Anfang eines Fluges. Die Unfallhäufigkeit steigt ebenfalls, wenn die Piloten mehr als zehn Stunden hintereinander im Einsatz sind.

Einleuchtend, denkt sich jeder, der berufsbedingt viele Stunden Maschinen bedient oder mit dem Auto unterwegs ist. Wer hat sich nicht schon einmal nach einem langen Tag auf der nächtlichen Heimfahrt dabei ertappt, dass die Konzentration nachlässt, man plötzlich, wenn auch nur für Sekundenbruchteile, nicht mehr richtig sieht oder ungewollt langsam auf die andere Spur abdriftet? Kommen dann noch Regen, Nebel oder Schneetreiben hinzu, endet die Autofahrt häufig im Graben oder, falls es glimpflich abgeht, auf der Stoßstange eines anderen Fahrzeuges. Eine Serie von Busunfällen in den vergangenen zwei Jahren hat die exzessiven Arbeitszeiten der Busfahrer ins Gerede gebracht und die Öffentlichkeit für die erhöhten Risiken bei Erschöpfung und Müdigkeit sensibilisiert. Dabei gelten im Straßenverkehr, zumindest in Deutschland, erheblich striktere Vorschriften für die Fahrer von Eisenbahnen, Bussen und Lastkraftwagen als für die Führer von Flugzeugen in aller Welt. Gerade auf Kurz- und Mittelstreckenflügen fragen sich jedoch nur die wenigsten Passagiere, wann die Piloten die letzte Ruhepause eingelegt haben.

Wann wird ein Pilot müde?

Weltweit gibt es die verschiedensten Regelungen mit den verschiedensten Limits für die Flugdienstzeiten der Piloten. In den USA beispielsweise dürfen diese innerhalb einer Woche nicht mehr als 30 Stunden in ihren Cockpits verbringen. Gleichzeitig aber wollte die FAA noch im November 2000 eine maximale Arbeitszeit von bis zu 16 Stunden pro Tag zulassen. Der Air Transport Association (ATA), der amerikanischen Lobbygruppe der Airlines, war das noch immer zu wenig, weshalb sie im US-Bundesstaat Columbia vor Gericht und von dort direkt weiter in die Revision zog. So gab es im Januar 2002 noch immer keine klare Entscheidung über die maximal zulässige Arbeitszeit in US-Verkehrsflugzeugen.

In England hingegen gelten 55 Stunden pro Woche als erlaubtes Maximum mit einzelnen Einsatzzeiten von bis zu 13 Stunden. Andere Länder wie Österreich haben überhaupt keine Beschränkungen. Mir wird regelmäßig mulmig bei dem Gedanken, dass die zu Niki Lauda gehörige NIKI jetzt auch noch mit der zweitgrößten deutschen Flugge-sellschaft, der Air Berlin, eine strategische Allianz eingegangen ist. Sind österreichische Piloten denn konditionsstärker und können länger im Cockpit sitzen als deutsche oder englische Kollegen? Werden sie gar nicht müde? Tatsache jedenfalls ist, dass beispielsweise die österreichi-sche AUA solche nationalen Gesetzeslücken nicht schamlos ausnützt, um Gewalttouren für eine Cockpitcrew mit zwei Piloten einzurichten. Theoretisch wäre ein Non-Stop-Flug mit über 16 Stunden Flugzeit von Wien aus jederzeit möglich.

In Europa wird seit Mitte der Neunzigerjahre sehr kontrovers darüber diskutiert, ob 14 Flugdienststunden zumutbar sind. Während die Pilotengewerkschaften davor warnen, dass solch lange Einsatzzei-ten mit nur kurzen Pausen das Patentrezept für einen Unfall darstellen, drängen die Interessenvertreter der Reisebranche auf Überstunden. Da mittlerweile ganze Airlines zu ihren Konzernen gehören, ist dort längst bekannt, welche zusätzlichen Kosten ein dritter Pilot an Bord bei extre-men Flugzeiten zu entlegenen Tourismuszielen verursacht, der »nur« den Nutzen hat, die beiden anderen Piloten in regelmäßigen Abstän-den abzulösen.

Das Problem war schon vor der FAA-Studie nicht neu. Seit Jahren wissen wir, dass Piloten, die unter einem Schlafdefizit leiden, häufiger in Unfälle verwickelt sind als ihre »ausgeruhten« Kollegen[7]. Allerdings gab es bislang keine repräsentative statistische Auswertung, um dies zu beweisen. Erst nach dem Unfall von American Airlines Flug 1420 in Little Rock, Arkansas, untersuchte die US-Behörde alle schwer wiegen-den Zwischenfälle mit planmäßigen Passagierflügen zwischen 1978 und 1999 noch einmal genauer. Nach Abzug aller Abstürze, die auf Tur-bulenzen zurückzuführen waren oder bei denen keine Details über die Einsatzzeiten der Piloten vorhanden waren, blieben für die Analyse noch stolze 55 Unfälle übrig.

Als Jeffrey Goode im Auftrag der FAA verglich, wie lange ein Pilot zum Unfallzeitpunkt im Einsatz war, stellte er zunächst einmal fest, dass die Unfallrate während der ersten neun Stunden leicht ansteigt, was er als »nicht statistisch relevant« einstufte. Auffälliger war der Anstieg der Unfallrate zwischen zehn und zwölf Stunden um signifi-kante 65 Prozent. Piloten, die schließlich 13 oder mehr Stunden im Cockpit zugebracht hatten, waren 5,6 Mal häufiger in einen Unfall verwickelt als der Durchschnitt. Dazu Goode:»Die Analyse suggeriert, dass die Festlegung von Einsatzzeitlimits für kommerzielle Piloten das Unfallrisiko reduzieren würde.«[8] Die FAA-Statistik wird von den Erfahrungen in Europa gestützt.

Trotzdem diskutiert man weiter hitzig und erwartet, manchmal mit dem dezenten Hinweis auf die Wettbewerbsfähigkeit der Airline und den Erhalt des Arbeitsplatzes, von den Piloten, die Regel durch besonders extremen Einsatz zu widerlegen. Solche Eskapaden erhöhen das Risiko unnötig – nicht zuletzt für die Passagiere. Doch solange es den Fluggästen letztendlich egal ist, wer sie in welcher körperlichen Verfassung von A nach B befördert, wird sich an diesem Problem nichts ändern. Seit den verschärften Sicherheitsanweisungen nach dem 11. September 2001 kann sich sowieso kaum jemand mehr beim Einsteigen davon überzeugen, ob die Damen und Herren, denen man in wenigen Minuten sein Leben anvertraut, einen ausgeschlafenen Eindruck machen. Für mich wäre das Gegenteil ein Argument, wieder auszusteigen, doch welcher Normalpassagier traut sich das überhaupt?

In den endlosen Debatten werden die Kurz- und Mittelstrecken gerne vergessen. Es ist aber keinesfalls unerheblich, wie viele Flüge eine Besatzung innerhalb der maximalen Dienstzeit absolviert. Jeder Start und jede Landung sind Hochkonzentrationsphasen für die Piloten. Technische Ausfälle oder Störungen, die innerhalb der zugelassenen Toleranzen für den Betrieb des Flugzeuges liegen, erhöhen das Stresslevel ebenso wie schlechtes Wetter, Verspätungen und Warteschleifen. Die meisten Airlines haben zwar entsprechende Einsatzzeitverordnungen auf freiwilliger Basis und im Einklang mit ihren Pilotenvertretungen etabliert, doch werden sie nicht immer konsequent durchgesetzt. Wenn aufgrund des Kostendrucks immer näher am gesetzlichen Limit geplant und geflogen wird, sollte dies alarmierend genug sein. Aber für wen? Für die Aufsichtsbehörde? Für die Piloten? Für das Management der Airline? Für die Passagiere?

In den USA fliegen die Leute weiter mit American Airlines, obwohl durch den Absturz von Little Rock deren flexibler Umgang mit den Flugdienstzeiten in Verruf gekommen ist. Ein Unfall, der hier nur flüchtig durch die Nachrichten huschte. Vermutlich weil keine deutschen Passagiere betroffen waren, verloren die hiesigen Medien den

Zwischenfall rasch aus den Augen. Keine Toten, keine Angehörigen, keine Prozesse, über die sich in aller Breite berichten ließe. Dabei ist die Katastrophe von Little Rock in der nach wie vor geführten Diskussion um die Dienst- und Ruhezeiten der Piloten mehr als aufschlussreich.

Bruchlandung in Little Rock

Am Abend des 1. Juni 1999, um 23.50 Uhr Ortszeit verunglückte der American Airlines Flug 1420 bei der Landung in Little Rock, Arkansas. Flugkapitän Richard Buschmann und sein Copilot Michael Origel schossen mit ihrer McDonnell Douglas MD-82 über die Landebahn hinaus, kollidierten mit Teilen der dahinter befindlichen Anflugnavigationsantennen, durchbrachen einen Sicherheitszaun, rutschten über ein angrenzendes Felsstück in ein leeres Flutbecken zirka 5 Meter unterhalb der Landebahnebene, kollidierten dort mit Teilen der Anflugbefeuerung und kamen schließlich zum Stehen. Das Wrack fing sofort Feuer. Kapitän Buschmann und zehn Passagiere wurden bei dem Aufprall getötet, Michael Origel und 105 weitere Menschen an Bord überlebten, zum Teil schwer verletzt.

Sofort nach dem Unfall veranlasste das amerikanische NTSB eine akribische Untersuchung. Zwei Jahre später, im Herbst 2001, legte es die Ursachen offen. Danach führte Flug 1420 seinen Sinkflug, später den Anflug und auch die Landung durch, als eine ganze Front von schweren Gewitterzellen durch Little Rock zog. Schon das war ein riskantes Unterfangen, zumal der vom Flughafen gemeldete Wind am Boden über den bei American Airlines zugelassenen Richtwerten lag. Die Maschine hätte also gar nicht landen dürfen, sondern angesichts der Witterungsverhältnisse entweder Warteschleifen fliegen oder den geplanten Ausweichflughafen ansteuern müssen. Sprit war für beide Optionen ausreichend an Bord. Und auf dem Wetterradar, das die Unwetter in roter Farbe auf dem Bildschirm im Cockpit anzeigt, konnten die Piloten beobachten, wie sich eine tiefrote Wand langsam über den Flughafen schob, als sie mit dem Endanflug begannen.

In einer fast zeitgleich mit dem Unfall von American Airlines Flug 1420 veröffentlichten Studie des Instituts für Technologie in Massachusetts über das Verhalten von Cockpitbesatzungen bei schweren Wetter-

und Sturmereignissen[9] stellte man fest, dass Piloten häufiger in ein Schlechtwettergebiet fliegen, wenn sie

 – eher näher als weiter entfernt von ihrem Zielflughafen sind,
 – einem anderen Flugzeug folgen,
 – eine Verspätung von mehr als 15 Minuten haben,
 – bei Dunkelheit fliegen.

Drei dieser Voraussetzungen trafen auf den Unfall von Flug 1420 zu: Der Abflug in Dallas hatte sich mehr als zwei Stunden verspätet, es war dunkel, und die Maschine befand sich nahe an ihrem Ziel. Viele Airlines haben spezifische Anweisungen, wie bei Unwettern zu verfahren ist. Manche Handbücher führen seitenweise Verhaltensmaßregeln an. Bekannt sollte daher jedem American Piloten sein, was ihn beim Einfliegen in eine Sturmzelle erwartet: Turbulenzen, Blitzschlag, schwere Regenschauer, sogar Hagel. Hinzu kommen mögliche Fehler in der Höhenmessereinstellung durch sich schnell verändernden Luftdruck, starke Fallwinde, so genannte »Microbursts«[10], Windscherungen sowie heftige Windböen aus unterschiedlichen Richtungen.

Im Zuge der Anhörungen beim NTSB zum Unfall von Flug 1420 erklärte der damalige Abteilungsleiter der Behörde für operative Flugsicherheitsfragen John Clark:»Wir wissen, dass Flugzeuge bei diesen Unwetterkonditionen landen. Wir haben keine genauen Angaben, wie viele Maschinen es sind, aber wir wollen sie dort nicht haben.« Die Ermittler kamen zu der Erkenntnis, dass die Besatzung, der ihre prekäre Lage nicht verborgen geblieben war, den völlig instabilen Anflug hätte abbrechen müssen. 20 Sekunden vor dem Aufsetzen hatte der Copilot Michael Origel gewarnt:»Wir sind weit ab!« Die Maschine befand sich zu diesem Zeitpunkt zu weit rechts von der Landebahn, aber der Kapitän ignorierte den Hinweis. Zu allem Übel versäumten die Piloten, die Landeklappen in einer Höhe von 1000 Fuß auf vorschriftsmäßige 40 Grad auszufahren. De facto wurden sie erst bei 900 Fuß in diese Stellung gebracht. Noch in einer Höhe von 400 Fuß, das ergibt sich aus den Aufzeichnungen des Cockpit-Voice-Recorders, hegte Origel Zweifel, ob sich die Maschine wirklich in dem vorgeschriebenen stabilen Endanflug befand. Etwa drei Minuten vor dem Aufsetzen erteilte der Fluglotse im Kontrollturm von Little Rock der anfliegenden Maschine die Landefreigabe. Wie allgemein üblich, gab er die Winddaten durch:»Wind aus 350 Grad mit 30 Knoten, Böen bis 45 Knoten.«Spätestens jetzt hätte Kapitän Buschmann durchstarten müssen, denn die Direktiven für seinen Flugzeugtyp sehen bei American Airlines nur einen erlaubten maximalen Seitenwind von 20 Knoten vor. Aber die Maschine setzte auf und kam nicht unverzüglich zum Stehen, weil die Piloten ausserdem noch einen wichtigen Hebel im Cockpit nicht betätigt hatten. Dieser sorgt dafür, dass nach dem Aufsetzen der Räder die Störklappen auf den Tragflächen ausgefahren werden. So wird der zu diesem Zeitpunkt noch an (bzw. unter) den Tragflächen generierte Auftrieb gestört und die Maschine zu Boden gedrückt. Bei der MD-82 braucht der Kapitän den in seiner Reichweite befindlichen Hebel nur durch Herausziehen zu armieren, den Rest erledigt eine Automatik. Sollte diese ausfallen, kann er jederzeit durch Ziehen des Hebels die Störklappen manuell ausfahren und den gewünschten Auftriebsverlust einleiten. Beim Unfall von Little Rock unternahmen Kapitän und Copilot nicht einmal in den 26 Sekunden nach dem Aufsetzen irgendwelche Anstalten, mittels dieser Vorrichtung das drohende Überschießen der Landebahn zu verhindern.

Warum machte die Besatzung so viele gravierende Fehler auf einmal? Warum griff der zweite Pilot im Cockpit nicht ein, als er die offensichtlichen Fehler des Kommandanten bemerkte?

Die Antwort auf die zweite Frage mag in einem weiteren, psychologisch bedeutenden Fakt begründet liegen: Kapitän Richard Buschmann war kein»normaler« Pilot bei American Airlines, sondern er bekleidete eine Führungsposition im Management. Von daher stand er hierarchisch weit über dem jungen Kollegen Origel. Und wer legt sich als relativer Neuling schon mit seinem Vorgesetzten an? Solche subtilen Aspekte sind immer wieder beitragende Faktoren bei Flugunfällen, besonders wenn sich Hierarchie und Status im Cockpit nicht in Einklang bringen lassen. Pilotengewerkschaften fordern daher seit Jahrzehnten eine rigorose Gleichberechtigung zumindest in fliegerischer Hinsicht bei den Fluggesellschaften ein. Airlines mit hohen Standards trainieren ihre Piloten sogar gezielt in diesem Bereich. Jedoch gibt es auch hier zahlreiche andere, negative Beispiele, gerade bei kleineren oder autokratisch geführten Gesellschaften, bei denen beispielsweise Gewerkschaftsmitgliedschaften verpönt sind.

Generell jedoch kann es nur eine stichhaltige Erklärung für die fatale Verkettung von Fehlleistungen geben: Die Piloten waren übermüdet. Der Flug von Texas hatte nur knapp eine Stunde und zehn Minuten gedauert. Aber der Unfall von Little Rock ereignete sich nur wenige Minuten vor Mitternacht, als die Piloten fast 14 Stunden Dienstzeit hinter sich hatten und länger als 16 Stunden auf den Beinen waren. Ihre mangelhaften Reaktionen zeigen in aller Deutlichkeit, welche mitunter tödlichen Gefahren lauern, wenn die Reaktion durch Müdigkeit und Erschöpfung umnebelt wird.

Die Besatzung von Flug 1420 verlor keine Sekunde der Diskussion, ob man nicht doch lieber eine Warteschleife fliegen sollte. Wie es scheint, war Kapitän Buschmann auf die sofortige Landung fixiert. Die Checkliste, insbesondere die Vorbereitung zur Landung, wurde von den Piloten nicht sauber abgearbeitet, sonst hätten sie die Störklappen armiert. Vergesslichkeit, Ablenkung und Unaufmerksamkeit in Details sind deutliche Charakteristika für die Ermüdung des menschlichen Organismus. Das zeigt auch die Unsicherheit über das korrekte Setzen der Landeklappen erst zwölf Sekunden nach Durchsinken der Nominalhöhe von 1000 Fuß. Um 23 Uhr 49 Minuten und 3 Sekunden fragte der Copilot den Kapitän: »Möchten Sie Klappen 40?« (Die Landeklappen stehen zu diesem Zeitpunkt noch auf 28 Grad.) Ganze zwei Sekunden später antwortete der Kapitän: »Oh ja. Ich dachte, ich hätte das schon gesagt.« Ein weiteres Indiz ist das Versäumnis der Piloten, die Standardansage zu machen, dass das Fahrwerk ausgefahren und verriegelt ist. Und dann war da noch die falsche Rückbestätigung des Copiloten an den Fluglotsen, nachdem dieser die Windverhältnisse an die anfliegende Maschine meldete. Um 23.47 Uhr ist ein Funkspruch des Lotsen aufgezeichnet, in dem dieser mitteilte: »Der Wind Drei-Fünf-Null mit Drei-Null, Böen 45 Knoten.« (Der Wind weht aus 350 Grad mit 30 Knoten, Böen bis 45 Knoten.) Der Copilot bestätigte den Funkspruch acht Sekunden später jedoch so: »Null-Drei-Null mit 45.« (Wind aus Richtung 30 Grad mit 45 Knoten.) Das war eindeutig falsch. Solche Fehler durch Zahlendreher passieren häufig beim Sprechfunk. Jedoch hätte der Lotse diesen Fehler korrigieren müssen, zum Beispiel durch einen erneuten Anruf der Maschine mit den korrekten Werten. Doch auch das unterblieb – leider.

Ein noch deutlicherer Beweis für den Ermüdungszustand der Piloten liefert die kurz auf diesen Funkdialog folgende Diskussion über den zulässigen Seitenwind für die anstehende Landung. Nur sechs Sekunden nach dem Funkspruch erklärte der Kapitän:»Wir können so nicht landen.« Diese Aussage ist korrekt, American Airlines erlaubt einen Seitenwind von maximal 20 Knoten und keine 30 Knoten bei der Landung. Weitere 50 Sekunden später meldete der Turmlotse, dass sich die Sicht um die Hälfte verschlechtert habe. Jetzt aber setzte der Kapitän den Landeanflug unvermittelt fort und meldete:»Wir sind im stabilisierten Endanflug.«

Das NTSB befand in seinem abschließenden Untersuchungsbericht:»Ursache für diesen Unfall war das Versäumnis der Besatzung, den Anflug abzubrechen, als schwere Gewitter mit den ihnen anhaftenden Gefährdungen für die Flugdurchführung das Flughafengebiet durchzogen. Hinzu kommt das Versäumnis der Besatzung sich zu vergewissern, dass die Störklappen nach der Landung ausgefahren waren.«[11] Als»beitragende Faktoren« nennt das NTSB:»1) die eingeschränkte Leistungsfähigkeit der Besatzung, die aus Ermüdung und situativem Stress gepaart mit der Absicht, unter den vorherrschenden Bedingungen zu landen, resultierte, 2) die Fortführung des Anfluges und der Landung, obwohl die von der Fluggesellschaft vorgeschriebene Seitenwindkomponente überschritten war, und 3) der Einsatz des Umkehrschubes mit mehr als (den zugelassenen) 1,3 Engine Pressure Ratio[12].«

Bis auf ein deutlich hörbares Gähnen zirka 26 Minuten vor dem Aufsetzen sind auf dem Cockpit-Voice-Recorder keine deutlichen Anzeichen für die Müdigkeit oder Erschöpfung der Piloten aufgezeichnet. Nach dem Unfall gab der schwer verletzte Copilot zu Protokoll, dass es»ein langer Tag gewesen sei und er langsam müde wurde, aber sich ganz gut fühlte, als sie nach Little Rock flogen. Auch die Verfassung des Kapitäns hätte ihm keinerlei Anlass zur Beunruhigung gegeben.«

Bezieht man die Vorgeschichte des Fluges mit ein, liegt nahe, dass die Einschätzung des Copiloten mehr als trügerisch gewesen sein muss. Beide Piloten waren am Vorabend gegen 22 Uhr zu Bett gegangen und hatten bis zirka 7.30 Uhr am nächsten Morgen durchgeschlafen. Anhaltspunkte für ein akkumuliertes Schlafdefizit aus den vergangenen Tagen oder Wochen, wie es beispielsweise bei Besatzungen mit unterschiedlichen Dienstzeiten in jeweils divergierenden Zeitzonen vorkommt, lagen nicht vor. Allerdings waren die Piloten zum Zeitpunkt des Unfalls schon mehr als 16 Stunden wach und befanden sich damit an der oberen Grenze der durchschnittlichen täglichen Wachphase. Medizinisch-wissenschaftliche Langzeituntersuchungen haben ergeben, dass die Sorgfalt bei der Ausübung einer Tätigkeit besonders dann nachlässt, wenn diese Wachphase hinausgezögert wird. Eine andere Unfalluntersuchung des NTSB[13] von 1994 belegt diese Tendenz. Danach machten Piloten, die länger als 13 Stunden wach waren, signifikant mehr Fehler als ihre Kollegen, die erst vor fünf Stunden aufgestanden waren.[14]

Der Unfallzeitpunkt um zehn Minuten vor Mitternacht lag fast zwei Stunden nach der Zeit, zu der die Piloten am Vorabend zu Bett gegangen waren und außerhalb der normalen Schlafenszeit des Kapitäns zwischen 21.30 Uhr und 22 Uhr. Die Piloten führten somit ihren verhängnisvollen Anflug auf Little Rock exakt zu dem Zeitpunkt durch, zu dem sie normalerweise bereits tief und fest schliefen. Nach Ansicht von Medizinern und Psychologen, die die Details des Unfalles begutachteten, bauten der Körper und das Bewusstsein von Kapitän und Copiloten so konditioniert besonders in der letzten Stunde des Flugeinsatzes erheblich ab.

Zwar hatten die Männer zu diesem Zeitpunkt erst sieben Stunden und 49 Minuten im Cockpit verbracht, jedoch kommen dazu noch fünf Stunden und 24 Minuten Bodenzeit des Kapitäns sowie fünf Stunden und 44 Minuten[15] beim Copiloten. Maßgeblich ist bei jeglicher Betrachtung nicht die effektive Flugzeit im Cockpit, sondern die Gesamtdienstzeit im Verhältnis zu der Zeit, die seit dem Aufstehen vergangen ist. Ein wichtiges Detail, dass bei Diskussionen über Einsatzzeiten und Flugplanungen von den Airlines gegenüber Pilotenvertretungen und Gewerkschaften gerne vernachlässigt wird.

Bereits seit dem September 1990 stuft das NTSB die Notwendigkeit einer gesetzlichen Regelung der Probleme von Ermüdung im Transportbereich als »most wanted«[16] ein. Da das NTSB wie alle nationalen Unfalluntersuchungsbehörden aber bekanntlich nur Vorschläge machen darf und die gesetzliche Implementierung den nationalen Flugaufsichtsbehörden obliegt, die leider viel zu oft dazu tendieren, den wirtschaftlichen Interessen der von ihnen überwachten Airlines nachzugeben als eine (kostspielige) Änderung der Verhältnisse zu forcieren, war es bis zu der Katastrophe von Little Rock so wie nach den meisten Katastrophen zuvor: Es war nichts geschehen.

Neun Jahre später unterstrich das NTSB im Mai 1999 nochmals gegenüber dem US-Verkehrsministerium, dass bislang zu wenige Fortschritte hinsichtlich einer Revision der Dienstzeitregelungen erzielt wurden. Insbesondere seien die zwischenzeitlich gewonnenen Erkenntnisse über Ermüdung und Schlaf nicht entsprechend gewürdigt worden. Das NTSB ging so weit, per Sicherheitsempfehlung an die FAA »binnen zwei Jahren wissenschaftlich fundierte Dienstzeitverordnungen« einzufordern, »die ein maximales Stundenlimit vorschreiben, festgesetzte Arbeits- und Ruhezeit definieren und dabei dem Circadischen Rhythmus (die biologische Uhr des Menschen, Anmerkung des Verfassers) sowie den menschlichen Schlaf- und Ruhebedürfnissen gerecht werden«.[17] Die amerikanische Flugsicherheitsbehörde versuchte, die heikle Frage geschickt zu umsegeln und sich auf keinen Fall mit den Airlines anzulegen oder diese gar mit einer gesetzlichen Verordnung zu knebeln. Man bediente sich der typischen Hinhaltetaktik für brisante Themen und spielte auf Zeit: Am 15. Juli 1999 antwortete die FAA dem NTSB, man habe behördlicherseits bereits am »11. Dezember 1995 einen entsprechenden Vorschlag für eine Verordnung mit dem Titel *NPRM 95-18 Flugbesatzungs-Arbeitszeit-Limitierungen, Flugdienstzeit-Limitierungen und Ruhezeit-Verordnung* ausgegeben« – der allerdings nicht mehr als eine reine Ergänzung der bisherigen Regelung vorsah. Dies ist das bei der FAA übliche Verfahren, da man eine Anordnung mit Gesetzescharakter zunächst ankündigen muss, um allen betroffenen Parteien eine Frist und Gelegenheit zur Stellungnahme zu geben. Am 7. Oktober 1999, anlässlich eines Treffens zwischen FAA-Vertretern und dem NTSB, erklärte die Luftaufsichtsbehörde dann, eine neue endgültige Regelung sei in der geforderten Frist von zwei Jahren bis zum Mai 2001 leider nicht zu bewerkstelligen.

Doch das NTSB ließ nicht locker. Erneut erinnerte man im Januar 2000 die FAA daran, dass die Neuregelung der Flugdienst- und Ruhezeiten nach wie vor ausstehe, obwohl der Vorschlag für die neue Verordnung bereits vor vier Jahren veröffentlicht wurde. Wie es scheint, nahm die FAA diese förmliche Rüge der Unfallermittlungsbehörde nicht sonderlich ernst. Man ließ sich fast ein weiteres Jahr Zeit und teilte am 5. Dezember 2000 mit, ein neuer »ergänzter« Vorschlag würde nunmehr den Themenbereich Ermüdung »konkret« beinhalten und darüber hinaus den Airlines die notwendige Flexibilität bei ihrer Flugplanung ermöglichen. Kaum hatten sich die Wogen geglättet, fiel man bei der FAA zurück in die bekannte Verzögerungstaktik, und es passierte konkret nichts. Das NTSB rügte die behördliche Haltung in diesem Punkt ein weiteres Mal am 26. April 2001 und wurde deutlich: In den insgesamt fünf Jahren seit dem ersten Vorschlag sowie in den anderthalb Jahren seit dem Ergänzungsvorschlag habe die FAA nicht gehandelt. Den Status der Sicherheitsempfehlung A-99-45 stufte man als »offene, inakzeptable Antwort« ein.

Aber auch das bewirkte rein gar nichts. So musste es erst zum Unglück von American Airlines Flug 1420 in Little Rock im Oktober 2001 und zur Veröffentlichung des abschließenden Unfallberichtes durch das NTSB kommen, in dem die Sicherheitsempfehlung A-99-45 aus dem Jahre 1999 nochmals ausdrücklich angehängt wurde. Dies bildete offenbar die Ausgangslage für FAA-Sachbearbeiter Jeffrey Goode und seine Recherchen. Dabei ist aber auch geblieben. Eine verbindliche Verordnung der FAA ist trotzdem nicht in Sicht.

In Europa ist die Situation keineswegs besser. Die europäischen Interessenvertreter der Fluggesellschaften und Reiseveranstalter nehmen die Erkenntnisse der Experten beharrlich nicht zur Kenntnis. Sie plädieren weiter für eine 14-stündige maximale Flugdienstzeit der Piloten und werden dabei von den europäischen Staaten und der EU-Kommission in Brüssel unterstützt. Alle Warnungen und abschreckenden Beispiele wie das Unglück von Little Rock im fernen Arkansas werden beharrlich unter den Teppich gekehrt. Und solange die im Zuge von Unfalluntersuchungen gewonnenen Erkenntnisse der damit befassten Behörden auf einen Empfehlungscharakter reduziert bleiben, wird sich daran nichts verändern, weder in den USA noch in Europa oder in anderen Teilen der Welt. Schon längst wäre es angebracht, das NTSB und seine weltweiten Schwesterbehörden mit weitreichenderen Kompetenzen auszustatten. Vor allem sollten ihre Empfehlungen ohne große zeitliche Verzögerung in verbindliche Vorschriften umgewandelt werden. Doch solch ketzerische Gedanken sind in der Branche verpönt; darüber hinaus fehlen ganz offensichtlich der notwendige politische Wille und eine den mächtigen Industrielobbyisten gewachsene Gruppe von Interessenvertretern der Passagiere. Denn Letztere werden weder gefragt, noch in irgendeiner Form angemessen vertreten, es sei denn durch Anwälte nach einem Unfall. Aber brauchen wir wirklich erst Flugkatastrophen, bei denen die Untersuchung ergibt, dass beide Piloten zum Unfallzeitpunkt fest eingeschlafen waren, oder soll auch das im Zweifelsfall durch eine »innovative Technik à la Airbus« mit noch ausgeklügelteren Autopilotsystemen verhindert werden?

25. Juli 2000: Paris Gonesse, 14:44:14 UTC
AIR FRANCE FLUG 4590 – Der Absturz eines Mythos

> *»Es ist höchst fragwürdig, ob die Concorde heute überhaupt zugelassen würde. Ich wage das zu bezweifeln.«*
> Prof. Dr. jur. Ronald Schmid

Air France Concorde Flug 4590 war in jeder Hinsicht etwas Besonderes. Eigentlich hätte er gar nicht stattfinden dürfen, schon aus ganz formalen Gründen. Zum Zeitpunkt des Unglücks saß der Copilot ohne gültige Lizenz im Cockpit. Das »Medical«, die halbjährige medizinische Flugtauglichkeitsprüfung, des fünfzigjährigen Jean Marcot war eine Woche vor dem Flug, am 18. Juli 2000, abgelaufen. Die Concorde startete trotzdem – wie immer in den letzten 31 Jahren, seitdem sich 1969 erstmals ein Prototyp in die Lüfte begeben hatte.

Seit ihrer Indienststellung beförderte die Concorde (zu Deutsch »Eintracht«) eine kleine elitäre Klientel, überwiegend auf zwei Streckenpaaren: Paris – New York und London – New York. Sie war das »sicherste« Flugzeug schlechthin, der Glanzpunkt einer fliegerischen Erfolgsgeschichte, das Prestigeobjekt der British Airways und der Air France und vor allem: der Stolz der »Grande Nation«. Noch nie waren Concorde-Passagiere zu Tode gekommen. Bis zum 25. Juli 2000.

Die Untersuchung nach der Katastrophe von Gonesse zeigte jedoch schnell, dass die Concorde ihren Mythos bereits seit Jahrzehnten verspielt hatte. Es hatte nur niemand zur Kenntnis genommen. Die Verfilzung staatlicher wie privatwirtschaftlicher Interessen am Betrieb der Concorde war längst auf ein bedrohliches Potenzial angewachsen. Über glimpflich abgelaufene Vorfälle wurde in Frankreich überhaupt

Der kritische Moment: Obwohl die Geschwindigkeit der Concorde nicht ausreicht um zu fliegen, riskierte Kapitän Christian Marty ein Abheben. Der Flug von AF 4590 endete 101 Sekunden später. Die Passagiere befanden sich derweil auf einem Pulverfass: Sie saßen förmlich »im Treibstoff«. Ein Absturz in dieser Phase des Fluges war daher immer absolut tödlich. Kalkuliertes Risiko für einen Flug mit dem schnellsten Passagierflugzeug der Welt. Die meist elitäre Kundschaft zahlte bis zu 14 000 Dollar für einen solchen Nervenkitzel.

nicht berichtet; die Behörden sprachen Sicherheitsempfehlungen entweder gar nicht aus oder aber setzten sie nicht um. Der schöne Schein vom schnellsten – und sichersten – Flugzeug der Welt sollte um jeden Preis gewahrt werden. Selbst die Flugbegleiter ließen sich in einer akuten Notsituation nur schwerlich von einem aufmerksamen Passagier davon überzeugen, dass »ihre« Concorde in Gefahr war.

Und davon einmal abgesehen: Es mutet schon merkwürdig an, dass ein solcher Oldtimer bis ins Jahr 2000 ohne grundlegende Veränderungen betrieben werden durfte. Die Konstruktion der Concorde fußte auf dem Wissensstand des Zweiten Weltkriegs. Müssen die Sicherheitsstandards eines Flugzeuges nicht ständig weiterentwickelt und an die sich ändernden Rahmenbedingungen angepasst werden – auch wenn es sich um ein Verkehrsflugzeug mit Statussymbolcharakter handelt?

Hersteller, Betreiber und Behörden dachten vermutlich anders – bis es zum Unglück kam.

Die Concorde, die am Nachmittag des 25. Juli 2000 abstürzte, war die dritte Maschine, die 1974 für die Air France hergestellt wurde. Im Mai 1975 erhielt sie die Registrierung F-BTSC. Insgesamt 3978 Starts und 11 989 Flugstunden legte sie in den folgenden 25 Jahren zurück, bis ein simpler, jedoch scharfkantiger Metallstreifen, den eine startende DC-10 auf der Runway des Pariser Flughafens Charles de Gaulle verloren hatte, zum Auslöser für eine Kette von Ereignissen wurde, die mit dem Tod von 113 Menschen endete. Die Öffentlichkeit reagierte geschockt. Dabei war es, so viel belegen die im Zuge der Unfalluntersuchung aufgefundenen Berichte und Empfehlungen, nur eine Frage der Zeit, wann die Katastrophe eintreten würde. Die Uhr tickte.

Als Concorde Flug Air France 4590 um 14 Uhr 42 Minuten und 31 Sekunden ihren Startlauf begann, konnte Flugkapitän Christian Marty, ein langjähriger Veteran der Air France, nicht ahnen, dass an einem besonders kritischen Punkt jener scharfkantige Metallstreifen auf der Fahrbahn lag, über den sein linkes Fahrwerk in wenigen Sekunden rollen würde. 23 Sekunden, nachdem die Gashebel nach vorne geschoben wurden, war die Concorde auf 100 Knoten beschleunigt; jede weitere Sekunde näherte sich Marty der V_1-Marke von 150 Knoten. Beim Erreichen dieser Geschwindigkeit waren die Würfel gefallen, er musste auch mit einem zerrissenen Reifen und möglichen weiteren Beschädigungen abheben, weil die verbleibende Bahn nun nicht mehr ausreichte, um zum sicheren Stillstand zu kommen. Die Concorde aber hätte 198 Knoten gebraucht, um genügend Auftrieb zu erzeugen und sich in die Luft zu erheben. 21 Sekunden später rotierte der Kapitän den Jet, zog die Steuersäule an sich und versuchte, die bereits schwer beschädigte Maschine doch noch in die Höhe zu bekommen. Das Schicksal der 109 Menschen an Bord und der vier Gäste des kleinen Hotels in der Ortschaft Gonesse war besiegelt. Es ist fraglich, ob die Crew das Ausmaß der Katastrophe überhaupt realisiert hat. Dazu ging alles viel zu schnell.

Die fliegende Bombe

Der im Januar 2002 veröffentlichte Unfallbericht des französischen Bureau Enquêtes-Accident (BEA) offenbart eine lange Liste von Versäumnissen der Zulassungs- und Aufsichtsbehörden, sicherheitskritische Mängel bei der Flugplanung für Concorde Flug AF 4590 und vor allem aus heutiger Sicht lebensgefährliche Design-Defizite des elitären Überschallfliegers. Eines allerdings sucht man in dem mehrere 100 Seiten umfassenden Bericht vergeblich: eine Absturzursache.

Kritiker des Berichtes, darunter eine Reihe von französischen Piloten, bezweifelten schon früh, dass die Untersuchungskommission vorbehaltlos ans Werk ging. An keiner Stelle wird gesagt, was auf der Hand liegt: Das Flugzeug wurde zu langsam geflogen und befand sich in einer instabilen Fluglage. Das soll nicht heißen, dass die Concorde nicht hätte abstürzen müssen. Unklar ist aber, wie das Ausmaß der Schäden an der Tragfläche sich im weiteren Verlauf des Fluges auf die Aerodynamik und den erforderlichen Auftrieb der Concorde ausgewirkt hätte. Wie Experten bestätigen, hätte die havarierte Concorde mit den verbleibenden beiden Triebwerken fliegen und es eventuell zurück zum Flughafen schaffen können. Ein Notfallverfahren für eine sofortige Landung nach dem Start gab es jedoch nicht. Ein Crash wurde so in Kauf genommen.

Hinzu kam eine Vielzahl anderer Faktoren, die in diesem unglücklichen Moment zusammentrafen. Die Concorde wurde als reines Überschallflugzeug konzipiert. Damit sie die Reisegeschwindigkeit von Mach 2 auf ihrer Gipfelhöhe erreichte, montierte man vier extrem spritdurstige Triebwerke möglichst nahe an den Rumpf, jeweils zwei dicht nebeneinander auf jeder Seite. Das Hauptfahrwerk, also die zwei ausfahrbaren Federbeine, saßen bei dieser Konstruktionsweise vor den vorderen Lufteinlässen der Triebwerke. Ein Abbruch des Fahrwerkes zog somit auf jeden Fall die Triebwerke in Mitleidenschaft. Aber bei der Zulassung der Concorde ging man von einer solchen Möglichkeit erst gar nicht aus. Nach den kühnen Hochrechnungen der Ingenieure auf einen Wahrscheinlichkeitsfaktor jenseits von 10^{-7} stand der Zulassung dieses Designs nichts im Wege. Die Concorde hat allerdings den vorausberechneten Zuverlässigkeitsfaktor niemals erreicht. Der Unfall trat wesentlich früher ein, nämlich bei 10^{-4}.

Damit die Concorde schön schnell flog, musste sie schön leicht sein. Die Tragflächen waren auf der Unterseite daher nur mit einer 1,2 Millimeter dicken Aluminiumschicht umzogen, hinter der sich eine Reihe von Aluminiumtanks verbarg. Weitere Tanks erstreckten sich über die gesamte Rumpflänge, auch über die Fläche der Passagierzelle. Die vier Düsentriebwerke brachten den Jet binnen Kürze auf die Geschwindigkeit einer Gewehrkugel. Den notwendigen »Kick«, um auf einer normalen Startbahn mit über 400 Stundenkilometern abheben zu können, lieferten die Nachbrenner, die sonst nur für Raketenantriebe und Kampfflugzeuge genutzt werden. Über die Hälfte des Startgewichtes von 185066 Kilogramm waren 93000 Kilogramm Flugbenzin; etwas unter 1 Tonne pro Passagier. Das Eigengewicht der Concorde lag erheblich darunter: inklusive Besatzung, Zeitungen, Essen, Getränken und Toilettenpapier bei nur 81 450 Kilogramm. Die Passagiere saßen in einer durchschnittlich 2,60 Meter breiten Röhre auf vier vollen Tanks mit explosivem Kerosin. Die Concorde war damit nichts anderes »als eine fliegende Tankstelle für sich selbst« – beziehungsweise eine »fliegende Bombe«.

Heute ist klar, dass ein jeglicher Unfall im Startlauf mit an Sicherheit grenzender Wahrscheinlichkeit tödlich enden musste – gerade wenn die Concorde voll getankt war. Auch in den Siebzigerjahren war dies keine Neuigkeit mehr, damals schon angebrachte Verbesserungen wurden allerdings nicht umgesetzt, schlimmer noch: Das Risiko wurde weiter billigend in Kauf genommen.

Noch einmal gut gegangen

Am 14. Juni 1979, mithin 21 Jahre vor dem Unfallflug von AF 4590, rollte in Washington Dulles die Air France Concorde mit der Registrierung F-BVFC zum Start für den planmäßigen Abendflug nach Paris. Die Concorde passierte die kritische Geschwindigkeitsmarke V_1, und nur wenige Sekunden danach sah der Controller im Turm, dass die Maschine Rauch vom linken Fahrwerk ausgehend hinter sich her zog. Nach dem Abheben bestätigte er der Besatzung über Funk, dass er nun auch Flammen an dieser Stelle ausmachen konnte.

Ein amerikanischer Luftfahrtberater namens Bill Lightfoot aus Arlington, Virginia, hatte es sich in Reihe 35 auf der linken Seite auf einem der Fensterplätze bequem gemacht. Beim Startvorgang spürte er starke Vibrationen. Ein oder zwei Reifen mussten geplatzt sein.

Gegenüber dem NTSB bemerkte er in einer Zeugenaussage anlässlich der nachfolgenden offiziellen Untersuchung:»Genau zum Zeitpunkt des Abhebens flog ein Gegenstand von unten nach oben durch mein Blickfeld am Fenster. Das hatte mir einen Schock versetzt, denn jedes Objekt, das wir passieren sollten, (zum Beispiel ein Vogel, Kondensation, Dampf oder Wolken) müsste horizontal am Fenster vorbeiziehen. … Ich richtete mich sofort so weit es ging im Sitz auf, um im spitzesten Winkel auf die Tragfläche unter mir sehen zu können. Da konnte ich (es waren zirka 10 Sekunden seit dem Abheben vergangen) dann ein Loch in der Tragfläche sehen. Es hatte einen Durchmesser von etwa 70 Zentimetern. … Mir fiel auch auf, dass ich durch das Loch in der Tragfläche auch eine Gruppe von Hydraulikverbindungen sehen konnte und dass einige der Leitungen anfingen, durch das Loch auszutreten. Mit zunehmender Geschwindigkeit des Flugzeuges rissen dann auch Teile der Tragfläche ab. Dann trat eine Flüssigkeit aus dem Loch in der Fläche neben mir aus.«[18]

Mister Lightfoot betätigte den Rufknopf in seiner Armlehne, erhielt aber nicht die gewünschte Aufmerksamkeit durch ein Besatzungsmitglied. Daraufhin erhob er sich aus seinem Sitz und ging zur nächsten Stewardess. Diese jedoch teilte ihm mit, ein solcher Zustand sei »normal« und er solle den Platz nicht wechseln, solange die Anschnallzeichen noch leuchteten. Die Frustration des aufmerksamen Passagiers, der selbst seit 20 Jahren im militärischen Flugbusiness tätig war, steigerte sich, als die Besatzung mit der Getränkeausgabe begann und trotz wiederholter eindringlicher Warnungen keinerlei Anstalten machte, die Piloten über die in höchstem Maße Besorgnis erregende Beobachtung zu informieren.»Ich wurde schließlich immer besorgter, weil ich bislang der Einzige an Bord war, der das Loch von meinem Sitz aus gesehen hatte. … Außerdem beschleunigte das Flugzeug weiter, und ich wagte nicht mir auszumalen, was mit der Tragfläche passieren würde, wenn wir die Schallmauer durchbrechen (wenn wir überhaupt noch so weit gekommen wären).«[19]

Nur mit der massiven Drohung, höchstpersönlich ins Cockpit einzudringen, gelang es Bill Lightfoot schließlich, jemanden von der Cockpitbesatzung darauf aufmerksam zu machen, dass es ein schwer wiegendes und die Sicherheit beeinträchtigendes Problem gab. »Ich begleitete den Herrn zu meinem Sitz und hielt seinen Kopf mit beiden Händen über das Fenster, und zwar derart, dass er steil nach unten einen guten Blick auf das Loch in der Fläche hatte. Als er das Loch sah, rief er: ›Mon Dieu!‹ (›Mein Gott!‹).«

Was der Passagier ahnte: Die Piloten hatten zu diesem Zeitpunkt bereits mit einer Reihe anderer Probleme zu kämpfen. Irgendetwas war mit den Reifen nicht in Ordnung, also flog man am Tower des Flughafens vorbei, worauf dieser bestätigte, dass zwei Reifen geplatzt waren. Dann bemerkte die Crew, dass sie das Fahrwerk nicht einfahren konnte, und sie beschloss, wohl vorrangig im Interesse der Air France, mit ausgefahrenem Fahrwerk von Washington nach New York fliegen. Am Flughafen John F. Kennedy gab es nämlich ein gut ausgestattetes Ersatzteillager für die Concorde und entsprechend lizenzierte Mechaniker.

Doch dieser Plan zerschlug sich schlagartig, als der Lotse im Tower von Washington Dulles den Piloten eine weitere Hiobsbotschaft unterbreitete: »Es scheint, dass Sie eine Spritfahne hinter sich herziehen. Eine Dampffahne irgendeiner Art.« Gleichzeitig registrierte die Besatzung den Ausfall von drei Hydrauliksystemen; ein anderes hatte alles zum Betrieb notwendige Hydrauliköl verloren. Eine Notlandung in Dulles war unvermeidbar. Als die Concorde schließlich landete, lag sie 20 Prozent über dem zulässigen Landegewicht. Offenbar hatte man es derart eilig gehabt, den sicheren Boden zu erreichen, dass man auf das Ablassen von Treibstoff in der Luft verzichtete.

Wie Recht man mit dieser Einschätzung hatte, zeigte die Schadensbegutachtung durch das NTSB: Die Tragfläche wies insgesamt 14 Löcher mit Beschädigungen an drei Benzintanks auf. Außerdem war es zu Schäden am zweiten Triebwerk sowie an den hydraulischen und elektrischen Systemen gekommen. Zwei Reifen hatten sich zerlegt und hatten Bestandteile aus Gummi und Metallwaben durch die Tragfläche und die darin befindlichen Tanks katapultiert.

Raymond Auffray, Frankreichs Chefingenieur, der die Wiederzertifizierung der Concorde überwachte, gestand nach dem Absturz in Gonesse ein: »Wenn aus dem Vorfall vom Juni 1979 die richtigen Lehren gezogen worden wären, hätte es den Unfall vom 25. Juli 2000 nicht gegeben.« Und überhaupt, bereits vor dem schweren Zwischenfall vom Juni 1979 hatte es seit Dezember 1976 neun Vorfälle mit geplatzten Reifen gegeben, sowohl bei der Air France als auch bei der British Airways. Hätte man die Concorde nicht schon damals ultimativ stilllegen müssen? Das wäre in manchen Kreisen sicher als das »Schlachten eines Idols« empfunden worden.

Die Sache mit den Reifen

Die unendliche Reifengeschichte setzte sich nach dem glücklichen Ausgang in Dulles unverändert fort. Das amerikanische National Transport Safety Board untersuchte den damaligen Vorfall akribisch, sprach allerdings, und das ist nur schwer nachzuvollziehen, keine Sicherheitsempfehlungen aus. Die französischen Behörden kamen dem NTSB zuvor – jedoch erst nachdem sich knapp einen Monat später am selben Ort ein weiterer Reifen-Vorfall mit einer Air France Concorde ereignet hatte: am 21. Juli 1979.

Die französische Aufsichtsbehörde DGAC machte der Air France zur Auflage, ein Druckmesssystem einzubauen und die hydraulischen Systeme besser abzusichern. Nun ist eine solche Druckanzeige, die den Piloten permanent über den Reifendruck informiert, eine feine Sache, verhindert aber keinesfalls das plötzliche Platzen im Start- oder Landevorgang. Daher ist es nicht weiter verwunderlich, dass es zu erneuten Zwischenfällen kam: auf dem New Yorker Flughafen am 31. Oktober 1979, im Februar 1981 in Dulles und in den folgenden Jahren immer wieder, teilweise mit Beschädigung der Tragflächen, Triebwerke und Hydraulikleitungen. Bis zum Sommer 2000 lag die Zahl der durch Reifen hervorgerufenen Zwischenfälle bei knapp 40!

Mehr als alles andere jedoch beunruhigte das NTSB, dass sich die Besatzungen nicht an die üblichen und vorgeschriebenen Verfahren hielten. So sollten Concorde-Piloten bei einem Reifenvorfall grundsätzlich nicht das Fahrwerk einfahren. Auch das Kabinenpersonal bereitete die Passagiere nicht ausreichend und wie von den internationalen Bestimmungen gefordert auf eine anstehende Notlandung oder eine Evakuierung vor. In einem Fall, so kam bei der Untersuchung heraus, lief der Cockpit-Voice-Recorder nicht. Hatte die Crew ihn bewusst abgestellt? Piloten der Air France schließen solche Eventualitäten nicht aus. Ein Veteran sagte mir ganz unverhohlen nach dem Absturz von Gonesse:

»Die Devise und Marschrichtung war klar: Die Concorde war der Stolz der französischen Nation und der Air France. Sie beförderte die Vielzahler des kommerziellen Luftfahrtgeschäfts. In Konkurrenz zu ihr befanden sich allenfalls die Flotten der kommerziellen Executive Jets, doch die fliegen nicht mit doppelter Schallgeschwindigkeit und damit mit einem Zeitvorteil. Die über die Jahre erworbene Patina und das Stigma des sichersten Verkehrstransportsmittels durften unter keinen Umständen einen Kratzer bekommen.« Ein Flugzeug für die Passagier-Elite, geflogen von einer altgedienten Piloten-Elite: Die Concorde fliegen zu dürfen, war bei Air France wie bei British Airways ein besonderes Privileg mit höchstmöglicher Bezahlung und geringst möglicher Arbeitszeit. Wer gibt solche Privilegien gerne frei- oder unfreiwillig auf? Aus den Reihen der Concorde-Piloten sind damals jedenfalls keine Bedenken, geschweige denn andere Besorgnis erregende Vorfälle laut geworden.

Modifiziert wurde nach den Ereignissen in den USA allein das Fahrwerk der Concorde. Die Reifen wurden noch dicker und stärker ausgelegt, und die Überprüfungsintervalle sowie die Laufleistung der Reifen wurden mittels neuer Vorschriften verkürzt. Ein ganz bestimmtes Szenario – vom NTSB schon 1981 als »möglicherweise katastrophales« Ereignis klassifiziert – wurde jedoch konsequent übersehen: der Schutz der Tragfläche und der Tanks vor dem Durchschlagen von Reifenteilen oder anderen Objekten. Im Jahre 2000 war es dann auf dem Flughafen Charles de Gaulle ein kleiner Metallstreifen, der zu einer eher unbedeutenden Verkleidung des Triebwerkes eines anderen Flugzeuges gehörte. Er setzte das vom NTSB befürchtete Szenario in Gang – und löste damit die Katastrophe aus.

Ein nicht zugelassenes Ersatzteil

Der Metallstreifen, den die Continental DC-10 auf der Piste verlor und der dann den Reifen der zum Start rollenden Concorde AF 4590 beschädigte, war genau genommen ein »Unapproved Part«. Im Unfallbericht heißt es nämlich: »Der Verlust des Metallstreifens hat seine Ursachen im Fehlen von einer gewissenhaften Wartung. ... Das in Houston eingebaute Teil *wurde weder in Übereinstimmung mit den Herstellerverfahren hergestellt, noch dementsprechend eingebaut*« (Hervorhebung des Verfassers). Ein solches nach der gängigen Definition »nicht zugelassenes

Ersatzteil« hätte gar nicht verwendet werden dürfen. Jedoch wird der Fachbegriff »Unapproved Part« im Zusammenhang mit dem Concorde-Desaster oder anderen Unfällen tunlichst vermieden. Offenbar soll das Problem mit solchen Teilen heruntergespielt werden. Aber wie war das Teil überhaupt in das Triebwerk der DC-10 gelangt?

Spätestens an dieser Stelle wird das für Flugunfälle gültige Prinzip von der Verkettung einzelner Umstände sehr anschaulich. Für sich betrachtet müssen sie nicht zu einer Katastrophe führen; kommen aber mehr und mehr Faktoren zusammen, steht zwangsläufig am Ende eine Katastrophe mit tödlichem Ausgang. Während eines C-Checks im Frühjahr 2000 bei Israel Aircraft Industries (IAI) in Tel Aviv wurde ein Metallstreifen ausgewechselt, der zur Ummantelung des Triebwerkes gehörte. Etwas später, am 9. Juli 2000, bemerkte ein Continental-Mechaniker in Houston, Texas, dass ein verbogener Metallstreifen aus der Verkleidung hing. Der Schaden wurde behoben und ein neuer Metallstreifen eingesetzt. Dabei, so der Unfallbericht, wurden von Continental die Wartungsvorschriften des Herstellers nicht befolgt. Dieser Streifen löste sich ebenfalls, und die Continental DC-10 verlor ihn während ihres Startlaufes auf derselben Rollbahn, auf der die Concorde etwas später abheben sollte.

In der Kabine des Überschalljets hatte sich an diesem Tag eine illustre Gesellschaft eingefunden. Der Flug von AF 4590 war kein planmäßiger Linienflug der Concorde, sondern der Charterflug eines deutschen Reiseveranstalters. Eine gut situierte Klientel hatte erst nach längerer Wartezeit endlich in den engen Sitzen Platz genommen. Denn der Flight-Manager musste an diesem Tag gleich mehrere Probleme bewältigen: Zum einen hatte der Kapitän des letzten Fluges die Reparatur des Schubumkehrers am Triebwerk Nummer zwei gefordert. Anderenfalls hatte er angedroht, die Maschine nicht zu akzeptieren. Außerdem gab es hinsichtlich des Gepäcks der Reisegruppe, gelinde gesagt, ein »mildes Chaos«. Als sich alle Passagiere längst an Bord befanden, waren noch einmal 19 Gepäckstücke hinzugeladen worden. Jedoch war die Concorde zu schwer, streng genommen knapp eine Tonne über ihrem maximal zugelassenen Startgewicht. Hinzu kam ein leichter Rückenwind beim Start. 186 Tonnen schwer, davon mehr als die Hälfte allein das Gewicht des Kerosins im Rumpf und in den Flügeltanks, beschleunigte die Maschine.

Auf einem der Zurollwege im vorderen Drittel der Startbahn hatte eine italienische Fokker 100 angehalten, deren Pilot sich für den Take-Off direkt nach der Concorde bereitmachte. Was dann passierte, schilderte er so:»In dem Augenblick, als die Concorde die Nachbrenner einschaltete, kam es zu einer Art Explosion. Eine gewaltige Stichflamme schoss über die Startbahn. In Sekundenbruchteilen war jede Sicht durch Rauch und Qualm völlig genommen.«

Um 14 Uhr 43 Minuten und 4 Sekunden hatte Copilot Jean Marcot an Bord der Concorde »Vee One« ausgerufen und damit das Überschreiten der V_1-Marke angezeigt. Einer der vier Fahrwerksreifen erfasste in diesem Moment den Metallstreifen und wurde von diesem wie mit einer Rasierklinge aufgeschnitten. Reifenteile durchschlugen wie Granatsplitter von unten die Tragfläche sowie einen der dort untergebrachten Tanks. Kerosin trat aus. Vermutlich wurden dabei auch Hydraulikleitungen beschädigt. Andere Reifenteile zerfetzten elektrische Kabelleitungen im Fahrwerksschacht. Das führte zu einem Kurzschluss mit Funkensprung, der, so die Ansicht der Unfalluntersucher, den mit 500 Litern pro Sekunde austretenden Treibstoff entzündete.

Die Fluglotsen teilten über Funk mit, dass das Flugzeug einen Feuerschwall hinter sich her zog. Und auch im Cockpit war in diesem Moment klar, dass nicht alles mit rechten Dingen zuging. Die Triebwerke auf der linken Seite verloren kurzfristig ihre Schubkraft. Die bis dahin grün erleuchteten »Go-Lights« der Triebwerke auf der linken Seite erloschen. Aber seit 13 Sekunden war ein Anhalten auf der Bahn unmöglich. Wohl einzig der Flugingenieur wollte den Start hier noch abbrechen.

Christian Marty spürte jetzt vor allem zwei Dinge: Die Concorde beschleunigte zwar weiter, doch nicht wie ursprünglich kalkuliert. Außerdem zog die Maschine stark nach links, wo eine Boeing 747 wartete. Die Korrektur mit dem Seitenruder zeigte keine Wirkung, und dann ertönte auch noch im Cockpit der automatisch ausgelöste Feueralarm, eine schrille laute Glocke. Der Kapitän entschied sich zu einer Verzweiflungstat und zog die Concorde hoch auf die Gefahr hin, dass ihm der Auftrieb abriss und die Maschine unkontrollierbar wurde. Doch wegen des Übergewichts war die Concorde für ein solches Risikounternehmen zu schwer.

Kurz nach dem Abheben bestätigte Flugingenieur Jilles Jardinot dann auch noch den völligen Ausfall von Triebwerk Nummer zwei und legte es still. Kapitän Marty befahl, das Feuerverfahren für einen solchen Fall durchzuführen, wobei ein Löschmittel direkt in das Triebwerk gespritzt wird. Der Feueralarm verstummte augenblicklich, ging kurz danach aber erneut los. Ein Triebwerk auf der linken Seite war bereits ausgefallen, doch Flugingenieur Jardinot stellte auch das danebenliegende Triebwerk aus. Dieser Umstand wurde von den Experten heftig kritisiert und verschlimmerte die Lage in diesem Moment erheblich. Der Besatzung hätte klar sein müssen, dass sie allen verfügbaren Schub brauchte, um die Fluglage der Concorde zu stabilisieren. In einem solchen Fall ist es legitim, ein eventuell brennendes Triebwerk laufen zu lassen, wenn es noch Schub produziert.

Mit den Beschädigungen und vor allem dem immer noch ausgefahrenen Fahrwerk war es schier unmöglich, die sichere Geschwindigkeitsmarke von 210 Knoten zu erreichen. Copilot Marcot wies seinen Kapitän wiederholt auf die Gefahr hin:»Watch the airspeed, the airspeed, the airspeed!« (»Beachte die Geschwindigkeit, die Geschwindigkeit, die Geschwindigkeit!«). Die Concorde befand sich in der Luft, genau genommen aber nur»so gerade«. Später gingen atemraubende Videobilder eines Amateurfilmers um die Welt, der das havarierte Flugzeug in dieser Phase aus seinem Auto heraus filmte. Die brennende Concorde schoss über Baumwipfel hinweg, während im Cockpit Kapitän Marty um das Leben der Besatzung und der Passagiere kämpfte. Copilot Marcot informierte ihn noch, dass das Fahrwerk nicht einfuhr. Dann riss die Aufzeichnung ab.

So wie sich die Katastrophe abspielte, hatten die Menschen an Bord der Concorde keine Chance zu überleben. Wie ein Projektil rammte sie sich in den Boden. Der Aufprall hüllte das Wrack in einen Feuerball. Vier Gäste des Hotels, in dessen Vorgarten die Concorde niederging, starben. Die anderen retteten sich mit einem Sprung aus dem Fenster und rannten um ihr Leben.

Das Ende einer Legende

Kurz nach dem Unfall gab Air France das Versagen von einem oder mehreren Triebwerken als Unfallursache bekannt.»Allen Zeugen, darunter auch mir selbst, schien es, als ob es beim Start ein Feuer in einem oder mehreren Triebwerken gegeben hat«, sagte Air-France-Chef Jean-Cyril Spinetta. Er hatte den dramatischen Startlauf seines Prestigesegments aus der wartenden Boeing 747 selbst mitverfolgt.

Am 16. Januar 2002 gelangten weitere Einzelheiten der Unfalluntersuchung an die Öffentlichkeit. Das Bureau Enquêtes-Accidents (BEA) warf darin der Air France schwere Wartungsfehler vor. Zwar habe das Fehlen eines Abstandhalters am linken Fahrwerk der Unglücksmaschine ursächlich nichts mit dem Absturz zu tun, betonte das BEA in seinem Abschlussbericht. »Doch sei zu befürchten, dass solche Nachlässigkeiten keine Ausnahme bei der Concorde-Flotte gewesen seien.« Gegenüber der Wartungsabteilung von Continental Airlines hagelte es ebenfalls Kritik. Im Bericht heißt es wörtlich: »Wirkliche Sicherheit impliziert strikten Respekt für Verfahren, ohne jeglichen persönlichen Interpretationsspielraum.« Das BEA listete gegenüber Air France außerdem »das Fehlen von Unterlagen und Mängel bei der Gepäckabfertigung bei dem Unglücksflug« auf und empfahl der Luftfahrtbehörde DGAC, »die Abläufe bei Instandhaltung und Betrieb aller Air-France-Concorde zu überprüfen«. Auch zeigte sich das BEA »überrascht«, dass Copilot Marcot auf dem Flug eingesetzt wurde, »obwohl seine Lizenz seit neun Tagen nicht mehr die Anforderungen einer gültigen flugmedizinischen Überprüfung erfüllte«.[20] Das Fehlen von geeigneten Vorgaben für den Notfall kritisierte man allerdings nicht. Sollte damit verhindert werden, den Ruf der französischen Aufsichtsbehörde, welche die Concorde immerhin zertifiziert hatte und im Betrieb überwachte, zu diskreditieren?

Die jetzt nicht mehr gerade mit einer »weißen Weste« dastehende Air France erklärte, »die ›Anomalien‹ seien genauestens analysiert und angemessene Korrekturen vorgenommen worden«. Und vermutlich zur Ehrenrettung der französischen Staatsairline bekräftigte das BEA in seinem abschließenden Unfallbericht, dass der Absturz am 25. Juli 2000 »auf eine verhängnisvolle Kettenreaktion zurückzuführen ist«. Immerhin hatte die Untersuchungsbehörde relativ schnell eine plausible Unfallursache bei der Hand: die Metall-Lamelle der DC-10. Dann flüchtete man sich in nebulöse Aussagen. Wegen der »Komplexität des Vorgangs sei der Unfall nicht vorhersehbar gewesen«, betonten die Experten. Auch ohne das mehrfach kritisierte Abschalten des zweiten Triebwerkes durch Flugingenieur Jardinot sei die Concorde nicht mehr zu retten gewesen.

All das lenkte in vielen ausschweifenden Worten von den eigentlichen Ursachen dieser Katastrophe ab: von Mängeln, die nicht zur rechten Zeit, teilweise Jahre zuvor, beseitigt worden waren. Und man umging Konsequenzen. So konnte nach umfangreichen technischen Nachrüstungen – unter anderem wurden die Tanks mit Kevlar verstärkt und neue Reifen entwickelt – der Überschalljet im November 2002 erneut in den Liniendienst gestellt werden. Der Stolz der Franzosen ging wieder in die Lüfte. Die Welt schien wieder in Ordnung.

Zumindest für Fachleute jedoch ist der französische Abschlussbericht nach wie vor höchst lückenhaft und unbefriedigend, insbesondere in Hinsicht auf die aerodynamischen Umstände des Unglücksfluges. Fest steht: Jedes Flugzeug befindet sich in einem stabilen Flugzustand, solange dessen Strukturteile wie Tragfläche und Steuerflächen nicht zerstört sind und eine abhängig von Gewicht, Gewichtsverteilung und Fluglage ausreichende Anströmgeschwindigkeit vorliegt. Diese Bedingungen waren gegeben, bis die Triebwerke abgeschaltet wurden. Und dies war die entscheidende Fehleinschätzung des Flugingenieurs. Es brannte keinesfalls das Triebwerk, sondern ausschließlich der Tank. Eine mögliche Alternative wäre also gewesen: »Vollgas (mit allen vier funktionierenden Triebwerken inklusive deren Nachbrennern) und alle Tanks gleichmäßig entleeren.« Das hätte zu einem rapiden Gewichtsverlust geführt und die Fluglage der Concorde in der kritischen Phase nach dem Start derart stabilisiert, dass eine Notlandung wahrscheinlicher gewesen wäre. Ob zu einem späteren Zeitpunkt die Struktur aufgrund der hohen Hitze versagt hätte, muss offen bleiben. Obwohl in allen Kommentaren zur Unfallursache immer wieder auf die vermeintliche kausale »Unvermeidlichkeit« des Unfalls hingewiesen wird, steht somit fest, dass ganz sicher nicht das Metallteil am Boden oder der Brand des Tanks die Absturzursache war, sondern entweder

1. ein Triebwerksversagen (unwahrscheinlich),
2. ein Bruch eines aerodynamischen Bauteils (unwahrscheinlich) oder
3. die aerodynamische Instabilität aufgrund der fehlenden Geschwindigkeit (wahrscheinlich).

Die Angehörigen der Opfer mit ihren Anwälten auf der einen sowie Air France und deren Versicherung auf der anderen Seite einigten sich angesichts der Vielzahl erdrückender Beweismaterialien relativ schnell gütlich. Zum ersten Mal wurden in Europa Abfindungen bezahlt, die gemäß den sonst üblichen allgemeinen Haftungsbedingungen erheblich höher ausfielen. Die Anwälte nutzten damals geschickt den Wunsch der Betreiber, das Flugverbot der Concorde möglichst schnell wieder aufzuheben. Sie pokerten erfolgreich mit der hinter ihren Mandanten stehenden öffentlichen Meinung. Gerichtlich geführte Prozesse in der Öffentlichkeit hätten sich nicht günstig auf die Pläne der Air France ausgewirkt. So kam die Fluggesellschaft im Fall Gonesse ungeschoren davon, während die Angehörigen der Opfer Entschädigungen von bis zu 3 Millionen Mark erhielten. Dieser »Schaden« war durch die bestehende Versicherung der Airline abgedeckt. Ob es jemals strafrechtliche Konsequenzen für die wirklich Verantwortlichen hinter der Katastrophe geben wird, bleibt ein Politikum. Ende November 2004 wurde ein 237 Seiten umfassender Expertenbericht[21] der Strafakte »Concorde« beigefügt. Dieser Bericht stellt insbesondere die während der 24-jährigen Betriebszeit aufgestellten Untersuchungen durch Air France, die DGAC, das BEA und die Konstrukteure in Frage und damit auch die Lufttüchtigkeit der Concorde selber. Die französischen Ermittlungsrichter Sylvaine Reis und Christophe Régnard sahen sich durch Erkenntnisse der Experten veranlasst, die Untersuchung bis Mai 2005 fortzusetzen. In diesem Zusammenhang ordneten sie sogar eine Hausdurchsuchung und Beschlagnahmung von Dokumenten im französischen Verkehrsministerium an. Zumindest scheint es hier so, als ob die Justiz nachhakt und die Verantwortlichen ermittelt. Das Verfahren bleibt abzuwarten.

Das längst überfällige Aus für das einstige Vorzeigeflugzeug kam jedenfalls im Frühjahr 2003. Air France und British Airways sahen endlich ein, dass der überalterte und einem hohen Betriebsrisiko unterliegende Flugzeugtyp keinesfalls profitabel ist. Air France stellte seine Flüge aus Kostengründen Ende Mai und British Airways Ende September 2003 ein. Der Luftfahrt-Philanthrop und Virgin-Airways-Gründer Richard Branson bekundete zwar sein Interesse daran, wenigstens eine Concorde für spezielle VIP-Flüge zu erhalten. Doch die Concorde gehört nicht mehr in die Luft, sondern allenfalls in ein Museum. Da steht sie erheblich sicherer.

Noch ein Jahr zuvor, im Sommer 2002, lockten die französischen und britischen Betreiber mit Sonderpreisen von nur noch 3600 Dollar für das One-Way-Ticket. Aber die Concorde wollte sich einfach nicht mehr auf ihren täglichen Flügen füllen lassen, auch wenn der ehemalige Formel-1-Weltmeister, Airlinegründer und Linienpilot Niki Lauda in der *Welt am Sonntag* bekannte: »Selbstverständlich werde ich wieder mit der Concorde fliegen; überhaupt kein Problem. Die Concorde ist jetzt wahrscheinlich das sicherste Flugzeug der Welt. Denn Flugzeuge, die einmal vom Himmel gefallen sind, werden dermaßen genau geprüft, dass sie dann komplett sicher sind.« Andere Vielflieger, etwa der damalige Opel-Vorstandsvorsitzende und heutige Europa-Präsident von General Motors Carl-Peter Forster, waren wesentlich nachdenklicher und trafen den Nagel auf den Kopf: »Ich wäre immer noch etwas skeptisch. Denn ich bin mir nicht sicher, ob die getroffenen Maßnahmen ausreichen, die konstruktiven Schwachstellen der Concorde zu beseitigen.« Forster sollte Recht behalten. Nach der Wiederaufnahme der Flüge hagelte es förmlich neue Zwischenfälle. British Airways verzeichnete vom 15. März bis zum 3. November 2002 allein fünf Triebwerksprobleme mit ihren Concordes. Anfang November 2002 musste eine Maschine der Air France wegen eines ausgefallenen Triebwerkes ihre Reiseflughöhe von 56 000 Fuß verlassen, am 19. November 2002 versagte auf einem Flug von Paris nach New York das Triebwerk Nummer 3. Am 27. November 2002 verlor eine britische Concorde ein Teil ihres Seitenruders. Gleiches wiederholte sich am 27. Februar 2003 bei einer französischen Concorde, wieder mitten auf dem Flug nach New York. Die Concordes waren eindeutig in die Jahre gekommen.

Ende des Jahres 2002 ließ der amerikanische Flugzeughersteller Boeing dann auch noch überraschend sein Projekt eines modernen Concorde-Nachfolgers fallen. Nach internen Informationen war für Boeing zu diesem Zeitpunkt abzusehen, dass sich ein neuer reiner Prestigeflieger zu einem herben Verlustgeschäft entwickeln würde. Mit dem Absturz der Concorde in Paris wurde der Mythos des zivilen Überschallflugzeugs gebrochen. Das Konzept von höherer Geschwindigkeit im Gegensatz zu größerer Sicherheit ist nicht aufgegangen. Der tragische Unfall von Paris läutete dieses Ende allerdings erst viel zu spät ein. Weil die Verantwortlichen bei den Herstellern, Airlines und Behörden die Augen vor der Realität verschlossen, das Prestige über die Sicherheit stellten und sich letztlich allein von den so genannten wirtschaftlichen Sachzwängen überzeugen ließen, mussten wieder einmal erst über 100 Menschen ihr Leben verlieren, bevor man sich eines erkannten Sicherheitsdefizits angenommen hat.

7. März 2001: Bilbao, Sondica Airport, 22:10:27 UTC
IBERIA AIRLINES FLUG 1456 – Mensch oder Maschine?

»Der geschickte Journalist hat eine Waffe: das Totschweigen –
und von dieser Waffe macht er oft genug Gebrauch.«

Kurt Tucholsky

»Airbus-Ingenieure haben den Iberia-Unfall auf ihrem eigenen Flugsimulator reproduziert und eine Softwaremodifizierung entwickelt, die die ›Alpha Protection‹[22]-Einstellungen verändert. Damit werden höhere Anstellwinkel vom System zugelassen, bevor sich das Feature einschaltet und automatisch reagiert. Dadurch erhöht sich auch die Kontrollautorität der Besatzung. Der Airbus A320 kann auch noch 5 bis 8 Knoten langsamer geflogen werden, bevor der Strömungsabriss eintritt und normalerweise die Alpha Protection getriggert wird. Dieses betrifft die weltweite Flotte von 1270 Airbus A319 und A320.«[23] – »Das ist keine technische Änderung«, bemerkte ein A320-Kapitän, »sondern ein Umschwenken in ihrer Philosophie.« Airbus erlaubt den Piloten mehr Kontrolle über ihr Flugzeug. Das galt noch Mitte der Neunzigerjahre als »unvorstellbar«. Bei genauerem Hinsehen fällt jedoch auf, dass die Alpha-Protection des A320 schon einmal, nämlich zwei Jahre zuvor, stillschweigend geändert worden war. Damals erfolgte die Umprogrammierung der Software im Anschluss an den Bericht über einen Vorfall. Eine schwere Windscherung kann das Flugzeug in das Regime einer »Stall-Warning« bringen, also einen Zustand, der auf den bevorstehenden Strömungsabriss[24] hinweist. Bei der Umprogrammierung der Software wurde die Handlungsfähigkeit des Piloten in einem solchen Fall reduziert. Nach dem Landeunfall in Bilbao vom 7. Februar 2001 bezeichnete Airbus diese Änderung als »einen Schritt zu weit«.

Der Vorfall zeigte über das eigentliche Ereignis hinaus nachhaltige Wirkung. Es ging ans »Eingemachte«. Der Glaubenssatz, der bei Airbus die Effektivität der Maschinen über die Fähigkeit der Menschen stellt, geriet ins Wanken. Das Dogma, dass jede Optimierung der Maschinen einen Zugewinn an Sicherheit bedeutet, hatte einen unschönen Schandfleck bekommen. Herrschte bei Airbus bisher die Einstellung, das Flugzeug brauche von der Besatzung nur innerhalb der zugelassenen Parameter manövriert zu werden, dann könne gar nichts passieren, gestand man jetzt überraschend einen Mangel an der Software für die Alpha-Protection ein. Das Image des Hersteller-Konsortiums in Toulouse war angekratzt: Immerhin handelte es sich bei der Alpha-Protection um eine der Kronjuwelen des hochgezüchteten Fly-by-Wire-Systems. Boeing hat inzwischen vergleichbare Schutzsysteme entwickelt, macht jedoch nicht ein so großes Geschrei über diesen Umstand. Das Boeing-System kann der Pilot übrigens übersteuern, was beim Airbus nur auf Umwegen gelingt.

Bei Airbus verhindert die Alpha-Protection, dass die Maschine beabsichtigt oder unbeabsichtigt durch einen zu hohen Anstellwinkel in einen Strömungsabriss gerät. Wenn zum Beispiel ein Pilot bei einem Steigflug die Flugzeugnase zu sehr anhebt oder einen solchen Steuerbefehl über seinen Sidestick[25] abgibt und dies zu einem Auftriebsverlust führen würde, korrigiert das System automatisch, indem es die Nase durch eine entsprechende Auslenkung der Höhenruder herunternimmt. So wird der Strömungsabriss abgewendet, lange bevor er eintritt. Das *Airbus A320 Flight Crew Operation Manual* (FCOM) definiert die Alpha-Protection als ein System, »das Schutz bietet gegen Strömungsabriss und Windscherungen (und) das Priorität vor allen anderen Schutzmechanismen hat«. Schon die ersten bekannt gewordenen Erkenntnisse nach dem Unglück von Bilbao wiesen allerdings darauf hin, dass ausgerechnet die »Aktivitäten« dieses Sicherheitssystems den Unfall mit verursachten: Die Alpha-Protection konterkarierte die vom Piloten gewollte und befohlene Aktion. Der Mensch im Cockpit hätte diesen Unfall abwenden können, die Maschine provozierte ihn geradezu.

Nase nach oben!

Gegen 23.10 Uhr Ortszeit näherte sich Iberia Flug 1456 dem Flughafen Sondica in Bilbao, Spanien. Der Flug mit 136 Passagieren und sieben

Das Vorderteil des verunglückten Iberia A320 auf dem Flughafen von
Bilbao.

Besatzungsmitgliedern kam aus Barcelona. Weil es sich um einen Trai-
ningsflug für den Ersten Offizier handelte, saßen insgesamt drei Piloten im Cockpit. Der A320 befand sich auf einem Instrumentenanflug
(ILS) und kreuzte auf seiner Flugbahn eine Gewitterzone. Vom Fluglotsen war die Besatzung auf leichte Turbulenzen und Bodenwinde aus
240 Grad mit nur 8 bis 9 Knoten hingewiesen worden. Sondica ist
wegen der zeitweilig kritischen Bedingungen gefürchtet, besonders im
Winter. Der Flughafen verfügt über keine verbesserten Wetterobserva-
tionssysteme oder gar ein Warnsystem für Windscherungen. In den 15
Tagen vor dem Unglück von Iberia 1456 hatten sich bereits zwei wet-
terbedingte Unfälle ereignet sowie noch einmal drei weitere Unfälle in
den fünf Monaten davor.

Das Kontrollzentrum in Bilbao versäumte es, dem anfliegenden Ibe-
ria-Airbus mitzuteilen, dass unmittelbar vor ihm drei weitere Maschinen erfolglos zu landen versucht hatten und schließlich zu ihren Ausweichflughäfen weitergeflogen waren. Gemäß Augenzeugenberichten
gegenüber den lokalen Medien nach dem Unfall hatten noch weitere
Maschinen direkt zu ihren Ausweichflughäfen abgedreht, ohne überhaupt einen Landeversuch zu unternehmen.

Während seines Endanfluges wurde der A320 in knapp 200 Fuß
Höhe von schweren Turbulenzen geschüttelt. Es folgten Böen mit

Windgeschwindigkeiten von bis zu 95 Fuß pro Sekunde, ein Updraft, danach ein Downdraft und schließlich heftige Rückenwindböen in einer Höhe von 70 bis 50 Fuß. Der damit verbundene Wechsel der Windrichtung weist deutlich auf eine Windscherung hin. Wie aus den Informationen des Stellvertretenden Direktors von Airbus Flight Operations Kapitän Michel Brandt hervorgeht, reagierte der Pilot während des Updraft mit einem vorwärts Sidestick-Input, er befahl also »Nase nach unten«. Dann zog er den Sidestick zurück in die Position »Nase nach oben«, um die während des Downdraft angewachsene Sinkrate auszugleichen. Als schließlich das Bodenannäherungs-Warnsystem GWPS die Besatzung über die ungewöhnlich hohe Sinkrate alarmierte, entschieden sich die Piloten zu einem »Go-Around«, einem Durchstartmanöver, und schoben die Gashebel nach vorne. Die Sache hatte nur einen Haken: Das von den Piloten gewünschte und auch so gesteuerte Flugmanöver wurde vom Flugzeug nicht ausgeführt.

Die moderne Fliegerei wäre längst nicht so spannend und manchmal Adrenalin treibend, wenn immer alles laufen würde, wie es sich die Konstrukteure am grünen Tisch gedacht und in ihren voluminösen Flugbetriebshandbüchern fixiert haben. In diesem Moment nämlich hatten die Piloten ihre Rechnung ohne das Kronjuwel des modernen Airbus-Designs gemacht. Die Alpha-Protection hatte sich während der vorangegangenen Flugmanöver eingeschaltet und übernahm ab hier das Kommando. Die Software befahl den Steuerflächen »Nase runter«, was auch geschah, obwohl beide Piloten ihre Steuerstifte bis an den hinteren Anschlag auf »Steigen« zogen. Da inzwischen der Boden und die Landebahn unter ihnen waren, setzte die Maschine heftig und mit allen drei Fahrwerken gleichzeitig auf. Die dabei gemessene vertikale Geschwindigkeit betrug 1400 Fuß pro Minute. Dafür ist das Bugfahrwerk nicht ausgelegt, und es brach weg.

Die Maschine schlitterte knapp 1000 Meter die Landebahn entlang, bevor sie zum Stillstand kam. Während der Evakuierung über die Notrutschen zogen sich vier Passagiere und einige Besatzungsmitglieder leichte Verletzungen zu, eine ältere Dame wurde vorsorglich ins nahe gelegene Krankenhaus gebracht. Der gerade mal sechs Monate alte Airbus erlitt schwere Beschädigungen, darunter an der Tragflächenstruktur sowie an den Triebwerksgondeln. Schnell wurde klar, dass die aufzuwendenden Reparaturkosten den Zeitwert überschritten. Daher müsste diese Maschine eigentlich als Totalverlust in die Unfallstatistik eingehen.

Ein Unfall, der gar keiner war ...

Merkwürdigerweise taucht sie aber genau dort nicht auf. Der Unfall, der immer noch von der spanischen Comisión de Investigación de Accidentes e Incidentes (CIAI) untersucht wird, ist bislang nur als Zwischenfall aufgelistet, obwohl es dafür keine sachliche Rechtfertigung, allenfalls eine hintergründige Erklärung gibt. Für Spaniens nationale Airline würde dieser Unfall offiziell den ersten Totalverlust eines A320 markieren. Neben der Unfallmaschine operiert die Gesellschaft noch mit 85 weiteren modernen Fly-by-Wire-Flugzeugen aus der Airbus-Familie A319 bis A340. Das gehört sozusagen zum guten nationalen Ton, denn der spanische Flugzeugkonstrukteur CASA ist einer der vier Partner des europäischen Airbus-Konsortiums.

Gleichwohl hatte der Zwischenfall von Bilbao Konsequenzen hinter den Kulissen. Keinen Monat danach veröffentlichte die französische Direction Generale de l'Aviation Civile (DGAC) eine so genannte AD (»Airworthiness Directive« oder Flugtüchtigkeitsdirektive) für alle Airbus-Flugzeuge vom Typ A319 und A320. Die Piloten wurden angewiesen, mindestens 10 Knoten schneller anzufliegen und nur die Landekonfiguration 3 (also Landeklappenstellung 3) zu benutzen, wenn Böen mit mehr als 10 Knoten Unterschied auftreten, oder aber wenn mit moderaten oder schweren Turbulenzen im kurzen Endanflug zu rechnen ist. Weiter sollte die Besatzung auf die »Minimum Approach Speed« (VlS oder »lowest selectable speed«) eine Sicherheitsmarge von 10 Knoten aufschlagen und diese Geschwindigkeit auf keinen Fall unterschreiten. Wenn die Sinkraten-Warnung des GPWS unter 200 Fuß ertönt, war fortan ein sofortiges Durchstarten vorgeschrieben. Die Informationen wurden von den Airbus-Betreibern in spezielle Bulletins für ihre Piloten übernommen; weitere Erklärungen gab es jedoch nicht, vor allem nicht über den ursächlichen Zusammenhang mit dem Unfall in Sondica. Nicht bedacht wurde in der offenkundigen Eile, dass einige der insbesondere vom etwas kleineren A319 erreichbaren Flughäfen mit einer kurzen Landebahn streng genommen nicht mehr legal angeflogen werden durften. Ein Blick in die *Landing Distance Charts*[26] hätte genügt, um zu erkennen, dass sich die benötigte Landebahnlänge bei einer um 10 Knoten erhöhten Anfluggeschwindigkeit bei gleichzeitig auf Klappenstellung 3 reduzierten Landeklappen drastisch vergrößert. Die fraglichen Flugplätze wurden trotz des Handicaps weiterhin angeflogen.

Auffällig ist angesichts der normalerweise großzügig bemessenen Zeiträume für die nach einem Unfall anstehenden Modifikationen an einem Flugzeugtyp, mit welcher geradezu bemerkenswerten Geschwindigkeit Airbus sich entschloss, die Softwareprogrammierung der Alpha-Protection zu ändern – und das obwohl es noch nicht einmal einen abschließenden Unfallbericht gab. Nach den Aussagen von Kapitän Michel Brandt wurde dies von Airbus unverzüglich veranlasst, damit »die Piloten eine größere Kontrolle erhalten«. So stand es zumindest in der einschlägigen Fachpresse. Ein Schritt, den die angestammten Airbus-Kritiker und die internationalen Piloten begrüßten. Das revidierte Software-Update wurde nicht minder zügig nur knapp vier Monate nach dem Vorfall von der französischen DGAC als Überwachungsbehörde des Herstellers sowie der damaligen europäischen Luftaufsichtsbehörde JAA zertifiziert. In den Folgemonaten führte Airbus ein »beschleunigtes Retrofit-Programm« für die gesamte A319 und A320-Flotte durch.

Etwa gleichzeitig wurden in der renommierten Fachzeitung *Air Safety Week* erstmalig und einzig Details des Zwischenfalls von Sondica publik. Die Journalisten hatten die Hintergründe des verdächtig schnellen Handelns offenbar eher erkannt, als die Pressestellen bei Airbus und den Airlines es erwarteten. Bei der Airbus-Flottenführung Lufthansa hieß es noch nach Erscheinen dieses Artikels und der Umsetzung der AD-Note, die Gründe für die Änderung des Verfahrens könne man »nicht nachvollziehen«. Einige Wochen später folgte dann eine interne Information an alle Airbus-Piloten der Lufthansa, bei der der Vorfall von Bilbao jedoch nicht als Unfall (*accident*), sondern lediglich als Zwischenfall (*incident*) bezeichnet wurde. Das verwundert, denn nach der weltweit gültigen Definition der International Civil Aviation Organization (ICAO) ist eindeutig jeder Vorfall als Unfall einzustufen, bei dem das Flugzeug oder die Insassen beschädigt beziehungsweise verletzt werden.

Nun ja, die verunglückte Maschine mit der Registrierung EC-HKJ, Seriennummer 1278 taucht in keiner Statistik auf. Lufthansa spielt intern herunter, Iberia weigert sich, die Maschine von Bilbao als Totalverlust zu deklarieren, und auch in den regelmäßigen Veröffentlichungen der Versicherer forscht man vergeblich. Versucht man hier mit einem »Kunstgriff«, die Airbus-Unfallstatistik zu schönen und einen Imageschaden abzuwenden?

Nach Außen bleibt jedenfalls der Eindruck, als ob dieser Unfall, bei dem eine Maschine erneut den Menschen überlistet hat, schlicht vertuscht werden soll. Auf keinen Fall möchte sich Airbus auf eine Diskussion einlassen, ob es im Zusammenhang mit ihrer Konstruktionsphilosophie sinnvoll ist, dem Menschen wesentliche Kontrollaspekte aus der Hand zu nehmen. Diese Diskussion wurde kurz nach der Einführung des damals als »Wunderflieger« bezeichneten Airbus A320 zu Beginn der Neunzigerjahre in Fachkreisen hitzig geführt, besonders nach den ersten Unfällen in Habsheim[27], Bangalore[28] und Warschau[29]. Ein wesentliches Argument aus der Pilotenschaft war damals, es könne nicht angehen, dass die Piloten in Situationen gerieten, in denen sie das Logiksystem des Airbusses überlisten müssen, um den gewünschten Flugzustand herzustellen. Bei den Konstrukteuren in Toulouse sieht man das nach wie vor offenbar anders.

Und noch etwas sticht ins Auge: Während fast alle Unfalluntersuchungsbehörden der Welt inzwischen längst auf ihren Internetseiten informieren, gibt es in Spanien keine Homepage mit diesbezüglichen Informationen. Es scheint also immer noch so, als ob der Unfall von Bilbao, der das Airbus-Konsortium zu solch gravierenden Veränderungen am Herzstück seiner Hightech-Philosophie zwang, offiziell gar nicht stattgefunden hat.

20. März 2001:
Frankfurt Main Airport, gegen 11:00 UTC
LUFTHANSA FLUG 4172 – Falsch verkabelt

»Höchste Noten für die Piloten – 50 Zentimeter bei voller Schubleistung und
mit 20 Grad Schräglage? Beängstigend, beängstigend.«

Ein den Vorfall kommentierender Pilot in der

Fachzeitung *Air Safety Week*, Juni 2001

Am Vormittag des 20. März 2001 entgingen die Lufthansa und 115 Menschen an Bord eines Airbus um Haaresbreite einer Katastrophe, ausgerechnet auf dem Heimatflughafen in Frankfurt am Main. Der moderne A320 auf dem Weg nach Paris hatte gerade von der Startbahn West abgehoben, als das Flugzeug unvermittelt eine leichte Schräglage nach links einnahm. Der Kapitän wollte die Abweichung durch eine leichte Steuerbewegung nach rechts korrigieren, doch als er seinen Steuerhebel, den Sidestick, nach rechts drückte, begann sich das Flugzeug nur noch stärker nach links zu neigen. Der überraschte Pilot drückte noch einmal stärker nach rechts, aber sein Airbus reagierte weiterhin in die falsche Richtung und geriet schließlich in eine Querlage von mehr als 20 Grad. Seit dem Abheben waren gerade einmal drei Sekunden vergangen.

Nur dem geistesgegenwärtigen Einschreiten des Copiloten ist es zu verdanken, dass Schlimmeres verhindert wurde. Obwohl der Kapitän versuchte, mithilfe des Seitenruders die Rollbewegung der Maschine zu stoppen und sein Sidestick am rechten Anschlag stand, kehrte diese nicht in die normale Horizontallage zurück:»Ich kann nichts mehr machen!« Sein Nebenmann übernahm sofort die Steuerung auf seiner Seite und konnte die Maschine gerade »noch so abfangen«. Die Piloten stiegen auf 3600 Meter Höhe und überprüften vorsichtig die Reaktion ihrer Sidesticks. Dabei stellten sie fest, dass der Zustand anhielt, die Steuerbefehle des Kapitäns vom Flugzeug genau entgegengesetzt ausgeführt wurden. Sie entschlossen sich zur Umkehr nach Frankfurt, wo die Maschine sicher landete. Die verschreckten 115 Passagiere wurden auf andere Flüge umgebucht, der Airbus ging in den Hangar zur Lufthansa Technik zur Wartung. Dort wurden die Flugdatenschreiber gesichert und gemeinsam mit den Experten der BFU ausgewertet. Laut Vorschrift handelte es sich um eine »meldepflichtige schwer wiegende Störung des Flugverkehrs«. Solche Vorkommnisse müssen von der Airline gemeldet und von den Experten in Braunschweig untersucht werden.

Ein rotes und ein blaues Kabel

Die Ermittler staunten nicht schlecht, als sie anhand der Daten die verbliebene »Luft« zum Boden kalkulierten: Die linke Tragfläche war während der Querfluglage zeitweise nur 50 Zentimeter vom Boden entfernt, während der Airbus mit voller Startleistung beschleunigte. Hätte die Fläche den Boden berührt, wäre die Katastrophe besiegelt gewesen. Und wäre der Airbus noch fünf Sekunden so weitergeflogen, kommentierte ein Experte der BFU, »hätte es definitiv einen Crash gegeben«. In den Zeitungen oder im sonst auf spektakuläre Ereignisse so erpichten Fernsehen fand sich indes nichts zu diesem Fall. Die Pressestelle der Lufthansa leistete gute Arbeit. Denn die Details dieser Ursachenkette, die zu dem Beinahe-Absturz des voll besetzten A320 geführt hatten, warfen kein gutes Licht auf das sonst makellose Vorzeige-Image.

Der Airbus A320 gehört zu den Fly-by-Wire-Maschinen, deren Steuerung nicht mehr durch Stahlseile erfolgt, welche die Steuersäule im Cockpit mit den Quer- und Höhenruderflächen des Flugzeuges verbindet, sondern mittels eines elektronischen Impulses. Dabei werden alle Signale des Piloten zunächst von den Bordcomputern auf ihre Plausibilität überprüft, bevor sie elektronisch ausgeführt werden. Dies und damit verbundene spezielle Sicherheitssysteme machen den Airbus nach Ansicht des europäischen Herstellers zu einem sehr zuverlässigen und sicheren Verkehrsflugzeug.

Ins Fadenkreuz der Untersuchung rückte schnell die Wartung des Flugzeuges. Zwei Tage vor dem Zwischenfall wurde der Lufthansa-Airbus mit der Kennung D-AIPW dem konzerneigenen Wartungsbetrieb auf dem Frankfurter Flughafen überstellt. Bei einigen Flügen zuvor waren laut Logbuch immer wieder Probleme mit einem der beiden Steuerungscomputer (Elevator-Aileron-Computer oder ELAC) aufgetreten. Dieser ist unter anderem für die Quersteuerung des A320 zuständig. Die Techniker von der Lufthansa überprüften auch die Anschlussstecker des Sidesticks. Auf der Seite des Kapitäns fanden sie einen verbogenen Kontaktstift. Ein neuer Stecker würde das Problem lösen. Das notwendige Ersatzteil war jedoch gerade nicht im Lager, und wie immer in der kommerziellen Luftfahrt drängte die Zeit. Man beschloss zu improvisieren und alle vier Stecker mit insgesamt 420 einzelnen Kabeln neu zu verdrahten. Diese zeitintensive Reparatur mussten die Mechaniker auf engstem Raum unterhalb des Cockpits vornehmen. Die Drähte wurden der Reihe nach vom alten Stecker abgezogen und sofort auf den neuen Stecker aufgesteckt. Da sich die Reparatur über mehrere Stunden erstreckte, waren zwei Arbeitsschichten damit betraut. So führte nicht ein Mechaniker die Arbeiten aus, sondern letztendlich waren mehrere Kollegen beteiligt, von denen keiner den gesamten Ablauf und alle Teilschritte miterlebte.

Beim Anschließen der 164 Einzelkabel eines einzelnen Steckersegments unterlief in der zweiten Schicht der beinahe katastrophale Fehler: Vier der dünnen Drähtchen im Stecker wurden versehentlich vertauscht. Diese waren einerseits für die Polarität der Steuersignale für die Querruder, anderseits für die Signale an den das System überwachenden Kontrollcomputer zuständig. Deshalb schlug dieser beim Start auf dem Frankfurter Flughafen dann auch keinen Alarm; für ihn waren die Signale »logisch« und deshalb in Ordnung.

»Das Problem wird sicherlich verstärkt,« erklärte mir ein erfahrener Airbus-Mechaniker, »weil das Airbus-Wartungshandbuch hier Raum für Fehler lässt.« Obwohl alle Airbus-Flugzeuge in Serie gebaut und per Sidestick geflogen werden, gebe es beim Anschluss der Steuerkabel im Stecker Unterschiede: »Die Sidesticks sind nicht einheitlich angeschlossen. Es bestehen sogar bei verschiedenen Flugzeugen des gleichen Typs mitunter andere Verkabelungspläne. Da ist es ein Leichtes, aus Versehen den falschen Plan zu erwischen.« So verhielt es sich dann auch. Die Mechaniker gaben später zu, dass sie sich unsicher waren, welche Seite des *Aircraft Wiring Manuals* die Gültige war, denn es gab gleich zwei Seiten, die für das Flugzeug zutreffen konnten. An dieser Stelle hätten die Techniker alle Vorraussetzungen für die Reparaturarbeit einer erneuten Überprüfung unterziehen müssen, aber genau das unterließen sie. Stattdessen entschieden sie sich schnell – für die falsche Seite im Buch.

Doch es sollte noch eine weitere Tücke der Technik hinzukommen: Bei den Anschlusskabeln, die den Sidestick und damit den eigentlichen Steuerimpulsgeber im Cockpit mit dem ELAC verbinden, bestehen alle Kabelpaare aus einem roten und einem blauen Kabel, die miteinander verdrillt sind. Ausgerechnet bei der Unglücksmaschine waren diese Kabel in ihrer Polarität bereits vom Hersteller andersherum angeschlossen worden. Airbus erklärte hierzu, dass man auf eine einheitliche Verkabelung aller Flugzeuge Wert lege und diese auch typenübergreifend erreichen wolle. Ab einer bestimmten Baureihe sollte die Verkabelung des A320 daher identisch sein mit der Verkabelung der später gebauten A330 und A340. Da man bei Airbus aber nicht von Anfang an so vorgegangen war, kam es bei einigen ausgelieferten Flugzeugen zu Abweichungen. In der Übergangsphase wurde also bei einigen Maschinen eine Farbverdrehung billigend in Kauf genommen. Die entsprechenden Seriennummern der Flugzeuge wurden in der mehrere 1000 Seiten umfassenden Dokumentation vermerkt. Damit war die Abweichung zur Norm, also blau zu rot beziehungsweise rot zu blau, gleich schwarz auf weiß vorhanden – und der Hersteller aus dem Schneider.

Wer aber kann von den unter Hochdruck arbeitenden Mechanikern verlangen, bei einer kniffligen Reparatur, für die nur wenige Stunden zur Verfügung stehen, Tausende von Handbuchseiten nach den richtigen Farbkombinationen zu durchsuchen? Wie lange würde ein Mechaniker wohl seinen Job behalten, wenn er eine Verlängerung der Wartungszeiten damit rechtfertigte, zunächst eingehend das Handbuch studieren zu müssen? In einer Branche, in der Zeit Geld ist, Verzögerungen Flugausfälle und Umsatzeinbußen bedeuten und Rationalisierung wie in allen anderen Branchen auf der Tagesordnung steht, ist so etwas schlicht unmöglich.

Aber ähnlich wie bei den voluminösen mehrbändigen Manuals der Piloten gibt es solche Vorschriftenwerke und technischen Unterlagen gleich zuhauf in jedem Wartungsbetrieb. Und ähnlich wie bei einigen speziellen Verfahren im Flugbetrieb die Airlines manchmal von den Vorgaben des Herstellers abweichen und eigene Verfahren kreieren, findet sich dieses Phänomen auch bei den Wartungsbetrieben. Das bringt hin und wieder Vorteile, nicht nur in wirtschaftlicher Hinsicht. Die Lufthansa Technik gehört sicherlich in die Gruppe der Qualitätsbetriebe, die durch ihre jahrzehntelange Erfahrung eine Vielzahl eigener Verfahren etablieren konnte. So war man noch vor zehn Jahren sehr stolz bei der Lufthansa, immer ein bisschen »mehr« zu tun, als es die Vorgaben der Aufsichtsbehörden verlangten, und sich dadurch positiv gegen die zeitgenössische Konkurrenz abzugrenzen. Brancheninsider berichten jedoch einhellig, dass seit dem Jahr 2000 auch bei renommierten Betrieben wie der Lufthansa die ehemals erhöhten Ansprüche an den Flugbetrieb und den technischen Zustand des Geräts auf das Niveau der weit darunterliegenden gesetzlichen Anforderungen zurückgefahren wurde. Heute werden die Prioritäten in einem zeit-, kosten- und produktivitätsorientierten Umfeld dem gesteigerten Konkurrenzdruck ebenso angepasst wie der zunehmenden Schwierigkeit, die Arbeitsabläufe kostengünstig und damit letztlich den Konzern rentabel zu halten. Das spürt auch jeder Mechaniker.

Verspätungen oder sogar Flugausfälle wegen eines Defektes am Flugzeug kosten die Airline Geld. Große Wartungsbetriebe erzielen heute einen nicht unwesentlichen Teil ihres Umsatzes mit Aufträgen für Fremdkunden, also nicht bei Reparaturen der eigenen Flotte. Vielerorts haben deshalb die Fremdkunden Priorität. Gleichzeitig macht sich überall der Personalabbau im Zuge von Sparmaßnahmen bemerkbar. Es fehlt an Manpower. Hinzu kommt, dass wegen der hohen Lohnnebenkosten, gerade in Deutschland, viele erfahrene ältere Mechaniker vorzeitig in den Ruhestand geschickt wurden. Jüngere und damit billigere Kräfte wurden teilweise aus der KfZ-Branche rekrutiert. Was denen fehlt, lässt sich in der Kürze durch Umschulungsmaßnahmen nicht kompensieren: die langjährige Erfahrung und Routine. Dabei ist diese heute in den Wartungsbetrieben umso wichtiger, denn immer mehr Kontrollfunktionen, die bislang die Aufsichtsbehörden oder entsprechend lizenzierte Vertreter wahrnahmen, wurden von den Behörden an die Betriebe delegiert. Die Mechaniker müssen also nicht nur unter verschärftem Zeitdruck arbeiten, sondern gleich zwei Funktionen erfüllen: Sie müssen einerseits im Auftrag der Firma eine Reparatur ausführen und anschließend, quasi als Vertreter der Aufsichtsbehörde, in Personalunion ihre eigene Arbeit überprüfen und für die Behörde zertifizieren.

Doch unter Zeitdruck oder nach einer Vielzahl von Überstunden ist auch der gewissenhafteste Arbeiter anfällig für Irrtümer. Kommt dann noch ein Mangel an Erfahrung oder Ausbildung hinzu, entwickelt sich ein enormes Gefährdungspotenzial, gerade in Hochsicherheitsbereichen wie der Luftfahrt. Die Fehler sind vorprogrammiert, und es ist nur eine Frage der Zeit, wann eine Fehlleistung zu einem Glied in der Kette eines Unfallereignisses wird. Der über 30 Seiten umfassende Bericht der BFU über den Vorfall beim Flug Lufthansa 4172 spricht daher eine recht klare Warnung an alle Beteiligten aus. Darin heißt es: »Die BFU kommt zu dem Schluss, dass die schwere Störung darauf zurückzuführen ist, dass bei Instandsetzungsarbeiten am Stecker zwei Kabelpaare vertauscht wurden, der Arbeitsfehler unentdeckt blieb, der Fehler beim ›Flight Control Check‹ durch die Besatzung nicht erkannt wurde. … Beitragend zu den Ursachen waren: eine unübersichtliche, schwer handhabbare Dokumentation, in deren Folge ein falsches Wiring-Diagramm benutzt wurde, ein Abweichen von der Herstellervorgabe durch Maintenance Support, nicht eindeutig formulierte Herstelleranweisungen, eine unkorrekte Durchführung der Funktionskontrolle durch den Zweitkontrollierenden, eine unzureichend funktionierende Qualitätssicherung, eine fehlende Überwachung des Instandhaltungsbetriebes durch das Luftfahrtunternehmen, eine quantitativ und damit auch qualitativ nicht ausreichende Überwachung des Instandhaltungsbetriebes und des Luftfahrtunternehmens durch die Aufsichtsbehörde, Mängel in der ›AFTER START CHECKLIST‹ für die Durchführung des ›FLIGHT CONTROL CHECK‹[30].« Was war dann eigentlich in Ordnung?, fragt sich da so mancher normale Mensch.

Es lassen sich in diesem Fall sogar noch weitere Sicherheitsrisiken benennen: Das Vertauschen der dünnen Anschlussdrähte hatte Auswirkungen auf den überwachenden Kontrollkanal. So konnte dieser keinen Fehler feststellen. Hier werden die Grenzen der Programmierbarkeit – und damit die Grenzen der Airbus-Philosophie – ganz ähnlich wie beim Unglück in Bilbao nur wenige Tage vor dem Frankfurter Zwischenfall offenbar. Wenn die Maschine, wenn der Computer versagt, muss dem Menschen die Möglichkeit bleiben, dieses Versagen nicht nur zu bemerken, sondern auch korrigierend eingreifen zu können. Ist das nicht der Fall, werden system-technisch verursachte Ereignisse wie in Bilbao überaus wahrscheinlich. In Frankfurt konnte zumindest der Copilot noch geistesgegenwärtig eingreifen und damit ein Desaster verhindern, weil sein als Redundanz vorhandener Sidestick richtig funktionierte. Bemerkenswert war in dieser Hinsicht auch das am Boden reproduzierbare Ereignis, dass die Richtungssymbole auf dem Anzeigeschirm sich beim Betätigen des Sidesticks zunächst einmal in die richtige, somit im spezifischen Fall aber falsche Richtung bewegten. Für dieses Phänomen blieb Airbus den Untersuchern eine befriedigende Erklärung schuldig. Und weiter: Bevor die Maschine den Hangar der Lufthansa Technik verließ, führte ein Mechaniker eine Funktionskontrolle des Sidesticks durch, jedoch nur auf der rechten Seite auf dem Platz des Copiloten. Auf einen zweiten Mann vor dem Flugzeug, der die Steuerbefehle im Cockpit mit dem aktuellen Auslenken der Steuerflächen hätte vergleichen können, wurde verzichtet. Eine Zeit-, Arbeitsplatz- und Lohnkostenersparnis zum Nachteil der Sicherheit.

Doch auch die Piloten haben mit dem für sie vor dem Flug vorgeschriebenen und von der BFU bemängelten »Flight Control Check« nach wie vor ein Problem: Von ihren Sitzen im Cockpit an den Flugzeugnasen aus können sie die zu kontrollierenden Steuerflächen leider nicht sehen, selbst wenn sie sich umdrehen. Ein Vergewissern ist nur möglich, wenn einer der Piloten in der Kabine auf die Höhe der Tragflächen geht und die Arbeitsweise durch einen Blick aus dem Fenster verifiziert. Ein solches Unterfangen ist jedoch nicht vorgesehen und impraktikabel, zumal der »Flight Control Check« in der Regel während des Rollens zur Startbahn kurz vor dem Beschleunigen und Abheben durchgeführt wird. Manchmal lobe ich mir da den sehr simplen Check bei einem Flugzeug mit guter Rundumsicht. Ich frage mich dann, wieso man im 3. Jahrtausend unserer Zeitrechnung dem Piloten eines Großflugzeuges dies nicht mittels kleiner und erstaunlich zuverlässig arbeitender digitaler Kameras ermöglicht? Alltagstaugliche Geräte gibt es schon für einige 50 Euro in der gehobenen Klasse. Vielleicht spendiert ja doch einmal eine Airline oder ein Hersteller den Piloten die Außenbordkameras, mit denen sie in verborgene Winkel ihres Flugzeugs blicken können. Sonst bleibt ihnen keine andere Chance, als sich auf die Richtigkeit der elektronisch generierten Anzeige zu verlassen – und dass diese in jedem Fall absolut zuverlässig arbeitet, daran dürfte gerade nach diesem Kapitel zumindest ein gelinder Zweifel angebracht sein.[31]

24. August 2001:
Santa Maria Oceanic Control, 05:48 UTC
AIR TRANSATLANTIC FLUG 236 – Vom Fliegen mit nur zwei Strahltriebwerken oder »ETOPS«

Airbus A330 lizenzierte Piloten trugen sich am 24. August 2001 ernsthaft mit dem Gedanken, ihren Flugzeugtyp unter der Kategorie »größtes zugelassenes Segelflugzeug« in den Fluglizenzen eintragen zu lassen. Seitdem hat das über 300 Passagiere fassende, zweistrahlige Flugzeug diesen Spitznamen. Was war geschehen? Eigentlich nichts, was im Bereich einer zu diesem Zeitpunkt kalkulierten Wahrscheinlichkeit hätte eintreten dürfen: Beide und somit alle vorhandenen Triebwerke waren mitten über dem Atlantik ausgefallen.

In den frühen Morgenstunden dieses Freitags befanden sich Kapitän Robert Piché und sein Erster Offizier Dirk DeJaeger mit Air Transat Flug 236 auf dem Weg vom kanadischen Toronto nach Lissabon. An Bord zwängten sich 293 Menschen auf dem neunstündigen Charterflug. Um 5 Uhr 48 wurde der Lotse von Santa Maria Oceanic Control dann jäh durch einen Notruf aus der Routine gerissen. Die Piloten von Flug 236 meldeten einen anormalen Treibstoffverlust und vermuteten ein Leck als Ursache. Knappe 12 Minuten zuvor war ihnen ein Ungleichgewicht zwischen dem linken und dem rechten Flügeltank aufgefallen. Die elektronische Nervenzentrale ihres Flugzeuges, das ECAM[32], hatte eine Warnung an die Piloten zur Anzeige gebracht und forderte sie auf, ein so genanntes »fuel imbalance procedure« durchzuführen.

In der Folge arbeitete die Besatzung das Verfahren ab und kalkulierte die verbleibende Treibstoffreserve. Die Maschine befand sich über Wasser auf Flugfläche 390. Der Treibstoff würde bis zum Zielflughafen nicht mehr ausreichen. Um 5 Uhr 45 entschloss sich Piché, den nächsten verfügbaren Flughafen anzufliegen: Lajes Airport auf der kleinen, zu den Azoren gehörenden Insel Terceira. Darüber informierten die Piloten den Lotsen 15 Minuten, nachdem sie im Cockpit auf das Problem aufmerksam geworden waren. In nur 25 weiteren Minuten sollte die Situation zu einem Notfall eskalieren.

Um 6 Uhr 13, immer noch in einer Höhe von 39 000 Fuß und etwa 135 nautische Meilen von Lajes entfernt, verabschiedete sich das rechte Triebwerk. Es war wegen eines trockenen Tanks verloschen. In den nun folgenden 13 Minuten verlor der Airbus allen noch vorhandenen Treibstoff, so dass schließlich um 6 Uhr 26 auch das linke Triebwerk trocken lag und ausfiel. Aber die rettende Landebahn auf den Azoren lag immer noch 65 nautische Meilen entfernt, und Flug 236 befand sich glücklicherweise immerhin noch auf 34 500 Fuß Höhe. Robert Piché hatte die RAT ausgefahren, jene kleine ausklappbare Propellerturbine, die das Flugzeug in einem solchen Fall mit Notstrom versorgt.

In der Passagierkabine war es jedoch stockdunkel; auch das Lautsprechersystem funktionierte nicht mehr, denn es gab keinen Strom. Man sollte meinen, eine derart vitale Einrichtung müsse in einem solchen Notfall immer funktionstüchtig sein. Fehlanzeige! So versuchte die Besatzung nach Leibeskräften, die Passagiere im Dunkeln auf eine jetzt eventuell bevorstehende Wasserlandung vorzubereiten. In den nun folgenden 19 Minuten Gleitflug nach Lajes herrschten »panische« und »chaotische« Zustände. Wie einige Fluggäste später berichteten, litten Besatzungsmitglieder unter heftigen Panikattacken, was wiederum traumatische Reaktionen bei einer Vielzahl der Passagiere hervorrief. Die Situation verschärfte sich noch, als gegen 6 Uhr 38 automatisch die Sauerstoffmasken ausgelöst wurden, weil ohne die Triebwerke der Kabinendruck nicht konstant gehalten wurde und unter die kritische Marke abfiel.

Im Cockpit erhielten derweil die Piloten alle mögliche Unterstützung vom Radarlotsen. Die Sicht war gut, und so setzte die Maschine den antriebslosen Anflug auf Lajes nach Sichtflugregeln fort. Um 6 Uhr 46 landete Kapitän Piché den havarierten A330 sicher auf Bahn 33. Das Fahrwerk wurde durch acht geplatzte Reifen und ein Feuer beschädigt, entfacht von einer überhitzten Bremse, da der Airbus mit einer weitaus höheren als der üblichen Anfluggeschwindigkeit aufsetzte und ohne Hilfe der Schubumkehr bremste. Passagiere und Besatzung verließen die Maschine über die Notrutschen. Dabei wurden zwei Personen schwerer verletzt. Die Evakuierung erfolgte übrigens innerhalb der vom internationalen Standard und den Zulassungsbedingungen geforderten 90 Sekunden.

Keinesfalls im Einklang mit den Vorschriften war jedoch das schwarze Loch von 21 Minuten auf den Bändern des digitalen Flugdatenschreibers und des Cockpit-Voice-Recorders. Das sorgte gleich am Anfang der offiziellen Untersuchung für Missmut. Immerhin sagte an dieser Stelle das Airbus-Handbuch glasklar, dass die vorgeschriebenen Flugparameter im DFDR gespeichert werden: »Das Gerät hat eine Kapazität für die Daten der letzten 25 Stunden. Es speichert die Daten auf einem feuer- und erschütterungssicheren Band. Ein Unterwasser-Peilsender ist am Gerät angebracht.« Das Aufzeichnungssystem schalte sich automatisch ein:

- »Am Boden, fünf Minuten nachdem das elektrische Netzwerk des Flugzeuges eingeschaltet wird.
- Am Boden, wenn ein Triebwerk läuft.
- Im Flug (egal ob die Triebwerke laufen oder nicht).«[33]

Wie aber konnte ein solch sicheres System in den entscheidenden Minuten versagen? Durch den Ausfall der beiden Triebwerke war auch die Stromzuführung zu den Wechselstromkreisen unterbrochen. Denn diese werden im Normalfall von den Stromgeneratoren an jedem der Triebwerke oder von der Hilfsgasturbine (APU) im Heck mit elektrischer Energie versorgt.

Der Flugdatenschreiber erhält seinen Strom über den Wechselstromkreis Nummer 2 und ohne Stromversorgung entweder direkt durch die laufenden Triebwerke oder durch die APU. Als Flug 236 sein zweites Triebwerk verlor, befand sich die Maschine immer noch auf 34 500 Fuß und damit zu hoch, um die APU zu starten. Um die kleine Turbine im Heck anzulassen, hätte sie auf 31 000 Fuß sinken müssen, außerdem braucht auch dieses kleine Aggregat Kerosin. Das aber hätte für Kapitän Piché bedeutet, die äußerst wertvolle Höhe aufzugeben, und zu dem Zeitpunkt, an dem er die Starthöhe von 31 000 Fuß für die APU erreicht hätte, wäre vermutlich nicht mehr genügend Treibstoff vorhanden gewesen. Wir erinnern uns: Nur 13 Minuten, nachdem das erste Triebwerk wegen Spritmangels ausgefallen war, verlosch auch das zweite, weil die Tanks bereits trocken lagen …

Man sollte meinen, ein Flugdatenschreiber dürfe nicht so einfach ausfallen. Immerhin liefert er den Unfallermittlern komplexe Ausschnittsbilder und Abläufe des Geschehens. Bei dem vergleichbaren Flugzeug aus dem Hause Boeing, der Boeing B757/767, gibt es einen Sicherheitsmechanismus, der genau das verhindern soll. Sobald die der Airbus-RAT entsprechende RAM, eine durch den Fahrtwind angetriebene Notstromturbine, ausgefahren wird, speist diese die Datenschreiber, die zusätzlich noch von einer Batterie versorgt werden. Dennoch fielen auch an Bord einer United Airlines Boeing 767 am 4. März 2001 nach dem Start von Maui auf der Pazifikinsel Hawaii beide Rekorder für mehr als eine halbe Minute aus, nachdem beide Triebwerke unter die Leerlaufdrehzahl gesunken waren. Die Datenschreiber begannen erst wieder aufzuzeichnen, als die Schubleistung auf den Triebwerken erhöht wurde. Wäre diese Boeing mit im Leerlauf operierenden Triebwerken weitergeflogen und dabei abgestürzt, hätten auch hier wertvolle Sekunden auf den Bändern gefehlt, und die Ermittler wären mit mysteriösen Fragmenten eines recht simplen Unfallherganges konfrontiert gewesen.

Nur 13 Minuten ...

Die wirklich spannende Frage des Zwischenfalls auf den Azoren ist jedoch: Wie konnten bei dem Airbus binnen 13 Minuten beide Triebwerke ausfallen, obwohl er laut Zulassungsvorschrift sogar mit nur einem Triebwerk wesentlich länger flugfähig sein muss? Damit nämlich ein mit zwei Triebwerken ausgestattetes Flugzeug wie der Airbus A330 und auch viele andere zweimotorige Langstreckenflieger die weiten Entfernungen überhaupt zurücklegen dürfen, müssen sie die Bestimmungen über die Extended Twin Operations (ETOPS) erfüllen. Diese sehen vor, wie lange ein Flugzeug beim Ausfall von einem der beiden Antriebe noch fliegen können muss, um einen Notlandeflugplatz zu erreichen. Und das sind in der Regel nicht 13, sondern mindestens 180 Minuten.

Eine grobe Überschlagsrechnung auf der Basis des noch vorhandenen Treibstoffs zu dem Zeitpunkt, als die Piloten den Vorfall im Cockpit bemerkten, führt zu dem Ergebnis, dass Treibstoff mit einer Rate von fast 200 bis 300 Kilogramm pro Minute ausgelaufen sein muss –

obwohl die Treibstoffleitungen einen sehr kleinen Durchmesser aufweisen. Tatsächlich stellte sich später heraus, dass alles Kerosin durch einen 8 mal 2,5 Zentimeter großen Riss in der rechten Triebwerkszuleitung ausgelaufen war. Der Hersteller Rolls-Royce bat bereits fünf Tage nach dem Vorfall in einem dringenden Telex alle Betreiber, endlich ein schon im März 1999 herausgegebenes Service-Bulletin[34] sofort bei allen Triebwerken des Typs Trend 700 auszuführen. Die Wartungsempfehlung befasste sich mit einem Abstandsproblem zwischen der Spritleitung und den hydraulischen Leitungen, wodurch es zu einem Leck kommen und der Treibstoff mit Hochdruck herausgepumpt werden konnte. Airbus schloss sich der Meinung an, dass dieser Missstand zu einem »signifikanten Treibstofffleck« führte.

Andere unschöne Einzelheiten wurden in den kanadischen Medien bekannt. Kurz vor dem Flug hatte Air Transat die rechte Turbine ersetzt, nachdem feiner Metallabrieb im Öl des Triebwerkes gefunden worden war. Während dieser Wartung wurden nicht alle Arbeitsschritte befolgt, die Rolls-Royce in seiner Anweisung forderte. Einige Ersatzteile waren in Montreal nicht vorrätig. Und noch fünf Tage vor dem denkwürdigen Zwischenfall hatte ein besorgter Mechaniker seinen Vorgesetzten gewarnt, dass dieser spezielle Airbus aus seiner Sicht nicht flugtüchtig war. Der Mechaniker war so verängstigt, dass er das Telefonat auf einem Tonband mitschnitt. Der Vorgesetzte aber blies alle Ratschläge in den Wind.

Womöglich hätte das Leck also vermieden werden können. Doch auch wenn es eines gibt, dürfen nicht beide Triebwerke verlöschen, wie es bei Flug 236 passierte. Über diesen Umstand war zumindest das kanadische Transportation Safety Board (TSB) »sehr besorgt«[35].

Airbus empfiehlt in seinem Handbuch bei einem vermuteten Leck gleich zwei Verfahren und überlässt es der Besatzung, welcher Variante sie folgt: »Befindet sich das Leck an einem Triebwerk, soll dieses betroffene Triebwerk stillgelegt werden.« Das geschieht durch Umlegen des Hauptschalters. Gleich darunter schreibt der Hersteller weiter: »Das Kreuzventil (ein spezielles Ventil, das durch Öffnen den Transfer von Treibstoff zwischen den beiden Tragflächentanks ermöglicht) kann nun geöffnet werden, um die Treibstoffmenge für die bessere Gewichtsverteilung umzupumpen oder auch den Sprit aus beiden Tanks für das verbleibende Triebwerk zu nutzen.«

Bei Air Transat Flug 236 hätte dies mit Sicherheit keinen auch nur annähernd gewünschten Effekt gehabt, zumal so immer noch aller vorhandener Treibstoff ausgelaufen wäre. Andererseits erscheint diese Maßnahme auf den ersten Blick einleuchtend und angemessen, bestand doch aufgrund eines komplett leer gelaufenen rechten Tanks zu diesem Zeitpunkt ein nicht unerhebliches Ungleichgewicht, da im linken Flügeltank noch einige Tonnen Sprit schwappten.

Der zweiten Option sollte man als A330-Pilot folgen, falls das Leck nicht eindeutig zu lokalisieren ist: Dann muss das Kreuzventil »geschlossen bleiben, damit das Leck nicht die Tanks auf beiden Seiten beeinträchtigt. Die linken und rechten inneren Tanks sollen getrennt werden.« Außerdem empfiehlt Airbus, auf eine Höhe von 23 000 Fuß zu sinken, so dass der Treibstoff ohne Pumpenhilfe nur durch das Prinzip der Schwerkraft an das Triebwerk gelangen kann. Ist diese Höhe erreicht, sollen alle Pumpen abgeschaltet werden, um einen weiteren Treibstoffverlust zu verhindern. Weiter warnt Airbus an dieser Stelle im Handbuch: »Alle Pumpen müssen abgestellt werden, sogar wenn das Leck nur an einer Tragflächenseite besteht, weil es einige Fehler gibt, die in einem Treibstoffverlust auch auf der anderen Seite resultieren …«

Toll!, denkt sich da so mancher Airbus-Pilot. Da habe ich gleich zwei Möglichkeiten zum Ausprobieren. Nur: In einer solchen Situation ist das Prinzip von »Trial and Error« nicht unbedingt ratsam oder förderlich. Und: Mitten in der Nacht über dem Atlantik ist es einer Besatzung unmöglich, mal eben die Tragfläche und die Spritzuleitungen zu den Triebwerken in Augenschein zu nehmen. Aber die moderne, von Computern assistierte Fliegerei wäre längst nicht so spannend und abwechslungsreich, wenn sich nicht irgendwo im vierbändigen, jeweils mehrere 100 Seiten starken Manual noch an anderer Stelle wissenswerte Details verbergen würden. Blättert also der von einem Leck überraschte Airbus-Pilot im Handbuch weiter, könnte er in einem anderen Kapitel erfahren, dass sich das besagte Kreuzventil zwischen den Tanks »automatisch öffnet«, falls es zu einem »elektrischen Notfall« an Bord kommt, nachdem beide Triebwerke ausgefallen sind. Exakt diese Situation bestand bei Air Transat Flug 236, nachdem auch die linke Turbine verloschen war.

So erklärt sich, dass bei der glücklichen Segelfluglandung in Lajes auch der letzte Tropfen Sprit aus den Tanks verschwunden war. Zahlreiche Stimmen in der Pilotenschaft sehen die von Airbus vorgesehenen Optionen dann auch als nicht gerade »optimal« an. Kapitän Piché und sein Copilot mussten sich einzig auf die Anzeigen ihres ECAM-Bildschirms verlassen. Weil dieses System jedoch nur Angaben und Informationen in Form von digital angezeigter Treibstoffmenge und -fluss zu jedem Triebwerk ausgab und darüber hinaus nur die Stellung der jeweiligen Ventile anzeigte, konnte es kurzfristig keine Hinweise auf die wahre Ursache des Problems liefern. Die Piloten erfuhren nur, dass sie über weniger Treibstoff verfügten als berechnet, über die genaue Stelle des Lecks erfuhren sie nichts. Die Unfallkommission kritisierte später Pichés Handlungen an dieser Stelle, denn der Kapitän hatte im Stress die Checkliste für das Ungleichgewicht aus dem Gedächtnis abgearbeitet und dabei die andere Option eines Lecks nicht weiter in Betracht gezogen. Aber Pichés Entscheidung, nicht zu schnell zu tief abzusinken und die rettende Höhe aufzugeben, war richtig. Wenn alle Antriebsleistung verloren ist, möchte man so lange und hoch wie möglich bleiben, um einen Flughafen oder im Zweifelsfall auch ein entsprechendes Feld im Gleitflug erreichen zu können. Kapitän Piché hatte demnach richtig gerechnet und dadurch das Unglück abgewendet; aber verrechnet hatte man sich meiner Meinung nach schon vorher, nämlich als es um die generelle ETOPS-Zulassung von zweistrahligen Jets ging. Und das hätte hier fast zu einer tragischen Katastrophe geführt …

Die Geschehnisse über dem Atlantik zogen drastische Konsequenzen nach sich. Der Vorgesetzte, dessen Mitarbeiter den A330 nach der Wartung für fluguntüchtig erklärt hatte, wurde gefeuert, außerdem wurde ein Strafverfahren gegen ihn eingeleitet. Die kanadische Air Transat, die seit 1987 ohne größere Vorkommnisse die Routen von Kanada nach Europa bediente, musste für ihre Flotte von 24 Flugzeugen erhebliche ETOPS-Einschränkungen hinnehmen. Die Zulassung für die verbliebenen drei Airbus-Maschinen wurde von 180 auf nur noch 60 Minuten verkürzt; bei den vier Boeing 757 und den vier Airbus A310 waren nur noch 90 Minuten erlaubt. Alle Piloten mussten ein spezielles Trainingsprogramm für Treibstoff-Management und Notfallverfahren bei Flügen unter ETOPS absolvieren. Außerdem verdonnerten die Behörden die Airline zu einer Geldbuße von 160 000 US-Dollar. Das war die höchste jemals in Kanada gegen eine Fluggesellschaft verhängte Geldstrafe. »Der Betrag wurde so hoch gewählt, weil dieses Flugzeug insgesamt 14 Mal in unzureichendem Zustand geflogen wurde«, erklärte dazu der kanadische Verkehrsminister David Collenette.

Folgen hatte der Zwischenfall auch für den Hersteller Airbus. Im März 2002 erließ die französische DGAC ein Bulletin[36] für alle A330 und den vierstrahligen A340. Fortan muss der aktuelle Spritverbrauch alle 30 Minuten überprüft werden. Besonders kritisierte die portugiesische Untersuchungskommission die Anweisung von Airbus, das Kreuzventil zu öffnen. Seitdem werden Besatzungen bereits im Training angewiesen, das vom ECAM-Verfahren und auch in den Handbüchern bei einem solchen Ereignis geforderte »Öffnen des Ventils« auf keinen Fall durchzuführen. Außerdem wurde das ECAM modifiziert und ist heute in der Lage, eine Crew besser zu warnen, wenn es beim Spritverbrauch plötzlich zu Diskrepanzen kommt[37].

Doch trotz aller Maßnahmen bleibt die zentrale Frage nach wie vor offen: Garantieren die derzeitigen ETOPS-Vorschriften größtmögliche Sicherheit, vor allem auf den Treibstoff und Zeit sparenden Flugrouten über das offene Wasser und die Pole?

ETOPS – Notlanden oder weiterfliegen?

Der Vorfall mit Flug Air Transat 236 belegt nämlich zweierlei: Ein unter ETOPS zugelassenes Flugzeug kann nicht nur den in der Vorschrift bedachten einen, sondern eben auch seinen zweiten Antriebsmotor in nicht mehr als 13 Minuten verlieren. Und die am häufigsten eingesetzten zweistrahligen Langstreckenflugzeuge der weltweit führenden Hersteller bergen durchaus ein weitaus höheres Potenzial für einen totalen Triebwerksausfall, als bisher mathematisch angenommen und hochgerechnet wurde.

Darüber hinaus sind nur wenige Piloten davon überzeugt, dass sich eine Notwasserung im Meer lehrbuchmäßig und ohne Probleme bewerkstelligen lässt. Vor allem nicht in der Nacht, also zu einer Zeit, wo wiederum gut die Hälfte aller ETOPS-Flüge durchgeführt werden. Die meisten Flugzeuge würden, abhängig vom Aufprallwinkel und von der Geschwindigkeit, auseinander brechen. Viele der Passagiere, die den Aufprall auf dem Wasser überleben, aber kurzfristig bewusstlos sind, würden dann ertrinken. Eine Notlandung auf dem Wasser ist in der Realität etwas gänzlich anderes, als die netten Sicherheitsvideos vor Flugbeginn oder die Schaubildchen in der Sicherheitsanweisung der Sitztasche es den Reisenden Glauben machen. Jeder Insider weiß das, gleichzeitig akzeptiert jeder dieses Risiko.

Doch statt zu reglementieren, denkt man generell über eine Erweiterung der 180 Minuten ETOPS-Bestimmung auf 207 Minuten nach, und immer mehr Gesellschaften erhalten die Erlaubnis, mit ihren zweistrahligen Maschinen auch auf den Polarrouten zu operieren, wodurch diese Hunderte von Meilen und damit erhebliche Kosten einsparen. Ein Beispiel: Nach einer Studie von Nav Canada und der russischen Luftaufsichtsbehörde erstreckt sich die konventionelle Route für einen Direktflug vom nordamerikanischen Detroit ins chinesische Beijing über 6600 nautische Meilen. Fliegt man dagegen direkt über die Polregion, kann man 900 Meilen, also mehr als eine Stunde Flugzeit, einsparen. Jedoch führt auf einer solchen Strecke eine Notsituation mitunter zu einer Notlandung auf einem sibirischen Flughafen, und das ist besonders im Winter eine recht eisige Erfahrung. Die Außentemperaturen liegen in der Regel bei unter minus 30 Grad Celsius!

Da kann man nur hoffen, dass in der ETOPS-Diskussion neben den ökonomischen Argumenten endlich auch andere Überlegungen Gehör finden. Ein erfahrener Kapitän, der viele Flüge unter ETOPS mit der Boeing 777 durchgeführt hatte und ohne Umschweife anerkannte, dass die Zuverlässigkeit der Triebwerke heute geradezu erstaunlich ist, äußerte sich gegenüber *Air Safety Week*[38] sehr nachdenklich: »Ich würde eher versuchen, aus nur einem Triebwerk mehr rauszuholen und länger als 180 Minuten weiterzufliegen, als dass ich auf irgendeinem dieser gottverlassenen sibirischen Flughäfen ohne ausreichende Abrollwege, ohne Schutzräume für meine Passagiere und Besatzung und weiß Gott keinem geheizten Hangar für das Flugzeug landen würde.«

Die Rollbahnlängen sind auf diesen Flughäfen – meist ehemalige sowjetische Militärbasen – weniger das Problem als die für einen gestrandeten Airliner mit 300 oder mehr Passagieren dringend benötigte Infrastruktur. Ohne geheizten Hangar dauert es nicht lange, bis das Kerosin in den Tanks zu gelieren beginnt. Damit wird es am Boden unmöglich, über die Notstromversorgung die Kabinenheizung laufen zu lassen. Schnell herrschen dann im Flugzeug Temperaturen wie im Tiefkühlhaus. Außerdem fehlt es an geeigneten Gangways, weshalb die Passagiere über Trittleitern die Maschine verlassen müssten. Bedenkt man dann noch die »30/30/30-Regel«, wonach bei einem Wind von 30 Knoten und einer Außentemperatur von minus 30 Grad die der Kälte ausgesetzte menschliche Haut in 30 Sekunden gefriert, wird klar, was es bedeutet, auf einem ETOPS-Flug in Sibirien notzulanden: Schon auf dem Weg die Gangway oder Trittleiter herunter bis in einen wartenden Bus werden nicht durchtrainierte oder ältere Passagiere sich in gefrorene menschliche Statuen verwandeln. Wenn nicht sofort gewährleistet ist, dass alle Menschen an Bord binnen kürzester Zeit in gewärmte Unterkünfte gebracht werden können, werden sie erfrieren. »Ist ein solches Ausweichlandungsszenario wirklich Bestandteil der ETOPS-Risikoabwägungen?«, fragte sich da der Flugkapitän. Andere Veteranen haben klare Prinzipien: »In Sibirien lande ich so lange nicht, wie mir nicht gerade der Flieger abbrennt.«

Und trotzdem: Obwohl sich die Coalition of Airline Pilots Associations (CAPA), die in den USA immerhin mehr als 25 000 Berufspiloten repräsentiert, gegen eine Erhöhung des ETOPS-Limits auf 207 Minuten ausgesprochen hat und darüber hinaus fordert, dass endlich praktische Schritte unternommen werden, um die Sicherheit innerhalb des existierenden Limits von 180 Minuten zu verbessern, geht die Diskussion weiter. Denn ausgerechnet die Schwestergewerkschaft, die Air Line Pilots Association (ALPA), sprach sich für die 207-Minuten-Regelung aus. Die FAA schloss sich dieser Auffassung an und genehmigte am 21. März 2000 Flüge mit der Boeing 777 über 207 Minuten von einem Ausweichflughafen entfernt.

CAPA kritisiert diese Anordnung heftig, weil diese nach ihrer Auffassung gleich von zwei fragwürdigen Grundannahmen ausgeht:

1. Airlines würden die 207-Minuten-Regelung nutzen, um näher an Ausweichflughäfen entlang zu fliegen.
2. Ausweichflughäfen mit schlechten Wetterprognosen stünden für eine eventuelle Notlandung uneingeschränkt zur Verfügung, obwohl sie wegen dichten Schneetreibens gar nicht angeflogen werden könnten.

Die Befürworter der Regelung bemühen aber immer wieder ungeniert Wahrscheinlichkeitsrechnungen, nach denen ein totaler Triebwerksausfall höchst unwahrscheinlich ist: Der Verlust beider Düsen trete nur auf einem von 416 Millionen 180-Minuten-ETOPS-Flügen ein. Damit käme es nur nach jeweils 401 Millionen 207-Minuten-ETOPS-Flügen zu einem Ausfall beider Antriebsdüsen – rein mathematisch wohlgemerkt. Leider nicht mit in solche Überlegungen eingeflossen ist ein kleiner Defekt, der bereits 1997 der asiatischen Cathay Pacific einiges Kopfzerbrechen bereitete: Innerhalb von 18 Tagen musste gleich drei Mal wegen eines technischen Problems an einem der beiden Trend 700 Triebwerke ein solches im Flug stillgelegt werden. Betroffen waren schließlich 42 Triebwerke von 21 A330-Flugzeugen. Cathay Pacific warf daraufhin die Planungen für ihre ETOPS-Flüge in den Mülleimer und ordnete an, dass die Maschinen immer in einem 60-Minuten-Radius von einem geeigneten Ausweichflughafen zu operieren seien. Schließlich groundete[39] die Airline ihre gesamte Flotte, bis die Triebwerksprobleme behoben waren. Ursächlich für das Versagen war ein Problem mit einer Zubehörbox, also ein Fehler, der nur sehr vage direkt mit dem Triebwerk in Verbindung stand. Mathematisch betrachtet lag übrigens in diesem speziellen Fall die Wahrscheinlichkeit eines Totalausfalles beider Triebwerke bei nur 1 zu 500 …

Dass schon 13 Minuten ausreichen, um nicht nur alle Berechnungen und ETOPS-Vorschriften, sondern auch alle vorgesehenen Sicherheitsverfahren für den Notfall ad absurdum zu führen, hat der Segelflug von Air Transat 236 im August 2001 nach Lajes nachhaltig gezeigt. Eine unabhängige Studie ist daher längst überfällig, die alle ETOPS-Bedingungen einer genauen Analyse unterzieht, dabei die ökonomischen Überlegungen beiseite und die Sicherheit von Passagieren und Besatzung in den Mittelpunkt rückt. Denn nicht immer ist eine Azoreninsel in Sicht, und irgendwann einmal wird es irgendwo über Sibirien, dem Atlantik oder über dem Nordpol zu spät sein, ganz gleich ob nach 207, nach 180 oder auch nur nach 13 Minuten …

12. November 2001:
New York, Queens, 14:16:12 UTC
AMERICAN AIRLINES FLUG 587 – Pilotenfehler?

»Get out of it, get out of it.«

Die letzten Worte des Kapitäns von Flug AA 587, Edward States

Zwei Monate nach den Anschlägen vom 11. September 2001 hatten die US-amerikanischen Großflughäfen zu ihrer Routine zurückgefunden. Der Zustand am Himmel über den USA normalisierte sich zunehmend. American Airlines Flug 587 gehörte zu den täglichen Verbindungen zwischen der großen dominikanischen Gemeinde in New York und der Hauptstadt der karibischen Inselrepublik Santo Domingo. Doch der Flug 587 vom New Yorker John F. Kennedy Flughafen in die Dominikanische Republik am 12. November 2001 sollte dies schlagartig ändern. Er sorgte für Entsetzen in der Öffentlichkeit – und für erhebliche Aufregung sowohl bei der größten amerikanischen Fluggesellschaft als auch bei ihrem Lieferanten: Airbus. Flug 587 stürzte nur kurz nach dem Start mitten in einen Vorort des New Yorker Stadtteils Queens. Binnen Sekunden standen ganze Straßenzüge des überwiegend aus Einfamilienhäusern bestehenden »Belle Harbour« in Flammen, ein weithin sichtbares flammendes Inferno. Abermals traf New York eine Katastrophe, erneut war ein Flug von American Airlines involviert, und was besonders tragisch war: In Queens wohnten viele Familien der Feuerwehrleute, die bei den Anschlägen vom 11. September ihr Leben verloren hatten. 265 Menschen wurden bei dem Absturz des A300 getötet, fünf davon am Boden.

Die Fernsehbilder, die Minuten nach dem Unglück um die Welt gingen, schienen schrecklich vertraut. Die bekannten Silhouetten von New Yorker Feuerwehrleuten zeichneten sich gegen Rauch, Flammen und die eindeutig als Flugzeugwrack zu identifizierenden Metallfetzen ab. Ich erlebte den Absturz in den USA, wo mich diese Bilder jäh aus meiner Alltagsroutine rissen. Die Moderatoren in den Nachrichtenzentren von Atlanta und New York schalteten in rascher Folge zwischen der Wall Street, dem Studio und Belle Harbour hin und her. Am krassesten waren die über 50 Sekunden ungeschnitten laufenden Live-Bilder von der Absturzstelle, unterlegt mit einem Telefoninterview eines Börsen-analytikers, der auf die Auswirkungen auf die wichtigsten Industrie-notierungen angesprochen wurde.

Ein kollektives Aufatmen ging durch die Nation, als schon kurze Zeit später die Interims-Chefin des National Transportation Safety Board Marion Blakey vor die Kameras trat und die Öffentlichkeit mit klaren Worten beruhigte, »man gehe bei dem Absturz von American Airlines Flug 587 von einem Unfall« aus, nicht jedoch von einem terro-ristischen Anschlag. Obwohl das FBI in den folgenden Wochen und Monaten ermittelte, kehrte wieder Ruhe ein bei den Nachrichten-sendern und Zeitungen, bei den Airlines und ihren Kunden – nicht aber bei American Airlines und Airbus, dem NTSB und den Angehörigen der Opfer. Die Unfalluntersuchung warf immer neue Fragen auf und gipfelte in einem heftigen Schlagabtausch mit erhitzten Diskussionen. Schnell war die gesamte Branche davon betroffen, denn das Augen-merk richtete sich auf sehr bedeutende Details moderner Flugzeug-technologie. Bis zu dem Unglück von Queens schien niemand zu wis-sen, welche besondere Bewandtnis es mit dem Heck der modernen Maschinen auf sich hat. Das änderte sich durch die Ermittlungen. Die hier gewonnenen Erkenntnisse gehen weit über die Bedeutung des tra-gischen Unfalles hinaus, denn sie betreffen jeden Piloten und jeden Pas-sagier gleichermaßen.

Flug 587 außer Kontrolle

Unter dem Kommando von Kapitän Edward States, Jahrgang 1959, sollte der acht Jahre jüngere Erste Offizier Sten Molin den knapp vier-stündigen Flug durchführen. Am Boden und in der Luft rund um den New Yorker Flughafen lief an diesem Morgen alles wie am Schnürchen. Das Wetter war gut, die Temperatur lag bei plus 6 Grad, es herrschte hervorragende Sicht, nur oberhalb von 4300 Fuß fanden sich vereinzel-te Wölkchen am Himmel.

Auf der Startbahn musste der Airbus A300 dann zwei Minuten auf die Freigabe warten, da kurz zuvor hier ein Jumbo-Jet der Japan Airli-nes gestartet war und sich beim Landen und Starten von großen Flug-zeugen an den Außenkanten der Tragflächen starke Luftverwirbelun-gen entwickeln. Solche »Wirbelschleppen« ähneln in ihrer Intensität einem »Mini-Tornado«, sind aber keineswegs ein Wetterphänomen. Ihre Ursache ist aerodynamisch bedingt. Sie werden von Flugzeugen erzeugt, die die horizontalen Verwirbelungen, abhängig von Größe, Geschwindigkeit und Eigengewicht der Maschine, hinter den äußeren Flügelspitzen herziehen. Dabei geschieht Folgendes: Ein Überdruck strömt von der Unterseite zur Oberseite der Tragflächenenden, dorthin wo ein geringerer Druck herrscht. Dieser Effekt setzt sich hinter dem Flugzeug weiter fort und ist besonders tückisch, weil unsichtbar. Das Kreuzen der Flugbahn einer Wirbelschleppe kann für nachfolgende kleinere Maschinen sehr gefährlich werden und gerade in geringer Flughöhe zum Absturz führen. Die Luftverwirbelungen behalten ihre Intensität durchaus noch mehrere Meilen oder auch Minuten hinter einem Flugzeug, können durch Wind abgetrieben und damit in die Flugbahn anderer Maschinen hineingeblasen werden.

Um den Effekt der Wirbelschleppen möglichst gering zu halten, verzögerte sich der Abflug von Flug 587 ein wenig. Eine eigentlich allgemein übliche Vorsichtsmaßnahme, wobei die Betonung auf »eigentlich« liegt. Manchmal ist es nämlich geradezu beängstigend, wie leichtsinnig die Lotsen unmittelbar hinter einem schweren Flugzeug eine Startfreigabe erteilen. Glücklicherweise liegt es im Ermessen des Piloten, wann er den Start für sicher erachtet. An diesem Freitag jedenfalls war für den Airbus besondere Vorsicht angebracht. Der Wind wehte aus einer Richtung von 10 Grad von der Rollbahnachse nach links versetzt mit einer Intensität von 9 Knoten. Die von der Boeing 747 erzeugten Luftverwirbelungen wurden also von links nach rechts getragen, und die Airbus-Piloten mussten damit rechnen, dass plötzliche seitliche Windströmungen sie mehr oder minder intensiv in ihrer Steigflugphase passieren könnten.

Um 9.14 Uhr Ortszeit hob der A300 ab. Mit einer Linkskurve schwenkte Molin die Maschine auf ihren ersten Wegpunkt der Abflugroute ein, die nach einem halbkreisförmigen Bogen über Belle Harbour auf der New York vorgelagerten Halbinsel Queens führte. Doch nur eine Minute und sieben Sekunden nach dem Abheben geriet sie in Schwierigkeiten. Passanten in Belle Harbour schilderten später einhellig, wie die Maschine offenbar steuerlos und kopfüber auf den Boden zuraste und in das Wohnviertel stürzte. Der Flug von American Airlines 587 dauerte nur eine Minute und 45 Sekunden. Um 9.16 Uhr erhob sich eine dunkle Rauchwolke über Belle Harbour, die Lotsen auf dem Flughafen lösten den Katastrophenplan aus, das NTSB und das FBI schalteten sich sofort in die Ermittlungen ein, sicherten Beweismaterial und Trümmerstücke, beschlagnahmten Videoaufzeichnungen einer Zahlstation und führten in den nächsten Tagen über 350 Augenzeugenbefragungen durch. Die amerikanische Öffentlichkeit war erleichtert, als die Untersuchungsbehörde NTSB »nur« von einem Unfall sprach. Dabei wurde etwas vorschnell aus den Augen verloren, dass die Ermittler unter den geborgenen Wrackstücken einen äußerst beunruhigenden Fund machten: die knapp 8,5 Meter hohe Seitenflosse des A300. Bergungsspezialisten fanden sie nicht etwa im Absturzgebiet an Land, sondern fischten sie aus der Bucht vor der Halbinsel. Damit stand fest: Die Heckflosse hatte sich bereits vor dem Aufschlag vom Rumpf der Maschine gelöst und musste ursächlich mit dem Unglück zu tun haben.

Die beiden Triebwerke und das Wrack der Kabine barg man in Queens. Bei näherer Betrachtung der Seitenleitwerksaufhängung sowohl im zum Rumpf gehörenden Endstück als auch im Leitwerk selber fiel auf, dass alle sechs mehrere Zentimeter dicken Haltebolzen, mit denen das Leitwerk am Rumpf befestigt war, noch in ihren Halterungen steckten. Die eigentliche Finne, also das Leitwerk, war unmittelbar oberhalb dieser Befestigungen abgebrochen. Auch das Seitenruder hatte sich gelöst. Ohne diese beiden Teile, die das komplette Seitenleitwerk der Maschine ausmachen, kann ein Flugzeug nicht fliegen. Es wird aerodynamisch instabil; für einen Piloten besteht kaum eine Chance, die Maschine zu beherrschen und koordinierte Flugmanöver durchzuführen. Und dann lösten sich auch noch die Triebwerke von den Tragflächen. Die in diesem Moment auftretenen Schwingungen waren zu groß und die Triebwerksaufhängungen vom Hersteller so konstruiert, dass sie abscheren, bevor die Triebwerke die Tragflächen nachhaltig beschädigen können. Nach den Flugschreiberdaten versuchte Pilot Sten Molin verzweifelt, die Maschine trotz allem abzufangen, verlor aber letztlich die Kontrolle. Keine Simulatorübung hätte einen Piloten auf einen solchen Fall vorbereiten können, denn ohne Antrieb und Seitenleitwerk kann sich kein Airbus in der Luft halten. Die größte Höhe, die Flug 587 in den Sekunden nach dem Start erreichte, war knapp 1000 Meter über dem Boden.

Spurensuche beim NTSB

Wer oder was hatte eine solch plötzliche Ablösung so wesentlicher Bauteile möglich gemacht und damit die Katastrophe in Gang gesetzt? Ein derartiges Versagen der Struktur eines zivilen Flugzeuges, ohne offensichtliche äußere Einwirkung oder einen etwaigen Wartungsfehler, hatte es noch nie gegeben. Lediglich aus der Militärfliegerei war ein Fall bekannt, bei dem am 10. Januar 1964 nach heftigen Turbulenzen ein großer Teil des Seitenleitwerks eines B 52-Bombers während eines Trainingsflugs über Colorado abgerissen war. In einer pilotischen Meisterleistung, gepaart mit einer gehörigen Portion Glück, gelang es damals der Crew, ihre havarierte Maschine auf der nächst gelegenen Air-Force-Base zu landen. Auf die Frage seiner Kameraden, wie man denn ein so beschädigtes Flugzeug in der Luft halten könne, antwortete der Pilot: »Du fliegst ganz, ganz vorsichtig, so als wenn du eine Maus melken würdest.«

Späteren privaten und öffentlichen Äußerungen folgend war den Ermittlern des NTSB schon im frühen Stadium der Untersuchung klar: Die Arbeit würde außerordentlich schwierig und zäh werden. Weder mit dem American-Airlines-Management noch mit Hersteller Airbus ist nach einer solchen Katastrophe gut Kirschen essen. In beiden Lagern übernahmen, wie in einer solchen Situation üblich, die Juristen die Regie und bestimmten, was zu welchem Zeitpunkt gemacht, gesagt oder gar zugegeben werden durfte. Angesichts eines Absturzes in den USA mit US-Bürgern an Bord erwartete man millionenschwere Klagen. Das ist weder gut fürs Geschäft noch für die Reputation und kann, sollte einem Mitarbeiter oder einem Unternehmen eine Schlamperei nachgewiesen werden, mitunter auch sehr teuer werden. Allerdings sind die großen Airlines und Hersteller für solche Fälle gut versichert, oft sogar bei den gleichen Unterversicherungsgesellschaften, und die tragen den Zwist dann untereinander aus. Dennoch stand für die PR-Abteilungen der Unternehmen einiges auf dem Spiel: Die 35 Maschinen vom Typ Airbus A300 gehörten zu den ältesten im Fuhrpark von American Airlines. Der A300 wurde erstmals 1974 zugelassen. Damals war es die Version A300–B2. Eine neue verbesserte Version erhielt 1975 den Segen der französischen Zulassungsbehörde DGAC und firmierte fortan als A300-B4. Danach entwickelte Airbus den kleineren A310, der

1983 erstmalig zugelassen wurde und offenbar in Anlehnung an die bis dahin üblichen Boeing-Bezeichnungen den Zusatz 200 erhielt. Ein Jahr später ließ Airbus sich eine weitere Baureihe genehmigen, den wieder größeren A300-600. Es folgte schließlich noch eine Variante des A310, dieses Mal mit 300 bezeichnet, bevor 1988 der A300-600R die Palette abrundete. Um die notwendigen Zulassungen möglichst schnell zu erhalten und die Kunden nicht allzu lang warten zu lassen, setzte Airbus auf weitestgehende Übereinstimmungen bei diesen Flugzeugvarianten. Die Unfallmaschine mit der Seriennummer 053 war ganz genau genommen ein A300-B4–600R, der das Werk in Hamburg Fuhlsbüttel 1988 verlassen hatte. Diese Numerologie sollte kurz nach dem Unfall für einige Verwirrung auch in Fachkreisen sorgen, denn zunächst war nicht klar, ob die Unglücksmaschine von einer dringenden Sicherheitsdirektive im Zusammenhang mit der Gierdämpfung[40] des Seitenruders betroffen war. Es gab konträre Aussagen. Die FAA sagte »nein«, Airbus behauptete »ja«, dann sagte die FAA doch »ja«, worauf sich der Hersteller nun kurzfristig nicht mehr so sicher war, um welchen Flieger es sich beim Unfallflugzeug eigentlich handelte[41].

Die Auswertung des Flugdatenschreibers und die Analyse der Daten durch das NTSB wurden erschwert, weil Airbus hier einen »Filter«[42] vorgeschaltet hatte. Die Daten gaben zwar Aufschluss darüber, was dem Piloten angezeigt wurde, nicht jedoch was in Realzeit geschah. Außerdem stellten die Experten fest, dass es an Bord von Flug 587 zu »signifikanten elektrischen Störungen« gekommen war. Denn das Funkgerät übertrug einen verstümmelten Funkspruch, der gleichzeitig auf zwei Kanälen auftauchte. Ein unübliches Phänomen. Auf den Tonbandmitschnitten des Flugfunkverkehrs ist eine Stimme zu hören, die sagt: »Try escape!« (Versuche herauszukommen!«). Zur gleichen Zeit, um 9 Uhr 15 Minuten und 51 Sekunden, registrierte der Cockpit-Voice-Recorder die erste von mehreren Aufzeichnungspausen. Hier fehlte diese Stimme. Auch das ist unüblich, da das Gerät fortlaufend aufzeichnen soll und daher auch vom elektrischen System des Flugzeuges unabhängig über eine eigene Stromversorgung sowie eine separate Batterieversorgung verfügt. Schließlich setzte der Flugdatenschreiber 13 Sekunden vor dem Aufprall vollständig aus, und es gab keinerlei Daten mehr.

Gleichzeitig mit der Analyse der Flugschreiber- und Voice-Recorder-

Aufzeichnungen nahmen die Ermittler des NTSB die Schäden am Leitwerk unter die Lupe. Die Wrackteile wurden in ein Speziallabor der NASA im Langley Research Center in Hampton, Virginia, eingehenden Tests und Materialanalysen unterzogen. Spezialisten aus dem Untersuchungsteam besuchten in den kommenden Monaten das Hamburger Airbus-Werk ebenso wie den Hauptsitz des europäischen Flugzeugbauer-Konsortiums in Toulouse. Doch irgendwie kam man nicht weiter.

Fast ein Jahr nach dem Absturz von Flug 587, am 29. Oktober 2002, fanden endlich öffentliche Hearings in Washington statt. Die Anhörung wurde mit einer grafischen Rekonstruktion des Unfallfluges begonnen. Die Videoanimation veranschaulichte die erste Phase des Fluges von American Airlines 587. Insgesamt 167 verschiedene Einzelwerte auf dem Flugschreiber, die wegen des eingebauten Filters zunächst umständlich »bereinigt« werden mussten, gaben Auskunft über das Verhalten der Maschine. Dazu gehörten auch die Messergebnisse der stärksten Kraft, die auf ein Flugzeug einwirkt: der Gravitationskraft. Ein Wert, dem erhöhte Aufmerksamkeit zuteil wurde, war die vertikale Beschleunigung oder auch das »Lastvielfache«. Er gibt Auskunft darüber, wie schwer man sich fühlt. Wenn das Flugzeug nach oben gezogen wird, fühlt man sich schwerer, wenn es nach unten sinkt, fühlt man sich leichter. Viele Passagiere empfinden solche Momente als unangenehm. Die Analyse der Flugdaten von Flug 587 ergab, dass die Gravitationsstärke an Bord der Maschine über 67 Sekunden ziemlich konstant 1 G betrug, also genau den Wert, den man bei einem normalen Flug erwarten kann. Dann verzeichnete der Flugschreiber einen Abfall von 0,3 G gegenüber dem Normalzustand, wodurch die Passagiere leicht aus ihren Sitzen gehoben wurden und, wie die anderen Parameter zeigten, der Airbus ins Schwanken geriet.

Erklärt wurde dieser Umstand vom NTSB so: Die kurz zuvor gestartete Boeing 747 zog zwei gigantische Wirbelschleppen hinter sich her. Die Maschine flog zunächst nach Nordwesten und drehte dann in einer ausgedehnten Linkskurve nach Südosten. Flug 587 startete ebenfalls zunächst nach Nordwesten, drehte jedoch innerhalb des Kurvenradius der Boeing 747 nach Südosten. Der Wind tat ein Übriges und wehte die Wirbelschleppen des Jumbos in die Flugbahn des kleineren und leichteren Airbus. Hierauf konzentrierten sich fortan die Untersuchungen.

Leider aber blieb man beim NTSB genau an dieser Stelle stehen. Andere, durchaus mögliche Szenarien wurden, wenn überhaupt, nur halbherzig verfolgt.

Den Aufprall der ersten Wirbelschleppe des Jumbo-Jets und damit eine Rollbewegung des Airbus um die Längsachse nach links glich Pilot Molin nach Auffassung des NTSB mit einer Lenkbewegung am Steuerhorn aus. Er benutzte dazu die Querrudersteuerung und brachte das Flugzeug zurück in eine horizontale Fluglage. Auf dem Voice-Recorder ist an dieser Stelle ein Geräusch zu hören, dass die Experten als »squeak[43]« bezeichneten. Sekunden später kreuzte Flug 587 die Wirbelschleppe des vorausfliegenden Jumbos ein zweites Mal. Dieses Mal allerdings, so schlossen die Experten aus den Daten des Flugschreibers, benutzte Molin nicht die Querruder, sondern betätigte über seine Fußpedale das Seitenruder.

Mit dieser Aktion des Piloten drängte sich eine neue Frage auf. Normalerweise nämlich wird das Seitenruder nur dicht über dem Boden als Steuerung eingesetzt, etwa um im Landeanflug Seitenwinde auszugleichen. Warum also reagierte Molin irgendwie »außergewöhnlich« auf diese zweite Begegnung mit den Wirbelschleppen? Was, wenn es gar nicht die Wirbelschleppe des japanischen Jumbos war, die die Rollbewegung des A300 verursachte? Was, wenn diese vom Flugzeug selber ausgelöst wurde? Nach den Aufzeichnungen der Datenschreiber gab es innerhalb von drei Sekunden drei Ausschläge: einmal nach rechts, dann nach links und dann wieder nach rechts. Kapitän States schritt nicht ein, offenbar bestand für ihn keinerlei Anlass zu fürchten, dass sein Erster Offizier nicht mehr Herr der Lage war. Er fragte lediglich: »Kommst du damit zurecht?« Worauf Molin antwortete: »Kein Problem!«

Knapp vier Sekunden später folgten zwei weitere Ruderausschläge. Dann ist auf dem Cockpit-Tonband ein sehr lauter Knall zu hören. In diesem Moment brach das Seitenleitwerk vom Rumpf ab und besiegelte das Schicksal von Flug 587. Es gelang weder Molin noch Kapitän States, den Airbus zu kontrollieren. Aufgrund der enormen asymmetrischen Kräfte, denen die Konstruktion nun ausgesetzt war, scherten die beiden Triebwerke ab. In nur sieben Sekunden wirkten Kräfte auf den A300, für die er nicht konzipiert worden war.

Airbus im Erklärungsnotstand

Die extrem kurze Zeitspanne, die zur Katastrophe führte, beunruhigte vor allem die Kollegen der beiden Piloten. Einige Wochen nach dem Absturz kam es daher zu einer handfesten Krise zwischen den A300-Piloten der American Airlines und ihrer Fluggesellschaft. Auf den A300-Basen in New York und Miami wurden Petitionen unterzeichnet. Die Piloten forderten eine sofortige Stilllegung der Flotte, bis alle Details des Unfalls geklärt waren. So etwas war in der Zivilluftfahrt noch nie vorgekommen. Zahlreiche Piloten weigerten sich, den A300 zu fliegen. Äußerungen von Airbus-Testpiloten in der einschlägigen Presse und in Mitteilungen an weitere Betreiber des A300 heizten die Atmosphäre zusätzlich auf. Die Airbus-Mitarbeiter schoben die Schuld am Unfall auf den Ersten Offizier Sten Molin. Durch seine Aktionen mit dem Ruder habe er zur Überlastung des Designs beigetragen und den Absturz herbeigeführt. Da man vom europäischen Flugzeughersteller leider gewohnt war, dass er bei Unfällen seiner Produktpalette mit einem Gegenangriff als bester Verteidigung reagierte, goss Airbus damit nur weiteres Öl ins Feuer.

Die Piloten der American Airlines vertraten die Ansicht, eine so wesentliche Komponente wie das Seitenleitwerk eines modernen Großraumjets dürfe nicht einfach abbrechen. Ihr besonderes Augenmerk richteten sie auf die Besonderheiten des Bauteils, denn diese Konstruktion unterschied sich erheblich von der herkömmlicher oder vergleichbarer Flugzeuge. Als das Unfallflugzeug mit der Seriennummer 053 Anfang 1989 an American ausgeliefert wurde, galt sein Leitwerk als revolutionäre Innovation im Flugzeugbau. Normalerweise waren die Leitwerke aus Metall und Aluminium gebaut, jedoch Airbus behauptete sich auf dem Markt mit einer bahnbrechenden Neuerung: Das Seitenleitwerk bestand aus Kunststoff und war sehr viel leichter als herkömmliche Konstruktionen. So genannte »Composites«, Materialien aus Kohlenstofffasern, hielten in den Achtzigerjahren Einzug in den Flugzeugbau; Airbus war ein Vorreiter auf diesem Gebiet. Durch Composites ließen sich erhebliche Gewichtseinsparungen erzielen, außerdem waren sie einfacher zu warten und rosteten nicht. Ein leichteres, weniger wartungsintensives Flugzeug, das eine höhere Nutzlast und größere Reichweiten bewältigen kann und dabei noch deutlich weniger Kerosin verbraucht, ist bares Geld wert. Um solche Margen dreht sich alles beim Flugzeugbau. Die später von Airbus gebaute Familie von Fly-by-Wire Maschinen vom Typ A320 und folgende sollten überwiegend aus solchen Verbundstoffen hergestellt sein, auch tragende Komponenten wie beispielsweise die Tragflächenholme.

Die Diskussion in Fachkreisen drehte sich daher um die Frage: War der Unfall von Flug A 587 vielleicht auf eine Materialermüdung zurückzuführen? Das von Airbus zum Bau ihrer Flugzeuge verwendete Composite mit dem klangvollen Namen »Epoxy« war, gemessen an der zu erwartenden Lebensdauer eines Verkehrsflugzeuges, relativ neu und womöglich vor der Zulassung nicht wirklich ausreichend getestet worden. Bekannt ist, dass einige dieser Verbindungen zum Zeitpunkt der Abfassung entsprechender Zulassungsvoraussetzungen noch gar nicht existierten und folglich nicht hätten verwendet werden dürfen. Gingen die Annahmen hinsichtlich der zu erwartenden Lebensdauer wirklich von realistischen Bedingungen aus? Das Überprüfen von Abnutzungs- und Alterungserscheinungen war im Gegensatz zu den

Das ausgebrannte Heck von Flug AA 587 in einem Wohngebiet im New Yorker Stadtteil Queens.

Ein Teil des Seitenleitwerks steckt noch in der rumpfseitigen Befestigung, samt Haltebolzen. Es ist sauber abgerissen.

Die Beschädigung an der Halterung des Seitenleitwerks ist auch an der eigentlichen Seitenflosse deutlich erkennbar. Dieses Stück wurde aus dem Wasser geborgen.

bewährten Aluminumkonstruktionen bei den modernen Kunststoffen nicht ohne weiteres möglich. Zwar wurden die Verbundstoffe bereits seit Jahren beim Bau von militärischen Kampfflugzeugen eingesetzt, die Lebensdauer eines modernen Eurofighters ist jedoch auf maximal 4000 Flugstunden begrenzt. Für ein Verkehrsflugzeug hingegen sind 4000 Flugstunden rein gar nichts, da ist es gerade mal so richtig eingeflogen. Genaue Daten, wie sich beispielsweise die ständige Abkühlung von Kunststoffen auf minus 60 Grad im Flug in großen Höhen und dann bei der Landung die plötzliche Erwärmung auf subtropische 30 Grad Celsius auf das Material und seine Lebenserwartung auswirken, werden bis heute erst noch gesammelt. Hundertprozentige Zusagen und Garantien will kein Hersteller geben.

Belastend für Airbus kam hinzu, dass schon während der Bauphase der Unglücksmaschine in Hamburg ein Materialfehler am vorderen Verbindungspunkt des Seitenleitwerkes festgestellt worden war. Airbus besserte nach und lieferte das Flugzeug an American Airlines. Auffällig ist, dass das Seitenleitwerk jetzt exakt *an dieser Stelle ausgerissen* war. Die erst bei der forensischen Untersuchung durch die NASA festgestellten Vorbeschädigungen warfen neue Fragen auf. Warum war die Reparatur nicht wie sonst üblich großflächig ausgeführt worden?

Kleine Beschädigungen, die an Verbundstoffkonstruktionen entstehen, werden in der Regel lokal ausgebessert. Man schneidet die beschädigte Stelle aus und ersetzt sie durch neue Schichten von Epoxy. In einem computerüberwachten Fertigungsprozess wird das Material in einem Ofen bei mehreren 100 Grad gebacken, gebunden und gehärtet. An kritischen Stellen, die eine große Belastung tragen, muss man jedoch zunächst genauere Berechnungen und gegebenenfalls großflächige Ersetzungen vornehmen, damit die Struktur ihre vorbestimmte Festigkeit auch nach der Reparatur behält. Das war bei dem Seitenleitwerk von Seriennummer 053 jedoch offenbar nicht der Fall.

Bei der Untersuchung der Lebenslaufakte des besagten A300 stieß das NTSB auch auf einen Vorfall, der sich schon 1994 zugetragen hatte. Das spätere Unfallflugzeug geriet auf dem Flug von Barbados nach San Juan auf Puerto Rico in Turbulenzen, 47 Passagiere wurden verletzt. Akribisch wertete das NTSB schließlich die Daten von Hunderten von Flügen anderer A300 von American Airlines aus. Dabei stießen sie auf einen vier Jahre zurückliegenden Zwischenfall, der nicht nur die Airbus-Konstrukteure hätte aufschrecken lassen sollen: Beim Landeanflug auf Miami geriet am 12. Mai 1997 ein Schwesterflugzeug in schwere

Turbulenzen. American Airlines Flug 903 war auf dem Weg von Boston nach Miami, als die Maschine über West Palm Beach in einem Zeitraum von 34 Sekunden knapp 3000 Fuß an Höhe verlor und heftig über alle drei Achsen oszillierte. Die Auswertung der Flugschreiberdaten veranlasste Airbus damals, eine Sichtkontrolle des Seitenleitwerkes durchzuführen, denn die aufgetretenen Kräfte lagen jenseits des Normalzustandes. Schäden wurden nicht gefunden. Jedoch liegt die Tücke bei der Verwendung von Verbundstoffen darin, dass eine solche Inaugenscheinnahme nicht verbindlich garantiert, dass wirklich alles in Ordnung ist.

Nach dem Absturz von Flug 587 wurde diese Maschine noch einmal mithilfe eines Ultraschall-Scanners kontrolliert. Das äußerlich keine Befunde aufweisende Leitwerk war im Inneren erheblich beschädigt. An verschiedenen Stellen hatte sich die Verbindung zwischen den einzelnen Kohlefaserschichten gelöst. Dieser Schaden war nur dann festzustellen, wenn das Seitenleitwerk ausgebaut wurde – ein normalerweise unübliches Unterfangen. Vier Jahre nach dem Vorfall wurde das Seitenleitwerk durch ein neues ersetzt, aber die Piloten von American Airlines blieben beunruhigt. Immerhin waren sie sehr lange mit einem schadhaften Flugzeug geflogen, bei dem ein für den Flug unerlässliches Bauteil nicht der Norm entsprach. Die Unfallexperten des NTSB ließen diese Erkenntnisse aufhorchen. Über ein Jahr lang prüften die Wissenschaftler der NASA und die Experten des NTSB nun jeden Riss und jeden Bruch an den Wrackteilen, um bislang verborgen gebliebene Schwachstellen zu finden. Auch diese Teile zeigten deutliche Vorbeschädigungen.

Jede Seitenflosse ist vom Hersteller dahingehend geprüft, dass sie den höchsten auftretenden Belastungen standhält. Dies ist eine klare Forderung der behördlichen Zulassungskriterien. Auf diese Kraft wird ein 50- bis 150-prozentiger Sicherheitsspielraum aufgeschlagen. Bis zu diesem »Grenzlastvielfachen« muss ein Leitwerk oder eine Tragfläche sicher sein und darf bei Einwirkung äußerer Kräfte nicht beschädigt werden. Bei Tests ergab sich nun, dass die Last, die auf die Seitenflosse wirkte, mit jedem Ausschlag des Ruders anwuchs. Vier Bewegungszyklen lang blieb der Wert unter dem Lastvielfachen. Beim fünften und letzten Ruderausschlag stieg der Wert dann über das Grenzlastvielfache hinaus. In diesem Augenblick begannen die Halterungen des Leitwerkes beim Airbus A300 zu reißen. Die Finne ist mit sechs jeweils paarweise angeordneten Aufhängungen am Heck des Flugzeuges befestigt. Durch jede dieser Halterungen geht ein mehrere Zentimeter dicker Bolzen. Die Experten vom NTSB rekonstruierten, dass zunächst die beiden vorderen, dann die mittleren und schließlich die hinteren Halterungen ausrissen. Das Leitwerk hatte somit erst nachgegeben, als weitaus höhere Kräfte auftraten, als solche, für die es konzipiert war. Aufatmen bei Airbus: Das Verbundmaterial traf keine Schuld. Ein erster Triumph in dem seit dem Unfall währenden Streit über die Sicherheit der Airbus-Werkstoffe und insbesondere auch ihrer sonstigen Produktpalette.

Öffentlicher Schlagabtausch

Das mehrere Tage dauernde Hearing zum Unfall wurde dennoch zum Showdown zwischen dem Hersteller Airbus und der Fluggesellschaft American Airlines. Aber wurden hier bei allem betriebenen Aufwand wirklich neue Erkenntnisse gewonnen? Mit Ruhm und Ehre bekleckerten sich weder die in großer Zahl von Airbus aufgebotenen Sachverständigen noch ihre Gegenspieler auf Seiten von American Airlines. Ständig wurde von Airbus betont, dass das als kritisch identifizierte Leitwerk ein Mehrfaches der geforderten Kräfte und Belastungen vertrage. In ermüdenden Powerpoint-Vorträgen und Befragungen ging es vorwiegend um Begriffsdefinitionen, und Airbus ließ nichts unversucht, um unter Beweis zu stellen, dass der Unfallhergang unmöglich etwas mit ihrem Produkt zu tun haben könne. Zumindest nicht in einer voraussehbaren Art und Weise. Nur leider erklärten solche Dissertationen nicht im Geringsten, warum dann eben genau dieses besagte Seitenleitwerk abgebrochen war.

Einige der von Airbus aufgebotenen Zeugen kamen bei Sachfragen ins Schleudern, manche gleich am ersten Tag. Und was macht ein Airbus-Experte, wenn er mit dem Rücken zur Wand steht? Er beruft sich auf die Zulassung des Produktes und die geltenden Kritierien zum Zeitpunkt dieser Zulassung. Airbus erklärte gebetsmühlenartig, man sei den Anforderungen buchstabengetreu gefolgt und habe die entsprechenden Mindestwerte teilweise sogar noch übertroffen. Doch klar wurde auch, dass man gewisse Schwellwerte nicht unter realen Bedingungen erprobt, sondern nur anhand von mathematischen Modellen und Hypothesen hochgerechnet hatte. Besondere Beanspruchungstests, die mit realen Bauteilen durchgeführt wurden, waren stets einem von den Ingenieuren vordefinierten Szenario unterworfen.

Als die Vorsitzende des Hearings Carol Carmody den Ingenieur Michel Curbillon am dritten Tag fragte, von welchen Annahmen Airbus bei seinen Belastungstests und Hochrechnungen ausgehe, kam es zu einem denkwürdigen Wortwechsel. Carmody fragte: »Messen Sie den Seitensteuerinput in eine Richtung und dann wieder zurück zu …?« »Neutral«, fiel Curbillon ihr ins Wort. »Neutral?«, fragte Carmody ungläubig. »Ja«, antwortete Curbillon, »wir designen, wir entwickeln entgegen ihren Anforderungen.«[44] In der Tat gelten je nach Zulassungsbehörde unterschiedliche Anforderungen an Flugzeuge und ihre Stabilitäts- und Belastungsgrenzen. Zwar erkennen die nationalen Behörden die unter der Federführung einer Schwesterbehörde entwickelten und gebauten Flugzeuge an – gerade zwischen Europa und den USA gibt es ein umfangreiches bilaterales Abkommen –, doch versucht ein Hersteller wie Airbus, gleich auch die entsprechende Zulassung der FAA zu erhalten, da man auf dem US-Flugzeugmarkt natürlich präsent sein will. Schuld waren nach dieser Lesart also keinesfalls die Konstrukteure, sondern die Piloten, die davon ausgingen, dass sie ihr Seitenruder von einem Vollausschlag in eine Richtung auch über die Neutralstellung hinaus in die andere Richtung bedienen könnten, solange sie sich mit ihrem Flugzeug im zugelassenen Geschwindigkeitsregime befanden, das seit Jahr und Tag als »V$_a$« bezeichnet wird. Airbus beharrte auf dem Standpunkt, der Pilot sei zu heftig ins Ruder gestiegen und das auch noch in entgegengesetzte Richtungen. Das NTSB hatte sich dieser Auffassung schon kurz nach dem Unfall angeschlossen und schleunigst eine Sicherheitsempfehlung[45] erlassen, die in Rekordzeit in der Luftfahrtgemeinde verbreitet wurde. In speziellen Rundschreiben von Herstellern und Aufsichtsbehörden wurden die Piloten mit Nachdruck darauf hingewiesen, beim Umgang mit ihrem Seitenruder ab sofort besondere Vorsicht walten zu lassen. Heftige, entgegengesetzte Ausschläge sollten, je nach Flugzeugtyp und Flugzustand, vermieden werden, sogar wenn man sich innerhalb der zugelassenen Flugparameter und ihrer Limits bewegte. Aus der Sicht vieler Piloten klang das ziemlich absurd, hatte man ihnen doch bislang immer beigebracht, dass es völlig in Ordnung und legal sei, Seiten-, Höhen- und Querruder im zur Verfügung stehenden Rahmen einzusetzen – und dem war jetzt plötzlich nicht mehr so.

So löblich die schnelle Publikation dieser Fakten einerseits war, so verwunderlich schien sie auch. Verbarg sich dahinter das Eingeständnis der Flugzeugbauer, ihre Maschinen heute nicht mehr unter den gleichen aerodynamischen Voraussetzungen zu konstruieren, herzustellen und zuzulassen, wie das noch vor 30 Jahren der Fall war? Ein modernes Großraumflugzeug ist demnach nicht mehr so robust wie seine Vorgänger. Wenn das die viel gerühmten Errungenschaften des technischen Fortschritts sind, frage ich mich, was uns noch alles erwartet, zum Beispiel im Hinblick auf den neuen Super-Airbus A380.

»Patchwork« bei American Airlines

Die Untersuchung dauerte jedenfalls weiterhin an, mehr als zwei Jahre. Dabei wurde die ganze Zeit ein wesentliches Detail des Absturzes von Flug 587 vernachlässigt. Heute ist nicht nur den Mitgliedern des NTSB bekannt, dass neben einer eventuell unsachgemäßen Reparatur des Seitenleitwerkes eine ebenfalls nicht sachgemäße Reparatur an der Außenhaut eine Rolle gespielt haben könnte. Unmittelbar vor dem hinteren Druckschott der Passagierkabine, der hinteren Kabinentür und unterhalb des mächtigen Seitenleitwerkes des A300 hatten Mechaniker von American Airlines einen »Patch«, einen »Flicken«, angebracht. Solche Flicken sind nicht unüblich, vor allem auf betagteren Flugzeugen. Oft werden sie auch als »Doppler« bezeichnet. Es handelt sich um ein Blech, das mit zusätzlichen Nieten über eine undichte Nahtstelle in der Kabinen-Außenhaut montiert wird. Merkwürdigerweise wurden diese Reparaturen vom NTSB aber nicht weiter untersucht. Ebenso wenig richtete man das Augenmerk auf ein anderes potenzielles Problem, obwohl von einem Mitglied der Untersuchungskommission bekannt ist, dass er dieses zumindest vertiefen wollte: Wasser im Heck.

Einige Privatpiloten erinnern sich vielleicht an die einmotorige Beech A35 mit dem V-Heck, ein Privatflugzeug mit zwei v-förmig zueinander angeordneten Seitenflossen. Diese Konstruktion führte dazu, dass Wasser direkt in den Rumpf der Maschine geleitet wurde, genau ins Heck. Es gab Berichte von Piloten, denen eine glückliche Landung nur unter größten Anstrengungen gelang, und die nachfolgenden Untersuchungen hatten gezeigt, dass schon eine relativ kleine Menge Wasser ausreichte, um die Gewichtsverteilung jenseits aller Limits zu verschieben. Das Wasser sammelte sich in einer Kunststoffverkleidung im Heck – ein Umstand, den der Hersteller als unmöglich eingestuft hatte.

Auch im Heck eines A300 kann sich Wasser sammeln. Eine große Menge Wasser sogar. Schon 400 oder mehr Kilogramm an der für die Balance des Flugzeuges ungünstigsten Stelle am Ende unterhalb des Seitenruders können verheerende Auswirkungen haben. Wenn sich in diesem Bereich Regen- oder Tauwasser sammelt und wegen einer Verstopfung des Ablassrohrs nicht oder nur sehr langsam abfließt, wird die Maschine hecklastig. Das macht sich allerdings erst nach dem Abheben bemerkbar. Auffällig ist in diesem Zusammenhang, dass Pilot Molin beim Abheben von Flug 587 kaum rotierte, mit anderen Worten: Er zog die Steuersäule vergleichsweise wenig heran, um die Maschine in die Luft zu heben. Normalerweise verzeichnen die Flugschreiber in dieser Phase eine weitaus größere Auslenkung der Steuerflächen, die mit der Steuerbewegung des Piloten korrespondiert.

Fachleute wie Professor Dr. Rüdiger Haas von der Universität Karlsruhe sind überzeugt, dass durch eingeschlossenes Wasser im Heck mit einem Gewicht von bis zu einer halben Tonne oder mehr die Kabinenkonstruktion eines A300 durchaus in Mitleidenschaft gezogen werden kann, sogar bis zu jenem Punkt, an dem die Verbindungen der einzelnen Kabinensegmente an der Außenhaut aufreißen. Flugzeuge werden abhängig von ihrer Größe aus mehreren solcher Segmente zusammengesetzt und miteinander verbunden. Genau an der kritischen Stelle zwischen dem Heck und dem davor befindlichen Kabinenteil befand sich nach Aussage von Piloten, die das Unglücksflugzeug geflogen hatten, der 2 mal 5 Fuß große Flicken auf der rechten Seite[46] der Außenhaut oberhalb des hinteren Ausstieges. Lässt man sich auf dieses Szenario ein, dann könnte genauso gut Folgendes passiert sein:

Das Gewicht des herumschwappenden Wassers riss die Kabine an den schwächsten Verbindungsstellen auf, an denen die Reparaturen der Außenhülle mit einem »Patch« vorgenommen wurden. Der »Patch« riss jedoch nicht auf einmal ab. Wie bei einer geöffneten Sardinenbüchse stellte sich das Blech zunächst in den Fahrtwind, bevor es durch die Luftströmungskräfte vollständig abgelöst wurde. Zunächst erzeugte es einen nicht unerheblichen Widerstand, und das Flugzeug rollte nach rechts über die Längsachse. Auf dieses ungewollte Manöver hätte Pilot Sten Molin mit Sicherheit genauso reagiert, wie er es gemäß der vorliegenden Datenaufzeichnungen auch getan hat: volles linkes Querruder, um die linke Tragfläche zu senken und die Maschine wieder gerade auszurichten. Auf dem Voice-Recorder ist an dieser Stelle ein ausgeprägtes Rattern zu hören. Dieses könnte nach Expertenansicht von dem zuerst nur an drei Seiten gelösten Reparaturblech herrühren. Alle diese Ereignisse fanden noch statt, bevor das Seitenruder in irgendeiner Weise durch Sten Molin betätigt wurde.

Wenn Sie einen Vergleich für diese Situation suchen und sich in Ihrer Nähe ein Verkehrsübungsplatz befindet, dann können Sie eine Bettmatratze mit Wasser tränken und in Ihren Kofferraum legen. Beschleunigen Sie auf 100 Stundenkilometer, machen dann eine abrupte Lenkbewegung nach links und versuchen, sofort wieder geradeaus zu fahren. Ich empfehle diesen Versuch auf keinen Fall in einem Flugzeug, es sei denn, Sie haben ein Fallschirm und können jederzeit aussteigen.

Pilotenfehler?

Doch ein solcher, durchaus nahe liegender Unfallhergang wurde von den Ermittlern und auch von Airbus, zumindest öffentlich, bei der Aufklärung des Absturzes von Flug 587 nicht ins Kalkül gezogen. Zu sehr stritt man sich über Lasteinwirkungen auf die Seitenflosse, Wirbelschleppen und den allenfalls nur moderaten Gebrauch des Seitenruders in einem modernen Großraumflugzeug. Der Streit konzentrierte sich zunehmend auf denjenigen, der das Flugzeug geflogen hatte: Sten Molin. Airbus versuchte bei jeder sich bietenden Gelegenheit nachzuweisen, dass Molin durch seine Aktionen wie durch sein entsprechendes Training bei American Airlines die Schuld für den Absturz des einwandfreien Flugzeuges trug. Molin war einer von 12 000 Piloten bei der amerikanischen Gesellschaft. Gemeinsam bewegen sie eine Flotte von 800 Flugzeugen. Wie alle seine Kollegen hatte Molin das American-Airlines-Training durchlaufen, eine Kombination aus Simulator, theoretischem und praktischem Flugunterricht, um auf alle erdenklichen Situationen beim Flug vorbereitet zu sein. Airbus jedoch teilte das in die

Piloten gesetzte Vertrauen keineswegs. Der Flugzeugbauer behauptete, durch das spezifische Wirbelschleppen-Training bei American sei Molin von seinem Arbeitgeber falsch trainiert worden.

Als Beweis sollte das Schulungsmaterial von American Airlines dienen. Darin werden die Piloten vor der Intensität und den möglichen Konsequenzen von Wirbelschleppen gewarnt. In einer Grafik liegt ein von einer Schleppe erfasstes Flugzeug sogar fast auf dem Kopf. Das Handbuch sagt ausdrücklich, dass die Piloten in einer solchen Extremsituation neben den Querrudern auch das Seitenruder benutzen sollen, um die Maschine möglichst schnell in eine aufrechte Lage zurückzubringen. Airbus hielt das für nicht realistisch. Der Hersteller vertrat die Ansicht, dass ein A300 durch Wirbelschleppen überhaupt nicht auf den Kopf gedreht werden könnte. Folglich sei es überflüssig, den Piloten den Einsatz des Seitenruders zu empfehlen. Mithilfe des Simulators in Toulouse demonstrierte man, dass maximal eine Schräglage von 40 Grad auftreten könne. Diese sei ohne große Probleme einzig durch entsprechende Querruderausschläge zu kompensieren. In dieser Airbus-Version war Molin der Schuldige – und mit ihm American Airlines.

Ein Angeklagter, der sich nicht (mehr) verteidigen kann

Fieberhaft erwartete die Öffentlichkeit, darunter vor allem die Gruppe der Angehörigen und besonders die ihre Interessen vertretenden Anwälte, den Abschlussbericht in Sachen Flug 587. Doch die mehrfach angekündigte Veröffentlichung wurde immer wieder verschoben. Mittlerweile drangen Gerüchte aus dem NTSB nach außen, dass es auch zwischen den Unfallexperten zu heftigen Kontroversen gekommen war. Außerdem war die NTSB-Chefin Marion Blakey zwischenzeitlich auf Anordnung Präsident Bushs von ihrem Posten an der Spitze der Unfalluntersuchungsbehörde in die Chefetage der Aufsichtsbehörde FAA gewechselt. Die dortige Führungsriege war nach der Schlappe im Zusammenhang mit den Anschlägen vom 11. September 2001 nicht länger tragbar und wurde nach allgemein üblicher Administrationsmanier ausgetauscht. Neue Interims-Chefin des NTSB wurde Carol Carmody, die nach nur kurzer Zeit wiederum von John Hammerschmidt abgelöst wurde.

Erst am 6. Dezember 2004 und somit drei Jahre nach dem Absturz wurde der Abschlussbericht des NTSB veröffentlicht. Doch bereits einige Wochen zuvor, am 26. Oktober 2004, gab die Untersuchungsbehörde ein Statement ab. Demnach »war die wahrscheinliche Ursache des Unfalls der Verlust des Seitenleitwerks als Folge von Lastkräften jenseits des ›ultimate design‹, die durch die unnötigen und exzessiven Bewegungen der Ruderpedale durch den ersten Offizier hervorgerufen wurden«.[47] Als beitragende Faktoren hob das NTSB allerdings auch die spezifischen Charakteristika der A300-600 Seitenruderkonstruktion sowie Teile des American Airlines Trainingsprogrammes hervor.

Diejenigen, die bei diesem öffentlichen Termin anwesend waren, konnten aus den vagen Formulierungen herauslesen, was das NTSB wirklich zum Ausdruck bringen wollte: Flug 587 war auf seiner Flugbahn auf abgeschwächte und daher in ihrer Stärke nur »milde« Wirbelschleppen getroffen. Mitarbeiter des NTSB, die den Flugverlauf in Simulatorflügen miterlebten, sagten aus, sie hätten den vermeintlichen zweiten Zusammenstoß mit den Wirbelschleppen nur als »gerade noch wahrnehmbar« empfunden. Sten Molin reagierte darauf nicht »angemessen« und ohne erkennbaren Grund und setzte mit seinen Steuerbewegungen eine Kettenreaktion in Gang, die zum Abreißen der Schwanzflosse führte. Seine »Überreaktion« wurde nach Ansicht des NTSB durch ein »übersensitives Seitenruder-Kontrollsystem« von Airbus ebenso wie durch das »negative Wirbelschleppen-Training« von American Airlines verstärkt. In ihrer mündlichen Begründung benutzten die NTSB-Vertreter die Worte »exzessiv«, »unnötig« und »unangemessen« fast ein Dutzend Mal im Zusammenhang mit den Handlungen des Piloten.

In einem Privatgespräch am Nachmittag desselben Tages zeichneten die Ermittler gegenüber dem Vater des Unglückspiloten ein etwas anderes Bild. Flugkapitän a. D. Stan Molin, ein sehr erfahrener Veteran mit mehr als 20 000 Stunden Flugerfahrung, zuletzt bei Eastern Airlines, hatte seinem Sohn nämlich das Fliegen beigebracht. Obwohl er durch Indiskretionen gegenüber der Presse schon vor diesem Termin innerlich darauf eingestellt war, dass den Aktionen seines Sohnes die Hauptschuld für den Unfall angelastet wurde, war er tief betroffen. Unter Ausschluss der Öffentlichkeit erklärten einige NTSB-Mitarbeiter Molin senior nun, sein Sohn sei einem Pilotenphänomen mit dem wissenschaftlichen Namen »Aircraft Pilot Coupling« (APC) ausgeliefert gewesen. Wegen des sehr sensiblen Seitenrudersteuerungssystems des A300 konnte der Pilot demnach nicht erkennen, dass die von ihm gefühlten seitlichen Kräfte überwiegend durch seine eigenen Ruderbewegungen hervorgerufen wurden. Als er weiter versuchte, die Fluglage mit dem Seitenruder zu kompensieren, machte er die Sache noch schlimmer, bis das Seitenleitwerk abriss. APC setzt voraus, dass Konstruktions- oder Systemfehler vorhanden sind, die den Piloten im konkreten Fall verunsichern. Beide – Mensch und System – sind dann gleichermaßen verantwortlich für das eintretende Versagen. Leider findet sich dieser Erklärungsversuch nicht einmal ansatzweise im offiziellen Unfallbericht wieder. So gab es zumindest in den Medien und folglich auch in der Öffentlichkeit keinerlei Zweifel mehr über die Ursache des Absturzes: Pilotenfehler.

Für Airbus war der Bericht nach über drei Jahren zähen Ringens eine große Erleichterung. Es hätte wesentlich schlimmer kommen können. Beim Verlassen des Konferenzraumes äußerte ein Airbus-Anwalt gegenüber dem Vertreter der Pilotengewerkschaft:»Beim nächsten Mal habt ihr vielleicht mehr Glück.« Er spielte mit dieser Äußerung auf die intensiven Aktivitäten der Airline und ihrer Gewerkschaft an, die noch bis tief in die Nacht vom 25. Oktober versucht hatten, das NTSB zu bewegen, die Versäumnisse bei Airbus im Zusammenhang mit dem Zwischenfall von 1997 im Abschlussbericht hervorzuheben. Insbesondere ging es dabei um das Versäumnis des europäischen Flugzeugherstellers, die bekannten Mängel am Seitenrudersteuerungssystem des A300-600 und die Bedeutung der gegensätzlichen Ruderausschläge bei diesem Vorfall angemessen zu kommunizieren. American Airlines und die Pilotengewerkschaft hofften inständig, dass sich das NTSB ihrer Auffassung doch noch anschließen würde. Die Airline hatte ihren Standpunkt sogar in einem über 60-seitigen Schreiben[48] schon im Frühjahr 2004 dem NTSB dargelegt. Darin heißt es unter anderem:

»Die Untersuchung hat ergeben, dass der Airbus A300-600 und sein naher ›Cousin‹, der A310, über eine Kombination von Flugkontrollsystem-Features verfügt, die bei keinem anderen Flugzeug der Transportkategorie zu finden sind. Diese Bestandteile machen die Flugzeuge vom Typ A300-600 / A310 besonders anfällig für das Phänomen des Adverse Aircraft Pilot Coupling (APC), welches in der Erzeugung von sehr großen und schnellen Seitwärtsbewegungen resultieren kann, welche wiederum zu hohen lateralen Lastkräften und schlussendlich auch zu Strukturversagen führen können.«[49]

Etwas weiter unten heißt es in dem gleichen Schreiben:

»Was die Piloten von Flug 587 nicht wussten war, dass die Seitenrudersteuerung beim A300-600 mit zunehmender Geschwindigkeit über 165 Knoten immer sensitiver wird. … Wie sich herausgestellt hat, ist die Steuerung mehr als zehnmal sensitiver als bei dem Vorläufermodell, auf dem der A300-600 aufbaut. … Zusätzlich ist die Architektur der Flugsteuerung derart gestaltet, dass dem Piloten ermöglicht wird, unbewusst den Gierdämpfer zu unterdrücken. Zu der Aufgabe des Gierdämpfers gehört es aber, die lateralen Beschleunigungskräfte zu reduzieren, welche wiederum ihrerseits exzessive Seitenruderausschläge und hohe laterale Lastkräfte verhindern. Auf dem A300-600 ist es jedoch möglich, dass der Pilot ungewollt den Gierdämpfer unterdrückt, wenn das Seitenruderpedal an seinem mechanischen Haltepunkt oder Limit gehalten wird, was andererseits exzessive Seitenruderausschläge und hohe laterale Kräfte auftreten lässt. Hätte es diese Konstruktionscharakteristik nicht gegeben, wären die Kräfte, die auf das Seitenleitwerk von Flug 587 gewirkt haben, erheblich reduziert gewesen und das Leitwerk wäre nicht, wie im Unfallszenario geschehen, abgerissen.

Schon vor dem Unfallflug wusste Airbus von der Anfälligkeit des Flugsteuerungssystems, beim A300-600 und dem A310 exzessive, ungewollte Ruderbefehle zu induzieren, die zu strukturellen Schäden an dem Leitwerk führen können. Aber Airbus hat es nicht für nötig befunden, Piloten und Betreiber dieser Flugzeuge davor zu warnen, dass sequenzielle entgegengesetzte Ruderausschläge geeignet sind, Kräfte zu generieren, welche die strukturellen Möglichkeiten der Konstruktion überschreiten, und das sogar bei Geschwindigkeiten, die weit unterhalb der konstruktionsseitigen Manövriergeschwindigkeit liegen.

In den zwölf Jahren vor dem Unfall gab es vier gemeldete Vorfälle, bei denen hohe Lastkräfte, gepaart mit entgegengesetzten Ruderausschlägen bei A300-600 und A310 Flugzeugen aufgetreten waren. Airbus hat alle diese Vorkommnisse untersucht. … In zwei dieser Fälle, bei denen unterschiedliche Airlines mit unterschiedlichen Trainingsprogrammen betroffen waren, überschritten diese Kräfte die maximale Lastgrenze, ein Sicherheitsfaktor, der mit 150 Prozent vom Höchstwert angegeben ist. Bevor Airbus diese Zwischenfälle im Zuge der Flug-587-Untersuchung nun mitgeteilt hat, waren keine solchen Vorfälle jemals in der modernen Verkehrsfliegerei bekannt geworden.«

American Airlines äußert sich in seinem Schreiben auch noch einmal zu dem Vorfall mit ihrem eigenen Flugzeug über West Palm Beach, Flug 903:

»In den Wochen nach dem Vorfall von Flug 903 im Mai 1997 erfuhr Airbus, dass das Seitenleitwerk bei dem Vorfall Kräften jenseits der maximalen Lastgrenze ausgesetzt war. Airbus stellte auch fest, dass die Rudder Travel Limiter Unit (RTLU), ein Bauteil, welches die Seitenruderausschläge mit zunehmender Geschwindigkeit limitieren soll, um strukturelle Schäden am Flugzeug zu verhindern, wegen langsamer Reaktion versagt hatte und deshalb das Seitenruder nicht innerhalb der konstruktionsseitigen Limits blieb. Das Seitenruder überschritt seine Grenzen um 63 Prozent während des Abfangmanövers. Airbus hat jedoch diese Erkenntnisse weder American Airlines noch der FAA während der Untersuchung des Vorfalls mitgeteilt. Außerdem hat es Airbus versäumt, diese vitalen Informationen in seinen formalen Bericht an das NTSB einfließen zu lassen. Stattdessen hat Airbus gegenüber dem NTSB den Eindruck erweckt, dass die Behörde alle wesentlichen operationellen und technischen Faktoren untersucht hätte und dass der Hersteller mit den Ergebnissen der Untersuchung ›voll übereinstimmt‹… Erst im Jahr 2002 hat Airbus mitgeteilt, was sie bereits 1997 wussten.«

Die von American Airlines formulierten Vorwürfe gegen den Flugzeugbauer in Toulouse waren mehr als deutlich, berechtigt und nachvollziehbar. Trotzdem folgte das NTSB den Überlegungen in keinster Weise. Von mehreren Insidern der Szene wird dies heute als offensichtlicher Beleg dafür gewertet, dass die Untersuchung durch Lobbyeinflüsse zu Gunsten von Airbus kompromittiert gewesen sein muss. Dass es zur Einflussnahme sowohl seitens des Herstellers als auch der Airline kam, wurde am 5. Januar 2005 anlässlich eines Meetings mit Journalisten durch ein Mitglied des NTSB auch vorbehaltlos eingeräumt. Ellen Connors beschrieb Versuche durch Airbus und American Airlines als »unangebracht und intensiv«, und dies war einer der Gründe für die immer weitere Verspätung der Veröffentlichung des Abschlussberichtes. Conners räumte sogar ein, »dass durch solch massive Lobbyismus-Aktivität die Gefahr für eine Kontamination einer Untersuchung gegeben ist«[50].

Bestand tatsächlich »nur« die Gefahr der Kontamination? Oder hat der Lobbyismus nicht schon bereits seine Wirkung entfaltet, indem das angestrebte und objektive Untersuchungsergebnis verfälscht wurde?

Verspieltes Vertrauen

In den Augen vieler, die die Vorgänge über drei Jahre aufmerksam verfolgten, hat das NTSB bei der Untersuchung von American Airlines Flug 587 seine Glaubwürdigkeit verspielt. Es ließ zu, dass sich Airbus hinsichtlich der wirklich kritischen Aspekte bei diesem Unfall als Saubermann aus der Affäre ziehen konnte. Der Abschlussbericht des NTSB weist große Lücken und zahllose Ungereimtheiten auf. Einige wollen wir an dieser Stelle aufzählen:

1. American Airlines Flug 903 am 12. Mai 1997
Der Vorfall über West Palm Beach, darüber sind sich neutrale Fachleute einig, hatte eine nicht unerhebliche Bedeutung für den späteren Unfall von American Airlines Flug 587. Die meisten Experten, die wie das NTSB den Verlust des Seitenleitwerks ursächlich für den Absturz verantwortlich machen, sind ebenso überzeugt davon, dass angemessene Informationen an das NTSB und die FAA den Absturz von Flug 587 verhindert hätten. Insbesondere die bei Airbus zu diesem Zeitpunkt schon bekannte Bedeutung von gegensätzlichen Seitenruderbewegungen sowie der Effekt des fehlerhaften Seitenruder-Begrenzers seien sicherheitsrelevante Fakten, die man keinesfalls hätte verschweigen dürfen. Diese aber, so der Vorwurf an Airbus, habe man wissentlich zurückgehalten. Der ehemalige NTSB-Mitarbeiter Bernhard Loeb (im Amt bis Januar 2001, zuletzt Chef der Luftfahrtabteilung) sagte dazu gegenüber den Medien: »Als ich später erfuhr, was Airbus bereits damals über Flug American Airlines 903 wusste, machte mich das krank.«[51]

2. Fehlinformationen
Wie weit ging das NTSB bei seinem Versuch, die Bedeutung von American Airlines Flug 903 herunterzuspielen? In einer Diapräsentation betonte John Clark – immerhin Chef der Flugsicherheitsabteilung beim

NTSB –, dass die Vorfälle nicht miteinander in Verbindung stünden. Dabei werden zwei sehr bedeutsame Ähnlichkeiten bei beiden Flügen allerdings schlicht weggelassen: Die wiederholten und in ihrer Richtung entgegengesetzten Seitenruderausschläge führten zu einer Überbelastung des Seitenleitwerkes jenseits der von Airbus berechneten Belastungsgrenze.

Stattdessen legte der Vortrag von John Clark sein Gewicht auf den Bereich der »Pilotenausbildung«. Es besteht sicherlich kein Zweifel, dass die Ausbildung bei American Airlines in beiden Fällen eine Rolle spielte. Weder der Pilot von Flug 903 noch Sten Molin waren jemals im Training über die Gefährlichkeit von entgegengesetzten Seitenruderausschlägen bei ihrem A300 aufgeklärt worden. Zweifelsohne versäumte es aber Airbus und nicht American Airlines, sowohl das NTSB als auch die FAA darüber zu informieren, dass bei dem Vorfall am 12. Mai 1997 das Seitenleitwerk von Flug 903 Belastungen jenseits der Konstruktionsparameter erfahren hatte. Unerwähnt seitens des Herstellers blieb auch, dass die entgegengesetzten Ruderausschläge zu diesen erhöhten Belastungen beitrugen und das Seitenruder-Limitierungssystem in dieser Phase mehrfach versagte, was zu einem direkten Anstieg der Belastung an diesem Seitenleitwerk führte.

Hätte Airbus bereits 1997 dem NTSB alle diese Dinge mitgeteilt, wären entsprechende Warnungen ausgegeben worden, von denen die Betreiber und Piloten anderer A300-Flugzeuge profitiert hätten. Auch Sten Molin hätte so eine Chance gehabt, lange vor dem 12. November 2001 über die bestehenden Gefahren Bescheid zu wissen und sie folglich zu vermeiden.

Was aber veranlasste das NTSB nun, vehement alle Zusammenhänge zu verneinen? War es die Angst vor einer möglichen Blamage, wenn bekannt wurde, wie mangelhaft die Untersuchungsbehörde den Vorfall mit American Airlines 903 untersucht hatte und dass ihr dabei wesentliche Details, wie zum Beispiel ein in Wirklichkeit stark beschädigtes Seitenleitwerk, entgangen waren?

3. Das Auffinden aller Trümmerteile
NTSB-Chefermittler Robert Benzon, der die Untersuchung von Flug 587 geleitet hatte, hob in seiner Rede am 26. Oktober 2004 hervor, man habe umfangreiche Teile der Jamaica Bay mit einem speziellen Sonar-Scan-

Gerät abgesucht und dabei keinerlei Wrackteile gefunden. Dies ist so nicht ganz richtig. Nirgendwo in den Unterlagen des NTSB findet sich die Abgrenzung eines bestimmten Suchgebietes. Außerdem erklärte das mit der Suche betraute New Yorker Polizei-Department (NYPD), man hätte weder einen größeren Bereich abgesucht, noch wäre es Aufgabe gewesen, dabei nach Wrackteilen des Airbus zuforschen. Die Suche war auf Opfer fokussiert, die Scanner waren deshalb gar nicht auf Wrackteile eingestellt und hätten solche deshalb auch mit Sicherheit übersehen.

Unüblich für einen NTSB-Unfallbericht gibt es weder genauere Angaben über die Fundstellen der Opfer noch über Flugzeugteile, die in einiger Entfernung von der Hauptabsturzstelle aufgefunden wurden. Viele dieser Teile lagen in zum Teil erheblicher Entfernung vom restlichen Wrack verstreut und deuten darauf hin, dass Teile der Kabine auseinander gebrochen sein müssen, als sich der Airbus noch in der Luft befand.

4. Augenzeugen

Das NTSB stellte fest: »Die Augenzeugen, die berichteten, sie hätten das Flugzeug brennen gesehen, haben vermutlich nur ein Feuer wahrgenommen, das durch das Austreten von Treibstoff entfacht wurde oder durch einen Kompressor-Stall.« Chefermittler Benzon fügte hinzu, es handele sich dabei nur um »einige« Zeugen. Auch dies ist eine äußerst beschönigende Ausdrucksweise, denn ausweislich der Vernehmungsprotokolle, veröffentlicht in den Unterlagen zum ersten Hearing vom Oktober 2002, wollen über 70 der insgesamt 354 Augenzeugen eindeutig Feuer gesehen haben, bevor die Maschine über die Nase abkippte und in den Vorort Belle Harbour raste.

5. Ignoriert?

Der NTSB-Bericht enthält keinerlei Aufschluss darüber, ob und inwieweit andere Spuren verfolgt wurden. Die Geräuschspektrum-Analyse des Cockpit-Voice-Recorders belegte einen dramatischen Anstieg des Energielevels, als der Pilot seine Kontrollversuche ausführte. Diese Analyse sowie die Tonbandaufzeichnungen der Fluglotsen, auf denen die Mitteilung »Versuche herauszukommen!« aus dem Cockpit zu hören ist, welche jedoch auf dem Voice-Recorder-Band fehlt, belegt anschaulich, dass die Besatzung von Flug 587 mit schwerwiegenderen

Dingen zu kämpfen hatte als dem Ausgleichen von Wirbelschleppen. Das NTSB behauptet jedoch, dieser Funkspruch sei nicht von Flug 587 und misst ihm daher keine weitere Bedeutung bei.

Salopp geht das NTSB auch über den Umstand hinweg, dass die Daten des Flugschreibers durch den von Airbus zwischengeschalteten Filter zunächst einmal »manipuliert« wurden und keinen klaren Aufschluss über den wirklichen Zustand der wesentlichen Parameter des Flugzeuges gaben. Ebenso wenig lieferte das NTSB eine plausible Erklärung für den Umstand, dass die letzten 13 Sekunden der Flugdatenschreiberaufzeichnung einfach fehlen, und das kurz bevor das Flugzeug beide Triebwerke verliert. John Clark beschwichtigte sogar, im Hinblick auf den Voice-Recorder und den Flugdatenschreiber sei alles »normal« gewesen.

An keiner Stelle des Unfallberichts wird auf die Reparatur der Kabinenhülle mit einem immerhin fast türgroßen Flicken oder »Doppler« eingegangen, obwohl diese Information dem NTSB von Piloten, die das Unglücksflugzeug immerhin zuvor selber geflogen waren, sogar per Einschreiben mitgeteilt wurde. Die Piloten erhielten bis heute keinerlei Mitteilung, geschweige denn eine Empfangsbestätigung für ihren Brief seitens der Untersuchungsbehörde.

Eine Reihe von Beschönigungen, Unterlassungen, Falschdarstellungen und Versäumnissen – ausgerechnet bei der Behörde, die die Ursachen des Unglücks vorbehaltlos und unbeeinflusst aufdecken sollte. Konnte das NTSB seinem Selbstverständnis im Falle der Nachforschungen zu American Airlines Flug 587 tatsächlich gerecht werden? »Es war unser Anliegen, keine einzelne beteiligte Partei auszuschließen«, versicherte Deborah Hersman. Genau das jedoch wurde mit dem Unfallbericht des NTSB und seinem Ergebnis getan. Eine Partei wurde ganz klar ausgegrenzt: der Pilot von Flug 587, der Erste Offizier Sten Molin. Ihm war es während der dreijährigen Untersuchung nicht mehr vergönnt, sich angemessen gegen die Anschuldigungen und Hypothesen des weltgrößten Flugzeugherstellers und der Anwürfe der halbherzig ermittelnden Unfalluntersucher zu verteidigen. So war es ein Leichtes, ihn zum einzig Verantwortlichen für die Katastrophe von Queens zu stempeln – auch wenn beim kritischen Hinterfragen aller Indizien und Untersuchungsergebnisse berechtigte Zweifel an dieser Einschätzung bestehen. Doch es gibt Hoffnung auf eine Korrektur: Am

6. März 2005 verlor ein A310 der kanadischen Air Transat 30 Minuten nach dem Start in Kuba sein Seitenruder. Der Vorfall erregte in den USA großes Aufsehen. In die Diskussion schaltete sich daraufhin auch der US-Senator Charles Schumer ein und forderte, die Untersuchung von Flug 587 erneut aufzurollen. In der Presse wurde Schumer wie folgt zitiert: »Das NTSB schuldet den vielen Angehörigen des Absturzes und der Öffentlichkeit die Klärung der Frage, ob der Flug an Bord eines solchen Flugzeuges gefährlich ist.«[52]

Und noch etwas ist auffällig: Obwohl die US-Unfallbehörde die Untersuchung seit Dezember 2004 offiziell beendet hat, ist die Akte AA 587 bei einer anderen US-Bundesbehörde noch offen. Auch beim FBI laufen die Ermittlungen weiter.

II. Von sinkenden Standards und mangelnder staatlicher Kontrolle

> *»Die spielen da mit Menschenleben.«*
> Eine Flugbegleiterin der schweizerischen Crossair, Frühjahr 2000

Was haben Emmentaler und Flugsicherheit gemeinsam? In der Schweiz haben beide Löcher ...

Die Schweiz ist seit jeher der Inbegriff von Präzision und Ordnung. Wenn es überhaupt irgendwo auf der Welt einen Hort der Sicherheit und Unbestechlichkeit gebe, lautet die weit verbreitete Meinung, dann in der Republik der Eidgenossen. In vielen Bereichen mag das sogar stimmen, bei der Schweizer Luftfahrt jedoch haben sich die Verhältnisse in den letzten Jahren ins Gegenteil gekehrt. Der Absturz der Swissair 111 vor der kanadischen Küste am 2. September 1998 ließ Zweifel an den Sicherheitsstandards der Schweizer Vorzeige-Airline aufkommen. War es wirklich »nur« ein Kurzschluss gewesen, der das Inferno an Bord verursachte?[53] In den folgenden Monaten stellte sich heraus, dass eben jener Kurzschluss nur die Spitze eines Eisberges darstellte, unter der sich chronische Mängel nicht nur im Sicherheitssystem der Schweizer Luftfahrt verbargen. Das Unglück vor Nova Scotia war das erste Glied in einer Kette von Katastrophen, die in Überlingen am 1. Juni 2002 vorerst ihren traurigen Endpunkt fand. Bei der Kollision einer russischen Tupolew mit einer Boeing 757 der DHL wurden 71 Menschen, darunter 49 Kinder, getötet. So zeigt sich in der Schweiz, worin die mangelnde Kontrolle durch eine Aufsichtsbehörde gepaart mit einer Mischung aus expansiven Wachstumsstrategien einerseits und essenziellen Kosteneinsparungen andererseits gipfelt: in einem – und sei es auch nur momentanen – Zusammenbruch des Sicherheitssystems.

Das Beispiel der Schweiz macht in erschreckender Weise deutlich, wie eng einzelne Sicherheitsfaktoren an ökonomische Entscheidungen geknüpft sind und wie sehr potenzielle Gefahren ein wirtschaftlich gesundes und vor allem sicheres Operieren auf dem weltweit umkämpften Markt des Flugverkehrs erschweren. Die kleine Schweiz mit ihren knapp 8 Millionen Einwohnern ist als Markt für eine auf dem gesamten Erdball operierende Airline nicht ausreichend, vor allem wenn wie bei der inzwischen in Konkurs gegangenen Swissair über Jahrzehnte ein imposantes globales Streckengefüge aufgebaut wurde. Die Bedingungen einer deregulierten Luftfahrt, wie sie Europa Anfang der Neunzigerjahre durch die Öffnung der Märkte unter der Europäischen Union erlebte, stellten die Schweiz, die weiterhin als Außenseiter mitspielen wollte, vor massive wirtschaftliche Probleme. Der Faktor Arbeit wird bei den Eidgenossen zudem über dem europäischen Mittel vergütet, was die Personalkosten der Airlines im europäischen Vergleich in unrentable Höhen schnellen ließ. Hinzu kam eine allzu große Leichtfertigkeit im Bereich des Managements, und schon erreichte das Gefüge seine kritische Masse. Ein ökonomischer Kollaps war unvermeidlich, und in der Folge von Kostensenkungen, Rationalisierungsmaßnahmen, Personaleinsparungen und Preiskämpfen kollabierte dann zwangsläufig auch das Sicherheitssystem. Fatale Katastrophen, wie sie sich in den letzten Jahren bei den Schweizer Airlines ereigneten, sind das äußere Indiz für die maroden Sicherheitsstandards. Dennoch sollte man die Unfälle nicht vorschnell ablegen und pauschal die Schweiz dafür verantwortlich machen. Die Unfälle von Swissair 111 bis Überlingen können sich jederzeit überall auf der Welt wiederholen – mit ebenso dramatischen Konsequenzen.

Die Schweiz ist in den vergangenen Jahren zu einem traurigen Paradebeispiel für die katastrophalen Folgen einer systematischen Unterwanderung der Sicherheitskultur und dem damit verbundenen Präventionsdenken geworden. Es kam zu einer auffälligen Häufung von Vorfällen, darunter auch solchen mit tödlichem Ausgang. Wie so oft standen die Warnungen förmlich an den Wänden geschrieben, und auch interne Kreise hatten die Alarmglocken heftigst geläutet. Ohne Erfolg. Es musste erst zu den Katastrophen kommen, und es mussten sich solche auch erst wiederholen, bevor die politisch Verantwortlichen aufwachten. Überlingen war genauso vorprogrammiert wie die beiden Abstürze von Crossair-Maschinen in Zürich. Viel zu spät und offenbar erst auf gehörigen Druck aus der Öffentlichkeit und in den Medien zog man in den Berner Regierungskreisen die Notbremse. Die große Axt wurde vor allem beim Schweizer Luftamt, das die Helvetier liebevoll BAZL nennen, bis in die obersten Riegen geschwungen. Direktor

André Auer, über Jahrzehnte eine unauffällige Erscheinung und so gut wie nie in den Medien, nahm sang- und klanglos seinen Hut.

Auch der mittlerweile zum Chef der aus der Swissair hervorgegangenen Swiss avancierte André Dosé fiel dem Rundumschlag zum Opfer. Er stolperte über die Unfallberichte zu den beiden Crossair-Abstürzen. Nach der Veröffentlichung der Berichte im Frühjahr 2004 wurde gegen ihn ein Strafverfahren eingeleitet. Dosé war in beiden Fällen der verantwortliche Leiter bei Crossair. Vieles spricht dafür, dass er erkannte Sicherheitsdefizite innerhalb des Unternehmens sehenden Auges in Kauf nahm. Wie maßgeblich Dosé seine Finger wirklich im Spiel hatte, muss nun das Verfahren und gegebenenfalls auch das Gericht klären. Jedenfalls war er für die nach außen hin notwendige Rolle des Saubermanns an der Spitze einer Schweizer Airline untragbar geworden. Verschont geblieben im Zuge der Tabula rasa sind bislang der ehemalige Crossair-Boss Moritz Suter sowie seine willigen Adlaten, die ebenfalls von den kritischen Bedingungen wussten, es jedoch vorzogen, beide Augen feste zuzudrücken und weiter Karriere zu machen.

Die Berichte des Schweizer Büros für Flugunfalluntersuchung (BFU), in denen die Ursachen der tödlichen Crossair-Unfälle auf dem Züricher Flughafen bis in Kleinste geschildert werden, nehmen erfreulicherweise kein Blatt vor den Mund. Sie sprechen die sehr direkte, deutliche Sprache eines Westschweizers und offenbaren die dringende Notwendigkeit eines Umdenkens: Gewinnmaximierung auf Kosten der Menschlichkeit ist nicht vereinbar mit einer behördlichen Zulassung zum Weltluftverkehr und seiner ohnehin schon vorhandenen Risken. Das gilt nicht nur für die Schweiz, sondern letztlich weltweit.

10. Januar 2000: Au, Nassenwiel ZH, 16:56:27.2 UTC
CROSSAIR FLUG 498 - Do you speak English?

> *»Unter Intuition versteht man die Fähigkeit gewisser Leute, eine Lage in Sekundenschnelle falsch zu beurteilen.«*
>
> Friedrich Dürrenmatt

Die Crossair wurde 1975 durch den ehemaligen Swissair-Kapitän Moritz Suter in Basel gegründet und wickelte in den ersten Jahren überwiegend Charterflüge für Geschäftsleute mit zweimotorigen Maschinen ab. 1979 richtete das Unternehmen dann einen Linienverkehr ein. In den folgenden 20 Jahren wuchs die Crossair zu einer großen Regionalfluggesellschaft mit einem imposanten europäischen Streckennetz. Suter, der der Airline eine strikte Unternehmenshierarchie verpasste, befand sich im stetigen Konkurrenzkampf gegen die damals dominierende Swissair. Trotz aller Widrigkeiten und durch neidische Swissair-Manager errichteter Hürden entwickelte sich die Crossair unter Suters Regime zu einem Unternehmen mit rund 3500 Mitarbeitern und 80 Flugzeugen vom Typ Saab 340, Saab 2000, Avro 146 RJ 85/100 und Boeing MD-83.

Dabei herrschten Strukturen, die durch Suter und seine handverlesene Führungsriege geprägt waren. Kapitän wurde man nicht nach dem Senioritätsprinzip aufgrund seines Alters und seiner Erfahrung, sondern weil es Suter so gefiel. Erst 1998 änderten sich die Verhältnisse bei Crossair durch die neuen Regularien der Joint Aviation Authorities (JAA), jedoch die Schlüsselpositionen blieben nach wie vor Suters hochloyalen Protegés vorbehalten. Der Patriarch duldete keine Kritik. Aufmüpfige Piloten wurden kurzerhand gefeuert. Lange wehrte sich Suter auch gegen eine unabhängige Gewerkschaft. Die unter dem Namen CCP agierende Pilotenvertretung der Crossair war durchsetzt mit Suter hörigen Vertretern. So walteten scheinbar Eintracht und Demokratie im Unternehmen – allerdings nur nach außen hin.

Piloten-Leasing bei Crossair

Der erste Unfall in der bis dahin erstaunlich unfalllosen Geschichte des aufsteigenden Regionalcarriers Crossair ereignete sich am Abend des

10. Januar 2000 unweit des Züricher Flughafens Kloten. Eine zweimotorige Turbo-Prop vom Typ Saab 340 B Cityliner war kurz vor 18 Uhr in Zürich gestartet und befand sich mit sieben Passagieren und drei Besatzungsmitgliedern auf dem Weg nach Dresden. 116 Sekunden nach dem Start verschwand sie vom Radarschirm. Die Maschine wurde kurz darauf in einem Rapsfeld gefunden. Niemand hatte den Aufprall überlebt.

Das Unglück traf die bislang erfolgsverwöhnte Crossair in einer schwierigen Zeit. Seit fast einem Jahr brodelte es gewaltig im Unternehmen, besonders bei den Piloten. Drei Monate vor dem Absturz hatte sich der Konflikt massiv zugespitzt. Einer Gruppe von Piloten war es gelungen, den der Crossair-Führung ergebenen Gewerkschaftsvorstand aus den Ämtern zu wählen. Suter missfiel diese Palastrevolution, er musste aber bald erkennen, dass der neue Vorstand von einer breiten Mehrheit der Piloten Rückendeckung erhielt. Da diese sich des Eindrucks nicht erwehren konnten, von der Geschäftsleitung nicht ernst genommen zu werden, kam es immer häufiger zum offenen Schlagabtausch, schlussendlich auch in den Schweizer Medien. Unter der Dauerkritik des Pilotencorps standen in erster Linie der Patron, Moritz Suter, sowie der Leiter seiner Flugoperationen, André Dosé. Die offen ausgesprochenen Warnungen waren unmissverständlich: Die Arbeitsbedingungen seien unhaltbar, die Mitarbeiter würden ausgelaugt und an die Grenze ihrer Leistungsfähigkeit getrieben, die gezahlten Löhne seien, besonders im Verhältnis zu den hohen Lebenshaltungskosten der Schweiz und auch im europäischen Vergleich, viel zu niedrig – und früher oder später würde wegen der laschen Sicherheitsvorkehrungen der Airline sowieso etwas passieren.

Wegen der Arbeitsbedingungen bei der Crossair hatten 1999 über 80 Piloten die Kündigung eingereicht. Ein offener Brief aus Kreisen der Pilotenschaft vom 18. Oktober 1999 brachte es auf den Punkt: »Immer mehr erfahrene Besatzungsmitglieder verlassen konstant die Firma. Kosteneffizient – ja. Sicher – nein.« Das Management wies die Vorwürfe gegenüber den Medien sofort zurück. Die Arbeitszeiten und Löhne entsprächen dem Niveau anderer europäischer Regionalcarrier, betonten die Mediensprecher in der Baseler Firmenzentrale.

Trotzdem fiel auf, dass kaum noch europäische Piloten bei der Crossair anheuerten. Suter und seine Methoden waren in der Branche verschrien. Wer konnte, ging zu einer anderen Airline. In den Reihen der Crossair-Piloten klafften schließlich große Lücken. Rund 100 Flugzeug-führer fehlten. Um die ärgsten Engpässe zu überbrücken, mussten aus-ländische Piloten engagiert werden, da der Schweizer Arbeitsmarkt schon lange nicht mehr genügend Bewerber für die Crossair abwarf.

So war dann auch der Kapitän des Unglücksfluges LX 498, der 42-jährige Moldawier Pavel Gruzin, zum Unfallzeitpunkt erst drei Mona-te bei der Crossair. Über eine Leasingfirma hatte man ihn von der Moldavian Airlines (an der die Crossair finanziell beteiligt war) ausge-liehen. Seine Pilotenausbildung hatte Gruzin in der ehemaligen Sowjet-union erhalten, dann ging er wie viele Absolventen erst einmal zur Aeroflot, scheiterte dort aber bei dem Versuch, sich von einer zweimo-torigen AN-24 auf den zweimotorigen Jet TU-134 umschulen zu lassen.

Mit ihm gemeinsam zum Flugdienst eingeteilt war der 35-jährige Ratislav Kolesar aus der Slowakei, der zu einem Kontingent von 60 Aushilfspiloten gehörte, die der Crossair vom Bundesamt für Wirt-schaft und Arbeit (BWA) zugeteilt wurden. Der gelernte Meteorologe war vorher als Marketingmanager und Pilot bei der slowakischen Tatra Air beschäftigt gewesen. Seit August 1999 arbeitete er bei der Schwei-zer Gesellschaft, fühlte sich dort aber nicht wohl. Er wollte zurück zu seiner Familie und hatte zum Unfallzeitpunkt bereits von sich aus gekündigt.

Damit ausländische Piloten in der Schweiz überhaupt gewerbs-mäßig fliegen durften, mussten sie in einem so genannten »IFR-Check« beweisen, dass sie in der Lage waren, nach Instrumentenflugregeln zu fliegen. Der moldawische Kapitän Gruzin legte seinen IFR-Check am 26. Oktober 1999 ab. Unter Aufsicht eines Experten vom BAZL führte er einen zweistündigen Simulatorflug durch. Er bestand diesen Check. Immerhin war er die Saab 340 bereits in Moldawien mehr als 1700 Stun-den geflogen. Doch letztlich besagte dieser Test nicht viel: Hätte Gru-zin länger als zwölf Monate für eine Schweizer Fluglinie arbeiten wol-len, hätte er eine komplette eidgenössische Pilotenprüfung ablegen müssen.

Von Anfang an bestanden Bedenken hinsichtlich der Professionalität der neuen Piloten. »Wegen der hohen Fluktuation bei der Crossair kommen immer wieder Leute ins Cockpit, die dort nichts zu suchen haben«, berichtete ein besorgter Kapitän dem Schweizer Nachrichtenmagazin *Facts* schon drei Monate vor dem Unfall. Recherchen von Crossair-Piloten bei ihrer hauseigenen Selektionsabteilung ergaben, dass dort praktisch jeder Bewerber für einen Cockpitplatz angenommen wurde. Wer den Eignungstest im Simulator nicht schaffte, durfte es ein zweites Mal versuchen.

Diese und andere Vorwürfe trafen zu, wie sich später im Zuge der Unfalluntersuchung herausstellte. Ein dunkler Schatten auf der bis dahin weißen Weste der Schweizer »Qualitäts-Airline«. Die Besatzungen mit den neuen Kollegen aus Australien, Neuseeland, Südafrika und Osteuropa flogen mitunter bunt gemischt, so wie es der Bedarf erforderte. Allerdings stellte sich schnell heraus, dass es mit den Piloten aus Russland im Flugbetrieb öfter zu ernsthaften Differenzen kam. Ein Copilot berichtete, sein russischer Kapitän sei vom Funkverkehr mit dem Lotsen in Zürich völlig überfordert gewesen und hätte wiederholt Verständigungsprobleme gehabt. Wenn das in einer Notfallsituation passiert, wird es extrem gefährlich.

Unfallanalysen belegen, dass Kommunikationsschwierigkeiten im Cockpit rasch zur Katastrophe führen, selbst wenn der Notfall an sich beherrschbar wäre. Eine Unterweisung in Crew Ressource Management besonders für die Kollegen aus östlichen Ländern, in denen solche Trainingsprogramme nicht unbedingt zum Ausbildungskonzept von Berufspiloten gehören, lehnte man bei der Crossair ab. Suter und Dosé weigerten sich hartnäckig, diese im übrigen Europa standardmäßig praktizierten Programme zur Verbesserung des Zusammenspiels einer Besatzung für ihre Piloten einzuführen.

Dabei waren ihnen die Sprachprobleme der gemischten Cockpitcrews durchaus bekannt. Immerhin erhielten die Aushilfspiloten Nachhilfeunterricht in Englisch. Geprüft wurden die vermeintlichen, meist unterdurchschnittlichen Sprachkenntnisse jedoch nicht. Bei vielen russischen Piloten reichte es gerade einmal für das Primarschulniveau, behaupteten die Piloten, die mit ihnen geflogen waren. Selbst die knapp 1500 Flugbegleiterinnen kannten die außerordentlich bedenklichen Zustände nur zu gut: Eine Stewardess, die den Piloten im Cockpit das Essen anbot, stieß auf völlig konsternierte Flugzeugführer: »Die haben überhaupt nicht verstanden, was ich wollte.« Eine andere Flugbegleiterin, die die Besatzung der Unglücksmaschine vom 10. Januar 2000 aus früheren Flügen kannte, wunderte sich, in welcher Sprache die zwei im Cockpit kommunizierten. »Englisch war das jedenfalls nicht. Ich vermute eher Russisch.«

Für Kapitän Gruzin fand sich kein Zertifikat oder Abschluss. Seine gesamten Unterlagen waren übrigens nebenbei bemerkt kurz nach dem Absturz bei Nassenwiel vorerst »nicht auffindbar«. Besonders in der Chefetage von Crossair realisierte man schnell, dass die Airline nun unter keinem guten Leumund mehr stand.

Auch bei Copilot Ratislav Kolesar aus der Slowakei ist unklar, welche weitere Ausbildung er vor seinem Einsatz auf dem Flugzeugtyp Saab 340 erhielt. Das Büro für Flugunfalluntersuchung (BFU) bestätigte, dass die Trainingsunterlagen mit den detaillierten Eintragungen über den Verlauf der Ausbildung und die Qualifikation des verunglückten Piloten verschwunden blieben. Auch eine polizeiliche Hausdurchsuchung in Kolesars Baseler Wohnung förderte die Dokumente nicht ans Licht, und bei der Crossair in Basel waren die Unterlagen selbstverständlich nicht vorhanden. Das BFU war daher gezwungen, eigene Informationen in den Heimatländern einzuholen.

Aus den fehlenden Ausbildungsdokumenten könnte zum Beispiel hervorgehen, ob und wann sich Copilot Ratislav Kolesar einer Einweisung auf dem Flug-Management-System (FMS) der SAAB 340 unterzog. Dieses bordeigene Navigations- und Flugdurchführungssystem liefert den Piloten nach entsprechender Programmierung in Form einer Anzeige (»Flight Director«) Vorgaben, wie sie zu fliegen haben. Bei Crossair ist es üblich, dieses System schon kurz nach dem Start – also auch im manuellen Flugbetrieb wie zum Unfallzeitpunkt – einzuschalten. Das System lässt sich darüber hinaus mit dem Autopiloten koppeln, der dann die Flugstrecke nach den programmierten Navigationspunkten abfliegt.

Doch gerade im täglichen Einsatz kommt es immer wieder zu Fehlern dieses Systems, wie viele Piloten aus der Praxis zu berichten wissen. Manchmal findet das FMS schlicht einen Wegpunkt nicht, oder es wurde vom Piloten falsch programmiert. Es gab auch schon Fehler in der Navigationssoftware des Herstellers. Die manuelle Programmierung erfordert, dass sich der Pilot an spezifische Kürzel hält, da das System ihn sonst nicht versteht. Eine Eigenart des FMS ist auch, dass es sich je nach Programmierung den kürzesten Weg zum nächsten Navigationspunkt sucht und anzeigt. Besonders beim Kurvenflug ermittelt das System in der Regel so den kürzesten Drehradius. Das spielte beim Unglücksflug von LX 498 eine Rolle.

Rechts oder links?

Kurz nach dem Abheben, um 16.55 Uhr, erhielt Flug LX 498 vom Fluglotsen die Anweisung, in einer Linkskurve zum Navigationspunkt Zuerich East zu fliegen. Der Copilot, der den Funkverkehr führte, wiederholte diese Anweisung korrekt und begann, das FMS während der nächsten vier Sekunden entsprechend zu programmieren. Jedoch machte er einen Fehler. Der Befehl »direct to – left – ZUE« wurde nur als »direct to ZUE« eingegeben, also ohne die angewiesene Drehrichtung nach links. Diese Programmierung erfolgte nur durch den Copiloten und ohne die eigentlich vorgesehene Überwachung und Kontrolle durch den Kommandanten. An dieser Stelle findet sich im Unfallbericht des Schweizer BFU die Bemerkung, dass zu diesem Zeitpunkt der Einsatz des FMS »unzweckmässig« war und auch »in einem taktisch ungünstigen Moment« erfolgte. Der kürzeste Drehradius lag zu diesem Zeitpunkt rechts und nicht, wie das Abflugverfahren für den Flug vorsah, links. Gruzin steuerte die Saab 340 zunächst weiter links, folgte dann aber seiner im Display eingespiegelten Flight–Director-Information nach rechts.

Crossair-Piloten bemängeln, dass die Bedieneinheit des FMS an einer ergonomisch ungünstigen Stelle auf der Mittelkonsole angebracht ist. Der Grund dafür: Das System wurde nachträglich eingebaut, ursprünglich war es für diesen Flugzeugtyp gar nicht vorgesehen. Kommt es nun zu einem Problem mit dem FMS, ist der Pilot gezwungen, seine Aufmerksamkeit von den Instrumenten vor ihm hinunter auf die Mittelkonsole neben ihm zu lenken. Dadurch verliert er die für eine sichere Flugdurchführung wesentlichen Anzeigen wie Fluglage, Kurs, Geschwindigkeit und Höhe aus den Augen.

Aber wussten das alles auch die beiden Piloten im Cockpit von Flug LX 498? Die von der Crossair an die Moldavian Airlines ausgeliehene Saab 340, auf der Kapitän Gruzin früher einmal geflogen war, verfügte nach Angaben der Crossair über ein FMS. Es ist jedoch fraglich, ob das System dort auch zum Einsatz gelangte, da in Moldawien überwiegend konventionell navigiert wird und die Navigations-Database regelmäßig auf den neuesten Stand gebracht werden muss. Das wiederum ist mit nicht unerheblichen Kosten verbunden. In Bezug auf die Ausbildung und Einweisung des Copiloten bestehen hier erhebliche Zweifel. Zwar hatte Kolesar die SAAB 340 zuvor bereits für die Tatra Air geflogen, diese Maschine, ebenfalls eine Leihgabe der Crossair, verfügte über kein FMS. Und noch ein Umstand wirft ein schiefes Licht auf die Fähigkeiten der Unglückspiloten: Auch der Crossair eigene Simulator war nicht mit einem solchen FMS ausgestattet. Das räumte die Airline sogar ein. Kurz nach dem Unfall von Zürich wurde der Simulator zerlegt und in die USA verschifft. Crossair hatte das Gerät an die Pam Am Flight Academy in Miami verkauft.

Für Insider, die die Verhältnisse bei dem Regionalcarrier kannten, waren die Probleme der Unglückspiloten mit dem FMS daher von Anfang an durchaus wahrscheinlich. Zwar gab es nach Aussage von Crossair ein FMS-Trainingsgerät, mit dem in Basel Piloten und Techniker am PC unterwiesen wurden. Mehrere Piloten bestätigten jedoch unabhängig voneinander, dass es eine richtige und vor allem »lebensnahe« Ausbildung bei der Crossair nicht gab. Der Kursus beschränkte sich, so ein Crossair-Pilot, auf ein »eintägiges Rumspielen mit dem

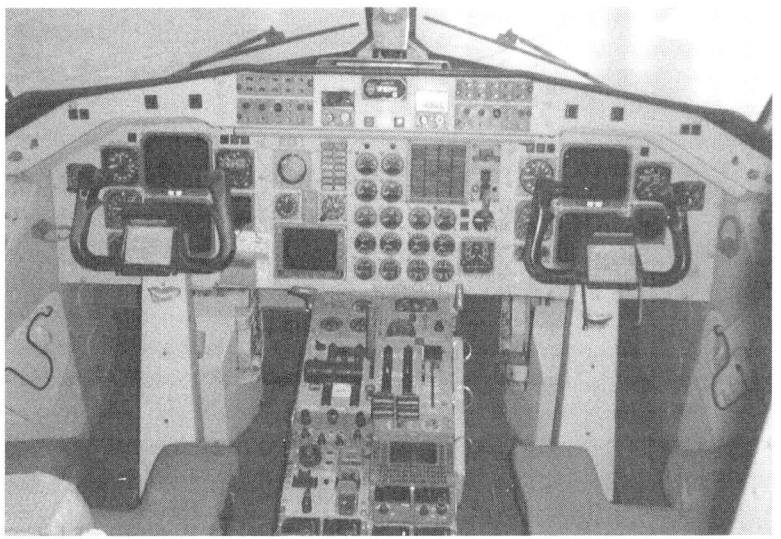

Das Cockpit einer Saab 340 der Crossair. Das Bedienpanel des FMS liegt auf Center-Pedestal, an einer ergonomisch ungünstigen Stelle.

FMS – mehr eine simple Orientierung als ein Erlernen des sicheren Handlings dieses hochkomplexen Systems«. Die Neulinge erlernten die Besonderheiten des FMS also streng genommen erst im alltäglichen Flugbetrieb. Ein Umstand, der für die Luftaufsichtsbehörde BAZL offenbar normal war. Die Behörde sah keine Probleme, weder bei der Ausstattung des Simulators noch bei Art und Umfang der Ausbildung.

Doch damit nicht genug: In Gewebeproben des Flugkapitäns fanden sich Rückstände eines Psychopharmakons, das in Russland unter dem Namen »Phenazepam« gegen Rezept erhältlich ist. Zu den Nebenwirkungen sagt die Analyse des Instituts für Rechtsmedizin der Universität Zürich: »Koordinationsstörungen, Schläfrigkeit, Schwindel; nicht während der Arbeitszeit von Kraftfahrern und anderen Personen einnehmen, deren Beruf rasche psychische und motorische Reaktionen erfordert.« Gruzin hatte gegenüber seiner Frau über Schlafstörungen geklagt und das Medikament vermutlich außerhalb der Dienstzeit eingenommen. In seinem Crew-Bag fanden die Ermittler eine angebrochene Packung.

Darin mag die Ursache liegen, dass Gruzin in den Sekunden nach dem Start seine Anzeigen nicht richtig interpretierte und folglich die Maschine falsch steuerte. Er verzichtete auch auf den Einsatz des Autopiloten. Manuell steuerte er die Maschine in eine Steilspirale nach rechts, weil er, so vermutet das BFU, die räumliche Orientierung verloren hatte. Sein Copilot, der ihn überwachen sollte, traf keine oder nur unzureichende Maßnahmen, um diesen Irrtum zu korrigieren. Gruzin blieb über mehrere Sekunden einseitig auf Wahrnehmungen fixiert, die ihm eine Drehrichtung nach links suggerierten. Es ist aus psychologischer Sicht nahe liegend, dass er in dieser Situation bei der Interpretation seines Fluglageinstrumentes auf ein früher gelerntes Reaktionsmuster zurückgriff: In den ehemaligen GUS-Staaten ist das Fluglageinstrument, der künstliche Horizont, nämlich anders konzipiert als bei westlichen Modellen. Während im Westen eine so genannte »Inside-Out«-Darstellung vorliegt, folgen die russischen Instrumente in der Darstellung dem Prinzip des »Outside-In«.

Bei Ersterer wird auf dem künstlichen Horizont die aktuelle Flugsituation abgebildet, die ein Pilot auch beim Blick aus dem Fenster vor ihm mit Sicht auf den natürlichen Horizont sehen würde. Ein Symbol in der Mitte behält seine Lage stabil zu der des Flugzeuges, während eine Maske im Hintergrund sich in ihrer Lage verändert. Eine Trennlinie zwischen dem blau eingefärbten Himmel und der braun gefärbten Erde stellt dabei den eigentlichen Horizont dar. Bei Änderungen der Längsneigung verschiebt sich der jeweils sichtbare Teil des blauen beziehungsweise des braunen Bereichs. Eine Skalierung in Gradeinteilung gibt zusätzliche Informationen über den Steig- oder Sinkwinkel. Die Querneigung des Flugzeuges wird auf diesem Horizont durch eine entsprechende Querneigung der Horizontlinie dargestellt. Dabei neigt sich diese Linie jedoch immer entgegengesetzt zu der tatsächlich eingenommenen Neigung des Flugzeuges.

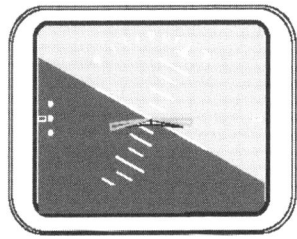 

Vergleich westlicher (links) mit russischem Horizont. Auf beiden Anzeigen werden 27° Querneigung nach links und eine Längsneigung von 1° dargestellt.

Bei einem russischen Fluglageinstrument zeigt dagegen ein Flugzeugsymbol in der Mitte die jeweilige Querlage des Flugzeuges vor einem stabilen blau-braunen Horizont an. Das Symbol neigt sich zu der Seite, zu der sich auch das Flugzeug neigt. In der Anzeige der Längsneigung funktioniert das russische Instrument wie das westliche Pendant. In Russland wurde seit der Einführung des Horizontes westlicher Bauart die Verwechslungsgefahr beim Interpretieren dieser Anzeigen und vor allem beim Ablesen der Querneigung erkannt. Es gab mehrere Unfälle, die durch solche Fehlinterpretationen verursacht wurden.[54]

Auch der in russischen Flugzeugen verwendete Kompass arbeitet anders als der in westlich instrumentierten Maschinen.[55] Das BFU vermutet, dass Kapitän Gruzin aus diesen Gründen die Fluglage seiner

Saab 340 völlig falsch einschätzte. Hinzu kam die vom FMS falsch vorgegebene Flugrichtung nach rechts. Gruzin bemerkte nicht, wie er die Maschine immer weiter in eine Querlage nach rechts von bis zu 80 Grad und in eine Längsneigung von 25 Grad manövrierte. Die Maschine verlor rasch an Höhe, gleichzeitig erhöhte sich die Geschwindigkeit auf 207 KIAS[56]. Die Saab 340 befand sich zu diesem Zeitpunkt in den Wolken. In den Augen des BFU beherrschte die Verwirrung des Kommandanten über die aktuelle Fluglage seine Wahrnehmung. Er hatte alle Mühe, seine Anzeigen zu interpretieren und mit seiner mentalen Vorstellung von Flugweg und Lage in Einklang zu bringen.

Nun endlich schien dem Copiloten Kolesar aufzufallen, dass etwas nicht stimmte und die Maschine in Wirklichkeit nach rechts drehte. »Left, we should left!«, warnte er. Gruzin antwortete nur mit einem undefinierbaren: »Oh … na, na.« Mittlerweile hatte auch der Radarlotse registriert, dass Flug LX 498 nicht wie angewiesen nach links, sondern nach rechts drehte. Er sprach die Maschine an: »Crossair 498, confirm you are turning left.« Kolesar entgegnete unverzüglich: »Moment please, stand by.« Der Lotse erteilte der Saab 340 daraufhin ohne weitere Umschweife die Genehmigung, in der (für ihn auf dem Radarschirm) inzwischen begonnenen Rechtskurve weiter zum Navigationspunkt Zuerich East zu fliegen. Doch sein Funkspruch wurde nicht mehr bestätigt.

Die Saab 340 ging jetzt in eine Steilspirale über. Als Folge der massiven Querruderausschläge des Kapitäns erreichte die Maschine schließlich eine Querlage von 137 Grad nach rechts. Eine Sekunde später warnte die »Overspeed Warning« im Cockpit vor der zu hohen Geschwindigkeit. Kolesars letzte Worte an Gruzin auf dem Cockpit-Voice-Recorder sind: »Turning Left! Left! Left! Left! … Left!« Drei Sekunden später bohrte sich die Maschine in den Acker und ging in Flammen auf.

Das Schweizer BFU bewertete die Ursachen für den Absturz von Crossair Flug LX 498 klar und deutlich: »Der Copilot führte ohne Auftrag des Kommandanten eine Eingabe am FMS aus, welche die Änderung der zuvor programmierten Abflugstrecke betraf. Dabei unterließ er die Eingabe einer Drehrichtung. Der Kommandant verzichtete unter Instrumentenflugbedingungen und während der arbeitsintensiven Flugphase des Steigfluges auf den Einsatz des Autopiloten. Er steuerte die Maschine schließlich in eine Steilspirale. Der Copilot traf nur unzureichende Maßnahmen, um den Spiralsturz zu verhindern bzw. abzufangen.« Darüber hinaus ließ die BFU nicht unerwähnt, dass der Kommandant von der Crossair nicht systematisch mit den Eigenheiten westlicher Systeme und Cockpitverfahren vertraut gemacht wurde.

Der Crossair-Patriarch Moritz Suter wollte sich mit dieser realistischen Analyse des Unfallhergangs nicht abfinden. Er verhinderte zunächst das Erscheinen des Absturzberichtes mit einem Rekurs, den er im Frühjahr 2002 einlegte. Dieser Umstand hielt auch André Dosé, der zwischenzeitlich zum CEO der Swiss avanciert war, den Rücken frei. Zunächst jedenfalls …

24. November 2001: Zürich-Bassersdorf, 21:07 UTC
CROSSAIR FLUG 3597 – Fliegen will gelernt sein

> *»Dann krachte es plötzlich, und vom Bug aus kam rasend schnell ein Feuerball durch die Kabine auf uns zu geschossen.«*
>
> Crossair Flug 3597, Passagier auf Sitz 10 A

Der zweite Unfall mit Todesfolgen ereignete sich am Abend des 24. November 2001 mit einem Avro Regionaljet BA 146. Der Linienflug der Crossair mit der Flugnummer LX 3597 startete gegen 22 Uhr in Berlin Tegel mit 28 Passagieren und fünf Besatzungsmitgliedern an Bord, darunter Mitglieder der deutschen Popgruppe *Passionfruit*. Gegen 23 Uhr, die Maschine befand sich im letzten Teil ihres Landeanfluges auf den Flughafen Zürich, streifte das Flugzeug einige Baumwipfel und stürzte dann in ein Waldgebiet, knapp 4 Kilometer von der Schwelle der Landebahn 28 entfernt. Die Maschine fing Feuer und brannte völlig aus. 24 Insassen wurden getötet. Zu den Opfern zählten die beiden Piloten und eine Flugbegleiterin.

Von Glück und Fehlschlägen

Kommandant des Crossair Fluges LX 3597 war der 57-jährige Hans Lutz. Mit ihm im Cockpit saß der 25-jährige Stefan Loehrer. Der Copilot hatte erst vor wenigen Monaten seine Stelle bei der Baseler Airline angetreten. Er war ein Quereinsteiger, hatte seine Fluglizenzen privat erworben und verfügte zum Unfallzeitpunkt gerade mal über eine Gesamtflugerfahrung von 490 Stunden, davon 348 auf dem Avro, den er seit dem 7. April 2001 fliegen durfte. Hans Lutz dagegen galt mit seinen absolvierten 19 555 Stunden zweifelsohne als Veteran. Diese hohe Stundenzahl hatte der Crossair-Kapitän jedoch nicht allein bei Verkehrsflügen erworben. Nebenbei war er als Fluglehrer bei der Swiss Horizon Flugschule in Zürich tätig. Und da der Fluglehrer bei einem Flug mit einem Schüler immer als Kommandant gilt, konnte Lutz diese stattliche Anzahl von Flugstunden in seinem Flugbuch verzeichnen.

Doch eigentlich hätte Hans Lutz überhaupt nicht in ein Cockpit gehört, weder als Fluglehrer noch als Kapitän bei einem kommerziellen Flugbetrieb. Auch er war als Quereinsteiger zum Fliegen gekommen, allerdings schon in den Sechzigerjahren, und trotz seiner erheblichen Defizite gelang es ihm immer wieder, seine Lizenzen zu erneuern oder zu erhalten. Über den Umfang dieser Defizite und die Art und Weise, wie Lutz und das Crossair-Management sogar die Aufsichtsbehörde BAZL umgingen, legt der über 150-seitige Unfallbericht des Schweizer BFU abermals ein erschreckendes Zeugnis ab. Darin heißt es unter anderem:

»Erste Hinweise auf die Grenzen der Fähigkeiten des Kommandanten und auf seine Schwierigkeiten, diese zu akzeptieren, finden sich in der Tatsache der *nicht abgeschlossenen Volksschulbildung* sowie der Ablehnung seiner Kandidatur für die fliegerische Vorschulung auch nach dreimaligem Wiedererwägungsantrag. … (A)ls der Kommandant im Jahr 1979 im Flugbetriebsunternehmen Crossair seine Arbeit aufnahm, galt er mit über 4000 Stunden als erfahren. Vorher hatte er bereits mehrere Jahre auf kleineren Flugzeugen Bedarfsflüge durchgeführt und die Berechtigung erhalten, Flugschüler im Sicht- und Instrumentenflug auszubilden. Wie sich aus den Unterlagen entnehmen lässt, lag die Begabung des Kommandanten eindeutig im Sichtflugbereich. Er bestand die Umschulungen auf die entsprechenden Flugzeugmuster problemlos. Hingegen bestand er zweimal die Prüfung zur Erlangung der Instrumentenflugberechtigung nicht, bevor er diese nach dem dritten Versuch erhielt. Die Schwierigkeiten im Instrumentenflug, die von verschiedenen Experten des Eidgenössischen Luftamtes anlässlich von periodischen Checkflügen festgestellt wurden, waren auch noch vorhanden, als er bereits selber Flugschüler im Instrumentenflug ausbildete. ... Die erste Umschulung auf ein Verkehrsflugzeug absolvierte er beim Flugbetriebsunternehmen Crossair kurz nach seinem Eintritt. Die Prüfung zur Erlangung der Musterberechtigung legte (er) vor einem Experten des Eidgenössischen Luftamtes ab und bestand diese trotz seiner Flugerfahrung mit der Note ›below average – average‹ (›unter dem Durchschnitt‹, Anmerkung des Verfassers). Noch immer wurden grundsätzliche Schwächen im Instrumentenflug und eine mangelnde Umsicht festgestellt.«[57]

Seltsamerweise fanden die Unfalluntersucher der Schweizer Behörde bei der Crossair keine Unterlagen aus dem fraglichen Einstellungszeitraum von Kapitän Lutz. Doch eines ist klar: So wie sich Lutz 1979 bei der Crossair präsentierte, wäre er von keiner anderen Airline eingestellt worden. Auch während seiner Tätigkeit für Crossair fiel Lutz gleich mehrfach unangenehm auf und bot Leistungen, die erhebliche Zweifel an seiner Qualifikation für diesen Beruf aufkommen ließen. Aber in der Schweiz und speziell bei der Crossair tickten die Uhren offenbar anders.

Zum Glück für Hans Lutz übertrug das Eidgenössische Luftamt Anfang der Achtzigerjahre die Abnahme der regelmäßigen Leistungsüberprüfungen sowie die Fähigkeitsnachweise nach Umschulungen direkt auf seinen Arbeitgeber, die Crossair. Das entspricht der heute bei allen Airlines gängigen Praxis. Nun wurde Lutz von seinen Kollegen im Unternehmen überprüft und nicht mehr von unabhängigen Experten, denen seine Defizite über kurz oder lang aufgefallen wären, was aller Wahrscheinlichkeit nach in dem Entzug seiner Lizenzen gegipfelt hätte. Auffällig ist, dass fortan seine Leistungen von den Crossair-Checkpiloten besser bewertet wurden als zuvor von den Beamten der Aufsichtsbehörde.

Jetzt stand auch einer weiteren »Qualifizierung« nichts mehr im Wege. Im Frühjahr 1981 schulte Lutz auf die Metroliner 226 und 227 um. Auf beiden Flugzeugtypen wurde er als Kapitän, Fluglehrer, Route-Check-Pilot und Experte eingesetzt. Zugleich avancierte er zum stellvertretenden Chefpiloten der Crossair. Gleichzeitig war er bei drei anderen Unternehmen als Fluglehrer und Pilot eingetragen. Unter anderem unterzeichnete er einen Teilzeitarbeitsvertrag mit der Horizon

Swiss Flight Academy, wo er von Juni 1982 bis Mai 1991 in seinem Nebenjob als Ausbilder eifrig Flugstunden sammelte. Im August 1987 absolvierte Lutz bei der Crossair dann eine Umschulung auf die Saab 340 und flog diesen Typ fortan als Kapitän.

Eigentlich aber wollte Hans Lutz noch höher hinaus. In den Jahren 1993 und 1994 stand er drei Mal für eine Umschulung auf das inzwischen bei der Crossair eingeführte Flugzeugmuster BA-146 zur Diskussion, aus verschiedenen Gründen kam es allerdings nicht dazu. 1995 stand dann eine Fortbildung für das Flugzeug MD-80 auf dem Programm. Ein Auswahlverfahren oder eine Eignungsprüfung, wie bei anderen Unternehmen üblich, fand nicht statt. Schon kurz nach der Aufnahme des Trainings offenbarte Lutz große Mühe, die geforderten Leistungen zu erbringen. Trotz zwei zusätzlicher Simulatorlektionen hatte er weiterhin Lücken bezüglich der Übersicht und des Koordinationsvermögens. Weil seine Lernfortschritte zu gering waren, beschloss man, den Kurs abzubrechen und Lutz einige Monate später eine neue Chance zu gewähren. Dabei unterließen es die Verantwortlichen bei der Crossair, nach den Gründen für das Versagen zu forschen. So durfte Lutz trotz seiner offenkundigen Schwächen weiter mit der Saab 340 Passagiere durch Europa befördern.

Auch den zweiten Umschulungskurs auf die MD-80 bestand Lutz nicht. Obwohl er erhebliche »Nachhilfestunden« im Simulator nahm, fiel er durch den Type-Rating-Check. Attestiert wurden ihm unter anderem Unzulänglichkeiten bei der »manuelle(n) Steuerung des Flugzeuges, eine mangelhafte Systematik in Bezug auf den Einsatz des Flugführungssystems« und – besonders gravierend – eine »eingeschränkte Fähigkeit zur Analyse beziehungsweise zeitgerechten Entscheidungsfindung«. Unverdrossen flog Lutz weiter bei der Schweizer Airline. Eine Analyse seiner schwachen und ungenügenden Leistungen wurde nach wie vor nicht durchgeführt. Grund genug für eine gesunde Skepsis gegenüber Kapitän Lutz hätte die Crossair jedoch auch im alltäglichen Flugbetrieb gehabt. Immerhin war dieser für den Totalschaden einer Saab 340 mit der Registrierung HB-AHA verantwortlich. Die Maschine stand am 21. Februar 1990 auf dem Vorfeld des Flughafens Zürich, und Lutz führte mit einem Copiloten ein Systemtraining an Bord durch. Zwischen den Piloten kam eine Diskussion über einen hypothetischen Fehler beim Einziehen des Fahrwerkes auf.

Lutz beharrte auf seiner Meinung, dass ein am Boden belastetes Fahrwerk nicht einfach eingefahren werden könnte. So war er es von Kleinflugzeugen her gewöhnt. Er wollte ein Exempel statuieren – und wurde vom Einsetzen der Hydraulikpumpen überrascht, die munter das Fahrwerk der Saab einfuhren. Die Maschine schlug hart auf den Boden auf und konnte nicht mehr repariert werden. Doch was bei einer anderen Airline vermutlich mit einer sofortigen Suspendierung oder gar einer Kündigung geendet hätte, traf auf Kapitän Hans Lutz und die Crossair abermals nicht zu. Man entzog ihm lediglich sein Privileg zur firmeninternen Ausbildung als Instruktor.

Ein Jahr später absolvierte Lutz im Rahmen der üblichen Überprüfung seiner Qualifikationen im Unternehmen einen so genannten »Route Check«. Dabei ignorierte er über mehrere Minuten die Anweisung des Fluglotsen, wegen einer vorausfliegenden Boeing 747 langsamer zu fliegen, um nicht in die Wirbelschleppen des Jumbos zu geraten[58]. Im Endanflug wurde die Crossair-Maschine dann von den Luftverwirbelungen erfasst und heftig durchgeschüttelt. Solche Wirbelschleppen-Begegnungen haben kleinere Maschine schon binnen Sekunden zum Absturz gebracht. Ihre Gefährlichkeit ist nicht erst seit der Katastrophe im November 2001 im New Yorker Stadtteil Queens bekannt. Doch das war noch nicht alles: Im Landeanflug vergaß Lutz den vorgeschriebenen »Approach Check« ebenso wie den »Final Check«, und die Stewardess war nicht über die unmittelbar bevorstehende Landung informiert. Sie stand beim Aufsetzen noch im Gang der Passagierkabine.

Erst Ende 1991 handelte Crossair, allerdings nur halbherzig. Lutz wurde von seiner Tätigkeit als Trainingskapitän entbunden, »weil seine Leistungen nicht genügten«.[59] Jedoch: Er durfte weiter als Kommandant von Crossair-Flügen uneingeschränkt Passagiere befördern. Auch zwei weitere Vorfälle, die in einem ordentlich geführten Flugbetrieb mit Sicherheit strikte Konsequenzen gehabt hätten, wurden geflissentlich übersehen. Im Dezember 1995 befand sich Lutz mit einer Saab 340 auf einem Nachtflug nach Lugano. Dem Copiloten fiel auf, dass sein Kapitän mithilfe des Autopiloten einen Sinkflug mit einer Sinkrate von 4000 Fuß pro Minute durchführte, obwohl normalerweise nur Sinkraten bis maximal 2000 Fuß pro Minute gewählt werden. Zuvor hatte er die »Overspeed Warning« (Übergeschwindigkeitswarnung) und die »Ground Proximity Warning« (Bodenannäherungswarnung) abgeschaltet, da beide bei einem solchen Manöver mit Sicherheit angeschlagen hätten. Lutz navigierte die Saab auf eine Höhe von knapp 100 Metern über den See, wobei die Geschwindigkeit rasch von 135 Knoten auf mehr als 200 Knoten anwuchs. Den Fragen seines besorgten Copiloten angesichts dieses ebenso unüblichen wie gefährlichen Unterfangens begegnete Lutz nur mit Unverständnis.

Der andere Vorfall ereignete sich am 21. März 1999. Bei der Crossair bestand für Mitarbeiter die Möglichkeit, die Maschinen der Fluggesellschaft für private Rundflüge zu mieten. Mit 30 Passagieren an Bord führte Lutz einen solchen Alpenrundflug von Zürich nach Sion und wieder zurück durch. Als sich die Maschine in einer Höhe von ungefähr 12 000 Fuß über den Savoyer Alpen befand, nahm der Copilot Funkkontakt mit dem Flughafen Sion auf. Kurz darauf bemerkte Kommandant Lutz, dass seine geplante Flugzeit annähernd abgelaufen war. Ohne weitere Umschweife begann er den Sinkflug in Richtung eines Flugplatzes, der sich gerade in Sichtweite befand. Jedoch war dies nicht der Flughafen der Schweizer Stadt Sion, sondern der rund 50 Kilometer weiter südlich gelegene Flughafen im italienischen Aosta. Die Anflugbesprechung ließ der Flugkapitän kurzerhand ausfallen, und die wichtigsten Checklistenpunkte wurden nach Aussage des Copiloten eher »intuitiv und in freier Abfolge« abgearbeitet. Obwohl der Copilot intervenierte, setzte Lutz den Anflug fort. In mehreren Kurven sank die Maschine bis über den Flughafen, und Lutz leitete den Endanflug ein, obwohl es keinerlei Funkkontakt zum Tower am Boden gab. Dieser war übrigens auch gar nicht möglich, da Aosta südlich des Alpenhauptkammes mit Bergen um 4000 Meter Höhe liegt und die Funkwellen der Maschine so nicht empfangen werden konnten. Lutz bemerkte seinen Navigationsfehler nicht einmal, als die Passagiere von Kabinenfenster aus bereits die italienischen Straßenschilder lesen konnten. Erst kurz vor der Landung registrierte er seinen Irrtum und startete durch.

Angeblich wurden diese beiden halsbrecherischen Einsätze des Crossair-Kapitäns beim Management erst nach dem Unfall von Zürich bekannt. Doch auch das – sollte es wirklich zutreffen – spricht nicht gerade für eine aktive Sicherheitskultur im Unternehmen.

Copiloten, die mit Lutz geflogen waren, sagten über ihn aus, dass er das Flugzeug gelegentlich völlig alleine bediente und die Kollegen im

Cockpit nicht immer mit der nötigen Konsequenz in Bedienungs- und Entscheidungsvorgänge einbezog. Über die Jahre zeigte Lutz eine gewisse Abwehrhaltung gegenüber komplexen technischen Systemen und hatte häufig auch Mühe, sie zu bedienen. Die Frage, warum er trotz der zahllosen Vorkommnisse und erwiesenen Defizite weiter fliegen durfte, müssen die damals bei der Crossair Verantwortlichen heute im Rahmen eines strafrechtlichen Ermittlungsverfahrens beantworten: allen voran Moritz Suter und André Dosé.

Chaotische Zustände

Meiner Meinung nach sind die eigentlichen Ursachen für derart eklatante Sicherheitsrisiken eng mit dem Führungsstil und der Firmenkultur bei der Baseler Crossair verknüpft. Kritiker wurden von Suter und Dosé regelmäßig kaltgestellt oder systematisch mundtot gemacht. Im Zuge des schwelenden Arbeitskonfliktes bei der Crossair hatten sie seit Oktober 1999 drei aufmüpfigen Piloten gekündigt, nur weil diese es wagten, auf Missstände hinzuweisen. Dies war nach Aussage ehemaliger Crossair-Piloten kein Novum, sondern gängige Praxis. Suter führte sein Unternehmen ganz nach Gutsherrenart und bediente sich lieber firmen- und personenloyaler Vasallen in wichtigen Positionen, als qualifizierte Profis in solche verantwortungsvollen Ämter zu berufen. Ernst gemeinte Warnungen und Hinweise schlugen Suter und Dosé allzu leichtfertig in den Wind. Da war es nur eine Frage der Zeit, bis die Lücken im Sicherheitsnetz zu groß wurden und ein Desaster provozierten. Es waren dann gleich zwei solche Katastrophen in kurzer zeitlicher Abfolge: Flug LX 498 am 10. Januar 2000 und Flug LX 3597 am 24. November 2001, beide Male in der Nähe des Züricher Flughafens.

Recherchen, die ich für das Schweizer Nachrichtenmagazin *Facts* angestellt habe, belegen, dass es schon vorher allen Grund zur Besorgnis bei der Baseler Regionalairline gab:

19. Juni 1995: Ein Crossair-Besatzungsmitglied schrieb an einen mit dem Thema Flugsicherheit befassten Kollegen: »Verschiedene Vorfälle in den letzten Jahren wurden nie geahndet, die Piloten haben immer noch ihre angestammte oder sogar neue Vorgesetztenfunktion.«

28. Juli 1995: Die Flughafendirektion Zürich schrieb dem Chefpiloten der Crossair Fredi Luginbühl: »Während der letzten vier Monate

wurden insgesamt acht Flugabweichungen Ihrer Gesellschaft festgestellt. Vielfach wurden dafür als Gründe ›Piloten- bzw. Navigationsfehler‹ genannt. Auf Grund statistischer Auswertungen steht damit die Crossair an der Spitze unserer Beanstandungen. Wir bitten Sie dringend, alles zu unternehmen, was diese Situation entschärfen könnte. Bei weiteren gravierenden Navigationsfehlern wie in den vorliegenden Fällen werden wir in Zukunft strengere Maßnahmen ins Auge fassen.«

10. Dezember 1996: Eine Aktionärsgruppe wandte sich an den damaligen Verwaltungsratspräsidenten der Crossair-Muttergesellschaft Swissair, Hannes Goetz. Thema des Briefes: Flugsicherheit. »Als eine unserer Hauptsorgen haben wir die Flugsicherheit im Konzern zur Diskussion gestellt. Die unterschiedlichen Auffassungen und Anstrengungen bei Swissair und Crossair sind nach wie vor nicht haltbar, wobei wir uns durchaus im Klaren sind, dass Sicherheitsmaßnahmen finanziellen Aufwand mit sich bringen. … Es ist nicht unsere Absicht, Sicherheitsprobleme in die Öffentlichkeit zu tragen. Wir hoffen jedoch, dass mit internen Diskussionen einem hohen Safety-Standard auf gleichem Level im ganzen Konzern Sorge getragen wird. Wir sind dies unseren Aktionären, unseren Fluggästen und den Mitarbeitern schuldig.« Der letzte Satz beinhaltet eine bemerkenswerte Festlegung der offenbar herrschenden Hierarchie und des Selbstverständnisses der Geldgeber, die die Marschrichtung für das Unternehmen durch ihre Entscheidungen und die Wahl der Verwaltungsratsmitglieder vorgeben. Unabhängig davon enthält dieses Dokument sehr deutliche Worte für eine renommierte Airline. Jahrelang erzielte gerade die Crossair dank tiefer Kosten und hoher Produktivität glänzende finanzielle Ergebnisse. Sie galt über die Schweizer Grenze hinaus als Vorzeige-Luftfahrtunternehmen in Europa. Im Jahr 1999, als der interne Konflikt sich zuspitzte, erwirtschafteten 3300 Mitarbeiter bei einem Umsatz von 1,16 Milliarden immerhin noch einen Gewinn von 50,7 Millionen Franken.

War die Gesellschaft zu schnell gewachsen? Firmengründer Moritz Suter kannte diese Frage: »Wenn etwas zu schnell wächst, besteht die Gefahr, dass nicht alle Teile des Objekts mithalten können. Das birgt Gefahr in sich und kann bei Nichtbeachten schlimme Folgen haben«, schrieb er 1996 in seiner Hauszeitung *Corner*. »Ein Unternehmen funktioniert letztlich wie ein Organismus, und dieser, das wissen wir alle, will beachtet, gepflegt und gefördert werden. Wird dies unterlassen, schleichen sich Fehler ein, funktioniert das Alarmsystem nicht, werden kleine zu großen Fehlern und können zur Katastrophe führen.«

Kleine Fehler und Vorkommnisse gehören bei jeder Airline zum Alltag. Sie werden in der Regel intern bereinigt. Geht es aber um besonders schwere oder gar sicherheitsrelevante Vorfälle, muss die Aufsichtsbehörde informiert werden, im Fall der Crossair das Bundesamt für Zivilluftfahrt (BAZL) in Bern.

Nach wie vor kommt es vor allem bei Landungen zu den meisten Unfällen, so die Experten der International Air Transport Association (IATA). Nach deren Sicherheitsbericht von 1999 gab es weltweit im vorangegangenen Jahr 51 Unfälle mit Passagiermaschinen, davon ereigneten sich 32 während der Landung. Grund genug also, wie auch in einer IATA-Empfehlung dokumentiert, besonders die Zwischenfälle im Landeanflug einer genauen betriebsinternen Überprüfung zu unterziehen und die jeweiligen Ursachen zu analysieren. Gegebenenfalls sind Maßnahmen notwendig, etwa zusätzliche Trainingsprogramme für die Piloten oder Änderungen an den betrieblichen Verfahren. Doch bei der Crossair wurden solche Analysen nur halbherzig betrieben, in einem Fall ist sogar belegt, dass die vorgeschriebene Meldung an die Aufsichtsbehörde BAZL aus ungeklärten Ursachen unterblieb, oder aber die Untersuchung an BAZL-Mitarbeiter übertragen wurde, die selber bei der Crossair als Piloten angestellt waren.

9. Dezember 1993: Eine Saab 340 überrollte bei der Landung in Bern-Belp das Landebahnende. Der Unfall wurde vom Schweizer Büro für Flugunfalluntersuchung offiziell untersucht. Ein Abschlussbericht erschien erst knapp 16 Monate später. Als pikantes Detail fällt auf, dass die Untersuchung der freiberufliche BFU-Mitarbeiter Peter Graf leitete, der in Teilzeit für Crossair flog.

13. Oktober 1996: Eine MD-80 der Crossair kam in Pristina beim Abrollen von der Landebahn ab und blieb im aufgeweichten Boden stecken. Da es vor Ort kein Bergungsgerät gab, musste der Flughafen für eine Woche gesperrt werden. Eine Woche nach der feierlichen Wiedereröffnung des Flughafens beschädigte eine zweite Crossair MD-80 beim Anflug die Landebahnbeleuchtung und verursachte einen totalen Stromausfall. Die Vorfälle wurden dem BAZL gemeldet, doch die Behörde behandelte die Angelegenheit als Verschlusssache. Die Öffentlichkeit erfuhr nichts.

7. Januar 1997: Die Crossair verleaste eine MD-80 an die südamerikanische Airline Dinar, inklusive Crossair-Piloten, darunter ehemalige Kapitäne der Aeromexico. Während einer vom Kapitän forcierten riskanten Landung im argentinischen Buenos Aires kam das linke Hauptfahrwerk über eine Distanz von 300 Metern von der Landebahn ab und wurde beschädigt. Ursächlich, so ein Bericht, waren die Handlungen des Kapitäns, die von den üblichen Verfahren der Crossair abwichen.

24. August 1998: Beim Anflug auf Zürich Kloten flog eine Crossair-Maschine über lange Zeit viel zu hoch. Statt die Landung abzubrechen und durchzustarten, wie es in einer solchen Situation angemessen wäre, versuchte der Kapitän, das Flugzeug auf den Boden zu zwingen. Eine Stewardess berichtete später: »Durch die Cockpittür vernahm ich ›Sinkrate, Sinkrate‹ (Warnung des Bodenannäherungssystems [GPWS] vor einem zu steilen Absinken) und eine weitere Computeransage, die ich jedoch nicht verstand. Im Geiste bereitete ich mich auf einen Emergency vor.« Der Copilot, der über diesen Vorfall ebenfalls einen schriftlichen Bericht an seinen Vorgesetzten, den MD-80-Flottenchef der Crossair Luca Bianda verfasste, forderte den Kapitän vergeblich auf, durchzustarten. Obwohl dem Crossair-Management dieser Vorfall als schriftlicher Bericht vorliegt und das Auslösen des GPWS ein meldepflichtiger Vorfall ist, setzte man die Aufsichtsbehörde BAZL nicht davon in Kenntnis.

Überhaupt nahm man es bei der Crossair mit der Meldepflicht nicht immer so genau. Das belegt auch ein anderer Fall, auf den ich im Rahmen meiner Recherchen stieß. Es geht um das heikle Thema der Flugdienstzeiten und verdeutlicht, warum besonders die Piloten kein großes Vertrauen in ihre Kollegen in Management-Positionen setzten:

29. August 1999: Beim Swissair Flug 3496, durchgeführt von einer Crossair MD-80, zeichnete sich vor dem Abflug in Zürich ab, dass einer der Piloten über die gesetzlich zulässige Flugdienstzeit von 14 Stunden kommen würde. Eine Genehmigung (in diesem Fall jedoch treffender »Anweisung«), den Flug dennoch anzutreten, erhielt die Besatzung aus dem Crossair-Management von dem Piloten Matthias Schmid. Schmid bekleidete zu diesem Zeitpunkt bei der Crossair auch die Position des Sicherheitspiloten. Aber solche Ausnahmen müssen nach den geltenden Bestimmungen vom BAZL genehmigt werden. Ebenso muss dem BAZL angezeigt werden, wenn eine Verlängerung der geplanten Flug-

dienstzeit nach dem Abflug eintritt. »Für das fragliche Datum wurde kein solches Begehren gestellt«, erklärte hierzu auf Anfrage die Schweizer Aufsichtsbehörde.

Das von Moritz Suter nach außen gern als »offen« und »familiär« angepriesene Klima bei der Crossair war in Wirklichkeit über Monate und Jahre vergiftet. Ein solcher Zustand ist aus flugsicherheitsrelevanten Aspekten gefährlich, besonders wenn er stillschweigend geduldet wird. Das lehren zahlreiche Unfälle bei vergleichbaren Unternehmen, besonders in den USA. Die Luftfahrt ist heute mehr denn je ein hochsensibler Bereich. Und der Leitspruch »Nur glückliche Piloten sind sichere Piloten« birgt mehr als ein Körnchen Wahrheit in sich. Diese treffende Aussage stammt übrigens von niemand Geringerem als Moritz Suter persönlich. Übrigens war dieser ebenso wie sein Partner André Dosé früher selbst Berufspilot gewesen. Moritz Suter flog, bevor er sich mit der Crossair selbstständig machte, bei der Swissair zuletzt die MD-80 und war ein aktives Mitglied in der Salär-Kommission der Schweizer Pilotengewerkschaft Aeropers. Da verwundert es, warum Suter nicht umgehend und ohne Verzug nach dem Aufkeimen der ersten Konflikte mit seinen Piloten und dem angeschlagenen Betriebsklima seiner Crossair sofortige Schritte einleitete, um gesunde Voraussetzungen zu schaffen. Im Gegenteil: Er reagierte gereizt, emotional und mit unnachgiebiger Härte; er ging auf Distanz zu seinen Kritikern und »regierte« im intensiven Kontakt mit seinen Erfüllungsgehilfen im Management. Suter, der charismatische Patron, war mit seiner Haltung im 19. Jahrhundert stehen geblieben und ignorierte hartnäckig vor allem die sozialen Errungenschaften des Humanismus. Doch nach Gutsherrenmanier lässt sich in Europa kein modernes Unternehmen mehr führen – vor allem keine Airline.

1. Juli 2002: Überlingen am Bodensee, 21:35:32 UTC
BTC 2937 UND DILLUM 611 · Die Nacht, in der es Kinder vom Himmel regnete

»Ich fiel von der Mondsichel
von seiner scharfen Kante
und lange bin ich geflogen
flog bis ins Paradies.«
Soja Sergeewna Fedotowa
(20. August 1988 – 1. Juli 2002)

»Alle Flugunfälle in dieser Größenordnung sind ein sehr komplexes Geschehen.
Das gilt insbesondere für Zusammenstöße zweier Verkehrsflugzeuge.
BFU-Braunschweig, Mai 2004, zu Überlingen

Jedes Mal, wenn ich mir die jährliche Statistik über gefährliche Annäherungen in der Luft genauer ansehe, frage ich mich, warum diese immer nur als »near miss«, ein »nahes Verfehlen«, und nicht als »near hit«, eine Beinahe-Kollision, klassifiziert werden. Wäre der zweite Begriff nicht wesentlich treffender? Seit einiger Zeit findet sich auch das Kunstwort »Airprox« (Luftannäherung) in den Berichten und Statistiken von Eurocontrol, der Vereinigung aller Flugsicherungsanstalten der europäischen Staaten. Jedenfalls gibt es für mich immer noch jedes Jahr eine viel zu große Anzahl von diesen Ereignissen, und leider sind bereits zur Verfügung stehende technische Präventionssysteme noch immer kein verbindlicher weltweiter Standard für alles, was fliegt. In den Augen von Airline-Lobbyisten und Aufsichtsbehörden ist ein schon existierendes, hochbewährtes Kollisonsverhinderungssystem an Bord aller Flugzeuge offensichtlich überflüssig. Dieser Ratio kann ich nur schwer folgen. Sie ergibt für mich angesichts der stetig steigenden Luftverkehrszahlen überhaupt keinen Sinn.

Bereits am 25. September 1978 zeigte die Kollision eines Privatflugzeuges vom Typ Cessna 172 mit einer Boeing 727 der amerikanischen Fluggesellschaft PSA in San Diego, Kalifornien, sehr eindrücklich, dass auch ein kleines Flugzeug ein großes gefährden oder sogar zum Absturz bringen kann. Trotzdem unterliegt der Luftverkehr auch im

Jahr 2005 noch keiner verbindlichen Anweisung, dass alles, was sich durch die Luft bewegt, ganz gleich ob Fesselballon, Motor- oder Segelflugzeug, mit einem solchen Präventionssystem versehen sein muss. Simple Kosten-Nutzen-Analysen haben dies bislang verhindert. Dabei müsste seit dem 1. Juni 2002 wirklich jedem Verantwortlichen klar sein, dass das weitere Ignorieren dieser Sicherheitsforderung grob fahrlässiges Handeln darstellt.

Der Zusammenstoß einer russischen Chartermaschine der Bashkirian Airlines (BAL) mit 49 Kindern und 20 Erwachsenen an Bord und einer Frachtmaschine der DHL über dem Bodensee nahe der Kleinstadt Überlingen wäre vermeidbar gewesen. Es war die bislang schwerwiegendste Kollision zweier Maschinen im deutschen Luftraum, bei dem insgesamt 71 Menschen ihr Leben verloren. Menschliche Fehlleistungen, wie sie auch bei diesem Unfall eine Rolle spielten, wird es immer wieder geben, gerade in den Grenzbereichen zwischen Menschen und Maschinen, Fluglotsen und Piloten sowie den von ihnen geführten Flugzeugen. Umso wichtiger ist es, alles zu tun, um ein potenzielles menschliches Fehlverhalten in möglichst engen Grenzen zu halten. Doch die Hintergründe der Katastrophe von Überlingen machen auf dramatische Weise deutlich, dass genau dies nicht geschehen ist. Schon deshalb gebührt den einzelnen Umständen des Unglücks eine eingehendere Betrachtung. Im Netz der Flugsicherheit hatten sich riesige Maschen aufgetan – und das mitten in Europa, zu allem Überfluss in der für Präzision bekannten Schweiz.

Eine *(fast)* perfekte Technik

Um 23.50 Uhr am Abend des 1. Juli 2002 informierte ein Augenzeuge, der sich unter freiem Himmel in Überlingen befand, per Telefon die Braunschweiger Bundesstelle für Flugunfalluntersuchung über die Kollision zweier Flugzeuge. Sofort eingeleitete Nachforschungen ergaben, dass zwei Maschinen in dem fraglichen Kollisionsgebiet vermisst wurden: eine Tupolew 154M der Bashkirian Airlines auf einem Charterflug von Moskau nach Barcelona und eine Frachtmaschine vom Typ Boeing 757 der DHL auf dem Weg von Bergamo in Italien nach Brüssel. Die Kinder an Bord der russischen Tupolew hatten sich auf die Ferien gefreut. Sie waren gemeinsam mit ihren Betreuern aus

Ufa auf dem Weg in ein Sommerlager in der spanischen Metropole gewesen.

In den frühen Morgenstunden des Folgetages trafen die Ermittler der BFU am Unfallort ein. Ihnen offenbarte sich ein Bild des Grauens. Die Wrackteile der Tupolew und der Boeing hatten sich auf ein Gebiet von insgesamt 350 Quadratkilometern verteilt. Das Hauptwrack der Boeing fanden die Ermittler in einem kleinen Waldstück, etwa 1 Kilometer südwestlich des Ortes Taisersdorf in der Nähe einer angrenzenden Kreisstraße. Beide Triebwerke wurden in einigem Abstand gefunden. Brandspuren deuteten darauf hin, dass sich der ausgetretene Treibstoff nach der Kollision entzündet hatte. Etwas abseits, in einem lehmigen Waldboden, fand man schließlich auch das Cockpit. Es hatte sich knapp 2 Meter tief in den Boden gegraben[60].

Der Rumpf war durch das Aufschlagsfeuer völlig verbrannt. Lediglich der Heckbereich war verschont geblieben. Vom Seitenleitwerk war nur noch ein Stumpf übrig. Der obere Teil fehlte vollständig, Fragmente des Bereiches der Seitenflosse wurden 4 bis 5 Kilometer entfernt vom Aufschlagpunkt des Hauptwracks lokalisiert. Die Ermittlungen ergaben schnell, dass bei der Kollision durch die Tupolew knapp 80 Prozent der Boeing-Seitenflosse abgerissen wurden. Nach Ansicht des Herstellers reichte der Rest der Flosse nicht aus, um das Flugzeug zu stabilisieren. Ähnlich wie im Fall des American Airlines A300 in Queens hat-

Das Heck der Tupolew auf der Zufahrtsstraße zur Sonderschule.

ten die Piloten keine Chance, die Maschine nach der Kollision zu kontrollieren oder gar eine Notlandung durchzuführen. In den letzten Sekunden vor dem Aufprall beteten sie.

Die Tupolew war nach ersten forensischen Erkenntnissen der Ermittler unmittelbar nach der Kollision in vier Teile zerbrochen. 40 der 69 Insassen waren dabei aus der Maschine gefallen, nur 29 Leichen konnten im Rumpfbereich des Wracks beziehungsweise seiner unmittelbaren Umgebung gefunden werden. Einige der Augenzeugen standen noch Wochen später unter Schock. Sie hatten zusehen müssen, wie 40 Kinderkörper vom Himmel fielen. Seitdem nennt man die Nacht vom 1. auf den 2. Juli 2002 im Landkreis Überlingen auch »die Nacht, in der es Kinder vom Himmel regnete«.

Wie durch ein Wunder wurde niemand am Boden durch herabstürzende Trümmer verletzt. Tonnenschwere Wrackteile der Konstruktion, zum Beispiel Teile der linken Tragfläche, schlugen nur 10 Meter von einem Wohnhaus entfernt in dem Dorf Owingen ein. Das Seitenleitwerk der Tupolew, in dem sich auch das Hecktriebwerk befand, wurde auf dem Zufahrtsweg zu einer Heimsonderschule bei Brachenreuthe gefunden.

Wie konnte es zu diesem Unfall im gut überwachten europäischen Luftraum kommen? Obwohl das Kollisionsgebiet im Hoheitsgebiet der Bundesrepublik Deutschland liegt, wurde der Luftraum nicht von der Deutschen Flugsicherung (DFS), sondern von der Schweizer Skyguide überwacht. In einer Vereinbarung[61] der Kontrollzentren Karlsruhe und Zürich, die in ihrer Urform zurückdatiert in die Fünfzigerjahre, wurden die Flugsicherungsaufgaben in diesem Bereich auf die Schweiz übertragen. Das Gebiet am Bodensee liegt unmittelbar in der Anflugzone des Flughafens Zürich Kloten. Skyguide ist wie die DFS ein mit modernster Technik ausgestattetes Radarkontrollzentrum, das zudem erst vor wenigen Jahren erfolgreich restrukturiert wurde. Über 1000 Mitarbeiter sind an elf Standorten in der Schweiz beschäftigt, ungefähr zwei Drittel davon sind Fluglotsen.

Was also war geschehen? Diese Frage beschäftigte die Unfallermittler der BFU, ihre Schweizer Kollegen, die Angehörigen der Opfer und die schockierte Öffentlichkeit über zwei Jahre. Da das Absturzgebiet in Deutschland lag, war für die Untersuchung des Unfalles die Braunschweiger BFU zuständig.

Wie sich schnell herausstellte, waren beide Maschinen mit einem besonderen Kollisionswarnsystem, einem so genannten »Aircraft Collision Avoidance System« (ACAS) oder »Traffic Collision Avoidance System« (TCAS) ausgestattet, und entgegen ersten wilden Spekulationen auch mit einem neueren System, bei dem beide Maschinen die relevanten Daten austauschen. Die Maschinen flogen sogar mit einem Produkt des gleichen Herstellers. Das Airborne Collision Avoidance System (ACAS) wurde 1993 nach verschiedenen Konzeptstudien durch die International Civil Aviation Organization (ICAO) im *Annex 2* als Standard beschrieben. Die Weiterentwicklung ACAS II klassifizierte die ICAO 1995 als »Standards and Recommended Practices« (SARPs). In Europa war Eurocontrol wesentlich an der Entwicklung und Implementierung von ACAS beteiligt. Parallel dazu wurde in den USA das Traffic Alert and Collision Avoidance System (TCAS) entwickelt. ACAS und TCAS waren als autonome und von Navigationsanlagen unabhängige Systeme ausgelegt, jedoch zunächst nicht kompatibel zueinander. Und weil ihr System so schön war, führten die amerikanischen Hersteller gleich zwei Versionen davon ein: TCAS I und TCAS II. Nummer II ist noch etwas raffinierter. Es weist den Piloten an, entweder zu steigen oder zu sinken, und es zeigt ihm auch, aus welcher Richtung sein vermeintlicher Kollisionsgegner sich nähert. Die Kompatibilität mit dem europäischen ACAS stellte man allerdings erst bei TCAS II, Version 7, her.

Die Anhäufung von Unfällen und Fast-Zusammenstößen im amerikanischen Luftraum führte ab 30. Dezember 1993 (geschlagene 15 Jahre nach der PSA-Katastrophe von 1978 in San Diego) für den Geltungsbereich der USA endlich zur gesetzlichen Ausrüstungspflicht mit TCAS II von zivilen Luftfahrzeugen mit mehr als 30 Sitzplätzen. Auch in Europa wurde im Einvernehmen mit allen Eurocontrol-Mitgliedsstaaten die Einführung einer Pflichtausrüstung mit ACAS beschlossen. Eurocontrol schlug 1995 die Einführung von ACAS in einem Zwei-Stufen-Plan vor: Ab Januar 2000 sollte analog zu den Bestimmungen in den USA eine Ausrüstungspflicht für Flugzeuge mit mehr als 30 Sitzplätzen oder in der Gewichtsklasse über 15 000 Kilogramm gelten. Wie man sieht: 22 Jahre sind je nach Perspektive manchmal schon ein kurzer Zeitraum, zumindest in der Flugsicherheit.

Auch die zweite Stufe wurde im Territorium der EU recht großzügig und überaus rücksichtsvoll im Hinblick auf die davon betroffenen Unternehmen in Angriff genommen. Man wollte ja nichts übereilen, denn das könnte womöglich für Missstimmungen bei den Betreibern sorgen. Also gehört erst seit dem 1. Januar 2005 das Frühwarnsystem zur vorgeschriebenen Ausrüstung für Flugzeuge mit mehr als 19 Sitzplätzen und in der Gewichtsklasse über 5700 Kilogramm. Kleinflugzeuge wie die Cessna oder die Piper zählen weiterhin zu den unrühmlichen Ausnahmen. Offenbar will man in Anlehnung an die großen amerikanischen Vorbilder so lange zögern, bis der bittere Ernstfall auch über unseren Köpfen eintritt und ein Kleinflugzeug einen Passagierjet zum Absturz bringt. Immerhin aber wurde mit dem Plan von Eurocontrol schon einmal definitiv festgelegt, dass Flugzeuge, die nicht mit ACAS ausgerüstet waren, nach dem 30. September 2001 im Europäischen Luftraum nicht mehr einfliegen durften.

ACAS beziehungsweise das jetzt kompatible TCAS ist ein Warngerät, das keiner besonderen Ausrüstung am Boden bedarf. Es arbeitet unabhängig von der Navigationsausrüstung des Flugzeuges und von den Piloten. Das System nutzt die Transponder[62] anderer Flugzeuge als Informationsquelle, besitzt eigene Sende-, Empfangs- und Peilanlagen sowie Rechner zur schnellen Ermittlung von Flugbahnen und Anweisungen für die Piloten. TCAS ist an Bord eines Flugzeuges nur einmal vorhanden, die sonst allgemein übliche Redundanz für einen ausfallfreien Betrieb ist also nicht gegeben. Obwohl der Nutzen des Systems in der Branche unbestritten ist und durch TCAS in der Vergangenheit bereits unzählige Kollisionen verhindert wurden, gibt es eine irritierende Besonderheit: Es ist nach der *Minimum Equipment List* (MEL)[63] prinzipiell zulässig, ein Flugzeug mit ausgefallenem TCAS bis zu zehn Tage weiter zu betreiben!

Der moderne TCAS II-Computer steuert die Peilung über die Richtantenne(n) und ermittelt dabei den Peilwinkel und die Entfernung mittels einer Laufzeitmessung. Er führt eine konstante Überwachung des umgebenden Luftraums aus, verfolgt die Flugbahnen der anderen Flugzeuge, erkennt Kollisionsgefahren, ermittelt Ausweichmanöver und generiert die Kommandos dafür. Diese werden den Piloten optisch und akustisch signalisiert. Ein TCAS-Computer erhält die vom Air-Data-Computer[64] gemessene Flughöhe und die durch Funkwellen ermittelte Höhe des Flugzeuges. Letzteres ist notwendig zur Vermeidung von plötzlichen Ausweichkommandos, wenn das Flugzeug sich zum Beispiel im Landeanflug oder kurz nach dem Start noch in unmittelbarer Bodennähe befindet.

Eine markante synthetische Stimme alarmiert die Besatzung durch die Sprachausgabe der »Traffic Advisories« (Mitteilungen über Verkehr) und »Resolution Advisories« (Ausweichempfehlungen), im Jargon auch »TA« und »RA« genannt. Wenn an Bord eines Flugzeuges vom TCAS eine TA herausgegeben wird, quäkt es im Cockpit »Traffic! Traffic!«, und auf der TCAS-Anzeige erscheint das kreisförmige Symbol des möglichen Konfliktflugzeuges mit gelber Farbe ausgefüllt. Dem Symbol sind eine relative Höhe und bei einem Steigen oder Sinken ein vertikaler Trendpfeil in der entsprechenden Richtung, bezogen auf das eigene Flugzeug, beigefügt. Wenn die TA wegen der unvermindert bestehenden Konfliktsituation in eine RA überwechselt, erscheint anstelle des kreisförmigen Symbols auf der TCAS-Anzeige ein rot markiertes ausgefülltes Quadrat. Gleichzeitig erfolgt die Anweisung, dem Konfliktverkehr auszuweichen. Wird dabei eine Anweisung zum Steigen erteilt, tönt die synthetische Stimme »Climb! Climb!«, während auf dem äußeren Rand des Variometers[65] ein grüner Bereich von 1500 bis 2000 Fuß pro Minute abgebildet wird. Er signalisiert dem Piloten, dass es sicher und angebracht ist, die Maschine in diesen Bereich zu manövrieren. Der »kollisions-gefährde(t)nde« Bereich von 6000 bis 1500 Fuß pro Minute wird rot markiert, da man diese Zone auf jeden Fall meiden muss. Wird hingegen eine Anweisung zum Sinken herausgegeben, tönt die synthetische Stimme »Descend! Descend!«, ein grüner Bereich von 1500 bis 2000 Fuß pro Minute wird abgebildet, und der Bereich von 1500 bis 6000 Fuß pro Minute wird rot markiert. Eine RA mit der Aufforderung zum stärkeren Steigen ist an die Anweisung »Increase climb! Increase climb!« geknüpft. Auf dem äußeren Rand des Variometers verändert sich der grüne Bereich des Steigens auf 2500 bis 3000 Fuß pro Minute und der rote Gefahrenbereich auf 2500 bis 6000 Fuß pro Minute. Bei einer Anweisung »Increase descent! Increase descent!« verändert sich der grüne Bereich des Sinkens auf 2500 bis 3000 Fuß pro Minute und der Gefahrenbereich von 2500 bis 6000 Fuß pro Minute. Das mag jetzt alles sehr technisch geklungen haben, ist aber im Prinzip das Wichtigste, was ein Pilot unbedingt über die Funktion seines TCAS wissen sollte.

Aufgrund der internationalen Bedeutung von TCAS im Weltluftverkehr haben die diesbezüglich festgelegten ICAO-Standards eine herausgehobene Bedeutung. ACAS/TCAS II wird daher auch gleich in mehreren Dokumenten der ICAO behandelt, die zum Unfallzeitpunkt am 1. Juli 2002 veröffentlicht waren und somit Gültigkeit hatten.[66] Im Prinzip handelt es sich bei TCAS also um ein relativ »idiotensicheres« System, das in seiner Handhabung und Erfassbarkeit keines tiefgründigen technischen Hintergrundwissens bedarf. Es reicht zu wissen, was man zu tun hat, wenn das Gerät anspricht – sollte man jedenfalls meinen.

Die TCAS-Systeme der Boeing 757 und der Tupolew überwachten in der Unglücksnacht den Luftraum bis 40 nautische Meilen vor und 15 nautische Meilen hinter dem Flugzeug, 20 nautische Meilen links und rechts und bis etwa 9000 Fuß oberhalb beziehungsweise unterhalb des eigenen Flugzeuges. TCAS verfolgte die Flugbahnen aller Maschinen mit in Betrieb befindlichen Transpondern, errechnete mögliche Konflikte sowie die voraussichtlichen Flugpfade der anderen Flugzeuge. Ein möglicher Konflikt wird bei TCAS durch den »Closest Point of Approach« (CPA) bestimmt, an dem die notwendige und vordefinierte Sicherheitsentfernung nicht eingehalten werden kann. In einem solchen Fall besteht eindeutig Kollisionsgefahr. Die verbleibende Zeit bis zum CPA wird jede Sekunde neu berechnet. Wenn diese Zeit unter bestimmte vorgegebene Werte sinkt, werden Kommandos an die Piloten ausgeben. Diese liegen zum Beispiel für Flugflächen oberhalb der Flugfläche 200 bei 48 Sekunden für eine TA und bei 35 Sekunden für eine RA. Da der Flugverkehr in dem von TCAS überwachten Luftraum ganz komfortabel und modern auf Displays dargestellt wird, können die Piloten im Cockpit fortwährend die relative Position, die relative Flughöhe und den Trend der relativen Flughöhe der anderen Flugzeuge in ihrem Umfeld beobachten.

Die beiden Unglücksmaschinen waren nachträglich auf TCAS umgerüstet worden. Die bei ihnen installierten Systeme koordinierten ihre jeweiligen RA's, so dass diese praktisch gleichzeitig generiert wurden. Solche RA's sind immer gegensätzlich in ihrer Richtung. Wenn in dem einen Flugzeug »Steigflug« ausgegeben wird, weist das TCAS im anderen Flug »Sinkflug« an. Ausweichmanöver erfolgen somit nur auf einer vertikalen Ebene.

Eine weitere Besonderheit der TCAS-Logik ist, dass sie nach der ersten RA weitere Anweisungen generieren kann, um das Ausweichmanöver den sich ändernden Bedingungen anzupassen. Zum Beispiel kann sie mit »Increase …… (Erhöhung der Steig- oder Sinkrate) oder »Adjust ……« (Verringerung der Steig- oder Sinkrate) die Piloten zu einem anderen, den Umständen entsprechenden Flugverhalten auffordern. Dazu gehört bei TCAS II, Version 7, auch das »Reversal«, die Umkehrung der ursprünglich kommandierten Ausweichrichtung. Wenn die Kollisionsgefahr erfolgreich abgewendet wurde, generiert TCAS in beiden Luftfahrzeugen die akustische Mitteilung »Clear of conflict«.

Ein gravierender Nachteil besteht allerdings beim TCAS: Eine automatische Übermittlung (ein Downlink) der jeweiligen Daten, welche die Flugsicherung und damit den Lotsen am Boden informieren würde, ist nicht vorhanden.

Kollisionskurs

Wie konnte es trotz dieses hochmodernen und komplexen Sicherheitssystems zu dem Zusammenstoß der beiden Maschinen kommen? Fast zwei Jahre hielten die Braunschweiger Unfallermittler ihre Erkenntnisse zurück, obgleich sie die relevanten Teilstücke ihres Puzzles schon kurz nach dem Unfall in Händen hielten. Vermutlich war es wegen des Unglücks auch auf höheren Ebenen, in der Politik und im Verhältnis der beiden Nachbarstaaten Schweiz und Deutschland, zu unfreiwilligen Verzögerungen gekommen. Hierüber schweigen sich alle Beteiligten nachhaltig aus. Diese Strategie der »politischen Rücksichtnahme« sollte noch eine weitere Tragödie in diesem Zusammenhang begünstigen, doch dazu später mehr.

Die Boeing 757 der DHL hatte ihren Flug am 1. Juli 2002 um 13.30 Uhr UTC im arabischen Bahrain begonnen. An Bord der Frachtmaschine befanden sich nur die beiden Piloten, der 47-jährige britische Kapitän Paul Phillips und der 34 Jahre alte, kanadische Copilot Brant Campioni. Phillips verfügte über 11 900 Stunden Erfahrung, davon mehr als 4000 Stunden auf der Boeing 757. Auch Campioni war mit über 6500 Stunden sicherlich ein erfahrener Flugzeugführer, obwohl er die Boeing 757 seit Ende März 2002 erst 176 Stunden geflogen hatte.

Nach fünf Stunden und 40 Minuten landeten sie die Boeing planmäßig in Bergamo, Italien. Hier wurde die Maschine für den Weiterflug nach Brüssel neu betankt und mit neuer Fracht beladen. Der Start zum Weiterflug in die belgische Metropole und zum europäischen Hauptumschlagplatz der DHL erfolgte gegen 23 Uhr Ortszeit. Wie allgemein üblich flog man unter Instrumentenflugbedingungen nach einem Flugplan, welcher neben der geplanten Streckenführung auch die Flughöhe vorsah: Flugfläche 360, also 36 000 Fuß. Dieser Flugplan wurde vor dem Start an die vom Überflug der Maschine betroffenen Kontrollzentren per Datenübertragung überspielt. Der Maschine identifizierte sich am Funk mit ihrer Flugnummer »Dillum 600«[67].

Copilot Campioni steuerte die Maschine, Kapitän Phillips assistierte und führte den Funkverkehr. Die Maschine stieg zunächst nur bis auf eine Höhe von 26 000 Fuß. Um 21 Uhr 23 Minuten und 50 Sekunden meldete sich Phillips auf der Frequenz 128 050 beim Air Traffic Control Center Zürich (ACC). Sechs Sekunden später wies ihm der Lotse in Zürich einen neuen Identifizierungscode (Transpondercode) zu. Die vierstellige Zahlenkombination, die in einem Sender im Flugzeug gerastet wird, zeigt dem Lotsen die Maschine auf seinem Radarschirm an und übermittelt ständig die wesentlichen Daten wie Flughöhe, Richtung und Geschwindigkeit. Nachdem der Lotse die Boeing auf seinem Schirm identifiziert hatte, erteilte er der Besatzung die Freigabe zum direkten Anflug des Funkfeuers Tango in der Nähe von Zürich sowie eine Steigflugfreigabe, jedoch zunächst nur bis auf die Flugfläche 320 (32 000 Fuß). Phillips bat den Lotsen, wie im Flugplan vorgesehen auf die Flugfläche 360 steigen zu dürfen, was ihm knapp vier Minuten später genehmigt wurde.

Zur gleichen Zeit näherten sich der 40-jährige Flugkapitän Oleg Pawlowitsch Grigorjew und seine an diesem Tag insgesamt fünfköpfige Besatzung von Osten kommend der Schweiz. Auch sie traten ordnungsgemäß in Kontakt mit der für diesen Flugsektor zuständigen Radarkontrolle, dem ACC in Zürich, und meldeten sich am Funk mit ihrer Flugnummer BTC 2937. Im Cockpit der Tupolew befand sich eine Person mehr als vorgesehen. Es handelte sich um einen Einweisungsflug für den links fliegenden Kapitän Alexander Michailowitsch Gross, ebenfalls ein Flug-Veteran mit seinen 52 Jahren. Gemäß den firmeninternen Bestimmungen bei Bashkirian Airlines war der Flughafen von

Barcelona wegen seiner Lage in der Nähe von bergigem Gebiet in eine besondere Kategorie eingeordnet. Jeder Pilot, der diesen Flughafen anfliegen wollte, musste zunächst einmal mindestens zwei Flüge unter Aufsicht eines erfahrenen Instruktors durchgeführt haben, bevor er den Flughafen alleine anfliegen durfte. Für Kapitän Gross war dies bereits der zweite Flug nach Barcelona. Sein Kollege und gleichzeitiger Flottenchef der TU-154, Kapitän Grigorjew, saß als Instruktor auf dem rechten Pilotensitz und führte den Funkverkehr. Hinter den beiden Piloten befanden sich noch der 52-jährige Flugnavigator Sergej Gennadiewitsch Charlow, der 38-jährige Flugingenieur Oleg Irekowitsch Walejew sowie der 44-jährige Flugtechniker Jurij Leonidovitsch Pensin. Der eigentliche Copilot, der 41-jährige Murat Achatowitsch Itkulow, der bei diesem Flug im Grunde keine Funktion hatte, saß hinter dem Kapitänssitz auf einem freien Platz.

Insgesamt waren im Cockpit der Tupolew in jener Nacht nicht weniger als 41 920 akkumulierte Flugstunden und damit ein gehöriges Maß an Erfahrung versammelt. Grigorjew galt mit 8500 Stunden im Cockpit, davon 2025 in der Rolle des verantwortlichen Kapitäns auf dem Flugzeugtyp, als sehr erfahrener Kommandant. Der von ihm zu überwachende zwölf Jahre ältere Kapitän Gross hatte schon 3500 Flugstunden mehr absolviert und stand seit 1991 in den Diensten der Bashkirian Airlines. Copilot Itkulow war mit insgesamt 7884 Stunden, davon über 4000 auf der TU-154, nicht weniger routiniert als seine Kollegen.

Gegen 23.12 Uhr, als die russische Maschine das Gebiet von Salzburg überflog, erhielt die Besatzung vom österreichischen Kontrollzentrum in Wien die Erlaubnis zum direkten Anflug des Navigationspunktes Trasadingen in der Höhe von 36 000 Fuß. Vier Minuten später flog die Tupolew in den deutschen Luftraum ein und unterlag für eine Viertelstunde dem Kontrollzentrum München. Gegen 23.30 Uhr wies der Münchener Lotse Flug BTC 2937 an, auf die Frequenz des ACC Zürich zu wechseln. 17 Sekunden später meldete sich Grigorjew bei Skyguide und nannte dabei auch seine Flughöhe von 36 000 Fuß. Weitere 22 Sekunden später erhielt die Tupolew vom Schweizer Lotsen den Transponder-Identifizierungscode 7-5-2-0 zugewiesen.

In diesem Fall sollte es der Lotse am Radarschirm in Zürich sein, der durch seine eindeutig falschen Anweisungen das letzte, jedoch alles entscheidende Glied in der für den Unfall kausalen Kette lieferte. Der zum Unfallzeitpunkt 35-jährige Lotse Peter Nielsen war 1995 aus Dänemark in die Schweiz gekommen. Nielsen stammte aus der dänischen Kleinstadt Fredericia und war ein begeisterter Wettkampfschwimmer. Nach dem Abitur wollte er eigentlich Jet-Pilot werden. Da er aber zu groß war, musste er den Wunsch aufgeben. Stattdessen ließ er sich von 1991 bis 1994 in Kopenhagen zum Fluglotsen ausbilden. Unmittelbar im Anschluss daran arbeitete er im Kontrollzentrum Kopenhagen, bis ihm die Schweizer ein besseres Angebot machten und er mit seiner Familie umsiedelte.

Bei ihren Untersuchungen fanden die Unfallermittler der BFU zunächst keine Hinweise auf irgendwelche fachlichen Defizite, jedoch stießen sie auf einen schwarzen Fleck in der sonst blütenweißen Karriere des Lotsen. Am 5. Mai 2001 war Nielsen schon einmal in eine Konfliktsituation mit zwei Maschinen im Schweizer Luftraum involviert gewesen. An jenem Samstag befand sich eine Saab 2000 der Crossair auf ihrem Linienflug von Lugano-Agno nach Bern-Belp. Um 5.19 Uhr trat der Pilot mit dem Skyguide-Lotsen in Kontakt und meldete, er befände sich auf Flugfläche 180 und fliege in Richtung des Navigationspunktes MONIN-Intersection[68]. Einige Minuten später erhielt die Crossair-Maschine die Bewilligung, auf die Flugfläche 160 abzusinken. Um 5.24 Uhr erteilte der Lotse die Anweisung, auf Flugfläche 110 zu gehen, mit der Auflage, das Sinkverfahren bis zum Passieren von 14 000 Fuß zu beschleunigen. Der Pilot quittierte die Anweisung und sank in der Folge mit einer sehr hohen Sinkgeschwindigkeit von nahezu 3000 Fuß pro Minute ab. Kurze Zeit danach erhielt er von seinem TCAS eine TA und konnte auf seiner Anzeige ein anderes Flugzeug links voraus und etwa 500 Fuß tiefer beobachten. Der Pilot reduzierte reflexartig die Sinkrate, erhielt aber wenig später eine RA mit dem Befehl abzusinken. Er setzte sofort eine Sinkrate von mehr als 4000 Fuß pro Minute, schaltete gleichzeitig den Autopiloten aus und drehte sein Flugzeug ganz leicht nach rechts ab. Nach Aussage des Kapitäns der Crossair-Maschine herrschten zu diesem Zeitpunkt Instrumentenflugbedingungen, und das Flugzeug flog teils innerhalb, teils außerhalb der Wolken. Die Piloten konnten erst relativ spät auf ihrer linken Seite Sichtkontakt zum bereits gefährlich nahen Swissair Airbus A321 herstellen. Gemäß ihren TCAS-Informationen befanden sie sich beim Kreuzen nur ungefähr 100 Fuß (statt der geforderten 500 Fuß) unter dem Airbus. Nach einer

Minute war alles vorbei, das TCAS gab Entwarnung. Der ganze Vorgang spielte sich nur innerhalb einer Minute ab. Um 5.25 Uhr teilte der Pilot der Crossair Saab 2000 dem konsternierten Skyguide-Lotsen mit, dass er soeben wegen der Nähe zum Swissair-Airbus ein Ausweichmanöver fliegen musste.

Das Ereignis wurde vom Schweizer Büro für Flugunfalluntersuchung genauer unter die Lupe genommen. Am 25. März 2002 legte die Behörde ihren Abschlussbericht vor. Darin heißt es: »Der Zwischenfall ereignete sich am Morgen, zu einer Zeit, als am West-Sektor nur sehr wenig Verkehr herrschte.« Wie auch in der Nacht vom 1. Juni 2002 war die Situation ruhig im Radarkontrollzentrum von Skyguide, die Verkehrslage führte nicht zu einer besonders hohen Arbeitsbelastung des Lotsen. Und wie in der späteren Unfallnacht koordinierte Nielsen an diesem Morgen drei Maschinen: eine Crossair Saab 2000, einen Swissair Airbus und eine Do 228 der Air Engadina, die in Kürze starten wollte.

Im Grunde eine ganz normale Arbeitsbelastung und nichts wirklich Außergewöhnliches. Dennoch zeigte Nielsen eine Schwäche in seiner Planung und Konzeption, die bei einem Lotsen immer vorausdenkend angelegt sein sollte. Der Bericht des Schweizer BFU sagt dazu:

»Das beabsichtigte Konzept des RE (des Lotsen, Anmerkung des Verfassers), welches bei solchen und ähnlichen Fällen oftmals angewendet wird, war in diesem Falle unzweckmäßig. Der RE hätte schon frühzeitig erkennen müssen, dass die verbleibende Zeit, welche der (Crossair Saab 2000) … zur Verfügung stand, kaum für ein normales Absinken ausreichen würde. … Die … (Crossair Saab 2000) hätte somit nach verlassen von Flugfläche 160 mindestens eine Sinkrate von 4000 Fuß pro Minute oder mehr einhalten müssen, was doch als sehr hohe Sinkrate für eine Saab 2000 einzustufen war …

Der RE hätte aufgrund seiner langjährigen Erfahrung als Flugverkehrsleiter die vorliegende Verkehrssituation mit den drei genannten Flugzeugen anders lösen können. Ferner hätte er angesichts des sich anbahnenden Konfliktes bedeutend energischer intervenieren müssen. Die Realisierung des geplanten Konzeptes erwies sich als sehr riskant und war nicht mit den notwendigen Begleitmaßnahmen versehen. Der Zwischenfall spielte sich innerhalb weniger Minuten ab. Während der ganzen Zeit war der RE als einziger Flugverkehrsleiter am Sektor anwesend. Der RP (sein Kollege, Radar-Planning), welcher mit Magenproblemen kämpfte, hatte angesichts des schwachen und problemlosen Verkehrs in Absprache mit dem RE kurz vorher den Arbeitsplatz verlassen, um die Toilette aufzusuchen. Solche Absprachen, einen Sektor zwecks Toilettenbesuch kurz zu verlassen, gelten in der ACC Zürich als normales Vorgehen, sofern sie in verkehrsschwachen Zeiten stattfinden. Der RE gab später zu Protokoll, dass der Vorfall nicht im Zusammenhang mit der Abwesenheit seines RP gestanden hätte, da er ohne weiteres in der Lage gewesen sei, die Situation alleine zu beherrschen. Inwieweit der Vorfall durch einen anwesenden RP hätte verhindert werden können, muss daher offen bleiben.«

Ob ein anderes Verhalten den späteren Unfall über dem Bodensee verhindert hätte, ist fraglich. Vieles, was man aus der Risk-Assessment-Analyse kennt, spricht dafür. Defizite im Sicherheitsdenken bei Skyguide traten jedenfalls schon mit der Veröffentlichung des damaligen Schweizer BFU-Reports offen zutage, ohne dass die Unternehmensführung angemessen darauf reagierte. Skyguide besprach den Vorfall zwar augenscheinlich auch mit Nielsen persönlich, Aufzeichnungen zu diesem De-Briefing fanden sich jedoch nicht. Aber eine wesentliche Sicherheitslücke bei Skyguide hätte man auf jeden Fall schließen können: die Unart, dass sich ein Lotse allein um den Verkehr zu kümmern hat, ihm also keine Korrekturinstanz, keine Redundanz zur Verfügung steht. Bekanntermaßen fußt die Sicherheit im Flugverkehr auf eben diesem Prinzip. Was passiert zum Beispiel, wenn ein Lotse plötzlich bewusstlos wird? Im Fall Überlingen sollte es viel banaler, aber im Zusammenspiel aller Faktoren innerhalb einer Minute auch erheblich komplexer werden.

Wie am 5. Mai 2001 befand sich Peter Nielsen am 1. Juli 2002 allein an seinem Arbeitsplatz im Luftkontrollzentrum Zürich. Zwar waren noch weitere Personen im gleichen Raum anwesend, doch dabei handelte es sich um eine Assistentin sowie einen weiteren Assistenten, die weder entsprechend ausgebildet noch berechtigt waren, den Flugzeugen im überwachten Luftraum irgendwelche Anweisungen zu geben. Der zweite voll ausgebildete Lotse, der mit Nielsen seinen Dienst versah, hatte den Kontrollraum gegen 23.15 Uhr verlassen und den Pausenraum aufgesucht. Zehn Minuten später folgte ihm einer der Assistenten.

Das bei Skyguide praktizierte Verfahren, wonach nur zwei Lotsen für den Kontrolldienst in den Nachtstunden vorgesehen waren, resultierte aus der angespannten Personalsituation des Unternehmens. Im Klartext: Wegen fehlender Lotsen wurde die Nachtschicht mit Unterbesetzung absolviert. Ursprünglich waren drei Lotsen eingeteilt, um wie gefordert sicherzustellen, dass immer zwei Lotsen an den Bildschirmen verblieben, während der dritte Lotse beispielsweise seine Pause einlegte. Das dieser »dritte Mann« während der verkehrsarmen Zeit für eine längere Ruhepause verschwand, wurde inoffizielle Praxis und von den verantwortlichen Vorgesetzten bei Skyguide stillschweigend geduldet. Dies wurde auch beibehalten, »als der Nachtdienst wegen Personalmangels von drei auf zwei Lotsen reduziert wurde«.

Zusätzlich zur personellen Unterbesetzung war an diesem Abend auch das bodenseitige Kollisionswarnsystem Short Term Conflict Alert (STCA) nicht eingeschaltet. Es wurden Wartungsarbeiten durchgeführt, und derweil arbeitete der Computer, der das aktuelle Radarbild zur Anzeige auf die Kontrollschirme brachte, nur im eingeschränkten »Fallback-Modus«. Wesentliche Warnfunktionen, die die Lotsen normalerweise bei ihrer Arbeit unterstützen, waren somit nicht aktiv. Darunter fiel in der unfallrelevanten Zeit auch die vom STCA-Rechner akustisch und optisch am Bildschirm ausgegebene Warnung, wenn sich zwei Flugzeuge irgendwo im Luftraum zu nahe kamen. Bei Skyguide sollten in dieser Nacht die vier Sektoren des oberen Luftraumes über der Schweiz auf einen Zwei- beziehungsweise Drei-Sektoren-Betrieb umgestellt werden. Da abzusehen war, dass durch diese insgesamt sechs Stunden dauernden Arbeiten wesentliche Teile des Radarsystems sowie seiner eingebauten Sicherheitsfeatures nicht zur Verfügung standen, wurde der vorgeschriebene Sicherheitsabstand von Maschinen im Kontrollgebiet von den üblichen 5 auf 7 nautische Meilen erhöht. Für die Durchführung der Arbeiten am System gab es schriftliche Weisungen, die jedoch einen Makel hatten: Es fand sich in ihnen keine Erwähnung, wie sich die Arbeiten auf die konkrete Verfügbarkeit der technischen Einrichtung und insbesondere der sicherheitskritischen Warnsysteme auswirken würden.

Nielsen und sein Kollege wären verpflichtet gewesen, bei Dienstantritt die Weisungen, die im Briefingraum auslagen, durchzulesen, was sie jedoch versäumten. Solche dienstlichen Anweisungen einfach zu ignorieren und sich lediglich auf die oberflächlichen Informationen des Dienstleiters zu verlassen, ist eine grobe Nachlässigkeit in einem Hochsicherheitsbereich, egal ob im Flugverkehr oder in einem Atomkraftwerk. Warum das Management von Skyguide im klaren Bewusstsein über die Auswirkungen der nächtlichen Wartungsarbeiten kein direktes Briefing mit allen Betroffenen durchführte, ist nicht nachvollziehbar. Der Skyguide-Leitung hätte bei einer simplen Risikoanalyse auffallen müssen, dass Nielsen mit den von ihm zu bewältigenden Arbeiten unter diesen eingeschränkten Umständen und im Hinblick auf seine Vorgeschichte eindeutig überfordert war. Als sei dies nicht genug, standen auch die Telefonverbindungen zu den benachbarten Flugsicherungsdiensten in Deutschland, Frankreich, Italien und Österreich nicht zur Verfügung, weil sie gewartet wurden – was in den Dienstanweisungen für die fragliche Nacht gleichfalls unerwähnt blieb.

Solche außerordentlichen Fehler wie bei Skyguide ereignen sich auffallend oft in Bereichen, die von Sparmaßnahmen oder sonstigen Engpässen betroffen sind und erhebliche Auswirkungen auf die erforderliche Integrität des Systems haben. In der Schweiz deuten alle diese Indizien in eine Richtung: falsch verstandenes Management in wirtschaftlich angespannten Zeiten. Wenn eines der als »standardmäßig zu erwartenden« operierenden Systeme abgeschaltet ist, somit die Redundanz am Boden nicht mehr gewährleistet werden kann, sollten zumindest die Flugzeugführer, die auf den entsprechenden Routen fliegen, davon in Kenntnis gesetzt werden. Dann wüssten sie in ihren Cockpits wenigstens verbindlich, dass sie am Boden mit besonderen und von der Norm abweichenden Zuständen zu rechnen haben. Dementsprechend selbstständig und im Zweifelsfall auf sich allein gestellt könnten sie bei Bedarf reagieren. Gleiches mag für die Lotsen der benachbarten Kontrollgebiete gelten. Doch so viel Voraussicht war behördlich nicht gefordert und unterblieb daher.

»Never trust ATC.« – »Traue niemals der Air Traffic Control.« Solche markigen Weisheiten, die in der Flugbranche gerne kolportiert werden, schulen bei Piloten ein gesundes Misstrauen. Manche nennen es auch »Instinkte«. Und je nach persönlichem Erfahrungsgrad, gemessen in absolvierten Flugstunden, haben sie schon die aberwitzigsten Konversationen über Funk mit den Lotsen am Boden geführt. Ich habe es mir aus guten Gründen zur Angewohnheit gemacht, nicht jede Anweisungen gleich willenlos zu akzeptieren, andererseits sollte ich mich jedoch hundertprozentig auf die Lotsen verlassen können. Ein mitunter schwieriger Spagat, besonders in sich schnell bewegenden Objekten wie den Flugzeugen in einem dreidimensionalen Raum, bei dem eine vierte Dimension ebenfalls eine gravierende Rolle spielt: die Zeit.

Gegen 23.10 Uhr betraten fünf der insgesamt zehn für die anstehenden Arbeiten eingeteilten Techniker den Kontrollraum. Als Ansprechpartner war ein Mitarbeiter des Leitungsstabes von Skyguide abgestellt, um die Arbeiten zu koordinieren. Dieser hielt sich über den gesamten Zeitraum in unmittelbarer Nähe des Lotsenarbeitsplatzes von Peter Nielsen auf. Ebenso war ein Systemmanager (SYMA) zum Dienst eingeteilt, der sich an seinem Platz abseits von Nielsens Konsole befand. Die genaue Aufgabenverteilung und Funktion dieser beiden Skyguide-Leute waren Nielsen nicht bekannt, zumal auch diese in den Dienstanweisungen nicht beschrieben wurden.[69] Er ging davon aus, dass der letzte Systemmanager seinen Dienst planmäßig gegen 23 Uhr beendet hatte und er nun gemäß der bei Skyguide geduldeten »Pausenregelung« dessen Aufgaben mit zu übernehmen habe.

Als sich Nielsens Kollege gegen 23.15 Uhr in die Pause begab, wussten beide Lotsen nicht, dass sich zusätzlich zur TU-154 und Boeing 757 noch ein verspäteter Aero Lloyd Airbus A320 im Anflug auf den Flughafen von Friedrichshafen befand, der in Kürze die volle Aufmerksamkeit eines einzelnen Lotsen bündeln sollte. Um 23.18 Uhr war der südliche Radarsektor von den Technikern isoliert worden, ab diesem Zeitpunkt also führten die im Hintergrund arbeitenden Rechner keine Korrelation der neuen Radarziele mehr durch. Um 23.23 Uhr hatten die Techniker auch die direkten Telefonverbindungen zu den benachbarten Flugsicherungskontrollstellen abgeklemmt. Nielsen arbeitete zu diesem Zeitpunkt allein an einem Bildschirmterminal-Arbeitsplatz, der normalerweise von mindestens zwei Lotsen und einem Assistenten ausgefüllt wird. Während sich der Assistentenplatz links außen befindet, liegt in der Mitte die Konsole mit der Radardarstellung des gesamten Luftraumes von Skyguide Zürich. Rechts außen gibt es einen weiteren in seiner Ausstattung identischen Arbeitsplatz, auf dessen Bildschirm der Luftraum um Friedrichshafen in einer größeren Skalierung aufgespielt wurde. Zu jedem Arbeitsplatz gehörte eine unter-

In der Nacht der Katastrophe von Überlingen war Lotse Peter Nielsen allein im Skyguide-Kontrollzentrum zuständig und betreute die beiden rechten Bildschirme »simultan«.

schiedliche Funkfrequenz. Links waren es 128,050 Megahertz, rechts lag 119,920 Megahertz an.

Offenbar vergaß Nielsen nun für einen Moment, dass sich im nördlichen Bereich seines Sektors zwei Maschinen auf der gleichen Flughöhe annäherten. Er hatte seine Aufmerksamkeit gerade dem Airbus A320 zugewandt, der auf dem Flughafen Friedrichshafen landen wollte. Vier Minuten vor der Kollision betreute der Lotse drei Flugzeuge, davon zwei in gleicher Flughöhe und in einer sich kreuzenden Flugbahn und eines, das sich außerhalb seines Kontrollbereiches auf eine Landung vorbereitete – und das alles auch noch an zwei räumlich getrennten Arbeitsplätzen. Der verspätete Airbus entwickelte sich zu einem Problem, das gemäß Dienstanweisung für Nielsen eindeutig Priorität haben musste: Laut *Air-Traffic-Manual Zürich* »muss der Lotse der Radarführung eines anfliegenden Luftfahrzeugs seine ungeteilte Aufmerksamkeit widmen«.[70]

Jetzt wurde der Lotse sich schmerzlich bewusst, dass er nicht einmal die gewohnten direkten Telefonverbindungen zur Verfügung hatte. Zu allem Überfluss musste die Amtsnummer für den Flughafen in Friedrichshafen noch herausgesucht werden, da er sie nicht griffbereit hatte. Nielsen bat die Assistentin, ihm die Nummer zu geben. Als er jedoch beim Wählen keinen Erfolg hatte, diskutierte er die Möglichkeiten, die Informationen über die Flugsicherungsstelle in München weiterleiten zu lassen oder die Techniker anzusprechen. Er entschied sich für das Naheliegendste: Er forderte die Besatzung der Aero-Lloyd-Maschine auf, selber Kontakt mit dem Tower in Friedrichshafen aufzunehmen. An eine weitere Option, die ihm aus dem Notfallhandbuch des Kontrollzentrums Zürich bekannt sein sollte, dachte er nicht: Am Arbeitsplatz des Dienstleiters lag ein betriebsbereites Handy …

Nielsen versuchte jedenfalls über Minuten, mit dem Flughafen im 70 Kilometer entfernten Friedrichshafen in telefonischen Kontakt zu treten, um die Übergabe des anfliegenden A320 mit seinem Kollegen dort zu koordinieren. Gleichzeitig musste er die Radarbilder auf beiden Schirmen im Auge haben, auf zwei verschiedenen Frequenzen funken und einen Telefonanruf tätigen. Hinzu kam noch, dass die beiden Radarschirme auf eine jeweils unterschiedliche Entfernungsskalierung eingestellt waren. In einer solchen Situation ist es sicherlich angebracht, Freiraum zu schaffen, im Zweifelsfall geschieht dies in der Regel durch das Delegieren der Aufgaben. Leider machte Nielsen von dieser Möglichkeit keinen Gebrauch. Dabei hätte er nur den Systemmanager oder den Skyguide-Mitarbeiter anzusprechen brauchen, der die Arbeit der Techniker überwachte.

So wandte Nielsen erst um 23.34 Uhr seine Aufmerksamkeit wieder der drohenden Kollision zu. Mittlerweile aber war ihm etwas anderes zuvorgekommen: das in beiden Flugzeugen installierte TCAS. Es hatte das Unterschreiten des Sicherheitsabstandes vorausberechnet und wurde programmgemäß aktiv. In beiden Cockpits ertönte die Warnung »Traffic!«. Annähernd gleichzeitig befahl das TCAS der DHL-Boeing »Descend!« (»Sinken!«). Paul Phillips war in diesem Moment allein auf dem Pilotensitz. Sein Copilot Campioni hatte ihm kurz zuvor die Kontrolle über die Maschine übergeben und befand sich auf dem Weg zur Toilette, als zehn Sekunden später im Cockpit der Boeing die erste TCAS-Warnung ertönte. Sofort kehrte er zurück und hielt Ausschau nach der Tupolew. 14 Sekunden später ertönte vom TCAS eine RA für einen Sinkflug. So wie er es in seiner Ausbildung verinnerlicht hatte, folgte Phillips diesem Kommando sofort, auch als er weitere 14 Sekunden danach das Kommando vernahm, noch stärker zu sinken (»Increase descent!«).

Schon während Fluglotse Nielsen mit dem Friedrichshafen anfliegenden Airbus der Aero Lloyd beschäftigt war, hatte auch die Besatzung der Tupolew die sich auf gleicher Flughöhe nähernde Boeing 757 und die sich anbahnende Konfliktsituation registriert. Der hinter Kapitän Gross sitzende Copilot Itkulow fragte, ob er die Entfernungsskala auf der TCAS-Anzeige umstellen sollte. Grigorjew hielt dies offenbar nicht für notwendig und antwortete darauf mit einem klaren »Nein«. Der Navigator machte daraufhin eine Bemerkung, aus der sich schließen lässt, dass die Boeing vermutlich unterhalb der Tupolew passieren würde. Aber Kommandant Grigorjew war misstrauisch: »Warum unter uns?« Der Navigator entgegnete, sich des Ernstes der Situation offensichtlich in keinster Weise bewusst: »500, 100 Meter.« Zum selben Zeitpunkt machte Kapitän Gross die Boeing 757 links in dem das Cockpit umgebenden Nachthimmel aus. »Hier visuell!«, rief er aus. Kommandant Grigorjew beschäftigte sich immer noch mit der Äußerung des Navigators. »Warum unter uns?«, grummelte er. Gross deutete nun auf die TCAS-Anzeige, auf der die Boeing dargestellt wurde: »Es zeigt uns Null an.« Gross hatte also an dieser Stelle klar realisiert, dass die Boeing auf der gleichen Flughöhe kreuzen würde. Gleichzeitig generierte das TCAS in beiden sich schnell annähernden Maschinen die Warnung »Traffic! Traffic!«. Grigorjew fluchte, während der Navigator immer noch keinen Schimmer von der prekären Lage hatte und sich wunderte: »Warum denn das?« Copilot Itkulow wiederholte die Ansage: »Traffic!«

Nielsen hatte zu diesem Zeitpunkt dem Airbus über Friedrichshafen den aktuellen Luftdruckwert für den Zielflughafen durchgegeben und wechselte nun wieder zum Arbeitsplatz links, um die Tupolew anzusprechen. Um 23 Uhr 34 Minuten und 49 Sekunden erteilte Nielsen der Tupolew -Besatzung die Order zum Sinkflug auf die Flugfläche 350 und einen Hinweis auf den kreuzenden Flugverkehr. Diese Order wurde von der Tupolew zwar nicht bestätigt, aber sofort umgesetzt. Noch während Nielsens Durchsage befahl Grigorjew barsch den »Sinkflug«. Gross schaltete den Autopiloten ab, drückte die Steuersäule nach vorne, und die TU-154 begann zu sinken.

Zusammen mit dem gesprochenen Ende von Nielsens Anweisung

generierte das bordseitige TCAS der Tupolew jedoch eine RA für den Steigflug. Copilot Itkulow machte die Crew auf den Widerspruch zwischen Lotsen und TCAS aufmerksam: »Es sagt Steigen.« Doch Kommandant Grigorjew vertraute dem Lotsen – ganz so wie er es aus dem strikten, hierarchischen Russland gewohnt war: »Er führt uns nach unten.« Itkulow aber meldete erneut Zweifel an: »Sinkflug?« Sein Einwand war berechtigt, doch scheinbar war Grigorjew die genaue Funktionsweise seines TCAS nicht bewusst – und das obwohl er neben seiner Rolle als Kommandant auch der verantwortliche Flottenchef bei der Bashkirian Airlines war. Vor allem verwundert, dass der eigentlich fliegende Kapitän Gross nicht richtig reagierte, war er doch immerhin als Berater des Generaldirektors für Flugsicherheit seiner Luftaufsichtsbehörde tätig und verfügte sogar über eine Berechtigung zum Fluglotsen.

Dies war exakt der Zeitpunkt, an dem Kapitän Phillips die Boeing 757 der DHL nach der TCAS-Aufforderung in den Sinkflug brachte. Nielsen verfolgte die Situation an seinem Radarschirm im Kontrollzentrum. Da er von der russischen Besatzung keine Bestätigung hörte, drückte er sieben Sekunden später erneut auf die Sendetaste seiner Funkanlage und rief: »Sinkflug auf Flugfläche 350, beschleunigter Sinkflug …« Auffällig bei diesem Funkspruch ist, dass er keine der beiden auf Kollisionskurs befindlichen Maschinen wie sonst üblich mit ihrem Rufzeichen direkt ansprach. Für Kapitän Phillips war dieser Funkspruch daher missverständlich, denn auch er hatte schließlich gerade sein Sinkflugmanöver eingeleitet, und die Ansage des Lotsen traf sich somit mit seiner eigenen aktuellen Handlungsweise.

Nun meldete Kommandant Grigorjew über Funk, dass sich seine Maschine im beschleunigten Sinkflug auf 35 000 Fuß befand. Auf der anderen Funkfrequenz rief auch wieder der verspätete Airbus im Anflug auf Friedrichshafen. An Bord der Boeing war Copilot Campioni zu diesem Zeitpunkt wieder an seinem Platz und suchte den Nachthimmel ab. Als er die Tupolew rechts von ihnen ausmachte, informierte Phillips mit den Worten: »Verkehr, genau da!« Zwei Sekunden später ermahnte das Boeing-TCAS zu einem steileren Sinkflug, um der gefährlichen Annäherung zu entgehen. Beide Geräte waren also ordnungsgemäß angesprungen und schrieben der jeweiligen Besatzung vor, was zur Vermeidung einer Kollision zwingend geschehen sollte:

Die russische Maschine sollte steigen, die Frachtmaschine sollte sinken. Bis hierhin eine glasklare Sache. In der Statistik der letzten Jahre sind zahlreiche Vorfälle erfasst, bei denen das genaue Befolgen einer solchen »TCAS-Resolution« eine Katastrophe, wenn auch manchmal nur sehr knapp, verhinderte. Soviel hätte auch den immerhin mit zwei gestandenen Kapitänen fliegenden Russen klar sein müssen.

Doch der Lotse Nielsen machte noch einen weiteren Fehler als Reaktion auf den Funkspruch von Kommandant Grigorjew. Erneut drückte er die Sendetaste und sagte: »Ja, wir haben Verkehr auf ihrer 2-Uhr-Position jetzt auf Flugfläche 360.« Diese Aussage war gleich in zweierlei Hinsicht falsch. Erstens befand sich die entgegenkommende Boeing 757 für das russische Flugzeug nicht auf dessen 2-Uhr-Position (rechts voraus), sondern die Frachtmaschine näherte sich ihnen von 11 zu 9 Uhr abnehmend auf der gegenüberliegenden Seite (links voraus). Zweitens war die Boeing nicht mehr in Flugfläche 360, sondern befand sich im Sinkflug auf 35 400 Fuß.

Spätestens hier waren Kommandant Grigorjew und Kapitän Gross nun eindeutig verwirrt. Sollte neben der Maschine, die sie zuvor auf der TCAS-Anzeige wahrgenommen hatten, etwa noch ein anderes Flugzeug ihre Flughöhe kreuzen? So müssen sie diesen Funkspruch verstanden haben. Obwohl Copilot Itkulow dem Kommandanten Grigorjew anriet, dem TCAS-Kommando »Steigen!« zu folgen, beharrte dieser auf seiner Entscheidung. Der links hinter ihm sitzende Copilot gab innerhalb der letzten entscheidenden Minute mehrere Hinweise auf die eindeutig falsche Reaktion der übrigen Besatzung. Wären diese Signale als Warnung aufgefasst, verstanden und umgesetzt worden, hätte der Zusammenstoß verhindert werden können.

Nur eine Sekunde nach Nielsens letztem Funkspruch drückten Kapitän Phillips und sein Copilot Campioni gleichzeitig die Sprechtaste ihrer Funkgeräte und mahnten: »Dillum 600, TCAS-Sinkflug.« Durch das gleichzeitige Betätigen der Sprechtasten kam das Rufzeichen »Dillum 600« zerhackt über den Äther. Zusammen mit dem Funkspruch der Boeing 757 meldete sich erneut der Airbus der Aero Lloyd auf der anderen Frequenz. Wäre hier nicht der Moment gewesen, wo der Kapitän der Boeing darauf hinweisen sollte, dass er sich im Sinkflug befand, während Grigorjew im Cockpit seiner Tupolew bestätigte, dass er gleichfalls Sinkflug vornahm?

Nielsen jedenfalls konnte an seinem Radarschirm in Zürich zu diesem Zeitpunkt nicht zweifelsfrei anhand der dort abgebildeten Daten erkennen, dass beide Maschinen sanken und damit auf Kollisionskurs waren. Denn TCAS-Kollisionswarnsysteme tauschen zwar ihre Daten im Sekundentakt zwischen den beteiligten Maschinen aus und geben dem Piloten entsprechende Empfehlungen, der Fluglotse am Boden jedoch erhält auf seinem Radarschirm die Informationen – entsprechend der Drehung der Radarantenne – nur im Intervall zwischen fünf und zwölf Sekunden. Das heißt, eine Information des TCAS ist im ungünstigsten Fall zwölf Sekunden alt, wenn sie das Kontrollzentrum erreicht. Der Fluglotse reagiert also auf möglicherweise nicht mehr aktuelle Informationen, weil sich die Lage in der Luft womöglich wieder verändert und das TCAS eine neue Order ausgegeben hat. »Dadurch könnte erst recht eine falsche Anweisung gegeben und so eine Katastrophe ausgelöst werden«, heißt es hierzu in einer Presseinformation der Deutschen Flugsicherung DFS, die nur wenige Tage vor dem Unfall veröffentlicht wurde.

Genau diese durch das Radar bedingten Verzögerungen spielten in diesem Moment eine gravierende Rolle: In der Tupolew führte Kapitän Gross strikt weiter einen Sinkflug aus, bis er gemäß den letzten Daten, die der Flugschreiber der TU-154 verzeichnete, plötzlich doch noch ausweichen wollte. Fünf Sekunden vor dem Zusammenprall zog er an seiner Steuersäule und versuchte, der sich mit einer Geschwindigkeit von 369 Metern pro Sekunde ebenso rasch annähernden Boeing nach oben weg auszuweichen. Immerhin, er hat es zumindest noch versucht. Offenbar reagierte er instinktiv und entschied sich im letzten Moment dann doch noch für sein TCAS und gegen die Anweisungen des Lotsen. Mit Sicherheit war die Boeing 757 in diesen letzten Sekunden in seinem Fenster rasch groß genug geworden, dass er nicht mehr umhin konnte zu erkennen, wie lebensbedrohlich eng es wurde. Bei einem seitlichen Abstand von etwa einem Kilometer zog Gross noch stärker an seiner Säule, konnte aber den Zusammenstoß nicht mehr abwenden. Zumal er bereits auch schon unter das ihm zugewiesene Fluglevel 350 gesunken war. Eigentlich hatte Nielsen ihn nur bis zu einer Flughöhe von 35 000 Fuß zu sinken angewiesen. Die Kollision ereignete sich dann auf einer Flughöhe von gemessenen 34 890 Fuß.

Zu erwähnen bleibt noch, dass etwa zwei Minuten vor dem Zusammenstoß ein Lotse im deutschen Radarkontrollzentrum Karlsruhe auf seinem Schirm die drohende Kollision bemerkte. Sein STCA-Warnsystem hatte angesprochen, obwohl sich die beiden Maschinen außerhalb des von ihm kontrollierten Luftraums befanden. Der Lotse versuchte verzweifelt, mit seinem Schweizer Kollegen in Zürich in telefonischen Kontakt zu treten. Weil dort die Telefonanlage abgeschaltet war, kam der Anruf nicht durch. Eine andere Möglichkeit, die drohende Kollision über dem Bodensee abzuwenden, hatte der deutsche Lotse nicht. Im Unfallbericht der BFU heißt es dann nüchtern: »Die Crew der TU-154 M blieb bei der Entscheidung, der Anweisung von ACC Zürich zu folgen. Beide Flugzeuge kollidierten um 23:35:32 Uhr nördlich der Stadt Überlingen am Bodensee.«

Der Bericht der BFU

Als »unmittelbare Ursache Nr. 1 in der zeitlichen Reihenfolge« sieht die Braunschweiger Untersuchungsbehörde in ihrem 138 Seiten umfassenden Bericht, dass die drohende Unterschreitung des vorgeschriebenen Sicherheitsabstandes von der Flugsicherungskontrollstelle in Zürich nicht rechtzeitig bemerkt wurde. Die Anweisung zum Sinkflug an die TU-154 erfolgte zu spät, »um die Einhaltung der vorgeschriebenen Staffelung zu diesem Zeitpunkt noch sicherzustellen. Die Einhaltung der Staffelung hätte den Zusammenstoß sicher verhindert, und TCAS wäre nicht aktiv geworden.«[71] Die Unterschreitung des Mindestabstandes allein hätte jedoch noch nicht zum Zusammenstoß geführt. Als beitragende Faktoren nennen die Experten der BFU die Wartungsarbeiten bei Skyguide, deren Umsetzung und vor allem die mit ihnen in Zusammenhang stehenden Kommunikationsdefizite zu Lasten des Lotsen Peter Nielsen. Außerdem verweisen sie ausdrücklich auf den Ausfall des bodenseitigen Warnsystems STCA, den Ausfall der Telefonleitungen sowie den ungünstigen Umstand, dass Nielsen zwei räumlich getrennte Arbeitsplätze gleichzeitig betreuen musste.

Die zweite unmittelbare Ursache für den Zusammenstoß liegt nach Meinung der BFU im Verhalten der Tupolew-Crew, »die sofort nach der Anweisung durch ACC Zürich den Sinkflug eingeleitet hatte, (und) die Entscheidung nicht revidierte, als zwei Sekunden später TCAS durch eine RA das Kommando zum Steigflug generierte. Bei dieser Entscheidung wurde nicht beachtet, dass eine RA ein vertikales Ausweichmanöver ist, bei dem die beteiligten Luftfahrzeuge jeweils entgegengesetzte Kommandos zur Kollisionsvermeidung erhalten. Manöver, die entgegengesetzt zur eigenen RA geflogen werden, sind nach allen bekannten Unterlagen und Verfahren unbedingt zu vermeiden. Das Befolgen der RA hätte den Unfall sicher verhindert.«[72] Hier kam erschwerend hinzu, dass die russische Besatzung dem Lotsen rückhaltlos vertraute und das TCAS ignorierte. Sie sah die Anweisung von Skyguide als die richtige Lösung an und folgte ihr. Diese Entscheidung blieb zwar innerhalb der Besatzung nicht ohne Widerspruch, aber niemand im Cockpit wies energisch genug auf den Vorrang einer TCAS-RA gegenüber der Flugsicherung hin und forderte mit Nachdruck, die einmal getroffene Entscheidung zu revidieren. Die russische Besatzung hatte zwar ein spezielles TCAS-Training erhalten, verfügte jedoch über keine persönliche Erfahrung mit TCAS-Ereignissen. Die BFU bemängelte in diesem Zusammenhang, dass die nationalen russischen Vorschriften sowie die unternehmensinternen Anweisungen bei Bashkirian Airlines nicht eindeutig formuliert waren.

Ganz ähnliche und in ihrer Bedeutung für den internationalen Luftverkehr gravierende Defizite finden sich nach Ansicht der Unfallermittler aber auch in den internationalen Vorschriften über TCAS. Mit der durch internationale Vorgaben vorgeschriebenen Einführung von ACAS/TCAS II in die Luftfahrt hätte auch die Umsetzung der Systemphilosophie konsequent vorgenommen werden müssen. Im Bericht heißt es: »Die internationalen Regelwerke und in der Folge davon die nationalen Betriebsanweisungen hin bis zu den Verfahren wiesen nicht die notwendige Klarheit, Eindeutigkeit und Unmissverständlichkeit auf, um bei allen Beteiligten zweifelsfreie Entscheidungen zu gewährleisten.«[73] So trägt das TCAS sicher eine Mitschuld am Geschehen, denn es ist eben nur ein fast perfektes System, das in wahrhaft brenzligen Situationen das menschliche Versagen weder im Cockpit noch am Arbeitsplatz des Lotsen vollständig auszuschließen vermag.

Was kostet ein Menschenleben?

Was vielleicht eher wie eine zynische Frage klingt, ist knallharte Realität im Luftfahrt-Business, spätestens seitdem so genannte »Opferanwälte« nach Katastrophenfällen ihr Unwesen treiben. Regelmäßig nach einem Absturz taucht im nächsten Umfeld der Angehörigen eine Heerschar mehr oder minder seriös wirkender Advokaten auf, die nur eines im Sinn haben: Mandate sammeln. Unter dem fadenscheinigen Vorwand, »möglichst viel für die Betroffenen herauszuholen«, offenbaren sie ihre eigentliche Identität. In einem Nebensatz lassen sie dann beiläufig einige Millionenzahlen fallen und haben somit in ausreichender Menge Einzelfälle und damit eine ausreichend lukrative Geschäftsbasis gewonnen. Meist erst einige Jahre später kommt dann auf Seiten der Mandanten die Ernüchterung. Statt Millionen sind es in der Regel die für solche Fälle vorgesehenen Entschädigungssummen, und die richten sich im Weltluftverkehr nach dem derzeit gültigen Abkommen von Montreal beziehungsweise dem vorangegangenen so genannten »Warschauer Abkommen«.

Sodann kommt seitens der Opferanwälte eine weitere Phase der Verhandlungen, meist wiederum mit den Vertretern der für den materiellen Schaden aufkommenden Versicherungen und deren Bevollmächtigten. Hier herrschen mitunter jedoch ganz konträre Auffassungen. Wenn ein minderjähriges Kind bei einem Unfall seine Eltern verliert, hat es zumindest einmal Anspruch auf eine Waisenrente. Gibt es durch den Tod der Eltern weitere materielle und finanzielle Nachteile für das Kind, so kann auch dieser Schaden geltend gemacht werden. Er muss sich jedoch auf den Cent genau beziffern lassen. Anderseits ist es umgekehrt so, dass nach Auffassung von Versicherern und der allgemeinen europäischen Rechtsprechung Eltern beim Verlust ihres Kindes kein direkter materieller Schaden entsteht – abgesehen von den Bestattungskosten. Vermehrt wird auch in Europa jedoch dazu übergegangen, den Eltern zumindest ein Schmerzensgeld zuzugestehen. Und die Höhe der finanziellen Kompensation für einen getöteten Passagier richtet sich dann nach dem effektiven Lebensstandard seines Heimatlandes. Bei Flügen in Europa sind die Fluggesellschaften bislang nur verpflichtet, Versicherungsbeträge von 350 000 Euro nachzuweisen.

Auch im Fall Überlingen verhielt es sich schließlich so, wie man es bereits zuvor im Fall Concorde erlebt hatte. Nur traten die Herren Anwälte nach zwei Jahren etwas kleinlauter auf der Stelle als unmittelbar nach dem Unfall. Im Fall des in Paris verunglückten Überschalljets wurden von einigen Anwälten Schadensersatzansprüche von »bis zu

22 Millionen Dollar pro Opfer« in Aussicht gestellt. Ein solches Ergebnis konnte juristisch bei weitem nicht erzielt werden. Jedoch können sich die selbst ernannten Opferanwälte in aller Regel darauf verlassen, dass unkritische und von keinerlei Sachkenntnis getrübte Journalisten die überzogenen Forderungen bereitwillig und umgehend publizieren. Ob diese dann auch in den entsprechenden Höhen realisiert werden, recherchiert im Nachhinein fast niemand mehr. Ein Unfall ist aus Mediensicht eben nur interessant, wenn er sich gerade ereignet hat.

»Klappern gehört zum Geschäft!«, vertraute mir einmal ein Anwalt an, angesprochen auf seine eigenen, in diesem Fall wirklich abstrusen Äußerungen in Bezug auf die Katastrophe von Überlingen. Seine Aufgabe war es gewesen, für die Angehörigen der russischen Besatzung eine »angemessene« Entschädigung auszuhandeln. In Deutschland darf dieser Anwalt als Rechtsanwalt übrigens gar nicht praktizieren. Zwar schmückt ihn ein wohlklingender Titel, und gerne verweist er auf seine Zulassung als Anwalt in den USA, doch hat er dort in den vergangenen zehn Jahren keinen einzigen Prozess geführt.

Bereitwillig erhalten »juristische« Scharlatane ein öffentliches Forum, besonders in den Medien. Nach wenigen Tagen findet sich meist ein weiterer Artikel oder Beitrag, in dem der Opferanwalt mit Floskeln wie »Ich erwarte eine gütliche Einigung« zitiert wird. Eine Klage wird dann aber nicht eingereicht, es bleibt beim Säbelrasseln. Die Mandanten vertröstet man mit »strategischen Überlegungen«, bei denen dann sehr schnell auf das hohe Kostenrisiko eines Prozesses hingewiesen wird. Dabei ist das alles in Wirklichkeit ein ziemlich abgekartetes Spiel. Die Vertreter der Zunft scheuen nämlich einen schwierigen und komplizierten Prozess wie der Teufel das Weihwasser. Nicht etwa nur im besten Interesse ihrer Klienten, sondern auch, weil es weitaus einfacher ist, sich mit den Vertretern der Versicherungen an einen Verhandlungstisch zu setzen und – unter ausdrücklicher Ignoranz von Details über die wirkliche Ursache einer Katastrophe – über die Höhe der Forderungen zu verhandeln. Beim Verhandlungsszenario reicht ein gutes Pokerface – und hilfreich ist mitunter eine nur eingeschränkte Sachkenntnis oder vielmehr ein gesundes Halbwissen. Unvergleichlich schwieriger ist es, in einem ausgeklügelten Schriftsatz den komplizierten Sachverhalt zu erläutern und vor allem die wesentlichen Anspruchsgrundlagen herauszuarbeiten, ohne deren schlüssige Auflistung eine Klage bei Gericht jederzeit abgewiesen werden könnte. Vor Gericht bedarf es vor allem eines fundierten juristischen Fachwissens und umfassender Sachkenntnis über die teilweise sehr komplexen Zusammenhänge im System Luftfahrt, eines geschickten und überzeugenden Auftretens und einer gehörigen Portion Glück. Die meisten auf Flugzeugunfälle spezialisierten Anwälte, die ich bislang kennen gelernt habe, kämen in einem solchen Ernstfall jenseits des Verhandlungstisches allerdings heftig ins Trudeln.

Wie auch im Fall »Concorde« war gegenüber den Angehörigen der Katastrophe von Überlingen schließlich von Einzelbeträgen in Millionenhöhe die Rede, und dementsprechend gestalteten sich dann die Anspruchsvorstellungen der Hinterbliebenen. Andere wollten einfach nur wissen, was wirklich passiert war. Und wieder andere suchten die oder den Schuldigen.

Das 72. Opfer

Einer von denen, die auf der Suche nach Schuldigen waren, war Witali Kalojew, ein damals 46 Jahre alter Architekt und Bauingenieur aus Vladikavaz in Ossetien. Beim Absturz der Tupolew hatte Kalojew seine Frau, seinen Sohn und seine Tochter verloren.

Seit dem Unfall arbeitete er nicht mehr. Sofort war er an die Absturzstelle gereist und machte sich im Trümmerfeld auf die Suche nach seiner Familie. »Als die Katastrophenhelfer verstanden, dass meine Familie in dem Flugzeug war, ließen sie mich durch die Absperrung«, sagte er später gegenüber Journalisten. Zehn Tage irrte er über das Trümmerfeld, zog zerschmetterte Körper und abgerissene Gliedmaßen aus den Trümmerteilen hervor. Seinen zehnjährigen Sohn Konstantin fand Kalojew mit zertrümmertem Schädel, die sterblichen Überreste seiner Frau Swetlana konnte er kaum noch identifizieren. Schließlich entdeckte er auch seine Tochter Diana: Die Vierjährige hing im Wipfel eines Apfelbaums, äußerlich unversehrt. »Meine Tochter flog vom Himmel wie ein Engel«, soll er später gesagt haben.

Zusammen mit den inzwischen aus Russland angereisten Angehörigen der Opfer wurde er mit dem Versagen der Schweizer Flugsicherung konfrontiert. Von den Verantwortlichen bei Skyguide hörte er zunächst nur eines: Ausreden. Die zahlreichen Hinweise auf den Ausfall des Warncomputers und der Telefone im Kontrollzentrum akzeptierte er jedoch nicht. Kalojew wollte nur eine Frage beantwortet haben: Wer war schuld an dem Unfall? War es der Fluglotse? Aus den Presseberichten wusste er, dass das Boeing- Frachtflugzeug und die russische Tupolew minutenlang aufeinander zugeflogen waren und dass der Lotse zunächst nicht reagiert hatte.

Mit einem Mal wurden die Informationen an die Hinterbliebenen spärlicher und spärlicher. Diese zögerliche Informationspolitik musste auf die direkt Betroffenen wie Kajolew immer frustrierender wirken. In seinen Augen verschleppten die Behörden sowie die Verantwortlichen bei Skyguide die Ermittlungen. Ein öffentliches Gerichtsverfahren – und damit in seinen Augen die Ausübung der Gerechtigkeit – ließ auf sich warten. Anderthalb Jahre verstrichen, und Kalojew wie auch andere Angehörige befürchteten, dass womöglich niemals ein Schuldiger zur Verantwortung gezogen werden würde.

»Wenn der Fluglotse wenigstens zur Beerdigung gekommen wäre und auf Knien um Verzeihung gebeten hätte, dann wäre nichts passiert«, wird Elbrus Sattsaev, ein russischer Ethnologe in den russischen Medien zitiert. Sattsaev beschäftigt sich als Wissenschaftler speziell mit den kaukasischen Völkern. »Dann hätten Kalojew und seine Familie ihm vergeben.« Ohne Entschuldigung aber gilt der Tod für einen Osseten als nicht gesühnt – unabhängig vom Inhalt eines Untersuchungsberichtes oder des Ausgangs eines Gerichtsverfahrens. Sattsaev sagte weiter: »Die Familie ist heilig – ein Mann muss sie schützen. Wir können die Traditionen nicht einfach aufgeben.« Weder Skyguide noch der Fluglotse Peter Nielsen hatten sich nach dem Unfall in irgendeiner Form entschuldigt. 17 Monate später richtete der Ossete Witali Kalojew ihn dann so, wie er es für richtig hielt.

Von einem auf den anderen Tag rasierte Kajolev sich nicht mehr, sein Bart wurde lang und länger – im Kaukasus ein Symbol der Trauer und der nicht vollzogenen Rache. Therapeuten oder Seelsorger wurden nicht zu Rate gezogen. In Russland herrscht auch heute noch die Meinung vor, dass man keine Hilfe bei Psychologen sucht, sondern vielmehr bei Freunden und nächsten Angehörigen. Sie alle bestärkten Kalojew in seinem Gefühl, dass ihm Unrecht geschehen sei. Presseberichten mit Zitaten dieser Angehörigen zufolge soll Kalojew auch gesagt haben: »Mit Halunken wie diesem Lotsen rechnen wir Kaukasier auf eigene Art ab.«

Alles passte für ihn ins Bild. Die Verzögerungen, die Ausreden, der Umstand, dass niemand offiziell Stellung bezog. Am Ende vermutete er sogar eine Verschwörung: »Warum wurde der Lotse nicht entlassen? Warum durfte der wichtigste Zeuge weiter bei Skyguide arbeiten? Was soll vertuscht werden?« Um das herauszubekommen, hatte sich Kalojew schon im Juli 2003 auf den Weg in die Schweiz begeben. Er hatte versucht, Peter Nielsen zu treffen. Doch Skyguide-Chef Alain Rossier hatte die Begegnung verhindert, indem er die Genehmigung zu einem solchen Treffen versagte. »Ich habe«, so Rossier heute, »schon damals an die Möglichkeit eines Attentats gedacht.« Andererseits verspielte Skyguide so die Möglichkeit eines durch sie kontrollierten Zusammentreffens und einer dadurch unter Umständen einhergehenden Aussöhnung.

Im November 2003 hatte sich Skyguide mit den Angehörigen der bei dem Absturz getöteten russischen Besatzung auf Entschädigungszahlungen geeinigt. Für die anderen Opfer zeichnete sich ebenfalls nach zähem Ringen eine Lösung ab. Die deutsche Bundesregierung, die Schweizer Regierung und weitere Beteiligte hatten sich bereit erklärt, für die Hinterbliebenen der 71 Opfer einen speziellen »Hilfsfonds« in Höhe von 10 Millionen Euro einzurichten. Was auf den ersten Blick angebracht und human erscheint, ist jedoch eine gewagte Hilfskonstruktion, die zumindest in Deutschland rechtlich auf wackligen Füßen steht. Wie bereits eingangs ausgeführt, hatten die meisten Angehörigen im Fall Überlingen keine oder nur geringe materielle Schäden erlitten. Unterhaltsansprüche bestehen nicht, weil die Eltern solche gegen die verstorbenen Kinder unserer Rechtsauffassung nach nicht haben. Andere Vermögensschäden kommen ebenfalls nicht in Betracht. So können also überwiegend nur für Nicht-Vermögensschäden Forderungen nach einer »billigen Entschädigung« für den erlittenen Schmerz über den Verlust eines geliebten Menschen gestellt werden.

Ein solches »Schmerzensgeld« konnte bis zur Reform des deutschen Schadensersatzrechts bei Luftfahrtunfällen aber nur gefordert werden, wenn dem Schädiger grob fahrlässiges Verhalten vorgeworfen werden konnte. Durch das Zweite Gesetz zur Änderung schadensersatzrechtlicher Vorschriften, das einen Monat nach Überlingen in Kraft trat, wurde die Rechtslage deutlich verbessert. Der neu gefasste Paragraph 253 BGB gewährt nun in Absatz 2 zwar solche Ansprüche auch im Rahmen von Luftbeförderungsverträgen, jedoch – und das ist entscheidend – nur das verletzte Opfer selbst ist anspruchsberechtigt, nicht aber die Angehörigen. Hier zeigt sich deutlich die im Fall von Überlingen bestehende Problematik, die eine schnelle und faire Kompensation der Angehörigen ungebührlich erschwert und hinausgezögert hat und somit zu weiteren, teils sehr schmerzlichen Frustrationen bei den Hinterbliebenen führte.

Nach Ansicht des deutschen Reiserechtsexperten Professor Dr. Ronald Schmid ist lange überfällig, dass auch der deutsche Gesetzgeber endlich seine bisherige »Philosophie« ändert und direkten Angehörigen von Opfern per Gesetz einen Anspruch zubilligt. Es kann nicht angehen, meint Schmid, dass die Angehörigen von Opfern spektakulärer Katastrophen wie beispielsweise dem Concorde-Absturz ein Schmerzensgeld erhalten, Hinterbliebene anderer Unfälle aber nicht. Ebenso ist nicht akzeptabel, dass die deutsche Bundesregierung je nach »politischem Druck« in einigen Fällen Opferfonds einrichtet, in Fällen, in denen ein solcher Druck nicht besteht, jedoch den Kopf in den Sand steckt.

Doch ganz gleich, wie die Rechtslage für die Angehörigen der Opfer von Überlingen aussah: Dem für russische Verhältnisse recht wohlhabenden Architekten Kalojew ging es nicht um Geld. Das geräumige Haus der Familie glich nach dem Unfall einem Mausoleum. Gegenüber seinem Bett reihte Kalojew großformatige Bilder von Frau und Kindern auf. Verwandte berichteten, er sei oftmals mitten in der Nacht aufgestanden, zum Friedhof gefahren und betrachtete dort oft stundenlang die in den Grabstein gravierten Porträts der Toten.

Am Ende handelte Kalojew so, wie man es ihm in seiner Heimat von klein auf beigebracht hatte: Wenn einem der Staat nicht hilft, muss ein Mann sein Geschick selbst in die Hand nehmen. Im Gegensatz zu anderen Kaukasiern, etwa den muslimischen Tschetschenen, Inguschen und Tscherkessen, kamen die christlich-orthodoxen Osseten zwar politisch mit den Zaren und den späteren Sowjetherrschern zurecht. Aber die ossetische Moral ist bis heute kaukasisch-streng geblieben. Sie kreist archaisch um Ehre, Familie und Mannhaftigkeit. Dass die Justiz Recht spricht, ohne dass die Familie der Opfer Gerechtigkeit findet, passt nicht ins Denken eines Osseten.

Aus meiner Sicht ist es zwar spekulativ, jedoch an dieser Stelle durchaus legitim, die folgende Hypothese aufzustellen: Der Lotse Peter Nielsen würde vermutlich heute noch leben, wenn der Abschlussbericht und seine Details sowie die Ursachen des Unfalles früher bekannt gewesen wären. Genauso würde er wohl noch leben, wenn man früher als erst mit der Veröffentlichung des Abschlussberichtes der BFU am 24. Mai 2004 eine Entschuldigung an die Adresse der Angehörigen gerichtet hätte. Denn sehr wahrscheinlich war es die Tat eines verzweifelten Ehemannes und Vaters, dem das Ereignis vom 1. Juli 2002 seine gesamte Familie und damit seinen Lebenssinn ausgelöscht hatte.

Auch 20 Monate nach dem Unfall war weder von offizieller Schweizer Seite noch von Skyguide oder einem Repräsentanten gegenüber den Angehörigen ein Wort der Entschuldigung gefallen. Witali Kalojew suchte nach seinen eigenen Angaben gegenüber der Züricher Polizei am Abend des 24. Februar 2004 das Haus von Nielsen auf, um ihm ein solches Eingeständnis abzuringen. Dann, so Kalojew im Verhör, sei es schwarz geworden vor seinen Augen, und er hätte keine konkrete Erinnerung mehr an den weiteren Ablauf der Geschehnisse. Tatsache war, dass Kalojew zu seinem Besuch ein 14 Zentimeter langes Klappmesser mitgenommen hatte. Es ist für mich durchaus nachvollziehbar, dass Kalojew in Nielsen den vermeintlichen Mörder seiner Familie sah und Blutrache nahm.

Eine arglose Nachbarin hatte Kajolev den Weg zum Haus des Lotsen im beschaulichen Züricher Vorort Kloten gewiesen, als der Unbekannte ihr einen Zettel mit dem Namen des Dänen vorhielt. Nielsens Frau Mette öffnete ahnungslos die Tür. Auf der Terrasse stieß der Russe auf sein Opfer. Nielsen wurde durch 14 Stich- und Schnittwunden in Herz und Lunge getötet. Die Todesursache war Verbluten. Der Täter flüchtete zu Fuß. Die Tatwaffe wurde später in der Nähe des Hauses sichergestellt. Nielsens Frau war Zeugin der Bluttat.

Unterdessen geht bei den Fluglotsen in der Schweiz die Angst vor möglichen weiteren Racheakten um. Skyguide hat verschiedene Schutzmaßnahmen für ihre Angestellten ergriffen. Skyguide-Boss Alain Rossier wird ebenso bewacht wie der zweite Fluglotse, der in der Unglücksnacht zusammen mit Peter Nielsen Dienst tat und eine Pause machte.

Die Frage, die ich mir hier stelle, ist, ob Kalojew nach dem Unfall ausreichend und vor allem auch angemessen zum Beispiel durch einen Therapeuten betreut wurde. In Russland ist dies eher unwahrscheinlich. Außerdem ist oftmals fraglich, ob die Betroffenen solche Hilfe überhaupt annehmen wollen. Der Fall des Fluglotsen Nielsen zeigt jedoch andererseits, wie wichtig eine aufmerksame und umfassende Betreuung der Angehörigen von Katastrophenopfern ist. Zu hoffen bleibt insbesondere auch für die Angehörigen des 72. Todesopfers der Katastrophe von Überlingen, dass diejenigen, die direkt oder indirekt Verantwortung für die Verkettung der katastrophalen Umstände tragen, aus ihren Fehlern gelernt haben, sich ihrer Verantwortung stellen und Konsequenzen ziehen. Ein Skandal ist für mich jedenfalls, dass personelle Konsequenzen in der Schweiz bisher nicht erfolgten.

Anlässlich der Veröffentlichung des Untersuchungsberichtes betonte die Skyguide-Spitze mehrfach, sämtliche Sicherheitsempfehlungen seien bereits weitgehend umgesetzt. Man habe Trainingsprogramme eingeführt oder verstärkt, welche das Sicherheitsbewusstsein im Unternehmen erhöhen sollen. Dazu gehöre auch ein anonymes Meldesystem, das allen Angestellten erlaube, sicherheitsrelevante Vorfälle zu melden. Im operativen Bereich habe man den Personaleinsatz erhöht. Die bis Anfang Juli 2002 übliche und erlaubte Praxis, den Luftraum in der Nacht nur von einem Fluglotsen überwachen zu lassen, sei gleich nach dem Unfall eingestellt worden. Der Überflugsektor werde nun immer von mindestens zwei Lotsen überwacht. Bei nächtlichen Anflügen auf die von Zürich aus kontrollierten Regionalflughäfen Friedrichshafen oder Altenrhein sei nun ein zusätzlicher Fluglotse im Dienst. Auch die technischen Mängel, die zum Unfall beitrugen, seien behoben. Den Wartungsprozess der Anlagen habe man neu definiert, das Kollisionswarnsystem am Boden verbessert, eine Reserve-Telefonanlage in Betrieb genommen, und die Radarmonitoren würden künftig alle vier, statt bisher alle zwölf Sekunden aktualisiert. »Wir haben aus dem tragischen Unfall gelernt«, sagte Skyguide-Chef Alain Rossier anlässlich einer Pressekonferenz in Zürich.

Das sind positive Perspektiven. Eines jedoch sollte nicht vergessen werden: Überall im europäischen Luftraum könnte sich jederzeit ein Zusammenstoß zweier Maschinen ereignen. Die deutschen Fluglotsen in Karlsruhe mussten der sich anbahnenden Katastrophe ohnmächtig zusehen, ohne dass sie irgendeine Möglichkeit der Intervention hätten.

Ich denke, so ähnlich machtlos haben sich die Fluglotsen im Kontrollzentrum von New York gefühlt, als sie die letzten Flugbewegungen der beiden Boeing 767 am 11. September 2001 beobachteten. Der Gedanke, dass sich vielerorts eine solche Katastrophe jederzeit wiederholen könnte, erzeugt in mir einiges Unbehagen. Ansonsten sind solche Kollisionen in der Zivilluftfahrt eher sehr selten, und es bedarf, wie Überlingen deutlich gezeigt hat, des Zusammentreffens mehrerer Faktoren – wie mir scheint, manchmal mit einer ausgesprochen spezifischen Tücke im Detail. Doch viele dieser tückischen Details waren im Fall von Überlingen lange vor Eintritt der Katastrophe bekannt. Sie wurden einfach toleriert. Die Maschen im Sicherheitsnetz waren wieder einmal ein gutes Stück größer geworden …

III. Falschteile

»Es scheint, dass es in der Luftfahrtbranche Leute gibt, die verhindern, dass wir eine öffentliche Debatte über dieses Thema haben. Eine Debatte, die uns endlich weiterführen könnte. Ich frage mich, wer sind diese Leute? Wo finden wir sie? Warum schaffen sie dieses Kartell des Schweigens? Und meine letzte Frage lautet: Sitzen die Menschen, die sie lieben, nie in einem dieser Flugzeuge?«

Leif Stavik (verlor seinen Bruder beim Partnair-Absturz 1989)

Bogus Parts, Falschteile für Flugzeuge, gibt es, seitdem Flugzeuge in industrieller Massenproduktion hergestellt werden. Erste Berichte über die damit verbundenen Risiken vernahm man schon kurz nach dem Zweiten Weltkrieg vor allem in den Rapporten der Militärs. Im Archiv der amerikanischen Flight Safety Foundation (FSF) finden sich erste alarmierende Reporte aus den Jahren 1957 und 1964 von Joseph Chase[74], dem zu dieser Zeit bei der FSF zuständigen Manager für Wartung und Ausrüstung. Doch irgendwie wurde das Sicherheitsproblem, vor dem Chase so eindringlich warnte, nicht ernst genommen. Zugegeben: Bogus Parts spielten damals wesentlich häufiger eine Rolle in der Militärfliegerei als in der Zivilluftfahrt. Könnte das mit dem zu jener Zeit sicherlich noch humanistischer ausgelegten Ethik- und Moralempfinden verbunden sein? Oder war ein Menschenleben einfach mehr wert?

Partnair Convair 580 – Ein Rückblick

Am 8. September 1989 verunglückte eine zweimotorige Convair 580 auf einem Charterflug vom norwegischen Oslo nach Hamburg. Dieser Absturz verdeutlichte allen Beteiligten auf dramatische Weise, wie gefährlich falsche Ersatzteile auch in zivilen Flugzeugen sind. An Bord waren zwei Piloten, eine Stewardess, ein Mechaniker und 50 Passagiere, alles Angestellte der größten norwegischen Reederei, die den Flug bei einer Firmentombola gewonnen hatten. Gegen 16.36 Uhr verließ die Maschine plötzlich ihre Reiseflughöhe von 6000 Metern und verschwand kurz darauf vom Radar der Flugüberwachung in Kopenhagen. Eine sofort ausgelöste Suchaktion bestätigte den Absturz der Maschine, keine 10 nautischen Meilen vor der Küste Dänemarks.

In den folgenden Wochen und Monaten gelang es der norwegischen Havariekommission, zirka 90 Prozent der Wrackteile aus dem Meer zu bergen. Sie wurden nach Oslo gebracht und in einem Hangar der Luftwaffe katalogisiert und begutachtet. Dann begann die Unfalluntersuchungskommission, unterstützt durch Experten des NTSB und des Herstellers, mit dem »Partnair-Puzzle«. Die akribische labortechnische Untersuchung jedes geborgenen Wrackteils erlaubte erste Aufschlüsse über die Ursache des Unglücks: Die Aufhängung des im Heck der Maschine befindlichen Hilfsstromaggregats (APU) entsprach nicht den technischen Spezifikationen des Herstellers[75]. Diese fehlerhafte Aufhängung erzeugte ungedämpfte Schwingungen, die sich auf den gesamten Rumpf ausweiteten und die Konstruktion erheblich überlasteten. Doch diese Aufhängung war nicht das einzige fehlerhafte Teil an Bord der Convair. Die Haltebolzen für das Seitenlaufwerk und die dazugehörigen Hülsen wiesen nicht die vom Hersteller geforderte Härte auf. Der norwegische Chefermittler Finn Heimdahl bestätigte mir anlässlich eines Interviews im Frühjahr 1994, dass die Untersuchungskommission diese Teile als »Unapproved Parts«, zu Deutsch »Ungeprüfte Ersatzteile« klassifizierte. In der Luftfahrt werden solche

Eine Convair 580 der norwegischen Chartergesellschaft Partnair, die am 8. September 1989 wegen Falschteilen im Heck abstürzte.

Teile auch als Bogus Parts (Falschteile) bezeichnet. Inzwischen versucht die offizielle »Amtssprache«, den Begriff in Datenbanken zu verwässern. Sie bezeichnet diese Teile vorsichtig als »Suspected Unapproved Parts«, »Vermutlich ungeprüfte Ersatzteile« (SUPs).

Der im Februar 1993 veröffentlichte Unfallbericht löste international große Betroffenheit aus. Erstmalig war es einer Untersuchungskommission gelungen, ein ziviles Flugzeugunglück auf die Verwendung von »Unapproved Parts« zurückzuführen. Doch angesichts der näheren Umstände dieses Unfalles, insbesondere wohl auch wegen der vergleichsweise geringen Opferzahl, gerieten die Fakten und vor allem die daraus abgeleiteten Warnungen an die Luftfahrtindustrie schnell wieder in Vergessenheit. Im Frühjahr 1994 strahlte das ZDF meine 45-minütige Dokumentation zu diesem Thema aus.[76] Weitere Berichte zum Thema folgten: am 6. Februar 2003 im WDR *Die Story: Gefährliche Flüge. Auf den Spuren der Ersatzteil-Mafia*, im Mai desselben Jahres ein *Plusminus*-Beitrag *Tickende Zeitbomben* und am 5. Januar 2004 ein SAT1 *Planetopia Spezial*. Eines jedoch war von Anfang an gleich. Je mehr wir recherchierten, desto zurückhaltender verhielten sich die Behörden, die beteiligten Firmen und die Airlines. Neun Monate lang erforschten wir allein die Hintergründe des Partnair-Unfalls in Europa, aber auch in den USA und Kanada. Die Falschteile waren nämlich in einer renommierten kanadischen Flugzeugwerft in die Unglücksmaschine eingebaut worden. Doch geliefert worden waren sie aus den USA. Und noch etwas schien merkwürdig: Genau diese Werft wartete Convairs 580, die für die US-Aufsichtsbehörde FAA in den USA flogen. Doch trotz des inzwischen auch in einer englischen Übersetzung bei der FAA vorliegenden Unfallberichtes zum Flug Convair 580 sah sich die Aufsichtsbehörde nicht veranlasst, im Bereich der »Unapproved Parts« tätig zu werden. Im Gegenteil: Man versuchte, das Problem herunterzuspielen. Zwar belegten wir anschaulich, dass nicht nur US-Airlines, sondern sogar die Lufthansa und ihr heutiger Star-Alliance-Partner United Airlines davon betroffen waren, aber das Problem wurde von der FAA und zahlreichen Airlines lediglich milde belächelt. Die amerikanische Northwest Airlines feuerte sogar einen ranghohen Mitarbeiter, nachdem dieser über mehrere Wochen interne Berichte verfasst und verbreitet hatte, in denen er die unzulässige Verwendung von »Unapproved Parts« bei seiner Airline schilderte. Jim Frisbee, damals Technischer

Direktor bei Northwest, stand dennoch fest zu seiner Überzeugung und sagte schließlich 1996 in den Anhörungen des US-Kongress zu den »Unapproved Parts« aus.

Die Hearings legten ein ungeschminktes Zeugnis ab, welch erschreckendes Ausmaß der Handel mit ungeprüften Ersatzteilen in den USA bereits angenommen hatte. Sogar dem Vorsitzenden des Untersuchungsausschusses, Senator William Cohen, gelang es tatsächlich, Falschteile zu erwerben. Die FAA gab bei all dem kein gutes Bild ab, zumal immer deutlicher wurde, dass es nicht nur um regelrechte Falschteile, also minderwertige Kopien von Originalen, sondern um vielschichtigere und kompliziertere Vorgänge ging. Dabei waren illegale Praktiken wie Dokumentmanipulationen nicht selten anzutreffen. Ein neues Gefahrenpotenzial tat sich auf, dessen Dimensionen über die Mensch-Maschine-Problematik hinausreichten und das einen idealen Nährboden in einer zunehmend von ökonomischen und technologischen Aspekten überlagerten Sicherheitskultur fand. In Sachen »Unapproved Parts« geht es »nicht auch«, sondern ausschließlich und knallhart um Geld. An die Sicherheit der Passagiere denken die Ersatzteilhändler herzlich wenig. Die Abnehmer solcher Teile, also Airlines und Wartungsbetriebe, fügen sich allzu gerne in die Rolle des ahnungslosen Opfers. Aber um all diese Zusammenhänge zu verstehen, muss man zunächst wissen, welche unterschiedlichen Formen von Falschteilen es gibt.

Ein Verkehrsflugzeug besteht aus mehreren 100 000 Einzelteilen und Systemkomponenten. Viele davon sind Präzisionsteile, die nach strengen Vorschriften und unter Verwendung dafür lizenzierter Materialien entweder durch Fremdfirmen oder durch den Flugzeugbauer produziert werden. Jedes in ein Flugzeug eingebaute Teil bedarf eines so genannten Lufttüchtigkeitszertifikats. Jedes Teil verfügt zudem über eine spezifische Teilenummer, mit deren Hilfe es identifiziert wird, und manchmal darüber hinaus noch über eine Seriennummer, ähnlich der Fahrgestellnummer beim PKW. Das trifft besonders für Teile mit einer begrenzten Lebensdauer zu, in der Regel »Rotable Parts«, »Umlaufteile«, die von einem Flugzeug auf ein anderes übertragen werden können, zum Beispiel die Schwungscheiben und Turbinenschaufeln aus dem Inneren eines Düsentriebwerkes oder ein Fahrwerk. Hier haben die Hersteller festgelegt, wie lange ein solches Teil betrieben werden darf, bevor es überholt oder ausrangiert werden muss. Die Lebensdauer richtet sich entweder nach Flugstunden oder Flugzyklen, also Starts und Landungen. Die peniblen Vorschriften sollen sicherstellen, dass ein Teil nicht über seine Lebenserwartung hinaus betrieben wird. Die Wartungsanweisungen sind Bestandteil der Zulassung des Flugzeuges und haben somit Gesetzescharakter.

Das Lufttüchtigkeitszeugnis oder *Airworthiness Certificate* wird von einem durch die jeweilige Aufsichtsbehörde lizenzierten Fachbetrieb ausgestellt. Bei Umlaufteilen ist es außerdem erforderlich, dass man das entsprechende Teil bis zum Originalhersteller zurückverfolgen kann. Nur so ist nachvollziehbar, welche Vorbesitzer und wie viele Flugstunden es bereits hatte, um auf dieser Grundlage die noch verbleibende zulässige Betriebszeit eines Triebwerks, Propellers oder Stoßdämpfers zu berechnen. Ohne diese Dokumentation fehlt die erforderliche »Tracebility« (Zurückverfolgbarkeit). Es wäre unmöglich, die verbleibende Betriebszeit festzustellen. Ist dies nicht möglich, drohen kosten- und zeitintensive Generalüberholungen oder gar die Stilllegung. Solche zusätzlichen Hürden scheuen die scharf kalkulierenden Airlines, obwohl sie manchmal durchaus lohnenswert sind, etwa bei Originalteilen, wo der entsprechende Flugzeugtyp nicht mehr hergestellt wird. Gerade in den USA, Lateinamerika und in Afrika fliegen heute noch viele dieser »betagten« Maschinen, und nur dank der Ersatzteile aus »kannibalisierten Artgenossen« ist dies weiterhin möglich.

Deswegen wird der Dokumentation zum Ersatzteil besondere Aufmerksamkeit zuteil. Fehlt das Lufttüchtigkeitszertifikat, in den USA das *FAA Form 8130*, in Europa das *JAA Form 1*, oder die Bestätigung, dass ein Ersatzteil nach den Bestimmungen des Herstellers produziert und gewartet wurde, darf es keinesfalls in ein Flugzeug installiert werden. Wenn aber Flugzeugersatzteile vorsätzlich mit gefälschten Papieren und neuen Lebenslaufakten versehen sind, ist es außerordentlich schwierig, ihnen auf die Spur zu kommen. Dementsprechend groß ist die Gefahr, gutgläubig ein solches Teil zu erwerben und zu montieren. Ist ein Ersatzteil am Ende seiner wirtschaftlichen oder vom Hersteller vordefinierten Nutzungsdauer angelangt, wird es in der Regel ausgesondert und verschrottet. Die Lufthansa Technik zum Beispiel hat aus diesem Grund an den Ausgängen ihrer Werftbetriebe in Hamburg und

Frankfurt Container aufgestellt. Diese verfügen über eine »Einwegklappe«, damit Teile, einmal dort gelagert, nicht wieder herausgenommen werden können. Sinnigerweise kontrolliert man aber nicht, ob jeder Mechaniker das von ihm ausgebaute Teil auch wirklich dort hineinwirft. Zahlreiche Briefbeschwerer, die sich bei genauerem Hinsehen als Turbinenschaufel aus einem Düsentriebwerk entpuppen, zeugen von dieser Schwachstelle im System. Den »Kranich« abgeschossen hat im Frühjahr 2003 übrigens das Internet-Auktionshaus eBay. Dort wurden Teile eines gerade von Lufthansa abgewrackten Jumbo-Jets zum Kauf angeboten.

In der Praxis sind solche Teile nach rein kosmetischen Korrekturen ohne die geringste Rücksicht auf ihre Funktionstüchtigkeit wieder aufgetaucht. Das ist extrem kritisch bei Umlaufteilen wie Rotorblättern, Propellern oder Fahrwerken, die nach dem Erreichen einer bestimmten Betriebsstundenzahl verschlissen sind und daher versagen können. Die Begleitpapiere täuschen meist kürzere Betriebszeiten vor oder geben sie sogar als neuwertig aus. Unter diese Kategorie fallen vermehrt auch Teile aus stillgelegten Flugzeugen, zu denen es keine verlässlichen Informationen über Herkunft oder Zustand mehr gibt, oder aus verunglückten Maschinen. Zwar lehnen viele Gesellschaften den Ankauf von Flugzeugteilen aus Unfallmaschinen prinzipiell ab, aber dieser Umstand lässt sich sehr einfach verheimlichen. Gegen alle Vorschriften kommt es außerdem vor, dass Teile aus den militärischen Versionen eines Flugzeugtyps in zivile Flugzeuge eingebaut werden. Das ist besonders kritisch, weil militärisch genutzte Ersatzteile ganz anderen Herstellungs-, Wartungs-, Haltbarkeits- und Prüfungsvorschriften unterliegen als Teile für ein ziviles Flugzeug. Meist haben sie jedoch identische Teilenummern, was ungewollt zu Verwechslungen führen kann.

Merken Sie etwas? Es gibt eine ganze Menge Möglichkeiten, wie aus einem einst völlig legalen Ersatzteil ein ungeprüftes Ersatzteil werden kann. Völlig ausgelassen haben wir bisher die Gruppe der minderwertigen Imitate. Sie werden in betrügerischer Absicht hergestellt und verbreitet, der Käufer wird also klar getäuscht. Solche Teile sind zu vergleichen mit allen möglichen Formen der Markenpiraterie bis zur nachgemachten Rolex. Imitate haben die vorgeschriebenen Testverfahren nicht durchlaufen, die Begleitdokumentationen sind gefälscht.

Wurden sie auf einer einfachen Fräse statt auf einer Hochpräzisions-werkbank hergestellt, sind sie natürlich wesentlich billiger. Ihre ein-deutige Identifizierung ist wegen der meist verblüffenden Ähnlichkeit mit dem richtigen Teil ausgesprochen schwierig, für versierte Mecha-niker bisweilen sogar unmöglich. Jedoch im Gegensatz zum Rolex-Imi-tat, das trotz allem noch die rudimentäre Funktion einer Uhr erfüllen kann, sind solche Teile in einem Flugzeug außerordentlich gefährlich. Die »vermeintliche« Rolex kann man nach einem Schwimmbad-Besuch wegwerfen. Was aber ist mit einem Flugzeug mit bis zu 200 oder mehr Passagieren an Bord?

Zigtausende solcher Teile sind in den vergangenen Jahrzehnten ungehindert in das logistische Ersatzteilsystem der Airlines und Flug-zeugwerften gelangt. Glücklicherweise sind wesentliche Systeme in einem Flugzeug meist doppelt vorhanden und abgesichert, so dass das Versagen eines Teils nicht gleich eine Katastrophe nach sich ziehen muss. Doch es hängt schlicht vom jeweiligen Teil und seiner Funktion ab, welche Kettenreaktion es auslösen kann, falls es versagt oder aus-fällt. Ein Falschteil im Triebwerk kann dazu führen, dass sich eine Tur-bine im Flug zerlegt und dadurch andere Systeme oder Bauteile beschädigt. Sehr sensibel sind in diesem Zusammenhang auch Cockpit-anzeigen und Instrumente, auf die sich die Piloten bei Nacht, Nebel oder schlechter Sicht verlassen müssen, um ihre Maschine sicher auf die Landebahn zu dirigieren. Eine falsche Anzeige oder ein Versagen im kritischen Moment dicht über dem Boden kann sehr schnell zu einer Katastrophe führen. Das ist jedem Piloten klar.

Daher ist es nicht verwunderlich, dass die Pilotenvereinigung *Cock-pit*, alarmiert durch die Erkenntnisse und weitere Recherchen auf die-sem Gebiet, schon 1994 die Gefahren unverblümt ansprach. Man ging sogar noch weiter, stellte klare Forderungen an Politiker, das deutsche Luftfahrtbundesamt und die europäische JAA. Insbesondere verlang-ten die Vertreter eine Ermittlungs-Task-Force nach dem Vorbild der »Special Agents« unter dem Generalinspekteur des US-Verkehrsmini-steriums. Denn sie befürchteten, dass gerade durch die anstehende Harmonisierung des europäischen Marktes unkontrollierbare Risiken für die Flugsicherheit entstehen könnten, zumal es in Europa keinerlei Schutzmechanismen gab, ja nicht einmal geeignete Straftatbestände und ganz zu schweigen von Ermittlern, die auf diese Form der Kriminalität spezialisiert waren. Die deutschen Berufspiloten sollten Recht behalten. Neun Jahre später lagen Beweise vor, dass Ersatzteilhändler auch in Europa längst ihr Unwesen trieben.

Operation »Latin Phoenix«

> »Nur ein einziger Vogel besamt und erneuert sich selber,
> Die Assyrer nennen ihn Phönix, nicht Früchte noch Kräuter
> Nähren ihn, sondern der Saft von Amonum und Tränen des Weihrauchs.
> Wenn nun dieser sein Leben auf fünf Jahrhunderte brachte,
> Baut er auf Eichengeäst oder Gipfeln schwankender Palmen
> Sich ein Nest mit den Krallen und rein erhaltenem Schnabel.
> Wenn er dann Cassia sich und die Ähren geschmeidiger Narden
> Untergestreut und zerstoßenen Zimt mit gelblichen Myrren,
> Setzt er sich oben darauf und endet in Düften sein Leben.
> Dann, so berichtet die Sage, entsteht aus dem Leib des Vaters
> Wieder ein kleiner Phönix, um gleichviel Jahre zu leben.«
>
> Ovid, Metamorphosen

Die Geschichte des Ermittlungsverfahrens »Latin Phoenix« in Sachen »Flugzeug-Ersatzteilkriminalität« nahm am 23. April 1995 auf der italienischen Mittelmeerinsel Sardinien ihren Anfang. In den frühen Abendstunden verschafften sich drei Männer mit Waffengewalt Zugang zum Ersatzteillager der Regionalairline Meridiana auf dem Gelände des internationalen Flughafens von Olbia. Sie hatten es auf wertvolle Cockpitinstrumente abgesehen. Im Gegenwert von 1,5 Millionen US-Dollar ließen sie über 100 verschiedene Komponenten mitgehen. Unerkannt gelang ihnen die Flucht über die Küstenstraße in den einige Kilometer südlich gelegenen Badeort Budoni. Hier verschwand das Diebesgut – zunächst.

Die Meridiana war natürlich gegen einen solchen Diebstahl versichert, und zwar gleich bei dem großen italienischen Konsortium: Generali. Für den Verlust der Teile wurde die Airline anstandslos entschädigt. Doch kaum war die Versicherungssumme ausbezahlt, erhielt die Polizei in Sardinien einen Tipp: Die gestohlenen Meridiana-Teile sollten in einem verlassenen Haus in der Via Garibaldi in Budoni deponiert sein. Mieter des Hauses sei einer der Täter, ein Mitglied einer in der kleinen Ortschaft nicht unbekannten Bande. Als die Beamten kurze Zeit später das Haus durchsuchten, fanden sie die gesamte Diebesbeute vor. Die Verdächtigen wurden verhaftet und vor Gericht gestellt. Zwei von ihnen kamen wegen Verwendung von Waffengewalt für sieben Jahre in Haft.

Nachdenklich stimmt, dass keiner der Täter irgendwelche besonderen Kenntnisse von Flugzeugteilen hatte, obgleich beim Diebstahl gezielt hochwertige Komponenten entwendet wurden. Die Staatsanwaltschaft vermutete daher, es habe sachkundige Komplizen und Drahtzieher gegeben, vielleicht sogar direkt bei der Airline, ihrem Wartungspersonal oder anderen Zulieferfirmen im Umfeld von Meridiana. Die Ermittlungen aber verliefen im Sand. Kurz nachdem die Täter dann im Jahr 2003 aus der Haft entlassen waren, wurden sie Opfer von Mordanschlägen. Die Mafia duldet keine Zeugen.

Ein überaus lukratives Geschäft

Anders verhielt es sich mit der Diebesbeute. Die wieder gefundenen Teile gehörten nach der Schadensabwicklung und Auszahlung der Versicherungssumme an Meridiana nun der Generali. Doch die Versicherung, die schon mal mit Sprüchen wie »Schutz unter den Flügeln des Löwen – Generali Versicherungen« wirbt, hatte keine sonderlich große Verwendung für Flugzeugteile und wollte sie möglichst schnell weiterverkaufen. »Schadensminimierung« heißt dieser in der Branche durchaus übliche Vorgang im Jargon der Versicherungen. Es gab auch einen sehr interessierten Händler, der bei der Suche geeigneter Käufer auf Kommissionsbasis behilflich sein wollte: die römische Firma Panaviation, ein Ersatzteil-Broker mit Büros in Rom und einem großen Lager auf dem Flughafen Ciampino, außerhalb der Metropole.

Inhaber der Panaviation war Enzo F., eine schillernde Persönlichkeit und in der Luftfahrtbranche kein Unbekannter. F. kannte das Geschäft wie seine Westentasche: 1948 graduierte er als Luftfahrt- und Automobiltechniker und arbeitete im Anschluss bis 1959 in der technischen Abteilung der Linea Aeri Italiane (LAI). Von 1959 bis 1966 war er unter anderem Prüfer der Registero Aeronautico Italiano (RAI), der ehemaligen italienischen Luftaufsichtsbehörde, bevor diese 1997 zur ENAC

umbenannt wurde. Die nächsten elf Jahre verbrachte F. bei der italieni-
schen Regionalfluglinie Itavia, zum Schluss sogar als deren technischer
Direktor. Dann arbeitete er vier Jahre vor allem für die italienische
Firma Aeronavale, die sich auf Umbau und Wartung von DC-8-Fracht-
maschinen spezialisiert hatte. 1981 schließlich gründete er sein eigenes
Unternehmen und agierte fortan unter dem wohl klingenden Namen
Panaviation.

Als die Itavia 1983 in Konkurs ging, erwarb F. aus der Konkursmas-
se Tausende von Ersatzteilen, überwiegend für die DC-9. Diese Teile
bildeten den Grundstock der Panaviation. Da dieser Flugzeugtyp zur
damaligen Zeit nicht nur in Italien sehr populär war und daher ständig
Teile benötigt wurden, entwickelte sich bald ein lukratives Geschäft mit
Ersatzteilen. Schnell kamen weitere Typen hinzu, und schließlich handelte F. mit so ungefähr allem, was sich per Propeller oder Düsenan-
trieb in die Lüfte hob.

Die Eigenart eines Brokers in dieser Branche ist, dass er sowohl Teile
kauft als auch verkauft. Manchmal sucht er ein entsprechendes Teil im
Auftrag eines speziellen Kunden, oft aber kauft er ganze Lagerbestände
auf und wartet, bis ein Teil angefragt wird. Je nach der Dringlichkeit richtet sich dann der Preis und damit die Profitmarge. Sucht eine Airline
nämlich händeringend ein bestimmtes Ersatzteil, weil etwa gerade eines
ihrer Flugzeuge mit einem Defekt irgendwo am Boden steht, ist der Preis
natürlich um ein Vielfaches höher, wenn der Broker kurzfristig das erforderliche Teil im einbau- und betriebsfähigen Zustand liefern kann.

Genau hier bieten die Airlines und Wartungsbetriebe die größte
Angriffsfläche. Immer dann, wenn Zeit zum Kostenfaktor wird, ist
alles, was zählt, die Deadline, an der man den Vogel wieder in Betrieb
nehmen muss. Wenn der Flug ausgebucht ist und keine Ersatzmaschi-
ne die Passagiere übernehmen kann, wird jede Verzögerung oder gar
ein Ausfall des Fluges zu einem nicht unerheblichen finanziellen Risiko. Da drückt man dann schon einmal ein Auge oder auch beide simultan zu, wenn es um vorschriftsmäßige Abläufe im Bereich »Sicherheit«
geht. Wegen Kosteneinsparungen wurden in den letzten Jahren zudem
immer mehr Stellen gerade im Ausland abgebaut. Meist arbeitet die
davon betroffene Airline mit einem »strategischen Geschäftspartner«
zusammen, dessen Mechaniker den Reparaturauftrag ausführen. Und
solange die Begleitpapiere für ein Ersatzteil suggerieren »Hier ist alles

o.k.« bedarf es einiges Rückgrates und einer guten Portion Glück (dass irgendetwas Merkwürdiges aufgefallen ist), um durch die Ablehnung eines möglicherweise nicht zugelassenen Ersatzteils den Abflug noch weiter zu verzögern.

Nach gängiger Auslegung der Luftfahrtverordnungen trägt der das Teil installierende Mechaniker die volle Verantwortung für die ordnungsgemäße Lufttüchtigkeit. Ihn »beißen die Hunde«, wenn dann doch etwas nicht so sein sollte, wie es die Vorschriften besagen beziehungsweise die vorliegenden Dokumente suggerieren. Aber wie soll bitte der Mechaniker als letztes Glied in einer Kette beim Einbau eines eventuellen Falschteils die volle Verantwortung übernehmen? Er kann doch nur darauf vertrauen, dass die Lufttüchtigkeitszertifikate sowie die eventuell beiliegenden Lebens- oder Laufzeitaufzeichnungen nicht gefälscht sind und wirklich mit allen zugesicherten Eigenschaften des Teiles übereinstimmen. Genau diese Schwachstelle des Vertriebssystems machte sich Enzo F. zunutze. Ob unbewusst oder vorsätzlich, mag erst einmal dahingestellt bleiben.

Im kleinen Italien zählten die damals aus dem Boden schießenden Regionalcarrier wie AlpiEagels, Meridiana, Air One oder Volare bald zu F.s festem Kundenstamm. Mit der Staatsairline Alitalia stand er ebenfalls in besten Geschäftsbeziehungen, und auch über die Grenzen Italiens hinaus versorgte er Airlines wie Swissair, SAS und Lufthansa bei Bedarf mit Teilen, oder er kaufte auf, was diese in ihren Regalen übrig hatten. Seine Kundenliste zählte im April 2001 über 600 Einzelfirmen, Airlines, Wartungsbetriebe und sogar Flugzeughersteller, darunter niemand Geringeres als auch Airbus Industries.

Bei Alitalia pflegte F. seine Kontakte aus früheren Zeiten. Und hier war die Zusammenarbeit besonders einfach. Gerade bei dem Staatsbetrieb Alitalia, der im Selbstverständnis der Belegschaft niemandem, sondern eben dem Staat gehörte, wurde nicht sonderlich darauf geachtet, was mit dem Inventar geschah. Es ging bei der Alitalia immer darum, möglichst viel für sich selber abzustauben. Ganz ähnlich wie bei der sardischen Meridiana, nur in kleinerem Umfang. F. jedenfalls mischte bei einigen »Deals« munter mit und verdiente besser als je zuvor. So war der Austausch von Waren kontinuierlich. Wie einige Brancheninsider wissen, besaß vor allem die Alitalia noch zahlreiche Bestände aus den Zeiten des »Atlas-Konsortiums«. Diese ehemalige

Kooperation von europäischen Airlines, unter ihnen Lufthansa, SAS, KLM und Swissair, entwickelte sich in den Siebziger- und Achtzigerjahren zum Alptraum im Wartungs- und Teilebereich. Meist legten die Fluggesellschaften, die einem Partner ein benötigtes Ersatzteil zur Verfügung stellten, Wert auf die Rückgabe, doch schließlich ging man immer häufiger dazu über, einfach ein entsprechendes Teil aus den eigenen Beständen im Austausch zu schicken. Dabei war wegen der fehlenden Dokumentation nicht mehr zweifelsfrei nachzuhalten, welches Teil zu welchem Zeitpunkt wo genau angelangt war.

Die Betriebskosten in der Branche waren gering – F. beschäftigte neben seiner Tochter Patrizia nur noch neun Angestellte – und dementsprechend hoch waren die Gewinnmargen, sodass der Panaviation-Gründer schnell zum Großverdiener avancierte. Wahrscheinlich auch wegen seiner vielen guten Kontakte bis hinein in die Aufsichtsbehörde ENAC und zu den Schlüsselfiguren bei den regionalen Airlines erregte sein mitunter höchst fragwürdiges Geschäftsgebaren lange Zeit kein Aufsehen.

Zwar fand sich in den Akten der ENAC bereits 1998 ein Hinweis auf den Vertrieb von Falschteilen durch die Panaviation,[77] aber eine offizielle Ermittlung wurde nie eingeleitet. F. konnte sich rundum sicher fühlen und sein Geschäft weiter ausbauen. Er knüpfte zahlreiche Kontakte zu Firmen außerhalb Italiens, besonders in der Luftfahrtnation USA. Dort deponierte er eine umfangreiche Auswahl von Ersatzteilen gleich bei mehreren Firmen, die die Panaviation-Teile auf Kommissionsbasis an die Airlines, Wartungsbetriebe und Flugzeugwerften brachten. Speziell für seine »amerikanischen Geschäftsfreunde« schaffte sich F. ein Oldtimer-Cabrio an, mit dem er sie durch Rom kutschierte. Besonders zu Dan B., dem Inhaber von D. Aerospace, pflegte F. sehr intensiven Kontakt. Gemeinsam handelten sie mit einer Vielzahl von MD-11-Teilen, alles Material aus ehemaligen Alitalia-Beständen. Die D. Aerospace verkaufte die Teile, und F. und B. teilten sich die Gewinne. Auch mit M. Aircraft Spares in Chicago und New Jersey gab es ähnliche Deals. So florierte der Austausch von Teilen über Jahre, bis sich Anfang 2001 das Blatt wendete und den erfolgsverwöhnten italienischen Broker das Glück verließ.

Ermittlungen gegen die Ersatzteil-Mafia

Inzwischen hatte Staatsanwalt Dr. Renato Perinu vom Provinzgericht in Tempio Pausania das Ermittlungsverfahren in Sachen Meridiana wieder aufgerollt. Perinu, ein erfahrener Mafia-Ankläger, verfügte über langjährige Kenntnisse aus dem Umfeld des organisierten Verbrechens und damit über keine schlechten Vorraussetzungen für eine Untersuchung im Bereich des illegalen Falschteilhandels. Auch die Tatsache, dass Perinu von Sardinien aus operierte und nicht etwa aus der politisch verfilzten Hauptstadt Rom, sollte sich als Vorteil erweisen. Niemand hatte so Gelegenheit, kurzfristig einen der Betroffenen zu warnen. Darin mag ein wesentlicher Grund für den Erfolg des Verfahrens liegen. Es ist wahrscheinlich, dass anderenfalls belastendes Beweismaterial unwiederbringlich vernichtet worden wäre und sich die mühsam koordinierten Hausdurchsuchungen als ein ebenso kostspieliger wie zeitaufwändiger Schlag ins Wasser herausgestellt hätten.

Am 11. April 2001 schlug Perinu mithilfe der in Italien berüchtigten Finanzpolizei, der *Guardia di Finanza*, an mehreren Orten gleichzeitig zu. Sowohl der Panaviation-Hangar in Ciampino als auch F.s Büro und seine Privatwohnung in der Via Caesare Pavese wurden überraschend durchsucht. Neben Panaviation hatten die Fahnder auch die New Tech Aerospace und New Tech Italy in Rom im Visier. Beide Firmen gehörten einem ehemaligen Maurer, der ins lukrative Ersatzteilbusiness gewechselt war. Das ist nach wie vor ziemlich leicht. Denn obwohl sonst in der Luftfahrt wie in keinem anderen Industriebereich eigentlich jeder, der irgendwie mit einem Flugzeug in Kontakt kommt, über eine entsprechende staatliche Lizenz verfügen muss (Piloten, Mechaniker, ja sogar Flugbegleiter), ist das für den Handel mit Flugzeugersatzteilen bis heute nicht vorgeschrieben. Man braucht nur über ein Telefon, ein Faxgerät oder eine Internetverbindung zu verfügen, und schon kann man sogar von einem Schuppen im eigenen Garten aus völlig legal mit millionenteuren Ersatzteilen handeln.

Die Beamten gingen systematisch durch die vorhandene Geschäftskorrespondenz. Gerade bei Panaviation waren diese Akten außerordentlich umfangreich. Dokumente und Transaktionen, die bereits 15 Jahre zurücklagen, fielen in ihre Hände. Denn F. hatte eine große Schwäche, die ihm nun zum Nachteil gereichte: Er war eine »Pack-

Ratte«. Statt sich von Dingen und Papieren zu trennen, die längst keine Bedeutung mehr hatten, hob er diese auf und verschaffte den Beamten so Zugang zu erdrückendem Belastungsmaterial. In den Regalen des Hangars sowie in einem großzügigen Kellerraum des Privathauses stießen die Ermittler auf über 80 000 Flugzeugteile. Einige waren fertig zum Versand an internationale Kunden. Ein Experte sicherte alle Daten von den vorhanden Computern für weitere Auswertungen, sogar gelöschte Dateien wurden wiederhergestellt. Im hinteren Teil des Hangars fanden die Ermittler eine kleine Werkstatt, in der Flugzeugteile unzulässig aufgearbeitet wurden. Das war Panaviation verboten, da die Firma keine behördliche Zulassung als Wartungsbetrieb besaß. Panaviation durfte zwar mit Flugzeugteilen handeln, einige davon auch gemäß den allgemeinen Vorschriften ordnungsgemäß zwischenlagern, aber jegliche Arbeiten daran, und seien es auch nur minimale Schönheitsoperationen, waren strikt untersagt. Und mehr noch: Unter den Werkzeugen und Chemikalien entdeckten die Polizeibeamten in der Werkstatt ein ganzes Sortiment von Zahlen und Buchstabenstempeln, mit deren Hilfe sich Seriennummern und Datenplaketten ändern ließen. In einer anderen Ecke des Hangars fanden sie eine Plastiktüte mit unbeschriebenen Datenplaketten für McDonnell-Douglas-Ersatzteile. Mit dem, was man sonst allgemein üblich unter »ordnungsgemäßer Lagerhaltung von Flugzeugteilen« versteht, war es gleichfalls nicht weit her. Besonders sensible Avionics, also Cockpitanzeigen und -geräte, bedürfen klimatisierter Lagerhaltung. Bei Panaviation beschränkte sich die Klimakontrolle in den Hangars auf zwei simple Deckenventilatoren. Jeder, der die klimatischen Bedingungen in Rom kennt, weiß, dass dies bei den heißen Sommern und kühl-feuchten Wintern nicht ausreicht, um beispielsweise die Ablagerung von Feuchtigkeit auf den elektrischen Platinen im Inneren der Instrumente zu verhindern.

Über 800 Ersatzteile, berichtete die italienische Tagespresse[78], wurden beschlagnahmt und nach Olbia gebracht. Den Hangar versiegelten die Polizisten auf Anordnung der Staatsanwaltschaft. Aber schnell wurde den auf Steuervergehen spezialisierten Beamten klar, dass sie über nur unzureichende Erfahrungen im Bereich der Luftfahrt und der dort üblichen Gepflogenheiten beim Ersatzteilhandel verfügten. Gebraucht wurden unabhängige Experten, die sich in diesem Metier besser auskannten und für die der Wirrwarr aus Zahlencodes, überwiegend in Englisch abgefasster Geschäftskorrespondenz, Aufträgen, Bestellungen und Begleitpapieren einen Sinn ergab. Außerdem durften sie nicht in den Fall involviert sein, also in keinerlei Beziehung zu den Verdächtigen und ihren möglichen Hintermännern stehen. In Italien, wo »gute Beziehungen« gern genutzte Geschäftsgepflogenheiten darstellen, und zudem noch in einem solch kleinen Kreis wie der kommerziellen Luftfahrt war es kein leichtes Unterfangen, jemanden zu finden, der qualifiziert und unabhängig zugleich war. Nach einigem Suchen und Abwägen wurden schließlich zwei Fachleute hinzugezogen: der ehemalige Alitalia-Kapitän und erfahrene Flugunfallermittler Arturo Radini sowie der ehemalige Verkaufsleiter von Agusta Helicopters Dr. Vittorio Floridia.

Vor allem Floridia war ein Experte im Bereich der Logistik. Seine Karriere begann früh bei der italienischen Marine und der Italian Navy Helicopter Squadrone. Später wechselte Floridia, der auch einen Ingenieurstitel führt, zu dem italienischen Hubschrauberhersteller Agusta und leitete schließlich einige Jahre dessen Geschäfte in den USA. Die »Formalien« des Handels mit Ersatzteilen waren daher kein Neuland für ihn. Radini brachte neben einer guten Spürnase zahlreiche wertvolle Kontakte in die Industrie ein. In erster Linie jedoch schlug in ihm trotz seiner Pensionierung das leidenschaftliche Herz eines Piloten, und er musste nicht lange nachdenken, was für ein Unfallszenario sich bei der Fehlfunktion einer der zahlreichen sichergestellten Flugzeugkomponenten ergeben konnte. Seit Ende April 2001 waren die beiden Experten mit dem Ermittlungsverfahren »Latin Phönix« befasst. Die Wochenenden verbrachten sie fortan auf einem zurückgezogenen Landsitz, um sich durch die beschlagnahmte Panaviation-Korrespondenz zu wühlen. Und unter der Woche arbeiteten sie von einem kleinen Büro am Hafen von Olbia aus im Team mit einem Flugzeugtechniker, einem Computerexperten und einem Marschall der *Guardia di Finanza.*

Bereits ihre ersten Erkenntnisse, die sie in Interviews auch der Öffentlichkeit zugänglich machten, waren mehr als beunruhigend. Während der ehemalige Militärpilot und Alitalia-Kommandant Arturo Radini immer wieder auf das erhebliche Gefährdungspotenzial hinwies, das durch die jahrelangen illegalen Aktivitäten der Panaviation entstanden war, zeigte sich Floridia schockiert über die Art und Weise, wie es F. gelungen war, die Sicherheitsnetze, die den Handel mit »Unapproved Parts« eigentlich verhindern sollten, zu unterwandern. Radini, der auch als Unfallermittler tätig und an zahlreichen italienischen Unfalluntersuchungen beteiligt war, wurde nicht müde zu betonen, wie leicht ein einziges fehlerhaftes oder defektes Teil zur Unzeit eine Flugkatastrophe auslösen könne.

Besonders die Frachtbriefe und Rechnungen offenbarten den Ermittlern schon nach kurzer Zeit, dass F.s Panaviation die meisten Geschäfte mit den USA abwickelte. Die Staatsanwaltschaft lud daher im September 2001, unmittelbar nach den Anschlägen auf das World Trade Center und das Pentagon, zu einer »internen Informationsveranstaltung« mit Vertretern der italienischen ENAC sowie verschiedener US-Behörden, darunter auch Mitarbeiter des Militärischen Ermittlungsdienstes des US-Verteidigungsministeriums (DCIS). Aus den USA reisten hochrangige Fachleute an. Als Abgesandte der Abteilung »Suspected Unapproved Parts« (AVR-20) bei der FAA kamen Inspektor Henry Hansen, die für juristische Fragen in der Abteilung zuständige Beverly Sharkey[79] sowie Aris Scarla und John Benning vom FAA-Field-Office in Frankfurt am Main, Dario D'Andrea, Larry Haral und Grace Curcetti vom US-Zoll, außerdem Special Agent Glenda Linsay vom Büro des Generalinspekteurs des US-Transportministeriums (Inspector General Office beim Department of Transportation, kurz: DOT IGO).

Während des viertägigen Meetings wurden die Damen und Herren über den bisherigen Stand der Ermittlungen informiert. Darüber hinaus erhielten sie Gelegenheit zu einer Ortsbegehung des versiegelten Hangars in Ciampino und durften die in Olbia asservierten Teile persönlich in Augenschein nehmen. Besonders die FAA-Vertreter waren von den dortigen Anblicken ziemlich beeindruckt. So beeindruckt, dass der Leiter von AVR-20 Kenneth O'Reilly kurz darauf einen Brief an Staatsanwalt Perinu verfasste. Ein bemerkenswertes vierseitiges Dokument, bei dem jedoch absichtlich oder zufällig etwas Wesentliches vergessen wurde: das Datum. So ist es dann auch nicht weiter verwunderlich, dass dieses offizielle Dokument bei einer Anfrage nicht unbedingt wieder auftaucht. Denn Behördenvorgänge werden in den USA nach Datum des Schreibens abgelegt. Sucht man ein bestimmtes Dokument, muss man einen Zeitraum angeben. Der Archivar kopiert dann in der

U.S. Department of Transportation
Federal Aviation Administration

Suspected Unapproved Parts Program Office

45005 Aviation Drive
Suite 214
Dulles, VA 20166-0530

Tribunale di i empio Pausania
Via Limbara, nr. 02
Tempio, Pausania 07029
Italy

Dear Mr.

Throughout the week of 24 September, 2001, inspectors from the Federal Aviation Administration (FAA) Suspected Unapproved Parts (SUP) Program Office, Frankfurt International Field Office (IFO), United States Customs, Department of Transportation Office of the Inspector General (DOT OIG), and Defense Criminal Investigation Service (DCIS), inspected the warehouse facilities of Panaviation in Rome, Italy. This inspection took place at the invitation of Dr. Renato Perinu, Tempio Pausania Court. The inspectors also attended a briefing regarding Panaviation operations in Rome and Olbia, Sardinia.

The following independent technical assessment is offered by the FAA SUP Program Office and Frankfurt IFO.

The Panaviation facilities in Rome, Italy appear to be a warehouse containing numerous aeronautical parts, some in shipping crates, others on the floor or on shelves. Some parts were packaged, others were open. They ranged from large structural components to small piece parts. The total number of parts was too numerous to count in the available time.

The warehouse's physical condition did not appear suitable for storage and preservation of the large variety of aeronautical parts on site. These parts included avionics and mechanical components with special handling requirements. For example, many parts were poorly packaged, while others were exposed to the environment. It is noteworthy that the warehouse lacked environmental controls to monitor temperature or humidity. The environment was dirty, and moisture, dust and debris were allowed to come into contact with the numerous exposed parts in the facility.

Parts were stacked one upon the other both on warehouse shelves and in shipping containers. For example, aircraft tires were stored on their sides, stacked several layers high. This is contrary to the requirements for storage of aircraft tires established by manufacturers. There was no indication of the possession or use of manufacturer's data

or any other data related to the proper storage and preservation of aeronautical parts. There appeared to be no records of management or employee training in proper parts storage and handling.

The shipping crates contained a large variety of parts, and appeared to be in preparation for sealing and shipment. Parts in shipping crates included electrical, avionics, mechanical, accessory and component parts. Included in some crates were large quantities of "0" rings, gaskets, rubber hoses and rubberized material with manufacturing dates as early as 1971. The shelf life had expired on many of the items. Sensitive parts used for aircraft attitude and heading, such as vertical gyros, were not adequately protected against potential shipping damage. These items appear to have been improperly stored and handled prior to placement in the shipping crates.

The warehouse contents included numerous structural, power plant and avionics components of a Canadair CL-215 aircraft and advertising documents indicating it had been salvaged from a lake. Structural parts, mechanical and avionics components from this aircraft appear to have been shipped from Panaviation to aviation repair facilities for airworthiness certification. However, work orders did not include documentation indicating the parts had come from a crashed and submerged aircraft. Documents in the warehouse indicate the parts were shipped with a "Statement of Conformity" stating the parts were removed from a "Serviceable" unit and had not been in an accident.

It is noteworthy that FAA certificated repair stations in the United States are required to perform a hidden damage inspection if they are informed an aeronautical part has been involved in an accident. Additionally, disclosure of the condition and service history of an aircraft part is necessary for a repair station to determine specific inspections required in order to return the part to an airworthy condition. A repair facility may not be able to determine the part's airworthiness if its history is lacking. There are indications Panaviation may have introduced parts in this condition into the aviation market.

Numerous parts from the Panaviation warehouse appear to have been extensively cleaned on the exterior surface prior to packaging and placement in shipping containers. There were numerous parts on a workbench at the rear of the warehouse which appear to have been in the process of surface cleaning. Various cleaning compounds, solvents, grinding wheels, sanding equipment and abrasive tools such as files were in the work area as well as on the warehouse shelves in bulk quantity. None of the labeling on the chemical solvents indicate a reference for use on aircraft or aircraft components. There was no indication of manufacturers' data or any form of data or instructions related to allowable and approved processes and materials for cleaning any kind of an aeronautical part.

Parts in the Panaviation warehouse included items that appeared to be previously deemed unairworthy by aviation organizations and sold as scrap. For example, two compressor discs for a JT8D engine appeared to have been declared unserviceable by Iberia Airlines 15 years ago due to a failed Non Destructive Test (NDT). They were

Diesen Brief schrieb FAA-Mitarbeiter
Reilly an die Staatsanwaltschaft.
Der Brief blieb undatiert und damit
in den Archiven kaum auffindbar.
Ein Trick der FAA?

storage, preservation and proper handling of aeronautical parts. Workshop facilities indicate use of the warehouse as an aviation maintenance facility, a function Panaviation is not authorized to perform. Unserviceable aeronautical parts with suspect serviceability documents and associated templates were evident. Also, other documents indicate Panaviation probably shipped unserviceable aeronautical parts with their true history misrepresented.

Sincerely,

Kenneth J. Reilly
Manager, Suspected Unapproved Parts
Program Office

---

being prepared for shipment with no documentation indicating the failed NDT inspection. Paperwork accompanying the discs indicated they were overhauled by Iberia airlines.

There were numerous avionics components with clean exteriors, which revealed mold and corrosion when their covers were removed. Supporting documents from the Panaviation warehouse appear to indicate similar components were shipped to customers or sent to repair facilities for airworthiness certification without revealing the true condition or history of the part.

Supporting advertising documents and letters to potential aviation customers describe Panaviation as an organization with a quality department, capable of maintenance, inspection and storage of aeronautical products. Panaviation does not appear to have this capability, nor do they appear to be authorized by any government transportation or aviation regulatory organization to maintain aeronautical products. There is however, a workshop at the Panaviation warehouse. It contains tools and equipment normally used for minor disassembly, assembly, measuring, cutting, grinding, cleaning and sheet metal work. Parts in this workshop were in various stages of disassembly and cleaning.

Parts from the warehouse, on display at the Guardia di Finanza offices in Olbia, included a Landing Gear strut data plate showing obvious signs of tampering and strikeover marks which, of course, alters it's original information. Also on display was a punch set containing tools used to imprint letters and numbers on metal surfaces. Several containers of various blank data plates were discovered in the warehouse. Also on display was a box with numerous completed and signed unserviceable tags from a variety of components. There was no supporting paperwork available to indicate where those parts originated. There was also a box with numerous white tags labeled "planning/reinstall" with notes attesting to the part being unserviceable however the referenced parts were also not available on the premises.

Other items on display included templates of documents normally used to identify the type, quantity, condition, serviceability and airworthiness status of aeronautical parts. These templates included signed FAA Airworthiness Approval forms (FAA Form 8130-3) with blocks 6 through 12 blank, and blocks 12 through 19 completed. Additional templates included signed JAA Airworthiness Approval forms (JAA form 1) with similar blocks left blank. Additionally, templates of shipping invoices from Mordiana Airlines were on display. Available samples of completed forms indicate they could have been used to misrepresent the status of aeronautical parts.

Correspondence between Panaviation and aircraft parts distributors and brokers indicate Panaviation probably misrepresented the condition of some parts sold to customers. Letters from Panaviation to customers describe parts in new and/or serviceable condition however, response letters from some customers back to Panaviation indicate the parts were not serviceable.

In conclusion, the Panaviation warehouse is in poor condition, and is inadequate for the

Regel das oder die Dokumente aus der fraglichen Zeitspanne. Ein Schreiben ohne Datum befindet sich da nicht zwangsläufig an der richtigen Stelle. Zumal im Gegensatz zur allgemein gängigen Archivierungspraxis in Europa die Dokumente in den USA nur selten gelocht und in einen Ordner abgelegt werden. Es sind in der Regel einfache Akten-Pappdeckel mit Loseblattsammlungen.

O'Reilly verfasste jedenfalls nach den Berichten seiner Inspekteure Henry Hansen und Beverly Sharkey einen Brief[80]. Folgende Zitate daraus möchte ich den Lesern keineswegs vorenthalten: »Einige Teile (im Lager der Panaviation, Anmerkung des Verfassers) waren verpackt, andere nicht. Sie deckten den Bereich von großen Strukturteilen bis zu Kleinstteilen ab. … Die Bedingungen des Lagers erschienen als nicht angemessen, um die große Vielzahl unterschiedlichster Flugzeugteile zu lagern und in ihrem Zustand zu erhalten. Darin sind eingeschlossen Avionics und mechanische Komponenten mit speziellen Behandlungserfordernissen. Zum Beispiel waren viele Teile nur unzureichend verpackt, während andere ungeschützt Umwelteinflüssen ausgesetzt wurden. Es muss hervorgehoben werden, dass dieses Lager nicht in Bezug auf Temperatur- und Feuchtigkeitsschwankungen überwacht wurde. Die Umgebung war schmutzig und feucht, Staub und Abfall kamen in Kontakt mit zahlreichen so exponierten Teilen. … Im Lager befanden sich zahlreiche Strukturteile, Triebwerke und Avionic-Komponenten eines Canadair CL 215 sowie Werbeunterlagen, die bestätigen, dass diese Teile aus einem See geborgen worden waren. … Die Arbeitsanweisungen (für die Überholung) dieser Teile enthielten jedoch keine Hinweise, aus denen geschlossen werden konnte, dass diese Teile aus einem verunglückten und gesunkenen Flugzeug stammen. Im Lager vorgefundene Dokumente sagten aus, dass diese Teile mit einem ›Statement of Conformity‹ verschifft worden waren, welches aussagte, die Teile stammten von einem ›einsatzfähigen‹ Flugzeug und waren nicht in einen Unfall involviert.«

Das zweimotorige Löschflugzeug war auf einem Routineflug auf einem See in Sizilien am 30. Juli 1996 beim Nachfüllen der Löschwassertanks mit einem Felsen kollidiert. Der Copilot starb, die Maschine sank und lag tagelang im Wasser. Panaviation verschwieg dies offenbar, weil Unfallteile intensivere Inspektionen durchlaufen müssen und dadurch ihre eventuelle Re-Zertifizierung erheblich teurer wird. Auch besteht auf Käuferseite meist eine gewisse Zurückhaltung, wenn ein Teil eindeutig in einen Unfall involviert war. Andererseits sind Airlines nicht gerade zimperlich, wenn es um Unfallteile aus eigenen Flotten geht. So war sich zum Beispiel United Airlines nicht zu schade, das CF6-Triebwerk ihres Jumbos, dem eine plötzliche Dekompression ein großes Loch in die Außenwand riss, durch das in der Folge drei Passagiere nach außen und durch das eben dort befindliche Triebwerk Nummer 3 gesogen wurden, nach entsprechender Reinigung und Überprüfung seiner Bestandteile weiter zu betreiben. Auch die Lufthansa betrieb das rechte Triebwerk ihres am 24. September 1993 in Warschau verunglückten A320 munter weiter.

Dennoch, der Hinweis, dass diese Triebwerke einmal in Unfälle verwickelt waren, wurde zumindest in ihrer Dokumentation vermerkt. F. jedoch verschwieg solche Fakten. Das Fahrwerk des verunglückten Löschflugzeuges wollte F. in Kanada so unvorschriftsmäßig überholt und re-zertifiziert haben. Dabei sollte es nicht auf Unfallschäden, sondern so wie das aus einem intakten Flugzeug behandelt werden. Und der Panaviation-Chef half noch mit anderen unsachgemäßen und verfahrenswidrigen Manipulationen nach, nicht nur bei den Papieren. Kenneth O'Reilly schrieb dazu:

»Zahlreiche Teile wurden aufwändig an der Oberfläche gesäubert, bevor sie verpackt und in die Versandcontainer verladen wurden. Auf einer Werkbank im hinteren Teil des Lagers wurden Teile vorgefunden, die diesem Prozess unterzogen wurden. … Keine der (zum Säubern verwendeten) chemischen Lösungen war für die Anwendung an Flugzeugteilen ausgewiesen. …Teile im Panaviation-Lager schließen auch solche Teile ein, die zuvor von einer Luftfahrt-Organisation fluguntüchtig deklariert und als Schrott verkauft wurden. Zum Beispiel zwei Kompressorscheiben für ein JT8D-Triebwerk, die von der Iberia bereits vor 15 Jahren als nicht mehr einsatzfähig deklariert wurden, weil sie auf dem Prüfstand versagt hatten. Die Teile wurden in einem für den Versand vorbereiteten Zustand vorgefunden mit Begleitpapieren, die aussagten, die Scheiben seien von Iberia überholt worden.«

Gelangen solch mangelhafte Ersatzteile dennoch in ein Triebwerk, können sie schnell eine Katastrophe herbeiführen. Das zeigen zwei Beispiele in den Vereinigten Staaten: Am 6. September 1985 verunglückte eine DC-9 der amerikanischen Fluggesellschaft Midwest Express beim

Start im Milwaukee. Noch auf der Rollbahn fiel das rechte Triebwerk wegen eines falsch gewarteten Abstandsringes im Innern der Turbine aus. Diese Teile wurden später als Falschteile identifiziert und ausgesondert. Die Maschine hob von der Startbahn ab, flog eine leichte Rechtskurve und stürzte ab. Alle 31 Passagiere und die Besatzung kamen ums Leben. Der offizielle Unfallbericht erwähnte den Umstand, dass 1,5 Sekunden nach dem rechten Triebwerk auch das linke aus »bisher ungeklärter Ursache« versagte, nur in einem Nebensatz. Das andere Beispiel betrifft die ehemalige amerikanischen Billig-Airline ValuJet, die heute unter dem Namen AirTran operiert: Am 8. Juni 1995 riss eine Kompressorscheibe im Triebwerk einer MD-80, während die Maschine zur Startbahn auf dem Flughafen von Atlanta rollte. Triebwerksteile schlugen wie Granatsplitter durch die Kabine und verletzten sieben Menschen schwer, darunter eine Stewardess. Die Maschine fing Feuer und brannte noch auf der Rollbahn aus. 55 Passagiere konnten sich über die Notrutschen in Sicherheit bringen. In der Luft hätte das alles noch dramatischer geendet.

Besonders bei diesem Flugzeugtyp, wie auch der ähnlich konzipierten Fokker 100 oder der Embraer 145, konnte ich mich als Passagier mit einem Sitzplatz unmittelbar neben einer der Turbinen noch nie so recht anfreunden. Hat man einen Fensterplatz, blickt man direkt auf die Turbine, und nicht selten ist dadurch die Sicht versperrt. Außerdem ist es ziemlich laut, und das Gehör wird bei einem längeren Flug ziemlich in Mitleidenschaft gezogen. Aber neben diesen Kleinigkeiten war mir immer mulmig bei dem Gedanken, was passieren würde, wenn sich das Triebwerk durch einen Defekt in seine Bestandteile zerlegt. Fliegt die Turbine auseinander, sägt eine solche Kompressorscheibe mit einer ungeheuren Wucht durch alles durch, weil sie mit 20 000 bis 30 000 Umdrehungen pro Minute beschleunigt ist. Die kleine Triebwerksschaufel, hergestellt aus nichts Geringerem als Titanium, also dem härtesten existierenden Metall, schlägt mit Leichtigkeit durch die Aluminiumaußenhaut oder in einigen Fällen auch durch den Kunststoff, und gerade mein Oberkörper ist auf einem dieser hinteren Sitze voll exponiert, das heißt: Er bietet eine wunderbare Aufschlagsfläche.

Doch zurück zu den Ausführungen von Kenneth O'Reilly in seinem Brief an die italienische Staatsanwaltschaft: »Gesehen wurden auch Vorlagen für Dokumente, die normalerweise für die Typen-Identifizierung, Menge, Zustand, Einsatzfähigkeit und die Attestierung der Lufttüchtigkeit von Flugzeugteilen verwendet werden. Diese Vorlagen beinhalteten unterschriebene FAA-Lufttüchtigkeitsbestätigungen (FAA-Formblatt 8130-3) auf denen die Blöcke 6 bis 12 leer und die Blöcke 12 bis 19 ausgefüllt waren. Andere Vorlagen beinhalteten eine ähnliche Praxis bei unterschriebenen JAA-Lufttüchtigkeitsbestätigungen (JAA Form 1). … Vorliegende Beispiele von komplett ausgefüllten Formularen lassen darauf schließen, dass solche Vorlagen benutzt wurden, um den Zustand von Flugzeugteilen falsch zu repräsentieren.«Der FAA-Verantwortliche kam schließlich zu dem Ergebnis:»Das Lager der Panaviation ist in schlechtem Zustand und ungeeignet für die Lagerung, den Erhalt und die sachgerechte Handhabung von Flugzeugteilen. Gefundene Geräte und Maschinen zeigen, dass dieses Lager auch für luftfahrttechnische Wartungsarbeiten genutzt wurde, eine Tätigkeit, die Panaviation nicht ausüben darf. Unbrauchbare Flugzeugteile mit fragwürdigen Einsatzfähigkeitsdokumenten und dazugehörige Vorlagen wurden vorgefunden. Auch wird durch andere Dokumente belegt, dass Panaviation offensichtlich unbrauchbare Teile verschickt hat und dabei die wirkliche Geschichte der Teile falsch dargestellt hat.«

Die amerikanische Aufsichtsbehörde gab sich demnach keinerlei Illusionen über das fragwürdige Treiben von F. und seiner Panaviation hin. Umso unverständlicher ist es, dass sich die FAA des Komplexes in den USA nicht weiter annahm und mit Nachdruck alle dorthin gelieferten Panaviation-Teile aufspürte. Weniger verwunderlich war es dagegen, dass die Endkunden solcher »Unapproved Parts« bei der FAA keinen Alarm schlugen. Denn das war und ist in den USA behördlich nicht gefordert. Darüber hinaus war derjenige, der ein Falschteil meldete oder gar abgab, sowohl das Teil als auch sein Geld los. Weitaus häufiger schickte man daher die beanstandete Ware einfach an den Lieferanten zurück und erhielt im Gegenzug sein Geld oder einen Kredit auf eine künftige Transaktion.

So geschehen bei der Firma Reflectone in Tampa, Florida. Die Einkäuferin Joan Huntley schickte am 1. Mai 1998 ein Fax an Panaviation, in dem man einen Transformator für einen Cockpitmonitor mit der Teilenummer B54E00513 monierte. Als die Firma den Transformator in Tampa testen wollte und an einen Monitor anschloss, war nicht nur ein Knistern zu hören, sondern der Trafo erzeugte am anderen Ende eine

Stromspannung, die einige 1000 Volt über der Normalspannung lag. »Wir hatten Glück, keine katastrophalen Schäden am Bildschirm zu haben«, schrieb Joan Huntley und schloss das Fax mit den Worten: »Reflectone erbittet eine Rückversandsnummer, um das Teil gegen vollen Kaufpreis zurückzuschicken. Diese Stromversorgung ist nicht einsatzfähig. Erbitten Mitteilung. Danke.«

Solche fehlerhaften Rücksendungen wurden bei Panaviation nicht etwa ausgesondert, nein: Sie wurden flugs wieder in den Handel gebracht. Per Fax unterrichtete F.s Mitarbeiter Stefano L. am 2. März 1999 den US-Geschäftsvasallen Dan B., dass die Firma Aviation Sales die bestellte Ware im Wert von 2100 Dollar zurücksenden würde. Man wollte das betreffende Teil nicht übernehmen, weil die Dokumente nicht vollständig beziehungsweise ordnungsgemäß waren. L. bat B., das Teil zur Kommissionsware zu legen – und somit weiter zum Verkauf anzubieten. Das Fax ging mit einem handschriftlichen Vermerk von B. zurück an Panaviation, womit er den Vorgang bestätigte: »We will be glad to add to consignment.«

Wo sind die Teile geblieben?

In Olbia konnten wir während der Dreharbeiten im Frühjahr 2003 mit eigenen Augen die von der Staatsanwaltschaft sichergestellten Beweisstücke betrachten. Darunter waren neben 1966 hergestellten Rettungswesten für Kinder – die seit über einem Vierteljahrhundert ausrangiert sein mussten – Hunderte von Begleitpapieren, die alle eines gemeinsam hatten: Die dazugehörigen Teile waren mangelhaft und durften nicht mehr verwendet werden. Nur: Von diesen Teilen fehlte jede Spur. Ganz klar, schlussfolgerten schließlich auch die Fahnder, hier war im großen Stil Schrott aufgekauft und als einsatzfähiges Ersatzteil wieder in Umlauf gebracht worden. Und das Schreiben von O'Reilly ließ keinen Zweifel: Auch der FAA war das potenzielle Ausmaß der Aktivitäten von Herrn F. und seinen US-Partnern bestens bewusst.

F., der über genügend Hintergrundwissen über die kleinen und größeren Schwachstellen des Systems verfügte, nutzte, so die Erkenntnisse der italienischen Staatsanwaltschaft, die größte vorhandene Schwachstelle: Die für jedes Teil erforderlichen Begleitpapiere waren nach wie vor simple Papierdokumente, manchmal sogar lediglich Fotokopien. Solche Dokumente können heute mit einem einfachen Scanner, der dazugehörigen Software und einem Laserprinter verblüffend einfach und auch billig angefertigt werden. Doch F. offenbarte bei seinen Dokument-Manipulationen eine große Liebe zum Detail. Beamte beschlagnahmten in seinem Lager zwei Matern, bei denen der mittlere Teil des Dokuments säuberlich ausgeschnitten war. Übrig blieben vom Original nur der Alitalia-Briefkopf und die erforderlichen Unterschriften der Alitalia-Mitarbeiter, die dieses Dokument ursprünglich einmal ausgestellt und abgezeichnet hatten. Auch auf der anderen Vorlage mit dem offiziellen Briefkopf der Meridiana waren die Felder zum Eintragen der Teile, Mengen und Identifikationsnummern ebenfalls fein säuberlich ausgeschnitten. Das Original trug die Unterschrift eines vor einigen Jahren verstorbenen Meridiana-Bevollmächtigten. Ein außerordentlich cleverer und nützlicher Aspekt, denn eventuelle Nachfragen von Käufern verliefen so im Sande.

So ausgestattet mit den entsprechenden gefälschten Begleitdokumenten wurde die Panaviation-Ware in alle Welt geliefert. Die Ersatzteile täuschten renommierte Provenienzen (etwa Alitalia oder Meridiana) vor und besaßen alle erforderlichen Unterlagen, um auf einem Flugzeug installiert zu werden. Dieses Verfahren ist so plump und dreist, dass man F. dafür eigentlich eine Auszeichnung verleihen müsste, weil er auf derart einfache Weise über Jahre hinweg die gesamte Luftfahrtindustrie narrte. Doch leider ist die Sache wesentlich ernster: Durch solche Geschäftstüchtigkeit gelangten unbehelligt Teile in das logistische System von Airlines und Wartungsbetrieben, die alles andere als lufttüchtig und damit »verkehrssicher« sind. Jederzeit können diese eine katastrophale Kettenreaktion auslösen. Ein gutes Beispiel sind die bei Panaviation gefundenen Avionics. Gerade bei Nebel oder schlechtem Wetter und insbesondere nachts sind die Piloten auf die Zuverlässigkeit ihrer Navigationsanzeigen angewiesen. Deshalb müssen solche Systeme auch redundant, also doppelt vorhanden sein. Was aber nutzt mir zum Beispiel ein Master-Caution-Panel[81], das nicht wie erforderlich überholt wurde, sondern an dem man nur ein paar Transistoren austauschte, und das mir plötzlich falsche Warnungen suggeriert oder im kritischen Augenblick eben gerade nicht warnt, weil einer der Schaltkreise nicht ordentlich funktioniert?

Warum hat die Industrie nicht schon längst Methoden und Verfahren eingeführt, um solche Manipulationen zu verhindern? Jede CD im Musikladen ist fortschrittlicher gesichert. Zwar experimentieren Hersteller seit geraumer Zeit mit eingebetteten Mikrochips und Laserkennzeichnungen von hochwertigen Flugzeugbauteilen, aber bislang sind fälschungssichere Dokumente schlichtweg nicht vorgeschrieben, nicht einmal gefordert – und damit sieht sich auch niemand genötigt, sie zu verwenden. Das andere Problem ist marktwirtschaftlicher Natur. Teile-Broker wie Enzo F. unterliegen keiner staatlichen Kontrolle und Überwachung, und der Markt ist nicht reguliert. Seitens der Industrievertreter wird dieser Missstand beim so sicherheitssensiblen Handel mit Flugzeugteilen heruntergespielt. Immer wieder ist zu hören, der Markt reguliere sich selbst, die Identität eines »schwarzen Schafes« spreche sich in der Branche schnell herum, so dass über kurz oder lang niemand mehr bei einem als Übeltäter identifizierten Händler oder Unternehmen einkaufen werde. Doch das ist leider Wunschdenken, wie konkrete Einzelfälle im Zusammenhang mit der »Operation Latin Phoenix« vor Augen führen:

Denn der Fall Panaviation ließ tief blicken. Zwar kratzten Staatsanwalt Perinu und sein Expertenteam mit ihren Ermittlungen nur an der Oberfläche , aber es war klar, was für ein bedrohliches Ausmaß die kriminellen Machenschaften auf die Flugsicherheit und damit auf das leibliche Wohlergehen von Tausenden Passagieren in Wirklichkeit hatten. Weltweit waren Ersatzteilhändler, Wartungsbetriebe und vor allem Fluggesellschaften in den Fall verwickelt. Diese mussten befürchten, ihr Ansehen sowie zahllose verunsicherte Passagiere und viel Geld zu verlieren, wenn Perinus Nachforschungen an die Öffentlichkeit drangen. Damit wäre offiziell, dass sie von F., der Panaviation oder in deren Umfeld agierenden Drittfirmen Ersatzteile kauften und verwendeten, die nicht den Sicherheitsstandards entsprachen. F.s Kundschaft tat alles, um das zu verhindern. Seit dem Aufkommen der ersten Presseberichte im Januar und Februar 2002 übte man sich in aktiver Schadensbegrenzung, indem man die Machenschaften bei Panaviation als ein rein italienisches Phänomen abtat. Und während die italienische ENAC, durchaus ihrer großen und vor allem sicherheitsrelevanten Verantwortung bewusst, nach den Informationen durch die Staatsanwaltschaft ohne große Umschweife reagierte, hielt sich die amerikanische FAA zunächst einmal vornehm zurück. Statt zum Beispiel die ENAC-

Mitteilung unverändert und zügig an die Betriebe in den USA weiterzuleiten, verfasste die FAA vier Tage nach deren Veröffentlichung eine
eigene Mitteilung. Auch hier gilt die besondere Aufmerksamkeit wiederum dem Detail:

Am 31. Januar 2002 veröffentlichte der Chef der ENAC-Sicherheits-
abteilung Silvano Imperato eine *Unapproved Parts Notification* (UPN)
und warnte alle anderen Luftfahrtnationen: »Wegen des Ausmaßes der
Aktivitäten und wegen unzuverlässiger Dokumente, die durch die
betroffenen Organisationen ausgestellt wurden, ist ENAC zu dem
Schluss gekommen, dass *alle* Teile, die von Panaviation verbreitet wurden, *möglicherweise verändert und daher als nicht lufttüchtig angesehen werden müssen* (Hervorhebungen des Verfassers).«[82] Die ENAC empfahl
allen Eigentümern, Betreibern, Wartungsbetrieben, Herstellern und
Händlern, ihre Flugzeuge, Aufzeichnungen zu ihren Flugzeugen
und/oder Ersatzteillagerbestände zu inspizieren, ob sich darunter
Teile von Panaviation befanden. Außerdem war die ENAC »dankbar
über jede Mitteilung, die das Auffinden dieser Teile betrifft sowie die
eingeleiteten Maßnahmen, diese aus dem Verkehr zu ziehen«.

In der vier Tage danach von Kenneth O'Reilly für die amerikanische
FAA unter der Nummer 2001-00209 veröffentlichten UPN wurden
immerhin neben den Fälschungsvorlagen für Lufttüchtigkeitszertifikate der FAA und JAA auch Vorlagen für Meridiana-Rechnungen
erwähnt. Dass ein ähnliches Dokument auch mit dem Briefkopf der Alitalia existierte und dass dieses neben der erwähnten Meridiana-Vorla-
ge gefunden wurde, verschwieg O'Reilly allerdings. Gleichfalls unter
den Tisch fiel der Hinweis darauf, dass die italienische Behörde um ein
Feedback hinsichtlich wieder aufgefundener Teile bat.

Die ENAC brachte eine Lawine ins Rollen. Es galt als gesichert, dass
Panaviation über ein Jahrzehnt unerlaubt manipulierte Teile oder Teile
mit gefälschten Begleitpapieren an Unternehmen in der ganzen Welt
geliefert hatte. Im Rampenlicht standen nun auch die zahlreichen Kunden und Abnehmer der Panaviation. Allem Anschein nach hatten sie
mit der Offenlegung der ersten pikanten Details ein gravierendes Problem: Wo waren alle die Ersatzteile geblieben, die Panaviation geliefert
hatte? Die Experten der italienische Staatsanwaltschaft zeigten sich
darüber auch zwölf Monate nach dem ENAC-Rundschreiben noch
äußerst besorgt: »Zwar wurden die internationalen Luftaufsichts-

behörden bereits im Frühjahr 2002 umfassend über das Verfahren und alarmierende Ermittlungserkenntnisse unterrichtet, dennoch wissen wir bis heute nicht genau, wo sich die Falschteile befinden und was mit ihnen passiert ist«, sagte Vittorio Floridia im Herbst 2003 und fügte hinzu: »Die Gefahr ist, dass Teile, die eben nicht den Standards oder Wartungsvorschriften entsprechen, ein großes Risiko für eine plötzliche Fehlfunktion bergen. Das sind tickende Zeitbomben an Bord eines Flugzeuges …«[83]

Bis auf wenige Ausnahmen erhielten die Ermittler so gut wie keinerlei Rückinformationen aus dem Ausland über das Auffinden von Panaviation-Teilen, obwohl zahlreiche Airlines direkt oder indirekt betroffen waren. Auch die sonst so sehr mit ihrem Sicherheitsimage werbende Austrian Airlines dürfte mit Ersatzteilen von Panaviation in Kontakt gekommen sein: Bei jenen Einkäufen, die die AUA am 16. März 1995 bei Panaviation tätigte, handelte es sich ausweislich der Teilenummern um zwei Seitenverkleidungen für eine MD-80 – also keine wirklich sicherheitskritischen Teile. Von den weitaus sensibleren Umlaufteilen keine identifiziert. Dennoch hatte der österreichische Nationalcarrier AUA hier ein Problem: Die Teile waren nicht mehr aufzufinden, daher weiß man auch nicht, wo sie heute eingebaut sind. Der Grund: Im fraglichen Zeitraum ihrer Panaviation-Geschäftskontakte hatte man bei der AUA gleich zwei Mal das Materialverwaltungsprogramm umgestellt, was die Austrian Technik auf Anfrage bestätigte: »Im Zuge der Umstellung auf ein neues Materialverwaltungsprogramm ›Palm/SAP‹ im Dezember 1997, wurden nicht alle Purchase Orders (PO) aus der Vergangenheit vollumfänglich übergeleitet, womit eine vollständige Prüfung der Beschaffungsvorgänge des Jahres 1995 heute nicht mehr möglich ist.«[84] Und alle Originaldokumente, die gemäß den gültigen Vorschriften nur über einen Zeitraum von sieben Jahren archiviert werden müssen, wurden ausgemustert, im Klartext »vernichtet«.

Die AUA kann, wie es scheint, heute jedenfalls keine zweifelsfreien Aussagen zu ihrer Ersatzteilbeschaffung vor 1997 machen. Doch wie will sie dann garantieren, dass keine suspekten Teile in ihren Flugzeugen eingebaut sind? Flugzeuge sind häufig älter als sieben Jahre. Auch können Ersatzteile, die bereits vor zehn oder 15 Jahren das Herstellungswerk verließen und in der Zwischenzeit einige 1000 Einsätze erlebten, nach wie vor in Flugzeugen des gleichen Typs wieder verwendet werden.

Doch es sollte noch vertrackter werden. Wie im Fall der AUA bezogen zahlreiche Airlines indirekt Teile von Panaviation – über ausländische Drittfirmen in den USA. Panaviation nämlich trat nicht immer als Anbieter auf, sondern ließ Teile (nach den Erkenntnissen der italienischen Staatsanwaltschaft, die hier erstmalig für Europa grenzübergreifend ermittelte) gelegentlich von drei prominenten »Kommissionären«, Zwischenhändlern, anbieten und verkaufen. Enzo F. hatte einen Großteil seiner Ersatzteile in deren Lagerräume in den USA ausgelagert. Die Unternehmen, die mitunter auch unter den ausdrücklich zugelassenen Ersatzteilhändlern großer Flugzeug- und Triebwerkhersteller gelistet waren, verkauften die Panaviation-Ware auf Kommissionsbasis. Die Dokumente weisen als Herkunft die Namen renommierter Airlines aus, der Name Panaviation taucht dabei nicht auf.

Ist es nicht mehr als wahrscheinlich, dass bei vielen Airlines so wie bei der AUA auf solchen Wegen Panaviation-Teile ins Haus gelangten? Österreichs Carrier ging jedenfalls über einen Zeitraum von knapp anderthalb Jahren nach der einschlägigen ENAC-Warnung zumindest ein nicht unerhebliches Risiko ein: Die AUA kaufte weiterhin Material von einer US-Firma, bei der Enzo F.s Panaviation umfangreich Kommissionsware deponiert hatte: M. Aircraft Spares aus Chicago. In der Antwort der Austrian Technik auf eine diesbezügliche Anfrage vom 21. Januar 2004 klingt das so: »M. war sowohl bei Austrian Airlines als auch bei der früheren Lauda Air als ›Approved Supplier‹ (zugelassener Lieferant, Anmerkung des Verfassers) geführt. Letztgültiger Eintrag im aktuellen Materialverwaltungsprogramm ist datiert mit 19.08.2003, wo M. als ›Black Listed‹ gesetzt ist, aufgrund der Integration der Materialverwaltungssysteme von Lauda Air und Austrian Airlines ist es leider nicht ad hoc möglich, die historischen Einträge (Änderungen im Computersystem) exakt nachzuvollziehen.« Erst im April 2003 – also 14 Monate nach der Warnung der italienischen Behörden – wurde die Einkaufsabteilung der AUA endlich misstrauisch. Sie retournierte 100 Nieten an die amerikanische Firma und vernichtete ein elektronisches Bauteil, das ursprünglich von Panaviation stammte und dorthin zurückverfolgt werden konnte. Seit dem 19. August 2003 steht nun der ehemals zugelassene

US-Ersatzteillieferant auf der »Schwarzen Liste«, und es werden von ihm keine Teile mehr bezogen.

War das Risiko damit gebannt? Panaviation-Teile konnten auch über andere Kanäle in die Inventare großer Carrier gekommen sein. Immerhin ist es nicht ungewöhnlich, dass Broker-Firmen in den USA ihre Teile untereinander austauschen. Tausende Teile wechseln so einfach die Firma und werden dann unter neuem Firmenlogo auf dem alten Markt wieder feilgeboten.

Die AUA hatte Kooperationsabkommen mit anderen Airlines und Wartungsbetrieben wie der Lufthansa Technik, der Schweizer SR Technik, der ehemaligen Sabena und der skandinavischen SAS. Alle diese Firmen bezogen Teile von Panaviation und galten somit als möglicherweise »infiziert«. Mit Sicherheit wurden auch Teile von der Alitalia und der Adria Airways gekauft, denn auch diese Unternehmen unterhielten Geschäftsbeziehungen zu Panaviation. Die Air Sicilia hatte bei der AUA sogar ein Flugzeug geleast – und Air Sicilia war Kunde von Panaviation … Bei der Finnair verhielt es sich ähnlich. Zwar betonte das Unternehmen im Februar 2002 besonders in den lokalen Medien, dass nur ein einziges Teil mit Panaviation in Zusammenhang gebracht werden könne. Dieses habe man über die japanische Airline JAL bezogen. Nachforschungen des finnischen Fernsehens[85] ergaben jedoch knapp zwei Jahre später, dass Finnair mehr als nur diese eine Lieferung bezogen hatte. Von der Journalistin darauf angesprochen, erklärte das Unternehmen ohne mit der Wimper zu zucken, diese Teile seien in Flugzeuge eingebaut worden, die sich nicht mehr im Besitz der Finnair befanden. Die Nachfrage, ob Finnair die neuen Eigentümer hierüber informiert habe, wurde verneint. Außerdem fanden sich auf der aktuellen Liste der zugelassenen Händler von Finnair aus dem Jahr 2004 über 20 Firmen, die in Warenaustausch mit Panaviation standen, darunter M. Aircraft Spares, zu denen die AUA im Sommer 2003 die Geschäftskontakte abgebrochen hatte. Von einem natürlichen, marktbereinigenden Korrektiv, das die schwarzen Schafe wie von Zauberhand aus der Ersatzteilbranche entfernt, kann also wirklich keine Rede sein. Es ist reines Wunschdenken – oder gezielte Beschwichtigungsstrategie der Lobbyisten.

Mary Schiavo gegen die FAA

Betagte Flugzeuge werden ausgeschlachtet. Gerade die großen Flugzeugparkplätze oder »Friedhöfe« in den amerikanischen Wüsten betreiben mit dem Ausschlachten von stillgelegten Flugzeugen ein höchst lukratives und darüber hinaus für die Industrie überlebenswichtiges Geschäft. Gebrauchtteile sind billiger als Neuteile, und Originalteile sind nicht immer verfügbar. Flugzeugteile dürfen wieder verwendet werden, wenn sie gewissenhafte Überprüfungen durch einen speziell dazu lizenzierten Fachbetrieb durchlaufen haben. Dabei müssen strenge Wartungsvorschriften der Flugzeughersteller und Anordnungen der Luftaufsichtsbehörden eingehalten werden. Nur so erhält das Ersatzteil am Ende ein Lufttüchtigkeitszertifikat – neben dem lückenlosen Lebenslauf die zwingende Voraussetzung, damit es wieder zum Einsatz kommen kann.

Immer wieder stießen die Sachverständigen Floridia und Radini während der »Operation Latin Phoenix« auf dreiste Manipulationen und Fälschungen in den Papieren für Ersatzteile. So ging aus dem Original-Anhang zu einem Original-Kaufvertrag beispielsweise hervor, dass von einer Fluggesellschaft an Panaviation eine »Kabelklemme« geliefert wurde. Auf dem gefälschten Dokument, das dem Panaviation-Frachtbrief an die US-Firma Airstocks beilag, war dann an derselben Stelle plötzlich von einer »Kurbelwelle« die Rede. Viele, darunter auch renommierte Unternehmen wie die SR Technik fanden Panaviation-Teile. In diesem Fall waren sie im Bremssystem der MD-11 Flotte eingebaut. Die Firma meldete den Fund ordnungsgemäß dem Bundesamt für Zivilluftfahrt (BAZL) in Bern, doch dort befand es niemand für nötig, diese Information weiterzuleiten. Speziell bei dieser Behörde schien man der Vielfalt der übertragenen Aufgaben nicht mehr gewachsen zu sein. Aber wie sah es im Nachbarland aus? Sind Panaviation-Teile auch in deutsche Jets gelangt?

Das Braunschweiger Luftfahrtbundesamt informierte die deutschen Luftfahrtbetriebe und lieferte ENAC-Updates bei neuen Ermittlungsergebnissen. Zumindest in diesem Bereich wurde eine erfreulich klare »keine Toleranz« Linie gefahren. Außerdem gab man ein Rundschreiben an alle luftfahrttechnischen Betriebe heraus, in dem man deutliche vor der Gefährdung des Luftverkehrs durch betrügerisch in Umlauf gebrachte Falschteile warnte. Das fünfseitige *Rundschreiben Nr. 18-01/03- 2 an alle genehmigten Herstellungsbetriebe, Instandhaltungsbetriebe, luftfahrttechnischen Betriebe und selbstständigen Prüfer von Luftfahrtgerät*, publiziert am 12. Mai 2003, enthielt immerhin eine genaue Definition, was als »Teil zweifelhafter Herkunft« zu verstehen sei und legte neue Vorschriften für das Auffinden und Melden solcher Teile fest, da die alten Verfahren, so das LBA, die Integrität des Handels voraussetzten und somit »kaum geeignet waren, in betrügerischer Absicht in Umlauf gebrachte Teile festzustellen«. Gleichzeitig wurden alle Betriebe, Prüfer und Unternehmen von der Aufsichtsbehörde auf ihre gesetzliche Verpflichtung hingewiesen, das Auffinden zweifelhafter Teile dem LBA unverzüglich zu melden.

Durch eine entsprechende Verordnung gab es in der Luftfahrt bereits zahlreiche Mechanismen, um die Verwendung von »Unapproved Parts« zu unterbinden. So müssen die genehmigten Betriebe ihre Zulieferer überwachen, also eine aktive Kontrolle durchführen: im Regelfall keine reine Papierprüfung, sondern ein Befragung der Geschäftspartner. Alle Zulieferer müssen in aktuellen Dateilisten oder in EDV-Dokumenten geführt werden. Mit Firmen, die nicht auf diesen Listen erscheinen, dürfen keine Geschäftsbeziehungen aufgenommen werden, solange deren Betrieb seitens des Auftraggebers nicht zugelassen ist. Darüber hinaus müssen die Quellen offen gelegt werden, damit sichergestellt ist, dass keine Teile in die Firma gelangen, die von nicht zugelassenen Zulieferern stammen. Zu guter Letzt muss man dann noch die »Begleitpapiere« sorgfältig kontrollieren. Damit allerdings sind die Betriebe im Zeitalter moderner Scanner und Bildbearbeitung und angesichts der »Methoden à la Panaviation«, hoffnungslos überfordert, kann doch niemand die Echtheit der Dokumente verifizieren. Spätestens hier scheiterte mit dem Fall Panaviation die Theorie der behördlichen Vorgaben an der Realität des kriminellen Ersatzteilhandels. Und ausgerechnet die amerikanische Aufsichtsbehörde FAA, in deren Zuständigkeitsbereich F.s. Firma die meisten Teile lieferte, schien ausgesprochen wenig Interesse daran zu haben, den Verbleib der Falschteile auf ihrem eigenen Territorium zu klären: In O'Reillys Mitteilung vom 4. Februar 2002 fehlte nämlich, wie wir bereits wissen, der Aufruf zur Rückmeldung aufgefundener Teile. Überhaupt wurden solche Teile nur sehr selten den Behörden gemeldet, da es sich oftmals um einige

1000 Dollar teure Ersatzteile handelte. Waren diese erst einmal bezahlt, stellte sich dann noch heraus, dass mit ihnen etwas nicht stimmte, und setzte man darüber die Behörde in Kenntnis, wurde das Corpus Delicti unter Umständen konfisziert. Die den Vorfall ordnungsgemäß meldende Firma war das Ersatzteil los und blieb auf den Kosten sitzen. Also hatte es sich eingebürgert, auch das haben wir bereits dargelegt, zweifelhafte Teile gegen Erstattung des Kaufpreises an den Lieferanten zurückzuliefern und den Mantel des Schweigens darüber zu decken. Besonders in den Vereinigten Staaten ein beliebtes Verfahren. Wurde deshalb die Rückmeldungsaufforderung von der FAA schlicht weggelassen?

Während der Dreharbeiten zu *Gefährliche Flüge* wollte ich der Haltung in den USA auf den Grund gehen und bat um ein Interview in Sachen »Unapproved Parts«. Auf dem Gelände des internationalen Flughafens Dulles arbeiteten knapp 20 FAA-Mitarbeiter in der Fachabteilung für Falschteile, darunter auch erfahrene Inspektoren und technische Sachverständige. Kenneth O'Reilly, der Leiter des Büros, sagte uns im Sommer 2002 ein Interview zu. Doch kaum hatte die Pressestelle der FAA und der dort als »Informationsverhinderer« von vielen Journalisten titulierte Pressesprecher Les Dorr davon Wind bekommen, torpedierte er O'Reillys Bereitschaft mit allen Mitteln. Les Dorr rief mich an und erklärte mir mit Engelszungen, dass die FAA gerne alles in ihrer Macht Stehende tun würde, um mich bei meiner Arbeit zu unterstützen, Mister O'Reilly jedoch ein Gespräch mit mir ablehnte. Als ich Herrn Dorr entgegnete, dass mir keine fünf Minuten zuvor besagter Herr O'Reilly den Termin bestätigt hatte, bekam mein bis dahin ausgesucht höflicher Gesprächspartner einen cholerischen Anfall. In der Folge gab es eine exzessive E-Mail-Korrespondenz mit ihm und seinen Vorgesetzten, aus der eines schnell klar wurde: Die FAA wollte auf keinen Fall, dass ihr Experte für Falschteile vor oder Off-Kamera mit einem Journalisten sprach. Der Termin wurde nicht nur abgesagt, Les Dorr rief mich am Tag des gecancelten Gespräches extra noch einmal um 7 Uhr morgens an, damit ich es auch ja nicht vergaß. Kenneth O'Reilly durfte fortan noch nicht einmal mehr mit mir telefonieren. Er erhielt einen Maulkorb. Wie es scheint, fürchteten seine Vorgesetzten bei der FAA, dass ein Interview zu viel Aufmerksamkeit auf das Thema lenken könnte. Ein knappes Jahr später wurde O'Reilly dann auf eine andere Position versetzt.

Daraufhin verabredete ich mich mit Mary Schiavo. Die Juristin und Professorin an der Universität von Ohio war bis 1996 im Staatsdienst. Als unabhängige Generalinspekteurin des US-Verkehrsministeriums hatte sie dem Problem der Falschteile den Kampf angesagt. Über fünf Jahre ermittelten ihre Spezialisten auch bei der FAA. In zahlreichen Fällen wies sie der Behörde und ihren Mitarbeitern nach, dass sie die Sicherheit der Passagiere vernachlässigten. Die Generalinspekteure der einzelnen US-Ministerien sind eine Besonderheit der amerikanischen Gewaltenteilung. Um ihre Rolle zu beschreiben, ist es unerlässlich, dass man kurz in deren Vorgeschichte blickt. Mitte der Zwanzigerjahre realisierte der US-Kongress, dass es in den USA höchst einflussreiche kriminelle Elemente gab, die selbst auf die Regierung Druck ausüben konnten: das organisierte Verbrechen. Es war die Zeit der Gangstersyndikate, der Al Capones und der Familienclans, die immer mächtiger und gleichzeitig brutaler wurden. Unliebsame Zeugen oder aufrechte Widersacher wurden eiskalt durch Killerkommandos liquidiert. Die Öffentlichkeit war verängstigt und verunsichert, da sogar in Regierungskreisen die Korruption auf der Tagesordnung stand. Besonders die Karriere-Beamten in Verwaltung und Politik waren im großen Stil durch Bestechung aus den Reihen des organisierten Verbrechens korrumpiert; weite Teile des öffentlichen Dienstes bis hinein in die städtischen Verwaltungen und Polizeibehörden waren betroffen. Darum führte der US-Kongress die Generalinspektoren ein. Als »Sheriffs« eingesetzt und mit umfangreichen Vollmachten ausgestattet, kontrollierten sie, ob in den Ministerien und Behörden alles mit rechten Dingen zuging. Jedes Regierungsdepartement bekam seinen eigenen Inspektor, und besonders in öffentlichen Bereichen und beim Militär waren diese »Wachhunde« natürlich auch bewaffnet.

Mary Schiavo bekleidete das Amt eines solchen Inspektors im Ministerium für Verkehr, hatte 500 Mitarbeiter, die als »Federal Investigative Agents« teilweise bewaffnet waren. Unter ihrer Führung war das DoT IGO, wie die Stelle im Amtskürzel heißt, besonders und einzigartig. Das Büro ist für Ermittlungen im weiten Bereich des öffentlichen Verkehrs und Transports und somit für alles, was sich zu Wasser, Land oder in der Luft in den USA bewegt, zuständig. Es kontrolliert die Vollstreckung der Gesetze, ermittelt in der eigenen Administration und erteilt als Institution im Auftrag der Öffentlichkeit regelmäßig Auskunft über ihre Aktivitäten. In Europa unterliegen solche Informationen häufig dem Datenschutz. Anders in den USA. So drangen nun unter Schiavos Ägide immer häufiger Informationen über kriminelle Machenschaften mit Flugzeugteilen an die Öffentlichkeit. Airlines und Aufsichtsbehörden begannen, um das Vertrauen der ahnungslosen Passagiere zu bangen.

Denn es war aus deren Sicht schon ein ausgesprochenes Pech, dass Mary Schiavo in ihrer Amtszeit den ihrer Meinung nach »sicherheitsbedenklichen Aktivitäten« der FAA besonderes Augenmerk schenkte. Die heute 48-jährige Juristin zeigte Biss und enormes Rückgrat und war darüber hinaus nicht auf den Mund gefallen. Letzteres gereichte ihr im stockkonservativen amerikanischen Amtsschimmel nicht unbedingt immer zu ihrem Vorteil. Doch bis zu jenem Zeitpunkt zumindest war Schiavos Karriere für US-amerikanische Verhältnisse außerordentlich steil verlaufen: Als Studentin der Ohio State University machte sie 1973 ihre Privatpilotenlizenz. Schon ihr Vater war Pilot, mit ihm teilte sie ihre Begeisterung fürs Fliegen. Nach einem kurzen Intermezzo in Psychologie an der Harvard University studierte sie in Ohio »Öffentliche Verwaltung«. Dem folgte dann noch ein Jurastudium in New York, das Schiavo 1980 abschloss. Von 1982 bis 1986 war sie im amerikanischen Justizministerium für den Bereich »Organisiertes Verbrechen« zuletzt als Assistentin des Generalstaatsanwaltes tätig. Dann arbeitete sie für zwei Jahre im Weißen Haus. Unter Präsident George Bush senior wurde sie schließlich Generalinspekteurin des Verkehrsministeriums und behielt diesen Posten auch unter dessen Nachfolger Bill Clinton.

Es fiel der FAA ungeheuer schwer, mit Schiavos forscher Gangart Schritt zu halten, geschweige denn ihr Einhalt zu gebieten. Die sonst üblichen Einschüchterungsversuche und Ablenkungsmanöver nach dem Motto »Hallo junge Frau, Sie haben leider keine Ahnung von der Luftfahrt, und wir erklären Ihnen jetzt mal, wie das funktioniert!« kamen bei ihr nicht an, denn Schiavo hatte Ahnung von der Materie. Mehr noch, durch ihre Erfahrung im Justizministerium verfügte sie über eine einzigartige Kombination von Flug- und Luftfahrtindustriewissen und juristischer Kompetenz. Sie wusste, wie man eine strafrechtliche Untersuchung leitete und erfolgreich vor Gericht zu einer Verurteilung brachte. Mit den ihr vom US-Kongress übertragenen Aufgaben verfügte sie zudem über enorme Eingriffs- und Ermittlungsmöglichkeiten, nicht zuletzt im sonst gut abgeschotteten Hause der FAA. Die Luftaufsichtsbehörde konnte die Ermittlungen der Generalinspektorin einfach nicht stoppen, denn niemand hatte die Befugnis oder den Einfluss, ein Kriminalermittlungsverfahren, das in Zusammenarbeit mit dem US-Justizministerium geführt wurde, zu unterbinden. Und als Schiavo 1990 den Ermittlungen im Bereich der »Unapproved Parts« absolute Priorität erteilte und in diesem Zusammenhang auch direkt bei der FAA einschließlich ihrer Flugzeuge und Ersatzteillager ermittelte, lagen dort die Nerven blank. Zu Recht, wie sich herausstellte: Die Überprüfungen ergaben, dass die FAA in ihren Regalen über 40 Prozent Falschteile lagerte. Und im Gegensatz zur Sprachregelung der FAA übte Schiavo keine Zurückhaltung in der Terminologie. Ihre Berichte sprechen deutlich von Bogus Parts.

Ein Skandal nach dem anderen wurde in den USA, dann auch über die Grenzen hinaus aufgedeckt. Schließlich versuchte die FAA dem Problem der Falschteile sowie den Aktivitäten der verleideten Generalinspekteurin mit einem »Kunstgriff« frei nach George Orwells Roman *1984* Einhalt zu gebieten. Orwells Hauptfigur Winston Smith sorgt im staatlichen Nachrichtenarchiv hauptberuflich dafür, die Bestände systemkonform zu halten, indem er die historischen Ereignisse im Nachhinein den jeweiligen Gegebenheiten »anpasst«. Ganz ähnlich verfuhr man auch bei der FAA:

Seit jeher pochte die Behörde darauf, dass es keine Unfälle gebe, die auf gefälschte Ersatzteile zurückgingen. Nun fanden aber Schiavos Ermittler in der Datenbank der Unfalluntersuchungsbehörde Dutzende von Unfällen, die durch Falschteile verursacht wurden. Ich selber besorgte mir zu Beginn meiner Recherchen zur ZDF-Dokumentation von 1994 einen Ausdruck vom NTSB unter den Suchbegriffen »Bogus Parts«, »accidents« und »incidents« und erinnere mich noch gut an die eindrucksvolle Papiermasse, die säuberlich nach Datum geordnet alle Vorfälle und Unfälle auflistete, die hiermit in Zusammenhang standen. Eine wahrlich erdrückende Fülle von Beweismaterial. Aber anstatt zu sagen, dass man sich geirrt habe und nun etwas unternehmen wolle, forderte die FAA vom NTSB kurzerhand, die Kategorie »Bogus Parts« aus ihrer Statistik zu löschen. Daraufhin konnte man zumindest in dieser Datenbank tatsächlich keine Unfälle mehr finden, in denen gefälschte Flugzeugteile eine Rolle spielten. Fortan waren diese Zwischen- und Unfälle, wenn überhaupt, dann nur noch versteckt unter dem Oberbegriff »Wartungsbezogene Ereignisse« auszumachen. Der Terminus »Bogus Parts« ist aus sämtlichen offiziellen Datenbanken und Aufzeichnungen verschwunden – und somit auch jeder Beleg für das mit ihnen verbundene Sicherheitsrisiko.

Ein berühmter Falschteilskandal aus dem Jahr 1996 aber entlarvte dann die Haltung der FAA als Farce. Ausgerechnet in der Air Force One, in der Spezial-Boeing 747 des US-Präsidenten, stießen Fahnder auf Bogus Parts im Feuerlöschsystem der Triebwerke. Vor Gericht plädierten die beiden Täter ohne große Umschweife auf »schuldig«, was sich sogar noch strafmildernd auswirkte: So wurden sie jeweils »nur« zu 30 Jahren Haft verurteilt. Aufgerüttelt durch den prominenten Fall und die schockierenden Ergebnisse des Untersuchungsausschusses der Cohen-Kommission verabschiedete das Repräsentantenhaus 1997 endlich ein neues Gesetz. Heute drohen in den USA empfindliche Geld- und Haftstrafen bis zu lebenslänglich, wenn ein Mensch durch den Einsatz eines Falschteils getötet wird.[86]

Eine solche Verschärfung war offensichtlich dringend nötig. Die umfangreichen Ermittlungsverfahren, mit denen zeitweise bis zu 100 Agenten aus Mary Schiavos Abteilung beauftragt waren und die oft von den Kollegen des FBI unterstützt wurden, brachten erschreckende Fakten an die Oberfläche: Mittlerweile hatten sich sogar einige Drogenhändler auf Ersatzteile für Flugzeuge »umorientiert«. Überführte Täter bekannten freimütig, dieser illegale Handel sei für sie viel angenehmer, als Drogen an Junkies und andere Randgruppen zu verkaufen. Die zu erwartenden Haft- und Geldstrafen waren gleichfalls um einiges geringer als beim Drogenhandel, wenn man überhaupt gefasst wurde. Und die Ware war einfacher zu beschaffen. Die meist unzureichend gesicherten Lagerhäuser der Airlines und Wartungsbetriebe luden förmlich zur Selbstbedienung ein. Die in der Regel schlecht bezahlten Angestellten entpuppten sich als willige Komplizen, die sich durch solche illegalen »Zulieferungen« das Gehalt aufbesserten. Doch auch gewaltsame Raubüberfälle, wie seinerzeit bei der Meridiana in Olbia waren in den USA durchaus üblich. So mehrten sich ausgerechnet in den Vereinigten Staaten seit den Neunzigerjahren die Fälle, bei denen Flugzeugteile gezielt gestohlen wurden. Nach inoffiziellen Schätzungen entstand jährlich ein Schaden in Höhe von 400 Millionen Dollar. Ersatzteildiebe schreckten vor nichts zurück. Als am 20. Dezember 1995 beim Anflug auf Cali in Kolumbien eine Boeing 757 der American Airlines abstürzte, schlugen sie zu, während die Rettungsmannschaften noch die Toten und Verletzten aus dem Wrack bargen. Hunderte von Komponenten, vor allem Triebwerkteile, verschwanden spurlos. Kurze Zeit später veröffentlichte die Airline seitenweise Listen mit Seriennummern von gestohlenen Teilen. Doch bis heute ist keines dieser Teile wieder aufgetaucht. Man vermutet, dass sie mit geänderten Nummern und neuen Lebensläufen schon lange wieder fliegen.

Mary Schiavo hatte also allen Grund, den Handel mit Bogus Parts zur Chefsache zu erklären. Doch nach einem sechs Jahre dauernden heftigen Schlagabtausch mit der FAA warf sie schließlich das Handtuch. Schiavo quittierte den Staatsdienst, ging erneut an die Universität von Ohio, dieses Mal als Professorin, und schrieb den Bestseller *Flying Blind, Flying Safe,* in dem sie schonungslos mit der FAA und der amerikanischen Luftfahrtindustrie abrechnete. In drei Jahren intensiver Ermittlungen unter Schiavos Leitung gab es 160 Verurteilungen in Sachen Bogus Parts. Von 1996 bis zum Dezember 2002 kam noch einmal annähernd dieselbe Zahl hinzu. Das Problem besteht also nach wie vor. Doch die bislang verhängten Haft- und Geldstrafen waren meist gering und wenig geeignet, die Täter abzuschrecken. Und darüber hinaus gilt weiterhin das Prinzip: Wo kein Kläger, da kein Richter. Besonders seit dem Ausscheiden Schiavos aus dem Staatsdienst Ende 1996 scheint es, als hätten die Ersatzteilfahnder des US-Verkehrsministeriums an Biss verloren. Nach den Anschlägen vom 11. September 2001 wurden viele Agenten zudem für Sicherungs- und Ermittlungsaufgaben im Zusammenhang mit der amerikanischen Flughafensicherheit abgezogen. Nebenbei bemerkt: Abermals war es ein Report unter Federführung von Mary Schiavo aus dem Jahr 1996, der auf zahlreiche schwer wiegende Sicherheitslücken hinwies und die FAA zum dringenden Handeln mahnte. Und abermals passierte erst einmal nichts.

Für Mary Schiavo jedenfalls, die heute als Rechtsanwältin die Interessen der Opfer von Flugzeugkatastrophen und auch einige Mandate von Angehörigen der Opfer des 11. September vertritt, ist das Ausbleiben jeglichen Feedbacks oder Unterstützung der FAA gerade im Fall von Panaviation nicht verwunderlich. »Die FAA war nie daran interessiert, anderen Behörden zu helfen,« resignierte sie in unserem Gespräch im Juli 2002, »wenn dies zur Folge haben würde, dass US-Fluggesell-schaften Ausgaben haben oder dass es gar zu Ermittlungen kommt. Die amerikanische Aufsichtsbehörde hat nie geholfen, Ersatzteilhändler zu kontrollieren, und sie wird sicher keine Hilfe sein, das Problem zu lösen, weil sie befürchtet, es könnte die Industrie Geld kosten.«Eine derart zynische, menschenverachtende Haltung trifft besonders diejenigen schwer, die Angehörige bei einem Unfall verloren haben, der vermeidbar gewesen wäre. Schmerzend ist es auch sicherlich für diejenigen, die erkennen müssen, dass die Lehren aus einem Unfall, der zum gewaltsamen Tod eines Angehörigen führte, partout nicht gezogen werden. Im September 2002 traf ich nach neun Jahren Leif Stavik wieder. Sein Bruder war 1989 beim Absturz der Partnair auf dem Flug nach Hamburg getötet worden, und er war der Sprecher der Hinterbliebenen. Die Hoffnung, dass man nach der Veröffentlichung des Unfallberichtes den Handel mit Falschteilen aktiv bekämpfen werde, hatte er schnell aufgegeben. »Es ist wie ein Schlag ins Gesicht«, sagte er mir. »Wir hatten damals, also 1993, das Gefühl, dass nun, da der Unfallbericht vorlag, die internationale Flugzeugindustrie zusammenkommen würde, um das Problem zu lösen. Aber schon nach einigen Monaten hatte sich das Interesse daran verflüchtigt.« Stavik war erschüttert, als ich ihm Einblick in das inzwischen beträchtlich angewachsene Panaviation-Dossier verschaffte.

Enzo F.s letzter Coup

> »Sie können abmontierte Flugzeugteile behandeln, wie Sie wollen.
> Sie können sie über die Straße schleifen und auf Ihren Wagen werfen und sie
> nach Hause mitnehmen. Es spielt keine Rolle.
> Die Vorschriften der Aufsichtsbehörde finden nämlich nur Anwendung,
> wenn man die Teile in ein Flugzeug einbauen will!«
> Dan B., Inhaber von D. Aerospace, am 6. August 2002

Als ich im September 2002 mit meinem Kamerateam nach Italien reiste, war Enzo F. nach wochenlangem Versteckspielen bereit, mit uns zu sprechen. Lange hatten wir vergeblich versucht, mit dem Hauptbeschuldigten im Fall Panaviation ein Gespräch zu führen. Seitdem man seine Firma von Amts wegen stillgelegt hatte, wohnte und arbeitete er in seiner Eigentumswohnung in der Via Caesare Pavese in Rom. Im gleichen Haus unterhielt er die Büroräume seiner Firma Panaviation. Dabei war er im Januar 2001 nur aus der Haft und dem anschließenden Hausarrest entlassen worden, weil er sich verpflichtete, nicht mehr mit Flugzeugteilen zu handeln.

Wir wollten wissen, was er zu den Vorwürfen der Staatsanwaltschaft gegen ihn und seine Firma zu sagen hatte. »Zurzeit kann ich mich nur als Opfer dieses Verfahrens bezeichnen. Ich hoffe, die Sache wird bald aufgeklärt. Dann hat das ein Ende«[87], lautete seine Entgegnung. Ich konfrontierte ihn schließlich mit Kopien seiner Fälschungen, die wir uns beim Gericht in Sardinien besorgt hatten. In diesem Moment wurde der sprachgewandte Ersatzteil-Broker ziemlich wortkarg. Auf meine Frage, ob er dies kommentieren könne, erwiderte er in Gedanken versunken: »Nein, ich vermag das nicht zu kommentieren, ich wüsste nicht, welchen Sinn das machen würde.« Dann gab er vor laufender Kamera die Fälschung von Dokumenten zu: »Das wurde gemacht. Das ist Material von einer Fluggesellschaft, die bankrott ging. Es wurde einfach gemacht! – Weil es einfach gemacht wurde.« Und natürlich, räumte er später noch ein, war er in anderen Fällen von jemand anderem hereingelegt worden. Enzo F. gab sich keiner Schuld bewusst. 54 Jahre lang war er in der Luftfahrtbranche tätig, stolz bemühte er die »goldenen Zeiten« seiner Firma und zeigte uns neben dem Computerausdruck seiner Kundenliste zahlreiche Schreiben zufriedener Kunden und renommierter Zulieferbetriebe, mit denen er über Jahre blendende Geschäftsbeziehungen gepflegt hatte.

Sechsmal Airbus-Schrott der Alitalia

Auf dem Hinterhof des Flughafens Fiumicino bei Rom hatte Alitalia 1996 sechs Airbusse vom Typ A300 abgestellt. Die betagten Großraumflugzeuge waren unrentabel geworden, also hatte man sie stillgelegt. Doch es gelang der Alitalia nicht, die Flugzeuge oder auch nur ihre Einzelteile zu verkaufen. Schon damals gab es nämlich Probleme mit den Lebenslaufakten, die auf das Atlas Konsortium zurückgingen. Sogar eine afrikanische Airline mit einem geringen Budget lehnte den Kauf aus diesem Grund ab. Deshalb gammelten die Maschinen vor sich hin. Ungeschützt und nicht, wie vom Hersteller vorgeschrieben, für eine lange Standzeit präserviert, waren sie Wind und Wetter ausgesetzt. In den Zwischenräumen hinter den ausgefahrenen Vorflügel- und Landeklappen hatten es sich inzwischen ganze Vogelkolonien bequem gemacht. Das alles störte jedoch niemanden, zumal die Flieger abgeschrieben waren und lediglich die Abstellfläche auf dem hauseigenen Gelände in Anspruch nahmen.

Am 26. Juli 2001, also knapp drei Monate nach der ersten Hausdurchsuchung bei Panaviation, wechselte deren Besitzer: Gemeinsam mit seinem Geschäftspartner Dan B. von D. Aerospace erwarb F. die sechs A300 für 1,5 Millionen Dollar. Ein Spottpreis für den Schrott. F. ließ die Maschinen auf seine Firma registrieren. Sie sollten zerlegt und die Teile in die USA verschifft werden. Dort wollte B. die Einzelteile durch US-Werkstätten überholen lassen und, mit einem neuen FAA-Lufttüchtigkeitszertifikat ausgestattet, Gewinn bringend verkaufen. Immerhin bürgte eine bekannte Airline mit ihrem Namen für Qualität.

Bei der Aufsichtsbehörde ENAC beantragte F. im Herbst 2001 eine Genehmigung zum Ausschlachten. Diese erhielt er am 11. Dezember, jedoch nur mit zahlreichen Auflagen. Man war durch die Informationen der Staatsanwaltschaft auf ihn aufmerksam geworden und hatte ganz offensichtlich Vorbehalte. So sollte die permanente Anwesenheit von ENAC-lizenzierten Mechanikern der Alitalia ein ordnungs- und sachgemäßes Ausschlachten garantieren. Panaviation verpflichtete sich gegenüber der ENAC, die Bedingungen zu erfüllen, wich dann aber doch erheblich von der Vereinbarung ab.

Offenbar ging es F. und B. nicht schnell genug. Schließlich hatte B. Kunden in den USA, die gewisse Teile dringend benötigten. Die Staatsanwaltschaft und Beamten der ENAC stellten im Zuge ihrer Untersuchungen fest, dass die Panaviation bereits einen Monat vor Erteilung der Genehmigung begann, die Flugzeuge auszuschlachten und die Teile per Kurierdienst und Schiffsfracht zu verschicken. Einzelne, besonders wertvolle Komponenten, die einfach auszubauen waren, wurden sogar schon kurz nach dem Kauf der Maschinen im Sommer 2001 entfernt und per DHL, UPS und FedEx verschifft. Jene Ausbauarbeiten wurden außerdem auch noch unsachgemäß ausgeführt. Als Kontrolleure der ENAC zweimal unangemeldet auf dem Alitalia-Vorfeld erschienen, war beispielsweise von den besagten Mechanikern weit und breit nichts zu sehen. Die Kontrolleure staunten nicht schlecht, als sie eine Triebwerksaufhängung auf einem simplen Steinquader »zwischengelagert« vorfanden. Viele sensible Teile, bemängelten sie, waren mit brachialer Gewalt herausgerissen und auf dem Vorfeld aufgehäuft worden, obwohl man sie eigentlich besonders sorgfältig hätte behandeln müssen. Um die Teile zu säubern, verwendeten die angeheuerten Hilfsarbeiter eine hochgiftige Lösung, die normalerweise in der Landwirtschaft verwendet wurde, für Flugzeugteile jedoch verboten war. Enea Guccini, bei der ENAC zuständig für den Bezirk Rom, bestätigte mir dies im Interview. Zum Fehlen der lizenzierten Mechaniker der Alitalia bemerkte er: »Das war vielleicht auch besser so. Denn für die Alitalia wäre es sehr peinlich gewesen, wenn wir festgestellt und sie darauf hingewiesen hätten, welche Schlamperei ihre Mitarbeiter toleriert hatten.«

Durch die inzwischen engere Kooperation mit der nationalen Luftaufsichtsbehörde erhielt auch Staatsanwalt Perinu Wind von dem Airbus-Deal zwischen Alitalia, Enzo F. und Dan B. und begann, sich intensiver damit zu beschäftigen. Das gipfelte in einer polizeilichen »Blitz-Aktion« am 20. Januar 2002. Perinus Beamte beschlagnahmten die verbliebenen vier Airbusse auf dem Gelände der Alitalia, einen dort befindlichen Schiffscontainer mit abmontierten Teilen sowie drei weitere Container im Hafen von Neapel. Diese Container hatten bereits den Zoll passiert und waren somit rein rechtlich schon in den USA. Dennoch gelang es den Beamten, eine Verladung der Container auf einen Frachter zu verhindern. Den Experten Radini und Floridia fehlten erst einmal die Worte, als die Container geöffnet und deren Inhalt begutachtet wurde.

Der erste Container enthielt ein komplettes Airbus-Fahrwerk, bei dem die Experten schwere Korrosionsschäden an den Holmen und Felgen feststellten. Das Fahrwerk passte nicht aufrecht in den Schiffscontainer. Also wurden die beiden Hauptfahrwerke und das Bugrad liegend in den Container geschoben. Das Ganze hatte aber noch einen weiteren Schönheitsfehler: Auch liegend war das Fahrwerk noch zu groß. Deshalb wurde das Dach abgenommen und der nun offene Container mit einer blauen Kunststoffplane abgedeckt. Dieser Container hätte daher als einer der letzten verladen werden und die Überfahrt nach Amerika auf Deck im Freien antreten müssen. Damit wäre sein Inhalt wie kein anderer dem Wetter und der Seeluft ausgesetzt gewesen. Nicht gerade optimale Bedingungen.

Alles andere als sachgemäß verpackt war auch der zweite Container. Hier fanden Radini und Floridia wahllos in eine Kiste geworfene Cockpitwarnanzeigen, deren Platinen schon Rost angesetzt hatten, außerdem Landeklappen und Spoiler, die an den Wänden mit dünnen Kunststoff-Seilchen befestigt waren. Beim Verladen einer all dies auf den ersten Blick verdeckenden Triebwerksverkleidung ging man gleichfalls nicht sonderlich sorgfältig vor. An der unteren rechten Ecke war deutlich ein Stück verbogen. Container Nummer drei enthielt ein Sammelsurium von Flugzeugteilen. Einige, das fiel sofort ins Auge, hatte man unter grober Gewaltanwendung abmontiert, oder treffender gesagt: »weggeflext«.

Trotzdem kamen die Ermittler zu spät. Vor ihrer Razzia – und ohne Genehmigung – hatten schon fünf Container den Hafen verlassen. Zwei Airbus-Flugzeuge waren bereits vollständig ausgeschlachtet und ihre ausgehöhlten Karkassen verschrottet. Ihr Ziel: D. Aerospace, die Firma von Dan B. in den USA. Einen Tag bevor das erste Schiff ablegte, schickte B. seinem Geschäftsfreund F. ein Fax mit folgendem Wortlaut: »Lieber Enzo. Ich weiß, wir haben diese Flugzeuge ohne ordnungsgemäße Dokumentation gekauft, brauchen aber jetzt mehr: Wir benötigen es auf Alitalia-Briefpapier!!!« B. brauchte also »offizielle« Alitalia-Dokumente. Besonders für die Fahrwerke. Nur damit konnten sie in den USA legal überholt und verkauft werden. Weiter heißt es im Fax: »Viele Informationen können in den vorhandenen Papieren gefunden werden, aber unsere Werkstätten wollen mehr. Es wäre doch ein Schnäppchen, jemanden bei Alitalia 5000 bis 10 000 Dollar zu zahlen, um diese Dokumente anzufertigen. Es muss auf ihrem Briefkopf sein!!!«

Als ich das Fax sah, wurde mir schlagartig klar, dass hier etwas nicht mit rechten Dingen zugehen konnte. Oder doch? In der Ausgabe des *Update Reports* vom Februar 2002, eines Informationsrundschreibens des Verbandes der amerikanischen Ersatzteilhändler, schrieb Dan B. in einer flammenden Stellungnahme, die insbesondere an den italienischen Ermittlungsbehörden kaum ein gutes Haar ließ: »Die zwei wichtigsten Dinge, die ich im Leben gelernt habe, sind: Beschäftige gute

Leute, und mache bei der Qualität keine Kompromisse.« Sollte das Fax an F. einen falschen Eindruck bei mir geweckt haben?

Im Juli 2002 traf ich B. im Zuge unserer Dreharbeiten in seiner Firma in Greensboro, North Carolina. Mir gegenüber präsentierte er sich als überzeugter Vertreter seiner Devise. Er legte Wert darauf, auch renommierte Firmen wie Boeing und Rolls Royce zu beliefern. Wollte dieser smarte Geschäftsmann wirklich über Enzo F. Alitalia-Mitarbeiter bestechen? Das passte nicht ins Bild seines Vorzeigeunternehmens, das gute Kontakte zu den großen Namen der Branche unterhielt. Sein Hauptgeschäft machte D. Aerospace mit Airlines aus Übersee, mit Frachtdiensten wie UPS und deren Subunternehmern. Was wollte B. da mit dem Schrott aus Italien? Redeten wir von den gleichen Teilen? Das alles ergab keinen Sinn, zumindest zunächst nicht.

D. hatte an diesem Morgen eine Lieferung mit Panaviation-Teilen von M. Aircraft Spares erhalten. D. Aerospace sammelte offenbar Panaviation-Teile, oder andere Firmen lieferten das, was sie in ihren Regalen von Panaviation nicht mehr haben wollten, weil es sich zur Zeit schlecht verkaufen ließ. Auf »Unapproved Parts« angesprochen, meinte B., diese stellten im Grunde kein ernsthaftes Problem dar. Er ging sogar noch weiter: »Wenn ich Bogus Parts verkaufen wollte, dann würde ich gleich Trillionen davon herstellen und verkaufen.« – »Eine höchst unangenehme Vorstellung«, schoss es mir durch den Kopf.

Nach dem Mittagessen bat er uns in sein Büro. Als Erstes fiel mir dort der berühmte »Hintern-Kalender« der deutschen LTU ins Auge. Hatte die auch hier gekauft? B. blieb mir die Antwort schuldig. Auch meine späteren Nachfragen in Deutschland brachten mich in dieser Frage nicht weiter. B. ließ dann zunächst einmal eine Schimpfkanonade auf den italienischen Staatsanwalt Perinu ab und beklagte sich bitterlich darüber, dass man sein Eigentum derart »grundlos« in Italien festhalte. Mehrfach versicherte er, F. sei ein integeres, unbescholtenes Blatt. Redeten wir wirklich von ein und derselben Sache und Person? Dann zeigte ich B. Fotos von den sechs italienischen Airbussen und den Containern in Neapel und Rom und fragte ihn direkt, ob das seine Flugzeugteile seien. B. stimmte zunächst zu, machte dann aber, nachdem die Bilder immer Schlimmeres zeigten, Einschränkungen: »Schon, aber ohne Zweifel ist das nicht die Art, wie wir die Teile behandelt hätten. Ich vermute, die wurden an die Seite geräumt.« Als ich ihm das dubiose Fax zeigte, in dem er F. um die Alitalia-Papiere bat, reagierte er noch zögerlicher. Nach einem längeren »Mhhhm!« und einer Denkpause bestätigte er: »Das habe ich geschrieben.« Und er fügte hinzu: »Wir haben die Flugzeuge gekauft, so wie sie da standen. Wir wussten von unseren Nachforschungen, dass die Fahrwerke noch verwendet werden konnten. Also haben wir beschlossen, um die entsprechenden Dokumente zu kämpfen, nachdem wir die Flugzeuge gekauft hatten. Und das haben wir gemacht.« Kämpfen nannte man das also …

Als wir aufbrachen, wurde gerade das Fahrwerk eines Airbus A300 angeliefert. Frisch überholt und neu zertifiziert! Es stammte aus einem der ersten beiden Alitalia-Airbusse. Da lag es nun, fein säuberlich verpackt in einer eigens angefertigten Holzkiste, neu mit grauer Farbe überspritzt und auf Hochglanz poliert. Dennoch streng genommen ein Falschteil. Denn die Alitalia bestritt, Lebenslaufakten für die Airbusteile ausgestellt zu haben. ENAC hatte den amerikanischen Kollegen von der FAA bereits am 22. Juli 2002 mitgeteilt: »Alitalia erklärte, dass die Flugzeuge vom Typ A300 mit den Registriernummern I-BUSM, I-BUSN, I-BUSP, I-BUST, I-BUSQ und I-BUSR und ihre technischen Dokumente während der Standzeit nicht überwacht wurden. Die Herkunft der eingebauten Teile ist daher nicht mehr nachvollziehbar.« Kein Teil durfte deshalb wieder verwendet werden. Jedes aus Italien stammende Teil von diesen Flugzeugen wurde damit zum »Unapproved Part«, aber das störte B. wenig.

Und die deutsche Kundschaft?

Mittlerweile war mir klar geworden, wie perfide das System von Enzo F. funktionierte und welch sensibler Nerv gerade im Wartungsbereich von großen Airlines von diesem »Virus« befallen war. Immer deutlicher stand die Frage im Raum: Unterhielt auch die Lufthansa Geschäftsbeziehungen zu F.? Auf meine Nachfrage teilte mir das Unternehmen am 29. Juni 2002 mit: »Die Lufthansa und auch die Lufthansa Technik AG hat nicht in Geschäftsbeziehungen zu der italienischen Firma Panaviation gestanden.« Interviewwünsche wurden kategorisch abgelehnt. Merkwürdig – belegten doch Rechnungen und Frachtbriefe, bei Panaviation in Rom sichergestellt, dass es sehr wohl geschäftliche Beziehungen gab. Auch hatte die Lufthansa eingeräumt, Teile von Panaviation im Zuge von Überholungsaufträgen geprüft zu haben. Wie kann sie mir dann am 29. Juni 2002 eine solche Antwort geben? Außerdem war längst bekannt, dass bei Lufthansa doch irgendwie Ersatzteile von Panaviation ins Haus gekommen waren: insgesamt fünf Hydraulikverbindungen für Triebwerke ihrer Jumbo- und Airbus-Flotte vom Typ CF6.

Aber bei Lufthansa konnte sich niemand genau erinnern, in welche Triebwerke die Teile eingebaut wurden. Das Luftfahrtbundesamt reagierte ungewöhnlich scharf. Im Schreiben des LBA an die italienische ENAC bereits vom 12. Juni 2002 meldete man,»dass vermutlich ungeprüfte Ersatzteile während Wartungsarbeiten bei Lufthansa Technik AG verwendet wurden«. Nach Einschätzung des LBA bestünde zwar kein direktes Sicherheitsrisiko, dennoch seien sie von fragwürdiger Herkunft und müssten entfernt werden.»Das LBA hat einen Austausch dieses Teils auf allen in Deutschland betriebenen Triebwerken angeordnet.« Großzügige Frist der Behörde: 18 Monate, also bis zum November 2003! Lufthansa Technik ging davon aus, die Überprüfung wesentlich früher abschließen zu können. Dennoch, ein ziemlicher Aufwand wegen einer simplen Dokumentationsschlappe. 150 Triebwerke mussten überprüft werden. Über 100 000 Euro Materialkosten und 900 Mechanikerstunden kostete die Lufthansa dieses bislang glimpflich verlaufene Malheur. Und doch kam die Kranich-Airline besser davon als manche ihrer Mitbewerber, zum Beispiel die Alitalia: Weil man dort nicht mehr zweifelsfrei nachhalten konnte, in welche Fahrwerke der MD-80-Flotte von Panaviation gelieferte Kugellager eingebaut worden waren, musste die italienische Fluggesellschaft kurzerhand über 640 solcher Kugellager austauschen.

Aber nicht nur aus Italien wurden Falschteile in die USA und nach Deutschland geliefert. Bei meinen Recherchen erfuhr ich, dass das Problem die Behörden in Deutschland gleichfalls beschäftigte. Seit einigen Jahren schon lief in München ein eigenes Ermittlungsverfahren in Sachen Flugzeugersatzteile. Geschädigter war der ehemalige deutsch-amerikanische Flugzeughersteller Fairchild Dornier in Oberpfaffenhofen, in der Gemeinde Starnberg. Seit 1995 waren aus dem streng kontrollierten Hochsicherheitsbereich wertvolle Ersatzteile verschwunden. Das Bayerische Landeskriminalamt und die Staatsanwaltschaft München ermittelten, nachdem bei Überprüfungen des Lagers größere Fehlbestände festgestellt worden waren. Der mit dieser Untersuchung betraute Leitende Oberstaatsanwalt Dr. Rüdiger Hödl sagte dazu: »Die Feststellungen ergaben, dass Mitarbeiter der Firma Dornier diese Teile entwendet und dann veräußert haben. Es waren Höhenmesser, es waren Bremsanlagen, es waren ganze Tragflächen dabei, sodass man im Grunde sagen muss, alles, was ein Flugzeug ausmacht, war dabei.« Obwohl die Vorstellung, wie Diebe eine Tragfläche heimlich aus einem eingezäunten und bewachten Gelände herausschmuggeln, nicht einer gewissen Situationskomik entbehrt, ist auch das nichts Neues. Ganze Triebwerke wurden schon auf Tieflader verfrachtet und verschwanden spurlos von der Tragfläche einer über Nacht geparkten Boeing 737. Wie im Fall Panaviation bestätigte Hödl, dass die erforderlichen Zertifikate gefälscht wurden. Deshalb ermittelte er wegen erwerbsmäßigen Diebstahls und erwerbsmäßiger Hehlerei, hatte aber nach seinen Angaben auch die Gefährdung des Luftverkehrs im Auge. In Deutschland wie in Italien ein gesonderter gesetzlicher Straftatbestand.

Dornier-Teile wurden im Zuge der Ermittlungen auch im Ausland sichergestellt, bei Fluggesellschaften in den USA, in England und auf den Philippinen. Spuren von Dornier führten zudem in einen Wartungsbetrieb in der Schweiz, bei dem ein Prüfer mit Lizenz des Schweizer BAZL Teile neu zertifizerte, die aus einer in Genua verunglückten Dornier-Maschine der ATI stammten. Diese Teile waren aus dem Quarantänebereich bei Dornier verschwunden, als die Unfallmaschine in Oberpfaffenhofen wieder instand gesetzt werden sollte.

Nach langer Zeit traf ich in diesem Zusammenhang den ehemaligen Pressesprecher der Vereinigung Cockpit, Kapitän Bernd Kopf, wieder. Bereits 1993 hatte die Pilotenvereinigung vor den Bogus Parts lautstark gewarnt. Kopf sah nun seine damalige Ahnung bestätigt und stellte fest, dass uns die Wirklichkeit eingeholt hatte. »Zunächst haben wir gedacht, wir leben hier so etwas auf einer glücklichen Insel in Europa. Wir haben es ja hier mit einer Mafia zu tun, die Milliarden von Euro scheffelt, wohl wissend, dass es jederzeit zu einer Katastrophe kommen kann.«

Die deutschen Berufspiloten stehen mit ihren Warnungen nach wie vor auf einsamem Posten. Dabei wissen sie am besten, dass die Sicherheit ihrer Passagiere und ihre eigene von der Zuverlässigkeit ihrer

Maschinen abhängt. Tagtäglich müssen sie sich darauf verlassen. Möglichkeiten zu kontrollieren, was genau in ihren Flugzeugen eingebaut ist, haben sie nicht. Sie können auch nicht auf Flugfläche 340 mal kurz rechts heranfahren, um nachzusehen, was da klappert, oder im Zweifelsfall auf einen Luftverkehrs-ADAC warten. Ruinöse Ticketpreise und nicht zuletzt die Rezession tun ein Übriges, um die finanziell angespannte Sparsituation bei den Airlines zu verschärfen. Aber offenbar will in Europa niemand den Lehren aus den Deregulationserscheinungen der Siebziger- und Achtzigerjahre Glauben schenken. Als Amerikas Luftfahrtindustrie nach Kräften fusionierte und aus ehemaligen Groß-Airlines in kürzester Zeit Mega-Airlines wie American, Delta, Northwest, Continental, TWA und United wurden, gab es gleichzeitig einen dramatischen Anstieg der Unfallrate. In der Endphase nahmen vor dem wirtschaftlichen Kollaps stehende Fluglinien wie Eastern Airlines es lieber in Kauf, von der FAA für nicht durchgeführte Wartungsarbeiten mit einer Geldbuße belegt zu werden, weil diese im Verhältnis immer noch billiger war als die obligatorische Wartungsmaßnahme. Erforderliche Dokumente und Papiere wurden einfach abgezeichnet. Befürchtungen, dass solche Praktiken bald wieder zur Tagesordnung gehören werden, beunruhigen derzeit und angesichts der teilweise desolaten Finanzlage bei zahlreichen Luftfahrtbetrieben nicht nur viele Piloten …

Fliegende Zeitbomben sind unterwegs

>*Die Gefahr ist, dass Teile, die eben nicht den Standards oder Wartungsvorschriften entsprechen, ein großes Risiko für eine plötzliche Fehlfunktion bergen. Das sind tickende Zeitbomben an Bord eines Flugzeuges, aber niemand weiß, auf welche Zeit der Zünder eingestellt wurde.«*
>Dr. Vittorio Floridia, Experte der Staatsanwaltschaft im Fall Panaviation

Sommer 2003: Die italienische Staatsanwaltschaft und ihre Experten Arturo Radini und Vittorio Floridia hatten mittlerweile ihre Ermittlungen abgeschlossen. Renato Perinu konnte seine Anklage in Sachen Panaviation, gestützt auf eine gute und eindeutige Beweislage, verfassen. Damit wurde zum ersten Mal in Europa einem Ersatzteilfälscher der Prozess gemacht. Enzo F. drohten 15 Jahre Haft. Zu einem Zehntel dieser Höchststrafe, zu gerade mal 15 Monaten, wurde er verurteilt, die der über Siebzigjährige nicht einmal antreten musste. Die Tragweite seiner Handlungen schien dem Hauptbeschuldigten überhaupt nicht bewusst zu sein. Er sah sich als Opfer des Ermittlungsverfahrens und nicht als skrupelloser Verbrecher, der in betrügerischer Absicht das Leben von Flugreisenden und Besatzungen aufs Spiel setzte. Graphologische Analysen bestätigten, dass F. bei vielen der beschlagnahmten Dokumente selbst Hand angelegt hatte und Daten verfälschte. Mit dem Prozess und der überaus milden Strafe für F. kehrte wieder unheilvolle Ruhe in das Ersatzteilbusiness ein. Zwar wirbelten die Panaviation-Ermittlungen auch außerhalb Italiens Staub auf, trotzdem gab es bisher in Europa nur halbherzige Bemühungen, der Ersatzteil-Mafia das Handwerk zu legen. Es wurde viel zu wenig unternommen, um die italienischen Falschteile aus dem Verkehr zu ziehen.

Im Zuge unserer Dreharbeiten zu *Gefährliche Flüge* fragte meine zuständige Redakteurin, Dr. Elke Maar vom WDR, auch beim deutschen Bundeskriminalamt an. Wochenlang gab es keine Rückmeldung. Schließlich gelang es Frau Dr. Maar, die zuständige Sachbearbeiterin in der Pressestelle persönlich ans Telefon zu bekommen. An einem Interview mit dem BKA zum Thema »Gefälschte Flugzeugersatzteile«, so musste sie erfahren, bestand seitens der Behörde kein Interesse. Der Bitte, diese Ablehnung dem WDR schriftlich mitzuteilen, wollte die Behörde ebenfalls nicht nachkommen. Dabei wusste ich, dass es beim BKA bereits seit geraumer Zeit Bestrebungen gab, das Problem aus kriminalistischer Sicht anzugehen. Doch die eher seichten Ansätze, mit den davon betroffenen deutschen Betrieben, dem LBA und Interessensverbänden an einen runden Tisch zu kommen, sind bislang von keinen großen Erfolgen gekrönt. Offenbar fehlt es bei den involvierten Firmen und Institutionen an Problembewusstsein oder schlicht an Interesse.

Bei der damaligen Übergangsbehörde JAA, die inzwischen von der European Aviation Safety Administration (EASA) abgelöst wurde, war man hingegen durch den Fall Panaviation aufgeschreckt worden. In Rekordzeit boxte man eine neue Verordnung durch, die das Ausschlachten von Flugzeugen betraf. Danach dürften insbesondere Dan B. einige Mehrkosten entstehen, wenn er seinen Plan, die Alitalia-Airbusse zu zerlegen und in Einzelteilen neu zu verkaufen, weiter verfolgte. Immerhin hatte er sich inzwischen von Enzo F. die Eigentumsdokumente übertragen lassen.

Der Ausgang des Verfahrens gegen Enzo F. und seine Firma ist rückblickend nicht gerade erfreulich, bestätigt aber die Erwartungen von Insidern. F. hatte im November 2003 vor dem Strafgericht auf »schuldig« plädiert. Offenbar erhoffte er sich von dieser Geste eine mildere Bestrafung – und vor allem, dass im Falle seiner schuldhaften Verurteilung sein Privatvermögen nicht vom Staat konfisziert würde. F. sollte eine seinem Verbrechen »angemessene« Strafe erhalten. Was ein italienisches Gericht als »angemessen« definierte, offenbarte sich am 26. Februar 2004: F. wurde, wie gesagt, zu nur fünfzehn Monaten Haft verurteilt. Seine internationalen Geschäftspartner kamen ungeschoren davon.

Verurteilt wurde F. gemäß Artikel 432 des italienischen Strafgesetzes für den Versuch, die Flugsicherheit zu gefährden. Letztendlich wurde ihm aber nicht wegen jeder einzelnen von ihm begangenen Tat der Prozess gemacht. Das Gericht beschränkte sich auf einen Fall, in dem F. einen Treibstoffanzeiger an die italienische Fluggesellschaft Meridiana verkauft hatte, der entgegen der Dokumentation nie von einer autorisierten Werkstatt überholt worden war. Außerdem ging es in der sechsstündigen Verhandlung um die Fälschung eines JAA Form 1. Das Dokument wies den Anzeiger als ursprüngliches Alitalia-Ersatzteil aus. Als jedoch der amerikanische Käufer bei Alitalia nachfragte und eine Kopie des Formblattes an die dortigen Mitarbeiter schickte, konnten diese das Teil nicht zuordnen.

Dennoch, ein fader Beigeschmack bleibt: Trotz der erheblichen Auflagen durch die italienische Aufsichtsbehörde ENAC konnte nicht verhindern werden, dass F. die verbliebenen Ersatzteile aus seinem Lager in Ciampino erneut auf den Markt brachte, allerdings nicht mehr unter dem Namen Panaviation, sondern wie schon in der Vergangenheit praktiziert, über Drittfirmen, die seine Ware auf Kommissionsbasis verkaufen. Er selber, so berichten italienische Insider Ende 2004, beabsichtigt, schon bald mit Ersatzteilen für den militärischen Bedarf auf dem Flugzeugteilemarkt erneut präsent zu sein.

Der Fall aus Italien streifte nur die Spitze eines Eisberges. Gefährliche Falschteile sind nicht nur in den USA in Privat- und Militärflugzeugen aufgetaucht und haben dort Unfälle verursacht. Vor allem die

Militärs sind hier Weltmeister im Verschweigen, und Unfallberichte aus der Privat- und Sportfliegerei erlangen kaum den Bekanntheitsgrad wie die Berichte über die Unfälle mit Verkehrsflugzeugen. Für viele Redakteure und deren Vorgesetzte im sensationshungrigen Print- und TV-Bereich sind sie daher völlig uninteressant. Schon deshalb findet eine Information darüber in der Öffentlichkeit schlichtweg nicht statt.

Dabei sind die Gefahren nicht kalkulierbar. Einmal erfolgreich in das logistische System der Hersteller, Wartungsbetriebe und Airlines eingeschleust, sind Bogus/Unapproved Parts vergleichbar mit einem tödlichen Virus im menschlichen Organismus. Je mehr Zeit vergeht, desto schwieriger wird es, die betroffenen Teile zu lokalisieren und durch gezielte Maßnahmen unschädlich zu machen. Die italienischen Ermittler schätzen, dass heute annähernd 1000 Flugzeuge mit gefälschten oder in ihrer Dokumentation manipulierten Ersatzteilen von Panaviation unterwegs sind.

Aber von der Luftfahrtindustrie wird nach wie vor nicht gefordert, ihre Teile und ihr logistisches System auf einen modernen Stand zu bringen. Obwohl genügend neue Technologien besseren Schutz und vor allem eindeutige Identifizierbarkeit auch kleinster Teile bieten, fehlt es an geeigneten Initiativen, solche Hilfsmittel auch einzuführen, durch die das Problem zumindest eingegrenzt und die Arbeit der Strafverfolgungsbehörden erleichtert würde. Vor allem fehlt es weiterhin an verbindlichen Vorschriften und Gesetzen, die für alle Luftfahrt betreibenden Nationen gleichermaßen gelten und geeignet sind, den Handel und das Installieren von Falschteilen dem damit verbundenen Risiko angemessen zu bestrafen. Solange Ersatzteilhändler nicht wie alle anderen, die mit dem sicheren Betrieb eines Flugzeuges befasst sind, der staatlichen Kontrolle unterliegen, wird sich daran nichts ändern. Es muss wohl wieder erst dazu kommen, dass eine Unfallkommission in ihrem Abschlussbericht »Unapproved Parts« als Ursache für eine Flugzeugkatastrophe mit mehreren 100 Toten identifiziert. Doch dann ist es, wieder einmal, zu spät.

Ein modernes Sicherheitssystem für Ersatzteile wäre also mehr als wünschenswert – auch in dem Bewusstsein, dass jedes System, so perfekt es auch sein mag, überlistet werden kann. Dabei könnten zum Beispiel in ein Ersatzteil eingearbeitete Computerchips mit »fälschungssicheren« Codierungen versehen werden. Eine weitere Möglichkeit wäre eine globale rechtliche Vorschrift, dass alle Teile nur mit lückenlos vorhandenen Lebenslaufakten gehandelt und verwendet werden dürfen, wobei die jeweiligen Zertifikate einen höheren Sicherheitsstandard, insbesondere eine Verbesserung der Fälschungssicherheit, aufweisen sollten. Jede 5-Euro-Banknote ist mit besseren Sicherheitsmerkmalen ausgestattet als ein gängiges Lufttüchtigkeitszertifikat. Es ist an der Zeit, dass diese Einladung zur Dokumentenfälschung in der Luftfahrtindustrie unterbunden wird.

Außerdem bedarf es einer schnelleren Information über Zwischen- und Unfälle, bei denen Falschteile eine Rolle spielten. Die Chance, den Begriff in einem aktuellen deutschen Unfallbericht einzuführen, wurde bislang verpasst, obwohl man durchaus die Möglichkeit dazu hatte. Im März 2001 verunglückte ein italienischer Businessjet vom Typ Learjet 35 bei Nürnberg[88]. Die Bundesstelle für Flugunfalluntersuchung fand heraus, dass eine Kompressorscheibe im linken Triebwerk gerissen war. Bei der forensischen Materialüberprüfung stellten die Experten fest, dass die Scheibe fast das Doppelte ihrer zulässigen Lebensdauer gelaufen hatte. Aufgrund eines Dokumentationsfehlers in den Unterlagen waren über 4000 Laufzeitzyklen nicht erfasst worden. Dennoch wurde das Teil durch einen renommierten Schweizer Wartungsbetrieb auf der Grundlage der falschen Laufzeitangabe überholt und im Triebwerk der Unglücksmaschine installiert. Die Scheibe war durch die fehlerhafte Dokumentation zu einem ungeprüften Ersatzteil geworden, dessen Versagen damit nur noch eine Frage der Zeit war.

Es verblüfft jedoch bei Durchsicht des umfangreichen Unfallberichtes, der von der deutschen Behörde im Mai 2003 veröffentlicht wurde, dass sich in diesem Zusammenhang nirgendwo der Begriff »ungeprüftes Ersatzteil« findet, obwohl es sich klar um ein solches handelte. Auf welche Weise es dazu wurde, ist dabei unerheblich. Tatsache bleibt: Es hätte niemals eingebaut werden dürfen. Weitere Nachforschungen ergaben, dass diese Turbinenscheibe ursprünglich aus Beständen der US-Air Force stammte. Maschinen vom Typ Learjet werden dort besonders im Training geflogen, was die hohe Laufleistung des Teils erklären könnte. Unwahrscheinlich scheint allerdings, dass ausgerechnet den sonst so peniblen Militärfliegern ein derart gravierender Fehler in ihrer Dokumentation unterlaufen sein sollte.

Ich griff diesen Unfall im Rahmen einer 40-minütigen Reportage für den Fernsehsender SAT1 Ende 2003 auf. Prompt schaltete sich die Nürnberger Staatsanwaltschaft ein und nahm die bereits zuvor eingestellten Ermittlungen in der Sache wieder auf. Beamte des Bayrischen Landeskriminalamtes ermitteln seither, ob es sich wirklich nur um einen »Dokumentationsfehler« handelte, der letztendlich zum Einbau des abgelaufenen Ersatzteils führte. Wären bei dem Nürnberger Absturz nicht die beiden Piloten und ein mitfliegender Mechaniker getötet worden, wäre dieser Umstand vermutlich nie an die Öffentlichkeit gekommen. Denn in der Regel wird ein glimpflich abgelaufenes Triebwerksversagen, bei dem niemand zu Schaden kommt, von den Behörden nicht untersucht. Das Flugzeug kommt in die Wartung, das Triebwerk wird ausgetauscht – und damit hat es sich. Alltägliche Praxis bei Airlines und Wartungsbetrieben, weltweit. So ist davon auszugehen, dass die Dunkelziffer der Vorfälle, bei denen ungeprüfte Teile eine Rolle spielten, erheblich höher liegt, wir aber erst von solchen Fällen erfahren werden, wenn erneut Tote und Verletzte zu beklagen sind. Skrupellose und mafiös operierende Ersatzteilhändler können sich also zunächst einmal entspannt zurücklehnen, zumindest so lange, wie sie ihre dunklen Geschäfte von Europa aus betreiben.[89]

IV. Ein neues Bedrohungspotenzial – 9/11

»The President did not, not receive information about the use
of airplanes as missiles by suicide bombers.«
Der Pressesprecher von US-Präsident George W. Bush,
Ari Fleischer, 16. Mai 2002

»Well, my only question to you is whether you – told the president?«
Richard Ben-Veniste während der Anhörung der US-Sicherheitsberaterin
Condoleezza Rice vor der 9/11-Untersuchungskommission, 8. April 2004

In meinem Bücherschrank befindet sich eigentlich alles, was man für
einen terroristischen Anschlag mit einem Flugzeug vom Typ Boeing
757 oder 767 braucht: Ein komplettes *Boeing Aircraft Operation Manual*
steht im Regal, und irgendwo habe ich sicher auch noch eine Software,
die ein wenig detailgetreuer als ein gängiger Microsoft-Flugsimulator
ist und alle wesentlichen Systeme einer im Prinzip ähnlichen Boeing
747-400 beinhaltet. Außerdem bin ich Inhaber einer amerikanischen
Fluglizenz, lebte zum Zeitpunkt der Anschläge bereits einige Jahre in
den USA und hätte sicherlich für ein paar 100 Dollar ein Ticket für einen
Flug von Boston oder Washington nach Los Angeles erwerben können.
So wie vier andere Männer und ihre 15 Komplizen, die am 11. September 2001 vier Passagiermaschinen kaperten, um sie in symbol- und vor
allem fernsehträchtige Ziele zu steuern. Doch solche Gewaltanwen-
dungen verabscheue ich zutiefst. Die Auswirkungen habe ich als Fern-
sehjournalist, der unmittelbar nach den Anschlägen in New York dorthin beordert wurde, in den nächsten Wochen mit eigenen Augen
gesehen und am eigenen Leib gespürt.

New York, Manhattan, 12:46:40 UTC
AMERICAN AIRLINES FLUG 11

Am frühen Morgen des 11. September schien über weiten Teilen der
USA die Sonne. In Washington hatten nach der Sommerpause die Sit-
zungen des US-Kongresses wieder begonnen. Die insgesamt 535 Sena-
toren und Abgeordneten des Repräsentantenhauses gingen ihrer

Arbeit im Capitol, dem ehrwürdigen Plenargebäude im Zentrum der Stadt, nach, so wie Hunderte von militärischen und zivilen Mitarbeitern des Verteidigungsministeriums im Pentagon auf der anderen Seite des Potomac. Seit 6 Uhr saßen auch viele der knapp 40 000 Beschäftigten im New Yorker Finanzgeschäft in ihren Büros in den Zwillingstürmen des World Trade Centers. Bei den Dependancen in Europa und vor allem an den europäischen Börsen wurde bereits seit vier Stunden reger Handel getrieben.

Am Vortag waren Mohammed Atta und sein Komplize Abdul Aziz al-Omari mit einem Leihwagen nach Portland, Maine, gefahren, hatten dort in einem Motel übernachtet und betraten nun um 6 Uhr den Flug American Airlines 5930 von Portland nach Boston. Atta und al-Omari wurden um exakt 5.45 Uhr von einer Sicherheitskamera am Kontrollcheckpunkt erfasst. Als Atta kurz zuvor am Schalter eincheckte, hatte ihn das »Computer Assisted Passenger Prescreening System« (CAPPS) für eine »spezielle Überprüfung« ausgewählt. CAPPS war ein von der FAA zugelassenes automatisches System, das jedes Passagierprofil nach einer Reihe von Kriterien überprüfte, um solche Personen herauszufiltern, die möglicherweise eine Gefahr für einen Flug darstellten. Insgesamt sprach CAPPS an diesem Morgen bei zehn der 19 Attentäter an, darunter gleich bei neun der insgesamt zehn Attentäter auf den beiden später entführten Flügen 11 und 77 von American Airlines. Doch so »speziell« sollte die zusätzliche Kontrolle dann gar nicht sein: Gemäß der damals geltenden Sicherheitsanweisungen wurde als Konsequenz eines Alarms lediglich das von der betreffenden Person aufgegebene Gepäck erst eingeladen, wenn sich genau diese auch wirklich an Bord der Maschine befand. Eine höchst antiquierte Maßnahme angesichts der großen Zahl fanatischer Selbstmordattentäter, die seit Ende der Neunzigerjahre aus religiös-ideologischen Gründen ihr Leben opferten und von ihren Gesinnungsgenossen als »Märtyrer« verehrt wurden.

Mit American Airlines Flug 5930 erreichten Atta und al-Omari um 6.45 Uhr Logan International Airport in Boston und begaben sich umgehend zur Abfertigung von American Airlines Flugnummer 11. Um 6.52 Uhr erhielt Atta einen Anruf auf seinem Mobiltelefon, vermutlich von Marwan al-Shehhi, der sich bereits hinter der Sicherheitskontrolle im Terminal C befand. Das Gespräch dauerte drei Minuten. Gemeinsam mit den hier in Boston hinzugestoßenen Satam al-Suqami, Wail al-Shehri und Waleed al-Shehri gelangten Atta und al-Omari durch die Sicherheitskontrolle und schließlich an Bord der Boeing 767. Keinem der Kontrolleure der Firma Globe Security, die die Checks im Auftrag von American Airlines durchführten, fiel etwas Verdächtiges auf. Zwischen 7.31 Uhr und 7.40 Uhr nahmen die Attentäter ihre Plätze ein.

Zur gleichen Zeit gingen Marwan al-Shehhi, Fayez Banihammad, Ahmed al-Ghamdi, Hamza al-Ghamdi und Mohand al-Shehri an Bord von United Flug 175, auch eine Boeing 767, die wie American Airlines Flug 11 um 8 Uhr nach Los Angeles starten sollte. Und auch sie fielen auf. Die United-Mitarbeiterin Gail Jawahir erinnerte sich später an das Zusammentreffen mit den Brüdern al-Ghamdi, weil diese Schwierigkeiten hatten, die standardmäßigen Sicherheitsfragen beim Check-in zu beantworten. Trotzdem wurden sie keiner weiteren Überprüfung unterzogen, auch nicht bei den späteren Sicherheitskontrollen, die United Airlines an die Firma Huntleigh USA übertragen hatte.

An Bord von American Airlines Flug 11 bereiteten sich Kapitän John Ogonowski und sein Copilot Thomas McGuinness im Cockpit sowie die neun Flugbegleiter in der Kabine auf den Abflug vor. Inklusive der fünf Attentäter befanden sich 81 Passagiere in der Boeing 767. Um 7.59 Uhr hob die Maschine ab und stieg zunächst auf eine Höhe von 26 000 Fuß. Nach den Funksprechverkehr-Aufzeichnungen drangen die Entführer etwa 15 Minuten danach, gegen 8.14 Uhr, ins Cockpit ein. Ab jetzt wurden die Anweisungen der Fluglotsen von den Piloten nicht mehr bestätigt. Knapp fünf Minuten später meldete sich die Stewardess Betty Ong über eines der in die Sitze eingebauten Telefone bei der American Airlines Reservierungszentrale in Cary, North Carolina, und lieferte erste Details von der Entführung. Das Gespräch dauerte 25 Minuten. Die Al-Shehri-Brüder stachen die Flugbegleiter in der ersten Klasse nieder, die soeben mit dem Frühstücksservice begonnen hatten. Atta, vermutlich von al-Omari begleitet, übernahm im Cockpit die Kontrolle über das Flugzeug. Daniel Lewin, ein Passagier und ehemaliger Offizier der israelischen Armee, der in der Reihe hinter den beiden Attentätern saß, hatte wohl noch versucht, sie daran zu hindern, wurde jedoch von al-Suqami, der wiederum hinter Lewin saß, augenblicklich erstochen. Mit Pfefferspray zwangen die Entführer die Passagiere und Flugbegleiter in den hinteren Teil der Maschine.

Schon zwei Minuten nachdem Betty Ong erste Hinweise auf die Entführung von Flug 11 telefonisch übermittelt hatte, wurde das Operations Center von American Airlines in Fort Worth, Texas, durch eine Mitarbeiterin der Reservierungszentrale informiert. Der diensthabende Manager Craig Marquis befahl daraufhin, das Cockpit der Maschine über die Firmenfrequenz zu kontaktieren, erhielt aber keine Antwort. Die Airline war verpflichtet, in einem solchen Fall sofort die FAA und das FBI zu verständigen. Um 8.29 Uhr informierte man das Flugüberwachungszentrum der FAA in Boston, wo man aber bereits von einem Problem mit Flug 11 wusste.

Kurz vor 8.25 Uhr hatte der Radarlotse einen Funkspruch aus dem Cockpit der entführten Boeing mitgehört. Offenbar versuchten die Entführer, eine Passagieransage zu machen, betätigten allerdings die Sendetaste des Funkgerätes. Einer der Attentäter sagte: »Bewegt euch nicht. Alles ist in Ordnung. Wenn ihr euch bewegt, gefährdet ihr euch selber und das Flugzeug. Bleibt ruhig.«[90] Die Lotsen in Boston hörten diese Ansage, die Flugbegleiterin Betty Ong an Bord der Maschine jedoch nicht. Die Attentäter wussten also offenbar nicht genau, wie man das Funkgerät und das Intercom richtig bediente. Zur selben Zeit nahm eine weitere Stewardess über ein so genanntes Airphone Kontakt zur Airline auf, in diesem Fall zum Flight Service Office in Boston. Das Gespräch wurde kurz unterbrochen, als Amy Sweeny berichtete, es sei jemand verletzt worden. Vier Minuten später rief sie erneut an und gab Details der Situation an den ranghohen Manager Michael Woodward durch. Mit ruhiger Stimme berichtete sie, dass jemandem in der ersten Klasse die Kehle durchgeschnitten worden war. Ihre beiden Kollegen dort wurden von den Attentätern niedergestochen. Während eine der Flugbegleiterinnen schwer verletzt sein musste und Sauerstoff bekam, schienen die Verletzungen der Kollegin weniger gravierend.

Während die Flugbegleiterinnen erste Hinweise auf die Identität der Attentäter lieferten, indem sie die Sitznummern der Personen durchgaben, die sich Zugang zum Cockpit verschafft hatten, änderte Atta den Kurs in Richtung Süden. Gegen 8.38 Uhr leitete er einen Sinkflug ein. Derweil waren die Flugbegleiter damit beschäftigt, Erste-Hilfe-Utensilien in den vorderen Teil der Maschine zu bringen. Amy Sweeny sagte Woodward, die Passagiere in der Touristenklasse hätten den Eindruck, es handle sich um einen »normalen« medizinischen Notfall. Dann flog die Boeing einen direkten Kurs in Richtung New York. Die Lotsen in

Boston vermuteten, dass die Maschine eventuell auf dem New Yorker John F. Kennedy Flughafen landen wollte. Um 8.44 Uhr brach der Telefonkontakt zu Betty Ong plötzlich ab. Die Maschine befand sich nun in einem steilen Sinkflug. Amy Sweeny war noch weiter mit dem Operations Center in Boston verbunden und sagte: »Da stimmt was nicht. Wir sind in einem steilen Sinkflug.« Woodward forderte sie auf, aus dem Fenster zu sehen, um festzustellen, wo sie sich befänden. »Wir fliegen tief. Wir fliegen sehr, sehr tief. Wir fliegen viel zu tief!«, antwortete sie, und Sekunden später: »Oh mein Gott, wir sind viel zu tief.« Dann riss das Gespräch ab.

Um 8 Uhr 46 Minuten und 40 Sekunden manövrierte Atta die Boeing 767 in den Nordturm des New Yorker World Trade Centers. Alle Menschen an Bord der Maschine sowie eine immer noch unbekannte Zahl von Personen im und oberhalb des 89. Stocks wurden binnen Sekunden getötet. 40 Tonnen Kerosin entfachten ein Inferno von mehr als 1.000 Grad Celsius. Hunderte waren in den Etagen über der Einschlagstelle gefangen. Rettungsmannschaften und Polizei eilten zum Unglücksort. Aus dem Turm quoll dichter, schwarzer Rauch.

Präsident George W. Bush erhielt die Nachricht durch seinen Berater Karl Rove um 8.55 Uhr, kurz bevor er in der Emma E. Brooker Grundschule in Sarasota, Florida, einen Klassenraum betrat. Rove erklärte später, man sei zu diesem Zeitpunkt von einem kleinen Flugzeug ausgegangen, das wohl versehentlich in den Turm geflogen war. Bush telefonierte mit seiner Sicherheitsberaterin Condoleezza Rice in Washington, die den Vorfall bestätigte, jedoch hinzufügte, dass es sich um ein kommerziell genutztes, zweimotoriges Flugzeug handeln müsse. Dann begab sich der Präsident in den Klassenraum, als wäre nichts geschehen. Die Grundschüler demonstrierten ihm eine Unterrichtsstunde.

New York, Manhattan, 13:02:54 UTC
UNITED AIRLINES FLUG 175

Auch das zweite Team, angeführt von Marwan al-Shehhi und den Terroristen Fayez Banihammad, Mohand al-Shehri, Ahmed al-Ghamdi und Hamza al-Ghamdi, erreichte ohne Schwierigkeiten die Boeing 767 der United Airlines Flug 175. Der Abflug nach Los Angeles war für 8 Uhr vorgesehen. Im Cockpit befanden sich Flugkapitän Victor Saracini und sein Copilot Michael Horrocks. Außer den Attentätern saßen 60 weitere Passagiere und sieben Flugbegleiter in der Kabine. Alles schien planmäßig zu verlaufen. Bereits zwei Minuten früher als vorgesehen rollte die Maschine zur Startbahn, um 8.14 Uhr hob sie ab und stieg auf die ihr zunächst zugewiesene Reiseflughöhe von 31 000 Fuß. Die Crew begann mit dem Service.

Flug 175 verließ die Rollbahn in dem Moment, in dem American Airlines Flug 11 von den Terroristen gekapert wurde. Um 8.37 Uhr fragte ein Fluglotse aus Boston alle Maschinen in seinem Sektor, ob sie Sichtkontakt zu American Airlines Flug 11 hätten. Die Piloten von United Flug 175 machten die Boeing 767 aus und meldeten dies ebenso über Funk an den Lotsen wie vier Minuten darauf den von Saracini und Horrocks teilweise mitgehörten verdächtigen Funkspruch, den Atta wohl versehentlich abgesetzt hatte. Diese Mitteilung war der letzte ordentliche Funkspruch von United Airlines Flug 175.

Irgendwann zwischen 8.42 Uhr und 8.46 Uhr müssen die Terroristen die Gewalt über das Flugzeug übernommen haben. Aus Augenzeugenberichten, die von Bord der Maschine telefonisch abgegeben wurden, weiß man, dass die Angreifer Messer, Mace und die Drohung, eine Bombe zu besitzen, nutzten, um ins Cockpit vorzudringen. Saracini und Horrocks wurden augenblicklich getötet, und Marwan al-Shehhi okkupierte den Platz des Kapitäns. Die ersten Anzeichen, dass sich irgendetwas Anormales an Bord abspielen musste, erhielten die Fluglotsen in Boston und New York gegen 8.47 Uhr. Innerhalb einer Minute wechselte die Maschine zwei Mal ihren Transpondercode. Dann verließ das Flugzeug plötzlich seine vorgegebene Reiseflughöhe, worauf die Lotsen in New York die »Piloten« mehrfach über Funk ansprachen. Vergeblich, United Airlines Flug 175 meldete sich nicht mehr.

Etwa zur gleichen Zeit erhielt Lee Hanson in Easton, Connecticut, einen Anruf von seinem Sohn Peter, der sich als Passagier an Bord der Boeing befand. Der Sohn berichtete dem schockierten Vater: »Ich glaube, sie haben das Cockpit in ihrer Gewalt – ein Flugbegleiter wurde erstochen, und noch jemand weiter vorne ist möglicherweise tot. Das Flugzeug macht merkwürdige Flugbewegungen. Ruf United Airlines an – sag ihnen, es ist Flug 175, Boston nach LA.« Lee Hanson legte auf und wählte die Nummer der Polizei in Easton, dann informierte er die Polizisten über den Inhalt des Gesprächs mit seinem Sohn. Ebenfalls gegen 8.52 Uhr rief ein männlicher Flugbegleiter das Büro der Fluggesellschaft United in San Francisco an. Er meldete, dass die Maschine entführt wurde, beide Piloten tot waren, ein Flugbegleiter erstochen wurde und die Entführer offenbar die Maschine steuerten. Um 8.58 Uhr bemerkten die Fluglotsen, wie diese direkten Kurs auf New York nahm. Eine Minute später gelang es auch einem Passagier namens Brian

United Airlines Flug 175 kurz vor dem Einschlag in den Südturm des World Trade Centers um 9:03 Uhr.

David Sweeny, seine Mutter telefonisch zu erreichen. Er teilte ihr mit, die Passagiere würden überlegen, das Cockpit zu stürmen und die Kontrolle zurückzugewinnen.

Peter Hanson meldete sich noch einmal bei seinem Vater: »Es sieht übel aus hier – einige Passagiere übergeben sich – das Flugzeug macht abrupte Bewegungen – Ich glaube nicht, dass der Pilot die Maschine fliegt – ich glaube, die wollen nach Chicago oder irgendwo anders hin und in ein Gebäude fliegen – Keine Angst, Dad – wenn das passiert, dann geht es sehr schnell – Mein Gott, mein Gott.« Das Gespräch endete abrupt. Lee Hanson erinnerte sich später, dass er eine Frau schreien hörte, bevor der Anruf abbrach. Er schaltete seinen Fernseher ein und erhielt die grausame Gewissheit: Um 9 Uhr 3 Minuten und 11 Sekunden musste er zusehen, wie United Airlines Flug 175 mit seinem Sohn an Bord in den Südturm des World Trade Centers raste.

Präsident Bush vernahm die Nachricht vom zweiten Einschlag um 9.05 Uhr durch Andrew Card. Über mehrere Minuten kam von ihm keine Reaktion, die Schulkinder lasen weiter vor. Erst sieben Minuten später brach der Präsident den Besuch ab, begab sich in einen Nebenraum, sah die Bilder in einem dort befindlichen Fernseher und erhielt von seinem Stab ein kurzes Briefing. Ohne weitere Umschweife machte sich seine Wagenkolonne auf in Richtung Flughafen, wo die Air Force One zum Abflug vorbereitet wurde.

Washington DC, 14:37:46 UTC
AMERICAN AIRLINES FLUG 77

Einige 100 Kilometer südwestlich von Boston traf auf dem internationalen Flughafen der amerikanischen Hauptstadt in den frühen Morgenstunden des 11. September ein weiteres Terrorkommando ein. In Dulles checkten gegen 7.45 Uhr Khalid al-Midhar und Majed Moqed am Ticketschalter von American Airlines für den Flug 77 nach Los Angeles ein. Etwa 20 Minuten später folgten Hani Hanjour sowie die Brüder Nawaf und Salem al-Hazmi. Wie bereits erwähnt wurden Hanjour, al-Midhar und Moqed von CAPPS für eine spezielle, aber ergebnislose Sicherheitsüberprüfung ausgewählt. Die al-Hazmi-Brüder erregten ebenfalls Argwohn, und zwar bei einem Angestellten am

Check-in-Schalter, weil einer der Brüder nicht über die obligatorische Identity Card mit Lichtbild verfügte, beide kaum Englisch verstanden und einfach verdächtig erschienen.

Die fünf Entführer wählten die Sicherheitskontrollen im Westflügel des Hauptgebäudes, die von der Firma Argenbright Security im Auftrag von United Airlines durchgeführt wurden. Um 7.18 Uhr betraten al-Midhar und Moqed den Kontrollpunkt, legten ihr Handgepäck auf das Rollband des Durchleuchtungsgerätes und gingen durch die Metalldetektoren. Die Geräte sprachen an, und die Kontrolleure dirigierten die Männer durch ein zweites Gerät. Al-Midhar löste dieses Mal keinen Alarm aus und durfte passieren. Bei Moqed jedoch ertönte abermals ein Alarm. Ein Kontrolleur durchsuchte ihn daraufhin per Hand, fand aber nichts Verdächtiges und ließ auch ihn ohne weitere Umschweife gehen. Etwa 20 Minuten später erschien Hani Hanjour am Kontrollpunkt, legte zwei Handgepäckstücke auf das Band und durchschritt die Metalldetektoren, ohne einen Alarm auszulösen. Kurz darauf folgten die al-Hazmi-Brüder. Salem durfte den Kontrollbereich verlassen, sein Bruder jedoch löste beide Alarme aus und musste ebenfalls eine Handkontrolle über sich ergehen lassen. Zusätzlich wurde seine Umhängetasche von einem Spezialgerät nach Spuren von Sprengstoff überprüft – ohne Befund. Eine Video-Überwachungskamera hat festgehalten, dass in seiner hinteren Hosentasche ein Gegenstand an den Saum der Tasche geklippt war, den allerdings übersah der Kontrolleur. Als die 9/11-Untersuchungskommission die Videoaufnahmen einem Sicherheitsexperten vorspielte, bewertete dieser die Qualität der Sicherheitskontrolle so: »Marginal, wenn es hoch kommt.«[91] Der Sicherheitsbeamte hätte sowohl bei Moqed als auch bei Nawaf al-Hazmi klären müssen, was den Alarm ausgelöst hatte. So aber nahmen die Terroristen gegen 7.50 Uhr ungehindert ihre Plätze ein, Hani Hanjour und die Brüder al-Hazmi unmittelbar hinter dem Cockpit.

American Airlines Flug 77 war eine Boeing 757, die an diesem Morgen von Flugkapitän Charles F. Burlingame und dem Ersten Offizier David Charlebois nach Los Angeles geflogen werden sollte. Um 8.09 Uhr stieß die Maschine mit vier Flugbegleitern und 58 Passagieren von ihrem Gate zurück, kurz darauf hob die Boeing ab und drehte im Steigflug auf einen westlichen Kurs. Nach 26 Minuten erreichte sie ihre Reiseflughöhe von 35000 Fuß. Auch auf diesem Flug hatte der Bordservice bereits begonnen. Ihren letzten ordentlichen Funkspruch machten die Piloten weitere fünf Minuten später. Zwischen 8.51 Uhr und 8.54 Uhr müssen die Attentäter mit Messern bewaffnet das Cockpit gestürmt haben. Dann wiesen sie die restlichen Passagiere und Flugbegleiter an, sich in das Heck der Maschine zu begeben. Ein Reisender meldete über sein Mobiltelefon, dass die Attentäter an Bord von American Airlines Flug 77 mit Teppichmessern bewaffnet waren.

Um 8.54 Uhr änderte Hanjour den Kurs der Boeing in Richtung Süden. Zwei Minuten später schaltete er den Transponder aus, Flug 77 verschwand von den Radarschirmen der Fluglotsen. Sogar auf dem Primärradar konnten die Lotsen die Maschine nicht mehr ausmachen. Punkt 9 Uhr wurde der Vizepräsident der Airlines Gerard Arprey informiert, dass man den Kontakt verloren hatte. Für Arprey war dies nun schon das zweite Problem an diesem Morgen. Der Manager reagierte: Er ordnete an, dass alle Flüge im Nordosten der Vereinigten Staaten, die noch nicht gestartet waren, am Boden bleiben sollten. Eine Warnung an die Maschinen in der Luft erging jedoch nicht. Erst als American erfuhr, dass auch bei United Airlines ein Flugzeug vermisst wurde, dehnten sie den Bodenstopp auf das gesamte Gebiet der USA aus.

An Bord von Flug 77 befand sich Barbara Olson, eine in den USA bekannte Juristin und Fernseh- sowie Radio-Analystin. Über ihr Mobiltelefon informierte sie ihren Mann, US-Generalbundesanwalt Ted Olson, von der Entführung. Als das Gespräch nach einer Minute abriss, versuchte Olson sofort, jedoch vergeblich, zurückzurufen. Dann versuchte er, ebenfalls vergeblich, US-Generalstaatsanwalt John Ashcroft zu erreichen. Übrigens ausgerechnet den Mann in einer Top-Position der US-Regierung, der seit August 2001 keine zivilen Verkehrsflüge mehr benutzte. Aber Ashcroft war nicht zu erreichen. Etwas später gelang es Barbara Olson erneut, mit ihrem Mann zu telefonieren und zu berichten, dass der Flug entführt worden war. Sie fragte, was sie dem Kapitän sagen, was dieser gegebenenfalls tun sollte. Ted Olson erzählte seiner Frau von den anderen beiden Entführungen und die Anschläge auf das World Trade Center. In diesem Moment brach die Verbindung wieder ab.

Im Cockpit schaltete Hanjour den Autopiloten aus. Die Maschine flog auf einer Höhe von nur noch 7000 Fuß und befand sich etwa 38 Meilen westlich des Pentagons. Um 9.32 Uhr bemerkten die Fluglotsen in Dulles ein Objekt auf ihrem Primärradar, welches sich mit hoher Geschwindigkeit in östlicher Richtung bewegte. Zwei Minuten später entdeckten auch die Kontrolllotsen auf dem Stadtflughafen Ronald Reagan Washington National das Objekt. Die Flugsicherung informierte den Secret Service, der in Washington insbesondere für den Schutz des Weißen Hauses zuständig ist, über ein unidentifiziertes Flugzeug, das sich dem Präsidentensitz näherte.

Im Pentagon hatte Verteidigungsminister Donald Rumsfeld gerade ein Arbeitsfrühstück mit einer Gruppe von Kongressabgeordneten beendet. Jetzt begab er sich zu seinem täglichen Nachrichtendienst-Briefing, in dessen Verlauf man ihn über die Vorfälle in New York unterrichtete, während Hanjour mit American Airlines 77 fünf Meilen west-südwestlich vom Pentagon eine 330 Grad Kursänderung vornahm und weiter an Höhe verlor. Als Hanjour die Kurve ausleitete, befand er sich nur noch 2200 Fuß über dem Erdboden. Die Nase des Flugzeuges zeigte genau auf das Pentagon und das dahinter liegende Stadtzentrum von Washington. Der Terrorist gab Vollgas und steuerte die Boeing direkt auf das Pentagon zu. Um 9 Uhr 37 Minuten und 46 Sekunden rammte sich die Maschine mit einer Geschwindigkeit von 530 Meilen pro Stunde in die Außenwand des Gebäudes.

Allmählich realisierten wohl auch die verantwortlichen Entscheidungsträger im FAA-Kommandozentrum in Hernon, dass sie die Situation nicht in den Griff bekamen. Seit mehreren Minuten versuchte man, von einem ranghohen Funktionär der FAA aus Washington den Befehl zu erhalten, den Luftraum der USA vollständig zu sperren. Jedoch kam diese Anweisung nicht, zumindest nicht von den Verantwortlichen, die sie hätten aussprechen müssen. So entschloss sich der diensthabende Operations Manager im FAA-Kontrollraum von Hernon, Ben Sliney, den Befehl auf eigene Faust auszugeben. Alle Kontrollzentren wurden aufgefordert, allen in der Luft befindlichen Maschinen, egal ob es sich um eine einmotorige Cessna oder eine Boeing 747 handelte, die Order zu erteilen, unverzüglich den nächst gelegenen Flughafen anzufliegen und dort zu landen. In den folgenden 75 Minuten landeten mehr als 4500 Flugzeuge in den USA. Maschinen, die sich im Anflug auf die USA befanden, mussten ausweichen oder umkehren.

Shanksville PN, 15:03:11 UTC
UNITED AIRLINES FLUG 93

Sozusagen in Sichtweite zu dem späteren ersten Anschlagsziel, den Zwillingstürmen des World Trade Centers, betrat gegen 7 Uhr morgens eine weitere Gruppe von vier Terroristen das Abfertigungsgebäude eines amerikanischen Großflughafens. Saeed al-Ghamdi, Ahmed al-Nami, Ahmed al-Haznawi und Ziad Jarrah begaben sich jeweils paarweise zum Check-in-Schalter von United Airlines auf dem Flughafen von Newark und legten ihre Tickets für den Flug Nummer 93 nach Los Angeles vor. Zwei Terroristen gaben Gepäck auf, die anderen beiden nicht. Auch al-Haznawi wurde von CAPPS für eine eingehendere und wiederum erfolglose Kontrolle ausgewählt. Die Männer passierten ohne Probleme die Sicherheitskontrollen, die wie in Dulles mit Mitarbeitern der Firma Argenbright Security besetzt waren. Und wie am Kontrollpunkt in Boston gab es hier am 11. September keine Video-Überwachungskameras. Zwischen 7.39 Uhr und 7.48 Uhr gesellten sich in der Boeing 757 zu 33 Passagieren, 5 Flugbegleitern und der Cockpitbesatzung mit Kapitän Jason Dahl und Copilot Leroy Homer die vier Terroristen. Den Sitzplatz 1 B in nächster Nähe zum Cockpit belegte Jarrah. Damit war es den Attentätern am Morgen des 11. September 2001 gelungen, 19 Komplizen an Bord von vier inneramerikanischen Langstreckenflügen zu platzieren und alle Sicherheitsbarrieren erfolgreich zu umgehen.

Wegen des für Newark typischen schweren Verkehrsaufkommens am Morgen verzögerte sich der Start von Flug 93. Die Terroristen hatten Flüge ausgewählt, die alle ab 7.45 Uhr im Abstand von zehn bis 15 Minuten hätten abfliegen sollen (American Airlines 11 um 7.45 Uhr, United Airlines 175 und 93 um jeweils 8 Uhr sowie American Airlines 77 um 8.10 Uhr). Tatsächlich waren die drei Flüge auch alle innerhalb des geplanten Zeitraumes gestartet, bis auf United 93. Als die Boeing 757 um 8.42 Uhr auf der Startbahn in Newark beschleunigte, hatte sie mehr als 25 Minuten Verspätung, die anderen Maschinen befanden sich teilweise schon in der Hand der Entführer, und nur vier Minuten später flog Mohammed Atta die Boeing 767 in den Nordturm des World Trade Centers.

Trotzdem waren die Piloten Dahl und Homer völlig ahnungslos. Erst gegen 9 Uhr realisierten die FAA sowie die Verantwortlichen bei den betroffenen Fluggesellschaften, dass sie es offensichtlich mit mehreren gleichzeitigen Entführungen zu tun hatten. Und auch um 9.03 Uhr, als die zweite Boeing in den Südturm einschlug, unternahmen weder die FAA noch die Krisenmanager bei American und United Airlines irgendwelche Versuche, ihre anderen in der Luft befindlichen Flüge zu warnen. Dies wiegt umso schwerer, als sich zu diesem Zeitpunkt United Flug 93 noch nicht in der Gewalt der Entführer befand.

Erst gegen kurz nach 9 Uhr realisierten die Fluglotsen in Boston beim erneuten Abhören der Funksprüche, dass einer der Entführer von American Airlines Flug 11 (vermutlich Mohammed Atta) um 8 Uhr 36 Minuten und 56 Sekunden gesagt hatte: »Wir haben einige Flugzeuge.« Hatte man diese entscheidende Äußerung schlicht überhört? Niemand, der an diesem Tag bei der FAA oder den Fluggesellschaften an geeigneter Stelle seinen Dienst tat, war jemals mit mehreren gleichzeitigen Entführungen befasst gewesen, weder real noch in einer Übungssituation. Denn seit über 30 Jahren hatte es so etwas nicht mehr gegeben, und noch niemals auf dem Territorium der USA. Dennoch war ein solches Szenario nicht völlig abwegig. In einem speziellen Bericht im offiziellen Civil Aviation Reference Handbook der FAA von Mai 1999 wurde der letzte Vorfall dieser Art sogar ausführlich erwähnt: Am 6. September 1970 gelang es Mitgliedern der PLO, annähernd zeitgleich eine Boeing 747 der amerikanischen Fluggesellschaft Pan Am, eine Boeing 707 der TWA sowie eine Swissair DC-8 zu entführen. Drei Tage später brachte ein weiteres PLO-Kommando eine britische Maschine in ihre Gewalt. Lediglich den Versuch, auch noch ein Flugzeug der israelischen EL-AL zu kapern, konnten die Sicherheitskräfte vereiteln. Die Pan-Am-Maschine landete in Kairo und wurde von den Entführern nach der Freilassung aller Geiseln auf dem Rollfeld gesprengt. Die anderen drei Maschinen landeten in der Nähe von Amman in Jordanien. Die Passagiere und Besatzungsmitglieder wurden als Geiseln gehalten, die Flugzeuge allesamt spektakulär in die Luft gejagt. Vollkommen neu und überraschend waren die Ereignisse also nicht. Doch am 11. September 2001, als sich spätestens gegen 9 Uhr die Hinweise auf die Entführung mehrerer Flugzeuge verdichteten, kam es keinem der Verantwortlichen auf den Leitungsebenen der FAA und der Airlines in den Sinn, dass man vielleicht gut daran täte, alle Maschinen am Boden wie in der Luft zu warnen, dass auch sie möglicherweise Ziel eines Anschlages werden könnten. Der nationale Bodenstopp, den American Airlines gegen 9.05 Uhr und kurz darauf auch die United Airlines verfügte, reichte nicht aus. Zu diesem Zeitpunkt befanden sich zahlreiche Maschinen in der Luft, und niemand konnte wissen, ob Terroristen auch für diese Flüge eingecheckt hatten.

Die Bostoner Fluglotsen, welche die ersten beiden Entführungen unmittelbar verfolgten, baten das FAA-Kommandozentrum in Hernon inständig, an alle im Flug befindlichen Maschinen eine Warnung auszugeben, die Cockpits zu sichern. Das FAA-Kommandozentrum aber reagierte nicht. Verschiedene hochrangige Manager der Aufsichtsbehörde erklärten später vor dem Untersuchungsausschuss, ihrer Auffassung nach hätte es in der Verantwortung und Zuständigkeit der Fluggesellschaften gelegen, ihre Besatzungen von einem eventuellen Sicherheitsproblem zu unterrichten. Ellen King von der FAA sagte dem Untersuchungsausschuss wörtlich, dass »es nicht an der FAA sei, den Fluggesellschaften vorzuschreiben, was sie ihren Piloten zu sagen hätten«.[92]

Doch wie sollten die Fluggesellschaften angemessen reagieren, wenn ihnen sachgerechte Informationen von der Behörde vorenthalten wurden? American Airlines jedenfalls, so viel ist heute belegt, sendete am 11. September 2001 keine Warnung an die Cockpits. Anders bei United: Hier ist es einem Flug-Dispatcher (Flugleiter) zu verdanken, dass ab 9.19 Uhr wenigstens die eigenen Piloten gewarnt waren. Ed Ballinger sendete mithilfe des ACARS[93] folgende Mitteilung an 16 transkontinentale United-Flüge: »Vorsicht vor Übergriffen auf das Cockpit – zwei Flugzeuge sind im World Trade Center eingeschlagen.« Diese Warnung empfing um 9.23 Uhr auch Kapitän Jason Dahl im Cockpit von United Flug 93. Nach geschlagenen zwei Minuten fragte er zurück: »Ed, bitte bestätige letzte Meldung, Jason.« Gemäß den Aufzeichnungen des Cockpit-Voice-Recorders begannen die Attentäter ihren Angriff fünf Minuten, nachdem Dahl zunächst ungläubig die ACARS-Anzeige gelesen hatte. Die Fluglotsen in Cleveland wurden unmittelbare Zeugen des Überfalls, da die Maschine gerade in 35 000 Fuß Höhe den Bundesstaat Ohio überflog und einer der Piloten offenbar geistesgegenwärtig auf die Sendetaste seines Funkgerätes drückte. Die Lotsen vernahmen Kampfgeräusche und das Wort »Mayday«, mit dem eine Notlage erklärt wird. 35 Sekunden darauf empfingen sie erneut einen

Funkspruch, aus dem zu schließen war, dass der Kampf im Cockpit andauerte. Einer der beiden Piloten ist dreimal hintereinander mit den Worten zu hören:»Macht, dass ihr hier rauskommt!«

Doch die Attentäter gewannen die Oberhand, Jarrah nahm einen der beiden Pilotensitze ein und versuchte, eine Ansage über das Bordlautsprechersystem zu machen:»Meine Damen und Herren: Hier spricht der Kapitän, bitte setzen Sie sich hin und bleiben Sie auf Ihren Plätzen. Wir haben eine Bombe an Bord, also bleiben Sie sitzen.« Dann stellte Jarrah den Autopiloten auf einen Gegenkurs in Richtung Osten ein. Von den Aufzeichnungen des Voice-Recorders weiß man, dass sich eine Frau, vermutlich eine Flugbegleiterin, im Cockpit befand, die sich nachhaltig gegen einen der Attentäter zur Wehr setzte. Plötzlich verstummte sie, woraus die Ermittler schlossen, dass sie von den Terroristen entweder getötet oder anderweitig ruhig gestellt wurde.

Auch hier begannen jetzt die Passagiere, Familienmitglieder, Freunde oder Kollegen anzurufen und aus erster Hand über die Vorgänge an Bord der gekaperten Maschine zu berichten. Im Gegenzug erfuhren sie von den Vorfällen in New York. Die Attentäter wüssten zwar von den Telefonaten, erzählten zwei Passagiere ihren Verwandten, störten sich aber nicht daran. Unklar ist, ob Jarrah zu diesem Zeitpunkt über den Erfolg der Anschläge auf das World Trade Center informiert war. Theoretisch hätte er dies der ACARS-Mitteilung entnehmen können. Doch auch ohne deren Kenntnis war klar, dass die Anschläge durchgeführt waren, da der Flug Newark erst mit Verspätung verlassen hatte. Auf jeden Fall hätte ihm aufgehen müssen, dass seine Ansagen über das Bordlautsprechersystem ihr Ziel verfehlten, zumal sich die Passagiere inzwischen ihr eigenes Bild machten.

Die Attentäter waren mit Messern bewaffnet, trugen rote Stirnbänder und hatten die Fluggäste in den hinteren Teil der Kabine gedrängt. Einen Passagier hatten sie niedergestochen, eine Flugbegleiterin getötet, außerdem lagen zwei weitere Personen, vermutlich Kapitän Dahl und Copilot Homer, verletzt oder tot auf dem Boden. Das alles weiß man aus den Telefonaten. Fünf Anrufer bestätigten zudem, dass die Passagiere und überlebenden Flugbegleiter sich zu einer Revolte gegen die Attentäter organisierten. Währenddessen manövrierte Jarrah die Boeing in Richtung Washington. In einem seiner beiden Navigationsempfänger hatte er die Frequenz des Funkfeuers auf dem Ronald Reagan National Airport, dem Stadtflughafen unmittelbar am Ufer des Potomac, vorgewählt. Es sollte also ein Ziel in der US-Hauptstadt, vermutlich das Capitol oder sogar das Weiße Haus[94] angesteuert werden.

Die Revolte begann um 9.57 Uhr. Auf dem Cockpit-Voice-Recorder ist das Stimmengewirr der angreifenden Passagiere, abgedämpft durch die zwischen der Kabine und dem Cockpit liegende Tür, deutlich zu hören. Jarrah reagierte sofort. Er rollte die Maschine heftig nach links und rechts in einem Versuch, die Angreifer aus dem Gleichgewicht zu bringen. Außerdem befahl er, die Tür zu blockieren. Als der Angriff dennoch anhielt, wechselte der Terrorist seine Taktik. Er zog die Nase der Maschine hoch und drückte sie anschließend sofort wieder nach unten. Das Band hat die Geräusche von klirrendem Glas und Platten sowie Rufe und dumpfe Schläge verzeichnet. Um 10 Uhr stabilisierte Jarrah die Fluglage der Boeing und fragte seinen Komplizen im Cockpit: »Ist das alles? Sollen wir es zu Ende bringen?« Dieser antwortete: »Nein, noch nicht. Wenn sie alle kommen, dann bringen wir es zu Ende.« Der Kampf vor der Cockpittür dauerte an. Einer der Passagiere rief: »In das Cockpit. Wenn wir es nicht erreichen, sind wir tot.« Jarrah stoppte seine abrupten Manöver und sagte zweimal sehr deutlich: »Allah ist der Größte.« Dann fragte er den weiteren Attentäter: »War's das? Sollen wir sie runterbringen?« Worauf dieser erwiderte: »Ja, steck es rein und zieh sie runter.«

Die Passagiere setzten unterdessen ihren Angriff auf die Cockpittür unvermittelt fort. Um 10.02 Uhr sagte einer der Attentäter im Cockpit erneut: »Zieh sie runter! Zieh sie runter!« Den Terroristen muss in diesem Augenblick bewusst geworden sein, dass die Passagiere sie in wenigen Sekunden überwältigen würden. Jarrah drückte die Steuersäule nach vorne und leitete eine Lenkbewegung nach rechts ein. Die Maschine rollte in eine Rückenlage und schoss mit 580 Meilen pro Stunde auf ein Feld in der Nähe von Shanksville in Pennsylvania zu. Die Attentäter sind noch mit dem Ausruf »Allah ist der Größte!« zu hören, während im Hintergrund die Attacken der aufständischen Passagiere trotz der unnatürlichen Fluglage anhalten. Sekunden später bohrte sich die Maschine in den aufgeweichten Acker. Die vier Attentäter hatten ihr Ziel, ein weiteres Symbol der Vereinigten Staaten in deren Hauptstadt zu zerstören, nicht erreicht. Nur 20 Flugminuten trennten sie von der Metropole.

Post 9/11

»Terrorists could not have carried out such an operation with 4 hijacked planes without the support of a secret service.«

Horst Ehmke am 4. Dezember 2001

Schon wenige Minuten nach den Anschlägen liefen am World Trade Center die Rettungsarbeiten auf Hochtouren. Mehrere 100 Feuerwehrleute, Polizisten und Rettungssanitäter waren im Einsatz, als um 10.05 Uhr – 62 Minuten, nachdem United Airlines 175 im Bereich des 78. bis 84. Stockwerkes eingeschlagen war – der Südturm in sich zusammenbrach. Knapp eine Viertelstunde später gab auch die Konstruktion des Nordturms nach, und das Gebäude fiel in sich zusammen – exakt 104 Minuten nachdem Mohammed Atta die Boeing 767 zwischen den 92. und 98. Stock manövriert hatte. Zu diesem Zeitpunkt hielten sich nach offiziellen Schätzungen an die 40 000 Menschen in den Zwillingstürmen auf.

Die Zustände können nur als chaotisch bezeichnet werden, zumal man in New York nur unzureichend auf eine solche Katastrophe vorbereitet war. Insbesondere gab es Kommunikationsprobleme bei den Rettungsmannschaften wegen überlasteter Funkfrequenzen. Anrufer aus den Stockwerken oberhalb der Einschlagstellen wurden von den Telefonisten der Notfallrufnummer aufgefordert, sich nicht wegzubewegen. Nur wenige durch die Anschläge und das danach ausgebrochene Feuer Verletzte konnten gerettet werden. Nachhaltig sind die Bilder von verzweifelten Menschen in Erinnerung geblieben, die oberhalb der Einschlagstellen eingeschlossen waren und sich aus Verzweiflung in die Tiefe stürzten. Der Weg auf die Dächer war blockiert, die Türen zu den Plattformen elektronisch und mechanisch verriegelt. Nur 18 Personen gelang der Abstieg aus Stockwerken oberhalb der Einschlagzone der Flugzeuge. Insgesamt 6291 Personen mussten medizinisch versorgt werden. Außer den beiden Zwillingstürmen wurden die fünf Nebengebäude des World Trade Centers sowie 20 weitere Gebäude in der unmittelbaren Nachbarschaft schwer beschädigt, manche stürzten ein.

In New York kamen an diesem Morgen über 2759 Menschen ums Leben, von denen über 1000 nie gefunden wurden, darunter die 157

Über 2700 Menschen starben am Morgen des 11. September 2001
in New York, darunter über 300 Retter und Feuerwehrleute.

Passagiere an Bord der beiden Flugzeuge und die zehn Attentäter. Weitere 343 Opfer waren unter den Rettern und Feuerwehrleuten zu beklagen. Das Feuer im Bereich des World Trade Centers brannte noch mehrere Wochen und behinderte die Rettungs- und Aufräumarbeiten. Es konnte erst am 19. Dezember endgültig gelöscht werden. In den folgenden Monaten wurden 1,8 Millionen Tonnen Trümmer entfernt, auch knapp 100 Tonnen gesundheitsschädigender Asbeststaub. Als Folge davon litten Mitte 2004 mehr als die Hälfte der 1000 Helfer und Freiwilligen an Atmungsproblemen.

In Washington starben am 11. September 125 Menschen im Pentagon, darunter zahlreiche Zivilisten sowie die 64 Personen an Bord von American Airlines Flug 77. Das Pentagon selber wurde schwer beschädigt. Die Boeing 757 durchschlug drei Außenringe des Gebäudes und brachte die oberen Flure zum Einsturz.

Signifikante Auswirkungen hatten die Attentate auch auf die Wirtschaft der Vereinigten Staaten und die übrigen Weltmärkte. Die New Yorker Börse blieb bis zum 17. September geschlossen. Als sie nach ihrer längsten Schließung seit der Depression im Jahr 1933 wieder öffnete, fiel der Aktienindex um 684 Punkte, was einem Verlust von 7,1 Prozentpunkten entspricht. Am Ende der Woche war der Dow Jones um insgesamt 1369,7 Punkte (14,3 Prozent) gefallen: der größte Verlust in der Geschichte. US-Aktien hatten innerhalb einer Woche die astronomische Summe von 1,2 Trillionen Dollar an Wertverlust hinnehmen müssen.

Die Anschläge und die danach erhobenen Entschädigungsforderungen zwangen die Versicherer und ihre Rückversicherer weltweit zur Offenlegung ihrer finanziellen Beteiligungen sowie der Auswirkungen auf ihre eigenen Bilanzen. Im April 2004 wies ein Gericht die Klage des Vermieters des World Trade Centers Larry Silverstein ab, in der dieser feststellen lassen wollte, dass es sich bei den Anschlägen mit zwei Flugzeugen um zwei getrennte Schadensfälle handelte – zumindest versicherungstechnisch. Damit hätte Silverstein die Auszahlung einer Versicherungssumme in Höhe von 7 Milliarden Dollar zugestanden. Die Schweizer Rückversicherung und andere Unternehmen trugen jedoch erfolgreich vor, dass es sich bei den Anschlägen um ein kausales Ereignis gehandelt habe und Silverstein nur den Betrag von 3,5 Milliarden Dollar einfordern könne. Bereits ein Jahr zuvor hatte der New Yorker

Richter Alvin Hellerstein ein Verfahren gegen drei Fluggesellschaften, die Sicherheitsdienste ICTS International NV und Pinkerton's Airport Security, die Eigentümer des World Trade Centers und die Firma Boeing zugelassen. Das Verfahren war von Verletzten, Vertretern der Opfer und Personen, die Eigentumsschäden erlitten hatten, angestrengt worden. Im September 2004, kurz vor Eintritt der Verjährungsfrist für eventuelle Ansprüche, reichten dann auch die Versicherer des World Trade Centers eine Klage gegen American Airlines, United Airlines und Pinkerton's Airport Security ein. Sie warfen den Firmen vor, dass es durch ihre Nachlässigkeit überhaupt erst zu den Entführungen hatte kommen können.

»Safety«, Flugsicherheit, ist ein alter Aspekt, der im Zuge von Kosteneinsparungen bei Airlines, Ausbildungs- und Wartungsbetrieben seit Jahren immer weiter auf den kleinsten gemeinsamen Nenner heruntergefahren wurde. »Security« dagegen ist eine neue Dimension der Sicherheit beim Fliegen, die Airlines wie Aufsichtsbehörden seit dem 11. September 2001 vor neue Aufgaben stellt. Aber sind diese Aufgaben wirklich so neu? Oder standen auch hier die Zeichen an der Wand, wurden aber geflissentlich übersehen oder nicht sonderlich ernst genommen, bevor es zur unbeschreiblichen Katastrophe kam? Mohammed Atta und seinen Komplizen gelang es jedenfalls ohne große Probleme, alle Barrieren zu umgehen und das bestehende Sicherheitssystem ad absurdum zu führen. Sie nutzten die hinreichend bekannten Schwachstellen, um ihren teuflischen Plan zu realisieren.

Spätestens im März 1994, als es Terroristen an vier Tagen innerhalb einer Woche gelang, sich mit Granatwerfern im Abflugbereich des Londoner Flughafens Heathrow zu positionieren, lag es auf der Hand, dass ein Flug zu jedem zivilen Verkehrsflughafen von einem erhöhten Risiko betroffen ist, und zwar nicht nur die Flüge in und aus den USA. Die entsprechenden Konsequenzen wurden allerdings nicht gezogen. Wenn ein Flugzeug heute Ziel eines terroristischen Anschlages werden soll und die Terrorgruppe über geeignete Mittel und qualifizierte Mitglieder verfügt, hat ein Flugzeug samt seiner Passagiere nach wie vor keine Chance.

Seit den jüngsten Anschlägen mit Flugabwehrraketen auf zivile Maschinen – die am 27. November 2002 auf eine israelische Boeing 757 kurz nach dem Start in Mombasa abgefeuerte schultergestützte Rakete verfehlte glücklicherweise ihr Ziel – diskutiert die Branche das Für und Wider von geeigneten Abwehrsystemen analog zu militärischen Flugzeugen auch für Passagiermaschinen. Nur leider bleiben diese Bemühungen auf halber Strecke stehen oder versacken im Dickicht bürokratischer Verwaltungsmaßnahmen. Und gut, dass wir da Al-Qaida haben. Lässt sich doch mit dem Kampf gegen den internationalen Terrorismus nicht nur ein Krieg gegen den Irak und ein Feldzug gegen die so genannte Achse des Bösen, sondern jeglicher Aktionismus rechtfertigen, ohne die Effektivität der Einzelmaßnahmen kritisch überprüfen oder rechtfertigen zu müssen. Spätestens seit diese Vokabeln mit den Anschlägen vom 11. September 2001 in das öffentliche Bewusstsein gedrungen sind, erwachen bei Erwähnung am Telefon oder in einer E-Mail nicht nur die elektronischen Großhirne in den abgeschotteten Rechenzentren im US-Bundesstaat Virginia, auch die Sicherheitskräfte werden aktiv. Intensiv überwacht man »Kleinigkeiten« und versucht, die Völkerwanderung eines einzigen Reisetages gewissenhaft zu koordinieren und zu kontrollieren. Trotzdem gelingt es pfiffigen Studenten und immer wieder auch Journalisten, alle möglichen verbotenen Artikel an Bord von Flugzeugen zu verstecken. In Frankfurt etwa nimmt eine Polizeibeamtin »aus Versehen« ihre Dienstwaffe an Bord eines deutschen Ferienfliegers unbemerkt mit in den Urlaub. Oha! Geht da jemandem ein Licht auf? Könnte es sein, dass es um die vermeintlich höhere Sicherheit gar nicht so gut bestellt ist, wie glauben gemacht werden soll? Ist es mit der »Security« auch nach dem 11. September immer noch nicht weit her? Wird mit ihr weniger fahrlässig umgegangen als mit der »Safety«, weil die Verantwortlichen unter den Regierenden ihr Augenmerk auf ganz andere Ziele als die unmittelbar notwendige Optimierung der Sicherheit richten?

Die USA, die ohnehin leicht zu Übertreibungen neigen, nehmen für sich in Anspruch, alle vermeintlichen Defizite, die zu den Anschlägen am 11. September führten, analysiert und durch geeignete Gegenmaßnahmen behoben zu haben. Zumindest nach außen, um die aufgebrachte amerikanische Öffentlichkeit zu besänftigen. Eine neue Sicherheitsbehörde, die Transportation Security Administraton (TSA), wurde in Rekordzeit etabliert. Seit ihrer Gründung können die Bürger sich nun auf deren Webseite täglich über das gerade anstehende »Bedrohungspotenzial« informieren. Offenbar in Anlehnung an den Star-Trek-

Kult wurden verschiedene Alarmstufen eingerichtet, und je nach Bedrohungslage gibt es nun wie auf dem Raumschiff Enterprise Alarmstufe gelb, orange oder rot. Die wirklich relevanten Fragen wurden jedoch nicht beantwortet, geschweige denn hinreichend untersucht.

Warum zum Beispiel versagte die amerikanische Luftabwehr? Warum wurden Abfangjäger in eine Warteschleife nördlich von New York geschickt? Warum wurde eine weitere Staffel nach dem ersten Anschlag auf das World Trade Center aufs Meer hinaus nach Osten dirigiert, statt in Richtung Hauptstadt, als auch American Airlines 77 Kurs auf New York nahm?

Chaos bei der FAA, Verwirrung bei der Air Force und die viel beschworene innere Sicherheit

> *»Generally it is impossible to carry out an act of terror on the scenario*
> *which was used in the USA yesterday. We had such facts too.*
> *As soon as something like that happens here, I am reported about that right*
> *away and in a minute we are all up.«*
>
> Der Oberkommandierende der russischen Luftwaffe,
> General Anatoli Kornukow, am 12. September 2001

Das North American Aerospace Defense Command (NORAD) hatte noch einige Wochen vor den Anschlägen mit Flugzeugen der Air Force eine Übung abgehalten, in der es darum ging, eine entführte Passagiermaschine aufzuspüren und abzufangen. Es erscheint paradox, dass ausgerechnet eine mit modernster Waffentechnologie hochgerüstete Nation, die für sich in Anspruch nimmt, überall auf der Welt mit einem Präzisionsbombardement für die Sache der Demokratie zu kämpfen, der Situation im eigenen Land nicht gerecht zu werden vermochte. Immerhin wurden Milliarden von Dollar jährlich in modernste Waffentechnologie investiert.

Am Morgen des 11. September standen den Militärs zwei Militärbasen zur Verfügung, die im Zuständigkeitsbereich des Northeast Air Defense Sectors (NEADS) lagen. Jede Basis, die eine in Otis, Massachusetts, die andere in Langley, Virginia, verfügte über zwei voll getankte und bewaffnete Abfangjäger. Jedoch war NORAD auf die enge Zusammenarbeit mit der FAA und der dortigen zivilen Fluglotsen angewiesen. Außerdem herrschte bei den Militärs die Ansicht, dass der Befehl zum Abschuss eines zivilen Flugzeuges von einer »Nationalen Kommando-Autorität«, also vom Präsidenten oder vom Verteidigungsminister kommen müsse.

Als American Airlines 11 um 8.21 Uhr vom Radar des FAA-Lotsen verschwand, behandelte dieser den Vorfall gemäß Anweisung seines Vorgesetzten wie einen normalen Ausfall des Funkverkehrs. Zwischen 8.25 und 8.32 Uhr, nachdem die Lotsen in Boston Attas versehentlich über Funk gesendete Ansage an die Passagiere gehört hatten, ging man jedoch von einer Entführung aus. Das Kontrollzentrum in Boston benachrichtigte das FAA-Hauptquartier, ganz so wie es vorgeschrieben war. Auch dort folgte man zwar intern dem Protokoll, jedoch wurden weder die Militärs verständigt, noch forderte man von ihnen eine Jagdflugzeugescorte an. Um 8.38 Uhr schließlich verständigte das Bostoner Kontrollzentrum entgegen der vorgeschriebenen Hierarchie direkt den Leitstand von NEADS. Dabei kam es zu folgendem Dialog:

FAA:»Hi, Bosten Center, Verkehrsmanagement Einheit hier, wir haben ein Problem. Wir haben ein entführtes Flugzeug, das sich in Richtung New York bewegt, und wir brauchen eure Jungs, wir brauchen jemanden, der einige F-16 in die Luft bekommt, um uns zu helfen.«

NEADS:»Ist das real oder eine Übung?

FAA:»Nein, das ist keine Übung, kein Test.«

Um 8.46 Uhr waren zwei bewaffnete F-15-Kampfflugzeuge in Otis startbereit. Allerdings konnte ihnen ihr Leitstand nicht sagen, wo sie genau hinfliegen sollten. Die militärischen Lotsen suchten auf ihren Radarschirmen nach dem vermeintlichen Ziel: American Airlines Flug 11, doch die Boeing schlug in diesen Sekunden gerade in den Nordturm des World Trade Centers ein. Als sich die Kampfflugzeuge um 8:53 endlich in der Luft befanden, wurde ihnen eine Warteschleife in einem militärischen Luftraum über Long Island zugewiesen, wo sie bis 9.16 Uhr Kreise zogen. Dabei hatte das Militär schon vor 13 Minuten, dieses Mal per Telefon vom FAA-Kontrollzentrum in New York, erfahren, dass es ein weiteres entführtes Flugzeug gab. Um 9.25 Uhr erreichten die Kampfjets Manhattan und patrouillierten über der Stadt. Weil die Flugzeuge schon sehr viel Kraftstoff verbraucht hatten, wurden um

9.09 Uhr zwei weitere Maschinen auf der Langley Air Force Base in Gefechtsbereitschaft versetzt.

Obwohl die Lotsen bereits seit 8.56 Uhr auch American Airlines Flug 77 über ihr Radar nicht mehr ausmachen konnten, erhielten die Militärs hierüber keine Mitteilung. Die zivilen Fluglotsen der FAA auf dem Flughafen in Dulles waren inzwischen angewiesen worden, nach Flug 77 Ausschau zu halten. Doch statt diese Details an die Militärs und die startbereiten Abfangjäger weiterzuleiten, machte die FAA noch um 9.21 Uhr eher verwirrende Angaben über einen Flug, den es gar nicht mehr gab: American Airlines Flug 11. Dennoch erhielten nun auch die Kampfflugzeuge aus Langley den Befehl zu starten. Der für ihren Einsatz verantwortliche Offizier befahl, dass die Maschinen in Richtung Hauptstadt fliegen sollten, also nach Westen. Kurz darauf wurden die Piloten vom Oberkommando der NEADS aufgefordert, Kurs nach Osten Richtung Baltimore zu setzen. Dort, meinten die Militärs, wären die Kampfflugzeuge in einer strategisch besseren Position, wenn American Airlines Flug 11 auf Washington zufliegen würde. Eine Fehleinschätzung von NEADS, zurückzuführen auf die Fehlinformationen, die man dort durch die FAA erhalten hatte.

Erst als NEADS um 9.36 Uhr ein unidentifiziertes Flugzeug in unmittelbarer Nähe des Weißen Hauses gemeldet wurde, drehten die Maschinen ab und nahmen Kurs in die entgegengesetzte Richtung nach Washington. Als Flug 77 um 9.37 Uhr im Pentagon einschlug, waren die Kampfflugzeuge daher noch 150 Meilen entfernt. Und auch vom vierten Flug, United 93, wollen die Militärs erst gehört haben, nachdem die Maschine abgestürzt war[95].

Der 9/11-Untersuchungsbericht kommt zu dem Schluss, dass die Luftverteidigung der USA an diesem Tag »nicht im Einklang mit den existierenden Vorschriften und dem üblichen Training war. Sie wurde improvisiert durch Zivilisten, die nie mit einem Flugzeug, welches zu verschwinden beabsichtigt, konfrontiert (waren), und durch Militärs, die auf die Verwandlung eines zivilen Flugzeuges in eine Massenvernichtungswaffe nicht vorbereitet waren.«

Bleibt zu fragen: Hatten Präsident Bush, seine Vize Richard Cheney oder Verteidigungsminister Donald Rumsfeld einen dezidierten Abschussbefehl erteilt? Zumindest nicht für die beiden ersten Maschinen, so viel ist durch die Protokolle, Aufzeichnungen und Telefonmitschnitte belegt. Als Flug 77 jedoch auf das Pentagon anflog, wurde Vizepräsident Cheney vom Secret Service aus dem Weißen Haus evakuiert. Kurz darauf telefonierte er aus einem Zugangstunnel zum unterirdischen Bunker mit George W. Bush, der sich an Bord der Air Force One befand. Über den Inhalt des Gespräches sind der Öffentlichkeit keine Einzelheiten bekannt. Kurz nach 10 Uhr telefonierte Cheney erneut mit Bush. Inzwischen hatten sich die Hinweise auf ein viertes entführtes Flugzeug, United Flug 93, verdichtet. Vor der 9/11-Kommission sagte Bush später aus, dass er zu diesem Zeitpunkt, auch gegenüber Cheney, den Abschuss explizit genehmigt hatte. Zwischen 10.10 Uhr und 10.15 Uhr wies einer der im Regierungsbunker anwesenden Militärs Richard Cheney darauf hin, dass sich die Maschine nun 80 Meilen außerhalb Washingtons befand. Er bat Cheney um die Erlaubnis für die Kampfflugzeuge, United Flug 93 anzugreifen. Cheney erteilte sie. Wenige Minuten später betrat der Militär erneut den Raum, berichtete, die Maschine sei jetzt 60 Meilen vor Washington und erbat erneut den Angriffsbefehl. Cheney sagte wieder:»Ja.«[96] Bis heute wird durch die US-Regierung und Militärs bestritten, dass Flug 93 durch militärische Einwirkung zum Absturz gebracht wurde.

Die größte Kritik blieb jedoch abermals an der Aufsichtsbehörde FAA und ihrer Führungsriege hängen. Was nutzt eine nationale Flugaufsichtsbehörde, die im entscheidenden Moment nicht handelt, weil sie meint, den Airlines keine Anweisungen erteilen zu dürfen? Wie krisensicher ist die Behörde, wenn ihre Mitarbeiter sich im Ernstfall nicht an die Spielregeln sowie die etablierten Praktiken im Umgang mit den Militärs halten? Dieses Wegsehen und Wegdelegieren von Verantwortung wurde offenbar schon im Vorfeld der Ereignisse praktiziert, was den fatalen Ausgang am 11. September letztlich erst möglich machte. Überhaupt: Gab es weder bei den Airlines noch in den Kontrollzentren verbindliche Verfahren für einen Entführungsfall dieser Art? Und wie konnte es sein, dass die Terroristen durch alle Sicherheitsbarrieren rutschten, zumal einige von ihnen den Behörden längst einschlägig bekannt waren?

Eine Fülle von Fragen ergibt sich im Rückblick, auf die man im offiziellen Untersuchungsbericht der 9/11-Kommission keine schlüssigen Antworten findet. In Ermangelung einer offiziellen Untersuchung durch eine neutrale Institution wurde in dem einschließlich aller

Anmerkungen und Anhänge mehr als 1000 Seiten starken Bericht nur zaghaft ein wenig an der Oberfläche gekratzt. Dennoch ist er derzeit das einzige wirklich verwertbare Dokument, das Aufschluss über die Ereignisse gibt, und deshalb stütze auch ich einen Großteil der gewonnenen Erkenntnisse auf diese Quelle.

Offiziell sind die Vorkommnisse vom 11. September sowie ihre Vorgeschichte damit weitgehend aufgeklärt, heißt es zumindest in US-Regierungskreisen. Die USA seien an diesem Tag kalt erwischt worden, die Geschehnisse seien unabwendbar gewesen. Ganz ähnlich lauteten die Erklärungen nach dem Überfall der Japaner auf die US-Pazifikflotte in Pearl Harbour am 7. Dezember 1941. Nur wurden diese öffentlich von einer unabhängigen Kommission minutiös untersucht, die alle Versäumnisse – auch die der Regierungskreise – schonungslos offen legte. Nicht so nach den Anschlägen im September 2001. Daher ist es nicht verwunderlich, dass sich bis heute hartnäckig Gerüchte halten, das Ganze sei in einer geheimen Aktion von regierungsnahen Kreisen organisiert worden, um Präsident George W. Bush den notwendigen Rückhalt für seine »Kreuzzüge« gegen Al-Qaida, Afghanistan, Irak und dann womöglich gegen Nordkorea und Iran zu liefern. Gleichzeitig setzte die Bush-Administration drastische Reformen für die innere Sicherheit der USA in Rekordzeit um. Die verfassungsmäßigen Grundrechte wurden eingeschränkt, und im Namen des »Heimatschutzes« haben US-Behörden regelrechte Narrenfreiheit. E-Mail, Post und Telefon sind jederzeit griffbereit in den Aktenordnern von FBI, CIA, National Security Agency (NSA)[97] sowie der neu geschaffenen Homeland and Security Agency. Aber waren sie das nicht auch schon vor dem 11. September 2001?

Das Fliegen ist nach den Attentaten, besonders in den USA, aus der Perspektive der Passagiere und Besatzungen nicht zwangsläufig sicherer, aber erheblich umständlicher geworden. Teilweise werden die Sicherheitsmaßnahmen sogar als entwürdigend empfunden. Damit eine ausländische Airline die USA überhaupt anfliegen darf, muss sie sich heute verpflichten, umfangreiche Daten aus der Buchung des Passagiers schon im Vorfeld an die US-Behörden zu übermitteln. Obwohl einige dieser Daten in den meisten europäischen Ländern ausdrücklich dem Datenschutz unterliegen, geben die Fluggesellschaften sie weiter. Sie haben gewissermaßen keine andere Wahl. Die Passagiere sind gläsern geworden – zumindest für die amerikanischen Behörden. Auch das aufgegebene Gepäck wird intensiveren Durchleuchtungsverfahren unterzogen als je zuvor. Geht ein Flug ins Ausland, wird verdächtig aussehendes Gepäck regelmäßig von Sicherheitsbeamten geöffnet und einer individuellen Prüfung unterzogen. In den USA ist mit der so genannten »last line of defense«, den Screenern, die Passagiere und Handgepäck vor dem Abflug überprüfen, wie auch mit dem Sicherheitspersonal schlecht Kirschen essen. Besonders sensibel reagieren die Beamten der neu geschaffenen TSA auf lockere Bemerkungen von Passagieren, aber auch von regulärem Flugpersonal. Ein 51-jähriger Copilot der Air France erlaubte sich am 8. August 2003 zum Beispiel einen schlechten Scherz, als er von der TSA vor Betreten des Abflugbereiches aufgefordert wurde, seine Schuhe auszuziehen. Dem Piloten rutschte eine unüberlegte Bemerkung heraus, die der Sicherheitsbeamte als »Ich habe eine Bombe im Schuh« verstand, womit dieser aber lediglich auf die unangenehme Geruchsentfaltung hinweisen wollte. Keineswegs »spaßig« verstanden das die Beamten. Sie durchsuchten sogar noch das Cockpit der abflugbereiten Maschine. Der Copilot wurde verhaftet, der Flug der Air France fiel aus. 350 Passagiere mussten ins Hotel oder auf andere Flüge verteilt werden. Zwei Tage später lag die Anklage vor, dem Piloten wurden sieben Jahre Haft angedroht.

Damit wir uns nicht falsch verstehen: Die Wiederholung eines terroristischen Anschlags wie der vom 11. September 2001 muss auf alle Fälle verhindert werden. Fraglich ist für mich jedoch, ob die dazu eingeführten verschärften Kontrollen ein probates Mittel darstellen. Und was sollen die ganzen Sicherheitsmaßnahmen nutzen, wenn sie nicht weltweit nach den gleichen strengen Maßstäben angewandt werden? Dass es immer noch jederzeit möglich ist, ein Flugzeug für einen Terroranschlag zu missbrauchen, zeigte sich am 24. August 2004 nur allzu deutlich, als tschetschenische Terroristen annähernd zeitgleich zwei Flugzeuge durch das Zünden eines Sprengsatzes zum Absturz brachten. Die Maschinen, eine Tupolew 134 der Gesellschaft Wolga-Aviaexpress und eine Tupolew 154 der Sibir, waren gegen 22.30 Uhr und 22.40 Uhr in Moskau gestartet. Nur wenig später verschwanden sie innerhalb von drei Minuten von den Radarbildschirmen. Und fast täglich finden sich irgendwo Meldungen, nach denen es findigen Journalisten gelang, die Sicherheitskontrollen auf irgendeinem internationalen

Flughafen zu unterlaufen. Ende August 2004 versuchte etwa ein britischer Journalist, in Birmingham eine falsche Bombe in eine Chartermaschine zu bringen – mit Erfolg. Der belgische Reporter Tim Verheyden täuschte – gleichfalls erfolgreich – eine falsche Identität vor und ließ sich vom Sicherheitsdienst des internationalen Brüsseler Flughafens anstellen. »Meine Anstellung wurde in keinem einzigen Moment kontrolliert«, erklärte Verheyden nachher. »Dabei war ich mit für die Sicherheit der Passagiere zuständig.«

So mag man mit einigem Recht behaupten, dass die Maßnahmen nach dem 11. September zwar zahlreich, aber nicht wirklich effektiv gewesen sind. Auch sie kratzten – allerdings laut und vernehmlich und nicht ohne nationales Pathos – letztlich nur an der Oberfläche. Dabei gab es schon vor den Attentaten vom 11. September 2001 genügend andere und vor allem sehr deutliche Warnungen. Besonders die USA hätten gewarnt sein sollen. Kurioserweise wird dies heute, vier Jahre danach, von den führenden Vertretern der CIA und des FBI auch nicht mehr geleugnet.

Die Zeichen an der Wand

> »Diejenigen, die dich von Absurditäten überzeugen,
> können dich auch Grausamkeiten begehen lassen.«
> Voltaire

An das Phänomen »Terror« mussten wir uns in den vergangen 40 Jahren wohl oder übel gewöhnen. Aus den Siebzigerjahren sind die Rote Armee Fraktion samt ihren Anschlägen und der Reaktion des Staates im so genannten »Heißen Herbst« bestens vertraut. Auch der Terror der ETA, der Roten Brigaden und der IRA zählt zu den europäischen Erfahrungen, die das Bewusstsein für das Gefahrenpotenzial auf unserem Kontinent geschärft haben. Doch der Terror des 21. Jahrhunderts unterscheidet sich von dem der Vergangenheit insofern, als sich die Ziele und Auswirkungen geändert haben. Er ist brutaler geworden und richtet sich heute vornehmlich gegen die Zivilbevölkerung. Terroristen, die wie am 1. September 2004 im ossetischen Beslan Frauen und kleine Kinder in einer Schule in ihre Gewalt bringen und dann regelrecht abschlachten, entbehren jeder Menschlichkeit. Genauso wie die Attentäter vom 11. September und ihre Hintermänner.

Das Risiko für eine Airline, Opfer eines terroristischen Anschlages zu werden, bestand schon lange vor dem 11. September 2001. Dabei ist es zunächst einmal unerheblich, ob es sich bei dem oder den Attentätern um eine Person mit politischen oder religiösen Motiven oder um einen frustrierten ehemaligen Angestellten einer Fluggesellschaft handelt. Geschockt reagierte die Öffentlichkeit, als am 21. Dezember 1988 ein Koffer mit einer Bombe aus Malta als unbegleitetes Gepäckstück über die Gepäckanlage des Frankfurter Flughafens befördert wurde, einige Stunden später im Frachtraum des Pan Am Fluges 103 auf dem Weg nach New York explodierte und den Jumbo über der kleinen schottischen Stadt Lockerbie in 1000 Stücke riss. Wie sich Jahre später herausstellte, waren die Airlines lange zuvor gewarnt gewesen, und es spricht einiges für die Vermutung, dass Geheimdienste aus dem Westen und dem Nahen Osten ihre Finger im Spiel hatten.

Die Möglichkeit eines terroristischen Anschlages auf eine Airline wurde immerhin als so real eingestuft, dass sich viele Gesellschaften dagegen versicherten. Außerdem wurden Vorschriften und Gesetze erlassen, um die Sicherheit an Bord zu erhöhen. Doch wie so oft, wenn es um die Flugsicherheit geht, hat man diese Vorschriften, wenn überhaupt, dann nur halbherzig umgesetzt – besonders in den USA. Das von den Airlines nach dem 11. September 2001 oft vorgetragene Argument, »ein solcher Anschlag wäre nicht vorhersehbar gewesen«, steht auf ebenso wackeligen Füßen wie der Ausdruck der Verwunderung, den die Verantwortlichen der FAA und der US-Ministerien mit Äußerungen an den Tag legen wie: »So etwas hat sich vorher noch nie ereignet.«

Die Zeichen standen seit Jahren in großen Buchstaben an der Wand, doch scheinbar nahm niemand sie zur Kenntnis. Aber die sonst gerade in diesen Kreisen so gerühmte Statistik zeichnet ein völlig anderes Bild als die offizielle Sprachregelung bei Airlines und Behörden: Von Anfang 1970 bis zum 11. September 2001 gab es insgesamt 823 Flugzeugentführungen, 31 Mal wurden Bomben an Bord eines Flugzeuges gebracht. In 115 Fällen wurden die Attentäter von der Besatzung oder den Passagieren überwältigt. Allein 109 Entführungen von US-Maschinen ereigneten sich auf dem Territorium der Vereinigten Staaten. 58 US-

Flugzeuge wurden im Ausland entführt, und 11 ausländische Maschinen wurden in den USA gekapert. In den 18 Monaten vor dem 11. September 2001 wurden weltweit 30 Übergriffe auf Cockpits bekannt. Und im Jahr 1998 meldeten allein die Flugbegleiter der United Airlines 621 Übergriffe durch Passagiere (Air-Rage), im Schnitt zwei pro Tag. Zählt man solche Vorfälle, die durch die Medien gingen, einmal zusammen, ergibt sich im Zeitraum von 1994 bis 2001 die stattliche Anzahl von 47 402 Vorkommnissen. Kein Grund zur Sorge?

Der erste Anschlag auf ein US-Zivilflugzeug fand bereits im Jahr 1955 statt, als United Airlines Flug 629 durch eine Bombe zerstört wurde. Der Sohn einer Passagierin hatte im Gepäck seiner Mutter eine Bombe versteckt, um nach ihrem Tod die Lebensversicherung zu kassieren. Trotzdem wurde das Gepäck auf amerikanischen Inlandsflügen in den folgenden 45 Jahren so gut wie nie durchleuchtet oder auf Explosivstoffe hin untersucht. Nach den zahlreichen Entführungen von Passagiermaschinen nach Kuba in den Sechziger- und Siebzigerjahren installierte man immerhin Metalldetektoren und Durchleuchtungsgeräte im Sicherheitsbereich der Flughäfen. Am 7. Mai 1964 ging dann ein ehemaliges Mitglied des philippinischen olympischen Segelteams an Bord eines transpazifischen Fluges, erschoss beide Piloten und brachte das Flugzeug zum Absturz.

Der am weitesten zurückliegende gescheiterte Versuch einer Entführung geschah am Morgen des 22. Februar 1974. Interessanterweise wollte der Entführer ein US-Flugzeug in seine Gewalt bringen und es auf das Weiße Haus stürzen. Wenige Stunden vor dem Tatversuch schickte er der *Washington Post* ein Tonband, auf dem er seinen Plan mit dem Namen »Operation Pandoras Kiste« ausführte. Der damals 44-jährige Täter hieß Samuel Joseph Byck und war ein frustrierter, seit langem arbeitsloser Vertreter für Autoreifen. Mit einem Revolver bewaffnet drang er gegen 7.15 Uhr in den Flughafen von Baltimore/Washington ein, erschoss einen Sicherheitsbeamten, sprang über die Sicherheitsabsperrung und begab sich an Bord einer Delta Airlines DC-9, Flugnummer 523, die auf den Abflug nach Atlanta wartete. Byck erschoss einen der Piloten und verletzte dessen Kollegen, als er erfuhr, dass die Maschine nicht abfliegen könne, ohne dass die Bremsklötze vor den Rädern entfernt würden. In seiner Verzweiflung griff er eine Passagierin und schrie sie an: »Flieg das Flugzeug!« Sekunden später schlugen Polizeikugeln durch das Kabinenfenster und verwundeten Byck. Als die Polizisten an Bord der Maschine stürmten, setzte er die Pistole an seine Schläfe und drückte ab.

Am 7. Dezember 1987 brachte ein entlassener ehemaliger Mitarbeiter der Fluggesellschaft US-AIR (heute US Airways) einen Flug der Pacific Southwest Airlines in seine Gewalt. Zunächst erschoss er seinen ehemaligen Chef (der ihn entlassen hatte und als Passagier an Bord war), dann drang er ins Cockpit ein, tötete die Piloten und brachte die Maschine zum Absturz. Mithilfe seines alten Mitarbeiterausweises war es ihm gelungen, die Sicherheitskontrollen am Flughafen zu umgehen.

Schon 1993 beauftragte das US-Verteidigungsministerium eine Expertenkommission, die Möglichkeiten abzuklären, bei denen ein Flugzeug von Terroristen als Bombe gegen amerikanische Wahrzeichen eingesetzt werden könnte. Vorsitzender dieser Kommission war der inzwischen pensionierte Colonel der Air Force Doug Menarchik, dessen Ansichten erst im Oktober 2001 in einem Artikel in der *Washington Post* öffentlich wurden: »Es wurde als radikales Denken angesehen, etwas zu beängstigend für die damalige Zeit. Nachdem ich gegangen war, erlitt die Studie einen stillen Tod. Andere Partizipanten der Untersuchung bemerkten, dass die Entscheidung, keine detaillierten Szenarien zu veröffentlichen, von der Angst herrührte, dass Terroristen so eventuell auf Ideen gebracht würden. Trotzdem: Eine Kopie der Studie zirkulierte im Pentagon, dem Justizministerium und der Zivilschutzbehörde. Hochrangige Vertreter der Behörden entschieden sich gegen eine Veröffentlichung.«[98] Die 150 000 Dollar teure Studie verschwand also von der Bildfläche.

Nur ein Jahr später wurden die »radikalen Planspielchen« der Experten bereits von der Realität eingeholt. Am 7. April 1994 attackierte ein geistig verwirrter FedEx-Pilot an Bord einer Frachtmaschine seine Kollegen. Der Mann meinte, er solle entlassen werden. Mithilfe seines Firmenausweises gelang es ihm, Hämmer, eine Harpune und ein Messer an Bord der DC-10 zu bringen. Wie es unter den Piloten der Gesellschaft Usus war, durfte er sogar im Cockpit sitzen. Dann attackierte er den Kapitän, der mehrere Brüche der Schädeldecke erlitt. Der Copilot und der ebenfalls mitfliegende Bordingenieur überwältigten ihn schließlich und landeten die Maschine sicher. Der Angreifer gestand, dass er die Maschine gezielt in den Abfertigungsbereich der

FedEx auf dem Flughafen in Memphis fliegen wollte, um der Firma zu schaden, die ihn seiner Meinung nach ungebührlich behandelt hatte. Im gleichen Jahr übrigens steuerte ein geistig verwirrter Privatpilot seine Cessna in einen Baum im Garten des Weißen Hauses. Dabei verpasste er das Schlafzimmer des Präsidenten nur um wenige Meter. Und es ereignete sich eine Flugzeugentführung, die solch frappierende Parallelen zur Katastrophe von 2001 aufwies, dass die Lehren daraus ein wichtiger Schritt zur Prävention gewesen wären – hätte sie nicht die falsche Seite gezogen.

Algerische Terroristen brachten einen Airbus A300 der französischen Air France auf dem Flughafen von Algier in ihre Gewalt. Nach Augenzeugenberichten waren die Attentäter der »Bewaffneten Islamistischen Gruppe« als Flughafenangestellte gekleidet und kontrollierten zunächst am Eingang die Pässe der Einsteigenden, die nach Paris fliegen wollten. Ferhat Mehenny war einer der Passagiere. Plötzlich wurde er durch einen Schuss aufgeschreckt. Die Terroristen hatten in seiner unmittelbaren Nähe einen Fluggast erschossen und gingen nun wild gestikulierend durch die Gänge. »Sie waren mit Maschinenpistolen, Pistolen, Handgranaten und Dynamit bewaffnet«, gab Mehenny damals zu Protokoll. »Dann ließen sie einige Frauen, Kinder und ältere Passagiere frei.« Am Nachmittag, etwa drei Stunden später, stand das Flugzeug noch immer auf der Parkposition, eingekeilt zwischen Polizeifahrzeugen. Die Entführer erschossen einen weiteren Passagier. »Von nun an wollten sie alle 30 Minuten einen weiteren Insassen erschießen«, erinnerte sich der Copilot Jean-Paul Borderie.

Am folgenden Tag, dem ersten Weihnachtsfeiertag, dauerte die Entführung weiter an. Erst 36 Stunden, nachdem die Highjacker die A300 gekapert und noch einen Passagier getötet hatten, erhielt die Maschine die Starterlaubnis und nahm Kurs auf Südfrankreich. Die Piloten hatten nicht den blassesten Schimmer, was die Terroristen im Schilde führten. Die französische Regierung jedoch stellte in aller Eile eine spezielle bewaffnete Kommandoeinheit zusammen, da sie geheimdienstliche Hinweise und übereinstimmende Informationen von freigelassenen Geiseln erhalten hatte, die höchst beunruhigend waren: Die Maschine sollte in den Eiffelturm geflogen werden. Ein voll besetztes Flugzeug in ein Nationaldenkmal fliegen? Schon zu diesem Zeitpunkt, im Dezember 1994, keine ganz neue Idee mehr. Denn bereits acht Jahre zuvor hatten amerikanische Dienste von einem Plan erfahren, bei dem palästinensische Terroristen eine entführte Pan-Am-Maschine über Tel Aviv zur Explosion bringen wollten. Der Plan wurde vereitelt, dennoch waren die Franzosen alarmiert.

Die Piloten überzeugten die Terroristen davon, dass sie in Marseilles zwischenlanden müssten, um Treibstoff aufzunehmen. Irgendwie ahnten die beiden Männer wohl, dass ihre Regierung einen sicheren Boden für einen Befreiungsversuch benötigte, und Marseille bot sich dazu an. Copilot Borderie sagte später: »Wir wussten nicht, wann der Angriff erfolgen sollte, aber wir waren ziemlich sicher, dass sie es versuchen würden. Außerdem hielten wir es für besser, wenn wir in Frankreich landen würden.« In Marseille forderten die Entführer 27 Tonnen Flugbenzin an, dreimal mehr, als sie für den 500-Meilen-Flug nach Paris brauchten. Hierdurch wurden die Terrorabwehrspezialisten in ihrer Annahme bestätigt. Es ging nicht mehr um einen entführten Flug nach Paris, bei dem Gefangene freigepresst werden sollten. Die Highjacker wollten eine fliegende Bombe. Mit verschiedenen Verzögerungsstrategien gelang es den Franzosen, den Abflug der Maschine um weitere 14 Stunden zu verschieben. Sie nutzten die Zeit, um die französische Anti-Terror-Einheit in Position zu bringen. Die Beamten warteten seit Stunden in einem anderen Air-France-Flugzeug neben der gekaperten Maschine auf eine günstige Gelegenheit zum Zuschlagen. Dann eskalierte die Situation plötzlich, und die inzwischen entnervten Terroristen begannen auf die Vermittler im Kontrollturm zu schießen.

Die Beamten der Anti-Terror-Einheit feuerten Blendgranaten in die Kabine des Airbusses und kaperten nun ihrerseits die Maschine. Es kam zu einer kurzen Schießerei, während der die Passagiere am Boden zu den Notausgängen krochen. »In diesem Augenblick waren gerade alle vier Entführer im Cockpit«, berichtete Copilot Borderie. Zwei von ihnen waren augenblicklich tot, die anderen setzten sich erbittert zur Wehr. Borderie entschloss sich zu einer Verzweiflungstat, die ihm vermutlich das Leben rettete. Er sprang die 8 Meter aus seinem Cockpitfenster in die Tiefe und brach sich ein Bein. Fernsehkameras hielten den dramatischen Moment im Bild fest. Der Angriff dauerte keine vier Minuten, da waren alle Terroristen getötet, und keinem der noch an Bord befindlichen 177 Passagiere wurde dabei ein Haar gekrümmt.

Insofern zählt diese gewaltsame und blutige Befreiungsaktion zu einer der erfolgreichsten Terrorbekämpfungen in der jüngsten Geschichte.

Trotzdem war es nur eine Frage der Zeit, wann und wo es wieder passieren würde, denn es war klar: Überall auf der Welt konnte es Terroristen mit relativer Leichtigkeit gelingen, ein Passagierflugzeug in einen tödlichen Marschflugkörper umzuwandeln, und niemand unternahm etwas dagegen. Weder wurden die Cockpits besser gegen Eindringlinge geschützt, noch erging eine diesbezügliche Vorschrift an die Luftaufsichtsbehörden. Auch der Zugang zu den Flugzeugen auf dem Vorfeld und an den Terminals wurde über Jahre nicht sonderlich erschwert. Und immer wieder fand man Waffen und Sprengstoff in den Hochsicherheitsbereichen der Flughäfen. Weitere gewaltsame Entführungen von Zivilmaschinen aus politischen Motiven, glücklicherweise ohne größere Opfer und Tragödien, unterstrichen in den Folgejahren die Achillessehne im Sicherheitskonzept von Airlines und Flughäfen. Gelernt haben aus Marseille aber offenbar nur die Terroristen. Die aus ihrer Sicht missglückte Aktion machte deutlich, welche Schwierigkeiten und Unwägbarkeiten ein solch teuflischer Plan mit sich brachte. Ein besonderer Schwachpunkt war, dass die Entführer auf die Kooperation der Piloten angewiesen waren, und es wurde deutlich, dass wohl kaum ein normaler Linienpilot sich und seinen Jet freiwillig zur fliegenden Bombe umfunktionieren lassen würde. Die daraus gezogene Lehre war erschreckend simpel: Terroristen mussten fliegen lernen.

Flugstunden für Terroristen

»Wir haben einige Flugzeuge.«
Mohammed Atta am 11. September 2001

Marwan al-Shehhi, der die Boeing 767 in den Südturm des World Trade Centers steuerte, reiste bereits am 29. Mai 2000 in die USA ein. Mit der Sabena-Maschine aus Brüssel kommend landete er, wie fünf Tage später Mohammed Atta, auf dem internationalen Flughafen von Newark in New Jersey. Unklar ist bis heute, ob Atta damals bereits wusste, dass es sein Auftrag sein sollte, eine zivile US-Verkehrsmaschine in den Nordturm des New Yorker Wahrzeichens zu manövrieren. Ramzi

Binalshibh, eine zentrale Figur hinter den Attentaten, hatte er jedenfalls schon 1995 in Hamburg kennen gelernt. Zusammen mit Marwan al-Shehhi lebten sie dort einige Zeit in einer Wohngemeinschaft. Über die Moschee kamen Binalshibh und wohl auch Atta in Kontakt mit Ziad Jarrah, der schon früh verkündete,»er würde diese Welt nicht auf natürlichem Weg verlassen«[99]. Binalshibh stellte den Kontakt zu Al-Qaida her; in Afghanistan sollen er und Mohammed Atta von Osama bin Laden dann den Auftrag zu einer»streng geheimen Mission«erhalten haben. Als die Komplizen das afghanische Kandahar verließen, war ihr nächstes Ziel ein Treffen mit dem Hauptplaner des 11. Septembers im pakistanischen Karachi. Besonders die amerikanischen Behörden und das FBI sehen in der Person von Khalid Scheich Mohammed den eigentlichen»Architekten«des 11. Septembers. Über Scheich Mohammed lief die gesamte weitere Planung, die Auswahl der Anschlagsziele sowie der Beteiligten. All das geht minutiös aus dem Bericht der 9/11-Kommission sowie aus den Unterlagen zu den Verfahren gegen den Marokkaner Abdelghani Mzoudi wegen»Beihilfe zum Mord in mindestens 3066 Fällen« im August 2003 und gegen seinen Freund Mounir al-Motassadeq hervor, der als Mitglied der Hamburger Gruppe um Mohammed Atta eine wichtige Rolle bei der Vorbereitung der Anschläge gespielt haben soll.

Klar ist darüber hinaus, dass alle Attentäter Schulungscamps der Al-Qaida durchlaufen hatten, über Kontakte zur Führungsspitze und anderen terroristischen Drahtziehern wie Binalshibh und Scheich Mohammed verfügten, die Tat von langer Hand und auf Befehl von Osama bin Laden planten, länger, teilweise mehrmals, in den USA verweilten – und unbehelligt vom Nahen Osten nach Deutschland, nach Asien und durch ganz Europa flogen, um endlich in den Vereinigten Staaten das zu lernen, was ihnen noch fehlte: das Fliegen.

Flugschulen sind in den USA nicht gerade Mangelware. Fast überall, wo es einen der zahlreichen befestigten Flughäfen in den 52 Bundesstaaten gibt, findet sich eine Flugschule, die für ein paar 1000 Dollar auch ausländischen Schülern das Fliegen beibringt. Eine solche Flugschule ist die Huffman Aviation in Venice, Florida, an der Westküste des Sonnenstaates. Ein idealer Platz, wenn man nicht auffallen möchte: Es gibt keinen Kontrollturm und somit auch niemanden von der Flugaufsichtsbehörde FAA. Allenfalls kommt mal ein Sheriff vorbei, aber das geschieht eher selten. Das Wetter ist meist gut, was die Grundausbildung zum Privatpiloten beschleunigt.

Mohammed Atta und Marwan al-Shehhi nahmen ihre ersten Stunden auf einer einmotorigen Cessna 152. Das klassische Schulungsflugzeug, gutmütig und günstig im Spritverbrauch. Das Flugzeug, das meiner Ansicht nach abgesehen von der Tragfläche viel Ähnlichkeit mit einem Deux CV oder Renault 4 hat, vermittelte den späteren Attentätern die erste Grundlagen. Dann stieg Atta auf eine einmotorige Piper Warrior um und sammelte schließlich Erfahrung auf einer zweimotorigen Seneca III. Im Oktober 2000 wechselten die beiden Männer kurz zu einer anderen Flugschule etwas weiter im Norden Floridas: zu Jones Aviation Flying Service in Sarasota. Doch nach drei Wochen kehrten sie zurück zu Huffman. Insgesamt benötigten sie nur vier Monate Flugtraining, dann erhielten Atta und al-Shehhi ihre amerikanischen Pilotenlizenzen. Auch Ziad Jarrah lernte in Venice das Fliegen. Er erwarb jedoch nicht bei Huffmann, sondern in dem zweitgrößten Betrieb am Platz, dem Florida Flight Training Center, ohne große Mühen seine Fluglizenz. Nur für Hani Hanjour gestaltete sich die Fliegerei zu einer wesentlich komplexeren Angelegenheit. Er versuchte es bei dem CRM Airline Training Center in Scottsdale, einem Vorort der Wüstenstadt Phoenix, Arizona. Doch Hanjour hatte nach Aussage seines Fluglehrers große Probleme mit eigentlich allem: mit den Starts, den Landungen und dem Fliegen. Die Lizenz bekam er trotzdem.

Die vier Attentäter hatten damit ihr erstes Ziel erreicht: Sie durften ein Flugzeug führen. Doch das allein reichte noch nicht, um den Plan umzusetzen. In den weiteren Wochen und Monaten mieteten sie an unterschiedlichen Flughäfen kleinere Flugzeuge, um in Übung zu bleiben. Dann interessierten sie sich auf einmal für professionelle Vollflugsimulatoren. In einem Boeing-727-Simulator auf dem Flughafen von Opa Locka, wenige Meilen nördlich des internationalen Flughafens von Miami, übten sie mehrere Stunden Flugmanöver, nicht jedoch das eigentlich »Lernwürdige«, das Landen.

Zur gleichen Zeit, wie die Terroristen ihre Flugstunden nahmen, wurde erstmalig die amerikanische Bundespolizei FBI aufmerksam. Seit dem Verhör von Ramzi Yousef, dem Neffen Scheich Mohammeds und Drahtzieher des Bombenanschlages auf das World Trade Center von 1993[100], sowie dessen Mitverschwörer Abdul Hakim Murad im

Jahr 1995 verfügte man über präzise Anhaltspunkte für einen bevorstehenden Anschlag. Yousef und Murad waren nach einem durch Chemikalien verursachten Feuer in ihrem Appartement in Manila auf den Philippinien von den örtlichen Behörden verhaftet worden. Die Untersuchungen der dortigen Polizei ergaben mehr als nur beunruhigende Erkenntnisse, und sie schalteten umgehend den US-Geheimdienst ein. Den Ermittlern fiel im Rahmen einer Hausdurchsuchung der Laptop eines der Beschuldigten in die Hände, auf dem umfangreiche Pläne für verschiedene Terroranschläge gespeichert waren. Neben einem Attentat auf Papst Johannes Paul II. anlässlich seines Manila-Besuches entdeckten sie Ausarbeitungen für ein Projekt mit dem Codenamen »Bojinka«, was auf serbokroatisch so viel wie »lauter Knall« bedeutet. Dabei sollten Zivilflugzeuge auf dem Weg in die USA binnen 48 Stunden durch das Zünden von an Bord befindlichen Bomben zum Absturz gebracht werden. Die Airlines waren klar benannt: Delta, Northwest und United.[101]

Während der Verhöre gab Murad zu Protokoll, in Kontakt mit Osama bin Laden zu stehen, und erwähnte auch den Alternativplan, ein Zivilflugzeug in das CIA-Hauptquartier in Langley bei Washington zu fliegen. Weitere Ausweichziele waren das New Yorker World Trade Center, der Sears Tower in Chicago, der Trans-America Tower in San Fransisco sowie das Weiße Haus in Washington.[102] Außerdem erwähnte Murad, dass zu eben jenem Zeitpunkt in US-Flugschulen Attentäter trainieren würden, um einen Anschlag gegen zwölf Passagiermaschinen durchzuführen. Die Flugzeuge sollten in schneller Abfolge auf ihren Flügen über dem Pazifischen Ozean gesprengt werden. Und schon 1994 gab es laut Geheimdienstinformationen vermutlich einen von Al-Qaida-Mitgliedern ausgeführten »Test«mit einer philippinischen Passagiermaschine. Ein Fluggast wurde getötet, mehrere zum Teil lebensgefährlich verletzt. Der Besatzung gelang es jedoch, die Maschine zu landen. Weiter gab Murad an, er selber sei für Selbstmordanschläge ausgebildet worden und bin Laden habe in Afghanistan mit einem Pilotentraining begonnen. Dabei würde er von einem afghanischen Piloten sowie einem pakistanischen General unterstützt.

Diese Informationen wurden von den US-Geheimdiensten, dem FBI und offenbar auch von der FAA zur Kenntnis genommen.[103] Im *FAA Annual Report 2000* findet sich nämlich unter dem Thema »Criminal

Acts against Aviation« der folgende Hinweis: »Obwohl Osama bin Laden bisher nicht dafür bekannt ist, die Zivilluftfahrt angegriffen zu haben, hat er gleichwohl die Motivation und die Möglichkeiten dazu.« Und weiter: »Bin Ladens antiwestliche und antiamerikanische Haltung machen ihn und seine Anhänger zu einer signifikanten Gefahr für die Zivilluftfahrt, besonders die der Vereinigten Staaten.« Das FBI war alarmiert und recherchierte bei US-Flugschulen und deren Klientel mit nahöstlicher Herkunft. Aber man fand keine konkreten Anhaltspunkte, dass diese Pilotenlizenzanwärter terroristische Anschläge im Schilde führten. Auch war man lediglich auf die Sprengung eines Flugzeuges fokussiert, der Gedanke, ein Flugzeug als Bombe zu benutzen, schien offenbar zu absurd. Und die zu den Ermittlungen hinzugezogene FAA erklärte der Bundespolizei beruhigend, dass es durchaus üblich sei, wenn Flugschüler aus dem Nahen Osten in den USA ihre Lizenzen erwarben.

Anlässlich der Olympischen Spiele in Atlanta im Sommer 1996 lenkten die US-Sicherheitskräfte ihr Augenmerk auf landwirtschaftliche Sprühflugzeuge als potenzielle Attentäterwaffe. Militärjets patrouillierten im Luftraum über Atlanta mit dem Befehl, verdächtige Flugzeuge abzufangen. Am Boden beobachteten Agenten in einem Radius von 100 Meilen die Aktivitäten der Sprühmaschinen mit argwöhnischen Augen. Vom 6. Juli bis zum 11. August 1996 untersagte die FAA jeglichen Flugverkehr über dem Olympischen Dorf und den Sportstätten. Diese strengen Vorkehrungen sind deshalb erwähnenswert, weil sie in einem erheblichen Kontrast zu dem nicht zu überbietenden Mangel an Sicherheitsvorkehrungen in Bezug auf die Warnungen hinsichtlich des 11. September 2001 stehen. Eine Katastrophe wie die in New York, Washington und Shanksville überstieg offensichtlich die Vorstellungswelt der Verantwortlichen. Terroranschläge dieser Dimension waren ihrer Ansicht nach nur in Hollywoodfilmen oder Romanen wie Tom Clancys *Befehl von oben* (1997) denkbar. Darin gibt es eine fiktive Szene, in der ein Terrorist eine Boeing 747 in das Capitol steuert, um die gesamte US-Führung auf einen Schlag zu entmachten, während der Präsident eine Rede vor dem Abgeordnetenhaus hält[104].

Clancys »Fans« im Bereich der Nachrichtendienste nahmen dieses Buch wohl lediglich wegen seines Unterhaltungswertes zur Kenntnis, obwohl die Fiktion durchaus möglich und ausführbar war. Diese Haltung änderte sich schlagartig nach den Attentaten vom 11. September. Heute treffen sich Regierungsagenten mit Drehbuchautoren und entwickeln Planspiele, wie Terroristen Anschläge durchführen könnten. Kann es ein deutlicheres Indiz dafür geben, wie aufgeschreckt und wenig phantasievoll zugleich die hoch bezahlten so genannten Experten von CIA, FBI und der NSA heute sind?

Im gleichen Jahr, in dem Clancys Roman die Bücherschränke füllte, rückten die Erkenntnisse aus dem philippinischen Ermittlungsverfahren von 1995 erneut in den Mittelpunkt. Sie wurden Bestandteil des Verfahrens gegen Ramzi Yousef wegen des Bombenanschlages auf das World Trade Center 1993.[105] Yousef hatte den FBI-Agenten Brian Parr und Charles Stern von den Anschlagsplänen berichtet. Die Agenten sagten darüber vor dem Gericht aus und erwähnten neben dem CIA-Gebäude in Langley und Regierungsgebäuden in Washington nun auch das Pentagon als mögliches Ziel.[106] Doch statt aufzuschrecken oder zumindest die Wachsamkeit zu erhöhen, hatte das einen eher beruhigenden Effekt auf die Administration, die Öffentlichkeit und vor allem auf die Medien. Niemand stellte kritische Fragen, und die »Main-Stream-Journaille« feierte die Ermittlungsergebnisse als Erfolg der Behörden im Kampf gegen den organisierten Terrorismus. Den Ermittlungsbehörden war es immerhin gelungen, den Drahtzieher eines perfiden Anschlages kurzerhand dingfest zu machen, und das suggerierte, dass die Behörden alle Probleme im Griff hatten. Leider ein fataler Irrglaube und eine desolate Fehleinschätzung seitens der amerikanischen Medien. Niemand, auch nicht in den Regierungskreisen der damaligen Clinton-Administration, dachte über den Pyrrhus-Sieg gegen den Terrorismus hinaus und fragte, ob denn die Verfahren, die den blinden ägyptischen Scheich Omar abd el-Rahman und Ramzi Yousef hinter Gitter gebracht hatten, ausreichen würden, die Vereinigten Staaten und ihre Bürger vor diesem neuartigen Virus zu schützen?[107]

Übrigens wurde Yousef am 11. September 1996 vor der Strafkammer in New York zu einer lebenslangen Haftstrafe verurteilt. Schon allein deshalb und weil solche »Geburtstage« seit jeher eine außerordentliche Faszination auf Terroristen auszuüben scheinen, hätte der 11. September fortan ein Datum sein sollen, an dem besondere Wachsamkeit geboten war. Gewarnt wurde dann ja auch: Die US-Regierung informierte fünf Monate vor dem 11. September 2001 die nationalen Airlines, dass

Terroristen aus dem Nahen Osten in Kürze eine Entführung oder sogar einen Versuch unternehmen könnten, ein US-registriertes Flugzeug in die Luft zu sprengen. Daher sollten alle Airlines ein »hohes Maß an Wachsamkeit zeigen«. Die Meldung, die der Nachrichtenagentur Associated Press in die Hände gelangte, wurde allerdings erst nach der Verurteilung von Ahmed Ressam am 6. April 2001 ausgegeben. Ressam stand vor Gericht wegen seiner Verwicklungen in den fehlgeschlagenen Plan, während der Jahrtausendfeierlichkeiten einen Bombenanschlag auf den internationalen Flughafen von Los Angeles durchzuführen. Das Memorandum der FAA trägt das Datum vom 18. April 2001 und erwähnt auch, dass vier weitere Al-Qaida-Mitglieder in New York vor Gericht standen. Diese waren wegen ihrer Beteiligung an den Anschlägen auf die US-Botschaften in Kenia und Tansania am 7. August 1998 angeklagt. Die Warnung sollte zunächst bis zum 31. Juli 2001 Gültigkeit haben und ist nur eine von insgesamt 15 vergleichbaren Informationen, die im selben Jahr ausdrücklich die Gefahr potenzieller terroristischer Anschläge auf die USA hervorhob.

Inzwischen streitet das Weiße Haus nicht mehr ab, dass Präsident George W. Bush bereits am 6. August 2001 durch die CIA über die Gefahr eines Al-Qaida-Flugzeugentführungsversuches in Kenntnis gesetzt wurde. Ein wesentlicher Bericht des FBI-Außenbüros in Phoenix, Arizona, hat es vermutlich aber erst gar nicht bis in den Dunstkreis des US-Präsidenten geschafft. Darin wurde gewarnt, dass eine große Anzahl Männer aus dem Nahen Osten in Flugschulen in den USA trainieren würden. Männer wie Mohammed Atta, Marwan al-Shehhi, Ziad Jarrah und Hani Hanjour. Vielleicht aber wurde der Bericht auch absichtlich nicht offiziell an das Weiße Haus geschickt …

Verpasste Gelegenheiten

»Selbst die Anwendung von Terror erfordert
eine gewisse Logik, ein System.«
Stefan Heym

Nummer 1: Der zwanzigste Attentäter

Am 10. Juli 2001 sandte ein FBI-Ermittler aus Phoenix im Bundesstaat
Arizona ein Memo an das Hauptquartier in Washington sowie an zwei
weitere Agenten im New Yorker Außenbüro der Bundespolizeibehör-
de. In diesem so genannten »Phoenix-Memo« warnte er vor der »Möglichkeit einer von Osama bin Laden koordinierten Unternehmung«, in
deren Zuge Studenten in die USA geschickt wurden, um an zivilen
Flugschulen Unterricht zu nehmen. Der Agent stützte seine Theorie auf
eine »übermäßig hohe Anzahl von Individuen, an denen ein investiga-
tives Interesse bestünde« und die solche Schulen in Arizona besuchen
würden. Er sprach vier Empfehlungen an das Hauptquartier aus: Man
sollte eine Liste der zivilen Flugschulen erstellen, Verbindung zu diesen aufnehmen, die Vermutungen mit den Geheimdiensten abklären
und die Visa-Informationen der betreffenden Personen an den Flugschulen überprüfen. Leider wurden keine solchen Schritte unternommen. Stattdessen leitete man das Memo an ein anderes FBI-Außenbüro
weiter, das gleichfalls nicht reagierte. So erfuhren die Verantwortlichen
der speziellen Ermittlungsgruppe »Osama bin Laden« erst nach dem
11. September 2001 von diesem durchaus begründeten Verdacht. Zu
spät.

Einzelne FBI-Beamte jedoch waren nicht untätig und recherchierten
bei US-Flugschulen und deren Klientel mit nahöstlicher Herkunft.
Dabei stießen die Ermittler auf einen weiteren potenziellen Attentäter,
von dem die US-Behörden bis heute glauben, er sei möglicherweise der
zwanzigste Entführer gewesen: der in Frankreich geborene Marokkaner Zacarias Moussaoui. Wie Binalshibh und Scheich Mohammed nach
ihrer Verhaftung bestätigten, bestanden Überlegungen, Moussaoui als
Ersatz für Ziad Jarrah zum Einsatz zu bringen. Offenbar hatte sich Jarrah im späten Frühjahr 2001 mit Mohammed Atta zerstritten und war
am 25. Juli überraschend mit einem One-Way-Ticket von Miami nach

Düsseldorf geflogen. Dort holte Binalshibh Jarrah am Flughafen ab und bat ihn inständig, seine Entscheidung auszusteigen noch einmal zu überdenken. Trotzdem kamen Binalshibh und Scheich Mohammed überein, Moussaoui für den Notfall zu aktivieren.

Ende Mai 2001 brach Moussaoui sein Flugtraining in der Airman Flight School in Norman, Oklahoma, nach 50 Flugstunden, allerdings keiner einzigen Solostunde, ab. Er begann sich zu erkundigen, wo man Flugmaterialien sowie ein Simulatortraining auf einer Boeing 747 erhalten konnte. Am 10. Juli 2001 wechselte er zur Pan Am Flight Academy in Eagan, Minnesota, einem renommierten Ausbildungszentrum für Berufspiloten. Er leistete eine Anzahlung und bekam kurze Zeit später seinen Trainingsplan, der verschiedene Sessions in der Zeit vom 13. bis zum 20. August vorsah. Moussaoui erstand zwei Messer und fragte bei zwei verschiedenen Herstellern nach, ob deren mobile GPS-Geräte für den aeronautischen Einsatz geeignet seien. Nachdem er die Gesamtsumme für sein Training in Höhe von 6800 Dollar bar bezahlt hatte, begann Mitte August das Training. Und obwohl er keine Berufspilotenlizenz (ATPL) besaß und nicht über die üblichen Qualifikationen für das Flugtraining an der professionellen Pilotenschule verfügte, wollte Moussaoui unbedingt Trainingsstunden auf einem Boeing-747-Simulator absolvieren. Sein Verhalten erregte den Verdacht eines Ausbilders. Als man ihn dezidierter ausfragte, erklärte Moussaoui, er wolle gar nicht Berufspilot werden, sondern das Training absolvieren, »um sein Ego aufzuwerten«.[108] Dem Flugausbilder kam das alles nicht geheuer vor, also informierte er das örtliche Büro des FBI.

Der dortige Beamte übernahm den Fall sofort in Zusammenarbeit mit der Einwanderungsbehörde (Immigration and Naturalization Service, kurz: INS). Da Moussaoui sein Visum überzogen hatte, entbrannte zwischen dem FBI-Büro in Minneapolis und dem Hauptquartier in Washington sofort eine hitzige Debatte, ob man den Flugschüler sofort verhaften oder zunächst weiter observieren sollte, um weitere Informationen zu erhalten. Man entschied sich, ihn auf jeden Fall vom Flugtraining abzuhalten, das er eventuell für einen Anschlag nutzen konnte, und verhaftete ihn am 16. August als französischen Staatsangehörigen, der sein Visum überzogen hatte. Das FBI fand schnell heraus, dass Moussaoui radikale Ansichten vertrat und darüber hinaus über knapp

32 000 Dollar auf seinem Bankkonto verfügte, für die er keine plausible Erklärung liefern konnte.

Moussaoui war ein logistischer und taktischer Fehler der Planer, aber auch eine verpasste Gelegenheit des FBI. Wenn die FBI-Beamten ihn zu diesem frühen Zeitpunkt mit Al-Qaida in Verbindung gebracht hätten, wären sie früher oder später bei ihren Nachforschungen auf den Plan gestoßen, potenzielle Attentäter zu Piloten auszubilden. Doch diese Option wurde von den US-Nachrichtendiensten nicht ernsthaft genug in Erwägung gezogen. Noch am 4. September schickte das FBI ein Telex an die CIA, die FAA, den US-Zoll, das Außenministerium, das INS und den Geheimdienst, indem die bislang bekannten Fakten über Moussaoui zusammengefasst wurden. Das Telex enthielt keinen Hinweis über die Vermutung des ermittelnden Beamten, wonach Moussaoui plante, ein Flugzeug zu entführen. Stattdessen fanden sich auch hier wieder die beschwichtigenden Worte der FAA, es sei »erfahrungsgemäß ganz normal, dass viele Personen aus dem Nahen Osten in den USA Flugtraining nehmen würden«.

Die aufmerksamen FBI-Beamten aus Minneapolis wurden vom eigenen Hauptquartier ausgebremst. Dort befand man, es sei nicht angebracht, die Informationen mit der Luftaufsichtsbehörde zu teilen. Und die FAA teilte diese Ansicht offensichtlich. Auch als der Vorgesetzte des FBI-Ermittlers nicht aufgab und diesen persönlich in das lokale Außenbüro der FAA sandte, um dort die »Lücken des Telex« zu schließen,[109] unternahm die Luftaufsichtsbehörde keine weiteren Schritte. In Washington spielte man den Fall herunter und warf den eigenen FBI-Ermittlern vor, »überzureagieren« und die Leute aufzuschrecken. Das aber sahen die ermittelnden Beamten vor Ort ganz anders. In einer Telefonkonferenz mit dem Hauptquartier sagte der Vorgesetzte in Minnesota, der selber über eine Pilotenlizenz verfügte, wörtlich:»Ich versuche jemanden davon abzuhalten, sich ein Flugzeug zu schnappen und es in das World Trade Center zu fliegen.«[110]

Besser hätte man die drohende Gefahr nicht auf den Punkt bringen können. Am 23. August 2001 wurde der damalige CIA-Chef George Tenet unterrichtet. Sein Vize, John McLaughlin, erfuhr sogar schon einige Tage zuvor mündlich davon. Das Briefing trug den viel sagenden Titel »Islamistische Extremisten lernen fliegen«. Doch nicht einmal der US-Geheimdienst ließ sich durch solch klare Worte aus der täglichen

Routine aufschrecken. Niemand brachte diese Meldung mit den dort bereits vorliegenden Warnungen aus dem Frühjahr und Sommer 2001 in Zusammenhang.

Nummer 2: »Das Alarmsystem blinkte rot«

Seit Anfang des Jahres 2001 erhielten amerikanische Terrorabwehrexperten zwar regelmäßige, jedoch nur bruchstückhafte Berichte über eine potenzielle Bedrohung[111]. Im Frühjahr 2001 stieg die Zahl der nachrichtendienstlichen Berichte über terroristische Bedrohungen aus der Luft dramatisch an und erreichte den höchsten Stand seit dem Millennium-Alarm im Herbst 1999.[112] Ende März gab die CIA eine Informationsmitteilung heraus, in der vor der erhöhten Gefahr eines Terroranschlages gegen US-Einrichtungen und Personal durch sunnitische Extremisten gewarnt wurde. Am 23. März, man diskutierte über die Frage, ob die Pennsylvania Avenue vor dem Weißen Haus wieder für den Autoverkehr geöffnet werden sollte, warnte der später geschasste Terrorexperte des Präsidenten Richard Clark die Nationale Sicherheitsberaterin Condoleezza Rice vor der Gefahr, dass ausländische Terroristen eine Lastwagenbombe »als Waffe ihrer Wahl« benutzen könnten. Nach seinen Informationen, so Clark gegenüber Rice, hielten sich Terrorzellen in den USA auf, auch Al-Qaida-Zellen. Das war nicht der einzige Versuch von Clark und seinen Mitarbeiten, die Führungsriege im Weißen Haus für die drohende Gefahr zu sensibilisieren. So fand auch am 20. April 2001 ein Briefing für hochrangige Mitarbeiter statt. Der Titel: »Bin Laden plant mehrere Operationen.«[113]

Im Mai 2001 wuchsen die Warnungen der Nachrichtendienste zu einem wahren Crescendo und resultierten in zahlreichen Berichten an Top-Regierungsmitarbeiter. Ein Informant berichtete dem FBI von Plänen über Anschläge in London, Boston und New York. John Ashcroft wurde am 15. Mai durch die CIA generell über Al-Qaida unterrichtet und speziell über die vorliegenden Gefährdungsmeldungen. Einen Tag später erhielt eine US-Botschaft im Ausland einen Anruf, dass bin Ladens Sympathisanten angeblich einen Anschlag mit »hochexplosiven Stoffen« planten.[114] Berichte über mögliche Geiselnahmen amerikanischer Staatsbürger, um Gefangene freizupressen, gingen ein. Auch von Flugzeugentführung war die Rede. Daraufhin sah sich die FAA genötigt, in einem Informationsschreiben an die amerikanischen Fluggesellschaften vor »möglichen Entführungen zum Zwecke der Freilassung von in den USA inhaftierten Terroristen« zu warnen. In den beiden folgenden Monaten wurde die Nachrichtenlage immer dringlicher. Laut CIA-Bericht, datiert vom 12. Juni 2001, war Khalid Scheich Mohammed im Begriff, Personen zu rekrutieren, die sich in den USA mit Kollegen treffen sollten, welche bereits im Land waren, um dann einen Anschlag im Namen bin Ladens auszuführen. Zehn Tage später informierte die CIA alle Abteilungsleiter über mögliche Selbstmordanschläge auf US-Ziele im In- und Ausland.[115] Tenet befahl, weltweit alle US-Botschafter zu informieren.

Die Sicherheitsberaterin Condoleezza Rice wurde am 25. Juni erneut von Richard Clark gewarnt, ebenso ihr Stellvertreter Stephen Hadley. Insgesamt sechs verschiedene Nachrichtendienstberichte gingen laut Clark von einem bevorstehenden Anschlag durch Al-Qaida-Mitglieder aus. Eine arabische Fernsehstation meldete von der Freude bin Ladens über Al-Qaida-Anführer, die sich öffentlich über »eine wichtige Überraschung« äußerten, die amerikanische und israelische Interessen betreffen würde. Etwas »sehr, sehr, sehr, sehr« Großes werde passieren, stand kurz darauf in einem Bericht. Das Briefing vom 30. Juni trug daher die Überschrift »Bin Laden plant einen High-Profile-Anschlag.« Der Inhalt war alarmierend: Die Führungsriege um bin Laden erwarte einen bevorstehenden Anschlag, der »dramatische Konsequenzen mit katastrophalen Auswirkungen« habe.[116]

Am 5. Juli kam es zu einem Treffen zwischen Richard Clark und Repräsentanten des INS, der FAA, der US-Küstenwache, dem Secret Service, dem Zoll, der CIA und dem FBI, um die aktuelle Bedrohungslage zu diskutieren. Teilnehmer dieses Treffens erklärten später, sie seien angewiesen worden, keine Einzelheiten über die erhaltenen Informationen weiterzugeben. Überwiegend wurde diese Anweisung so interpretiert, dass man zwar seine Vorgesetzten unterrichten dürfe, jedoch keine Meldung an die Mitarbeiter vor Ort geben solle. Nur ein Mitglied des National Security Council (NSC) hatte eine etwas andere – realistischere – Interpretation dieser Anweisung: Die Teilnehmer sollten die Informationen an ihre Behörden weiterleiten und »tun, was sie könnten«, dabei allerdings Vorsicht bei der Verteilung und Geheimhaltung walten lassen. Eine Teilnehmerin von der Einwanderungsbehörde INS erbat noch während des Meetings eine Zusammenfassung der Informationen, die sie unbedenklich weiterleiten dürfe – diese Zusammenfassung hat sie nie erhalten. Am gleichen Tag wurde auch John Ashcroft erneut unterrichtet, dass ein »signifikanter Terroranschlag bevorstünde«.[117] Die Vorbereitungen für mehrere Anschläge befänden sich in ihrem Endstadium oder seien sogar bereits abgeschlossen.

Mitte Juli gingen dann nachrichtendienstliche Meldungen in Washington ein, nach denen bin Laden seine Pläne zwar – möglicherweise um zwei Monate – verschoben, sie aber keinesfalls aufgegeben habe. Noch am 23. Juli diskutierten die Terrorismusexperten als Haupttagesordnungspunkt die Al-Qaida-Bedrohung, gesprochen wurde auch über die vermutete Einreise von Terroristen in die Vereinigten Staaten.[118] Am 31. Juli richtete die FAA endlich eine etwas spezifischere Warnung an die Fluggesellschaften, spielte dabei allerdings das Bedrohungspotenzial herunter.[119] Man besäße keinerlei vertrauenswürdige Informationen über gezielte Anschläge auf die amerikanische Zivilluftfahrt, gleichwohl gäbe es offenbar »derzeit aktive« Terrorzellen, die Entführungen planten und trainierten. Auch seien diese Terroristen technisch versiert und in der Lage, Bomben herzustellen, die in Gepäck und Konsumgütern versteckt werden könnten.

Vor der 9/11-Untersuchungskommission bewertete George Tenet die damalige Situation so: »Das Alarmsystem blinkte rot.« Ende Juli hätte es »nicht mehr schlimmer werden« können.[120] Leider waren nicht alle Entscheidungsträger in hohen US-Regierungsämtern vom Ernst der Lage wirklich überzeugt. Manche hielten die Meldungen für ein Ablenkungsmanöver. Und der damalige zweite Mann im US-Verteidigungsministerium Paul Wolfowitz stellte, so Stephen Hadley gegenüber dem früheren CIA-Chef Tenet, die Berichterstattung sogar infrage. Die Situation spitzte sich schließlich so weit zu, dass einige Insider der Terrorabwehr ernsthaft überlegten, ihre Jobs zu kündigen und mit ihren Befürchtungen an die Öffentlichkeit zu treten.

Nummer 3: Lücken im Netz der Geheimdienste

Im Frühjahr 1999 fanden Besprechungen zwischen Khalid Scheich Mohammed und Osama bin Laden im Al-Matar-Komplex in der Nähe von Kandahar in Afghanistan statt, über die Mohammed während seiner Verhöre durch US-Behörden aussagte. Schon zu diesem Zeitpunkt hatte demnach bin Laden vier Männer als Selbstmordattentäter für die Anschläge vom 11. September ausgewählt: Khalid al-Midhar, Nawaf al-Hazmi, Khallad und Abu Bara al-Yemeni. Vor allem al-Midhar und al-Hazmi, erzählte der Al-Qaida-Führer, könnten es kaum erwarten, einen Anschlag gegen die USA durchzuführen. Es war angeblich bin Ladens persönlicher Wunsch, dass beide Männer umgehend in die USA reisten, um sich zu Piloten ausbilden zu lassen. Visa hatten sie sich schon beschafft.

Ende des Jahres analysierte die NSA abgehörte Telefonate und andere Mitteilungen im Zusammenhang mit einem möglichen Terrorlager im Nahen Osten. Die Auswertung ergab, dass verschiedene Mitglieder eines »operativen Kaders« im frühen Januar 2000 eine Reise nach Kuala Lumpur planten. Anfangs waren nur die Vornamen der Männer bekannt: »Nawaf«, »Salem« und »Khalid«. Die NSA-Experten schlossen richtig, dass es sich bei Salem um Nawafs jüngeren Bruder handelte. Sie vermuteten nicht nur eine Verbindung zu Al-Qaida, sondern speziell zu den Bombenanschlägen auf die US-Botschaften im Jahr 1998. In Zusammenarbeit mit der CIA wurde Khalid schnell als Khalid al-Midhar identifiziert. Geheimagenten folgten ihm am 5. Januar 2000 bis nach Kuala Lumpur, wo er mit einer Gruppe Araber zusammentraf. Drei Tage später meldeten die Agenten, eine Gruppe von drei Arabern sei überraschend nach Bangkok abgeflogen, darunter al-Midhar.[121] Ein weiterer Mitreisender sei ein gewisser »Alhazmi«, den sie jedoch nicht mit Nawaf in Zusammenhang brachten. Die CIA-Agenten in Bangkok wurden zu spät informiert, um die Terroristen am Flughafen abfangen und observieren zu können. Also bat man die thailändischen Behörden, die Männer auf eine »Watchlist« zu setzen. Nawaf al-Hazmi, mittlerweile mit seinem richtigen Namen identifiziert, verließ Bangkok am 15. Januar mit der United Airlines Richtung Los Angeles. Khalid al-Midhar begleitete ihn.[122]

Über den Vorfall wurde niemand außerhalb des Terrorabwehrzentrums der CIA informiert. Al-Midhar oder al-Hazmi kamen noch nicht einmal auf die TIPOFF-Watchlist des US-Außenministeriums, weder im Januar 2000, als bekannt wurde, dass al-Midhar über ein US-Visum verfügte, noch im März, als der Geheimdienst davon erfuhr, dass auch al-Hazmi ein solches Visum und ein Flugticket nach Los Angeles besaß.

Erst im Januar 2001, im Zusammenhang mit den Ermittlungen nach dem Anschlag auf das US-Kriegsschiff USS Cole[123], interessierten sich das FBI und die CIA plötzlich für Khallad. Man orderte die abgelegten Dokumente aus den Archiven, unterzog sie einer erneuten Begutachtung und fand Folgendes heraus:

Khallad war an den Vorbereitungen des Anschlages beteiligt gewesen. Einer der beiden Cole-Attentäter Ibrahim al-Thawar hatte Khallad während seines Aufenthaltes in Bangkok im Januar 2000 Geld überbracht. In diesem Zusammenhang beschäftigten sich die Ermittlungsbehörden und der US-Geheimdienst auch wieder mit Khalid al-Midhar und Nawaf al-Hazmi. Beide waren von Scheich Mohammed und bin Laden in die USA geschickt worden, um Englisch zu lernen und Flugstunden zu nehmen, jedoch hatten sie für Letzteres so gut wie überhaupt kein Talent. Zwei Wochen nach ihrer Ankunft in Los Angeles zogen sie nach San Diego in Südkalifornien. Dort konsultierten sie einen arabisch sprechenden Piloten im Sorbi Flying Club, der ihnen erklärte, dass sich das Flugtraining zunächst auf kleine einmotorige Maschinen beschränken würde. Al-Hazmi und al-Midhar erwiderten jedoch, sie seien nur daran interessiert, speziell große Boeing-Jets zu fliegen, weshalb sie eine Schule suchten, an der sie dies sofort auf einem Jetflugzeug erlernen könnten. Der Pilot, der die beiden für Traumtänzer hielt, entgegnete, dass es eine Flugschule für derartige Wünsche nicht gebe.[124]

Auch die späteren Fluglehrer sagten bei Vernehmungen, die beiden hätten äußerst schwache Leistung gezeigt und sich lediglich darauf konzentriert, das Flugzeug im Flug zu kontrollieren. Starts oder Landungen vernachlässigten sie völlig, auch das hatte die Ausbilder stutzig werden lassen. Ende Mai 2000 brachen al-Hazmi und al-Midhar ihre Ausbildung ab. Am 8. Dezember 2000 traf Hani Hanjour als Ersatz für Khalid al-Midhar auf dem Flughafen von Los Angeles ein. Hanjour hatte bereits 1996 ein Flugtraining in den USA begonnen, nachdem er von einer saudischen Flugschule abgewiesen worden war. Er probierte verschiedene Schulen in Florida, Kalifornien und Arizona aus, kehrte dann aber zunächst nach Saudi-Arabien zurück, um 1997 erneut nach Florida und später nach Arizona einzureisen, wo er sich endlich intensiv seiner Flugausbildung widmete. Mit Erfolg: Drei Monate später erhielt er eine Privatpilotenlizenz und nach einigen weiteren Monaten des Trainings im April 1999 auch die amerikanische Berufspilotenlizenz der FAA. Dann begab er sich wieder nach Saudi-Arabien. Im Dezember 2000 kam er zurück nach Arizona und absolvierte mit al-Hazmi an seiner alten Flugschule ein Einführungstraining auf zweimotorigen Maschinen. Dabei hatte er nach Aussage seines Lehrers größere Schwierigkeiten, zumal die englischen Sprachkenntnisse nicht ausreichten. Der Fluglehrer riet ihm, das Training abzubrechen, aber Hanjour erwiderte, er könne ohne den Abschluss nicht nach Hause fahren. Im Frühjahr 2001 buchte er Stunden auf einem Boeing-737-Simulator an der Pan Am Flight Academy in Mesa. Auch dort fand der Ausbilder, Hanjours Leistungen lägen weit unter dem Standard, aber der Flugschüler hielt durch. Hanjour war dennoch wohl der Erfahrenste unter den Terrorpiloten. Besonders die fliegerische Präzision, mit der er die Boeing 757 in ihr Ziel, das Pentagon steuerte, war beachtlich und zeugte von hoher Geschicklichkeit.

Nicht nur aus der Sicht der Nachrichtendienste und Ermittlungsbehörden offenbart die Geschichte des 11. September eklatante Unterlassungen. Vieles spricht dafür, dass eine zeit- und sachgerechte Weiterleitung der Dossiers über den eigenen Schreibtisch und die Pforte der eigenen Behörde hinaus dem FBI dazu verholfen hätte, al-Hazmi, al-Midhar und über die beiden sogar Hani Hanjour aufzuspüren. Al-Hazmi und speziell al-Midhar waren wie Moussaoui eine eindeutige Schwachstelle in der operativen Planung der Anschläge.

Im Juni 2001 hatten Spezialagenten des FBI sowie ein Mitarbeiter der CIA die Spuren aus allen verfügbaren Informationen im Zusammenhang mit dem Anschlag auf die USS Cole wieder aufgerollt. Sie tauschten ihre Ergebnisse mit einem weiteren Agenten aus, der ebenfalls nach einem Mann mit Vornamen Khalid suchte: Khalid Scheich Mohammed! Am 11. Juni 2001 trafen sich die Ermittler in New York, wo sie Informationen und Überwachungsfotos von al-Midhar aus Kuala Lumpur übergaben. Jetzt galt es nur noch, die einzelnen Puzzlestücke zusammenzulegen, aber dazu kam offenbar nicht. Zwei Tage danach erhielt Khalid al-Midhar im Jemen ein neues Visum für die Vereinigten Staaten. Am Nationalfeiertag, dem 4. Juli 2001, flog er nach New York. Niemand suchte nach ihm.

Bis auf eine Spezialagentin, die sich 20 Tage später an seine Fersen heftete. Von der Einwanderungsbehörde erfuhr die Agentin allerdings erst einen Monat später, dass al-Midhar schon einmal, und zwar am 15.

Januar 2000, sowie erneut am 4. Juli eingereist war. Über al-Hazmi hatte das INS keine Informationen und nahm deshalb an, er sei ebenfalls im Juni 2000 ausgereist. Am 24. August 2001 wurden al-Hazmi und al-Midhar auf die Observationsliste gesetzt. Zu einer umfangreichen Suche kam es jedoch nicht. Das FBI sah keinen Grund, schnell aktiv zu werden. Vor der 9/11-Untersuchungskommission erklärten einige ihrer Repräsentanten, das eventuelle rechtzeitige Auffinden von al-Midhar hätte den Gang der Geschehnisse nicht aufhalten können. Was nämlich, so argumentierten sie, hätten die FBI-Agenten tun sollen, außer ihm in das Flugzeug zu folgen? Dieser Auffassung konnte sich die Untersuchungskommission nicht anschließen. Denn es gab Gründe genug, beide Männer wegen Visa-Vergehen oder als Zeugen in der Untersuchung des Anschlags auf die USS Cole in Sicherungsgewahrsam zu nehmen. Weitere Ermittlungen oder Verhöre, Nachforschungen über ihre Reiseaktivitäten und finanziellen Transaktionen hätten durchaus Verbindungen zu anderen Beteiligten der Anschläge offenbaren können. Vielleicht sogar hätte allein die Verhaftung bewirken können, dass die Aktion abgeblasen wurde. Machtlos also waren die Behörden nicht, tatenlos jedoch schon. Von Beginn des Jahres 2000 bis zum Zeitpunkt der Anschläge waren die USA von schweren Sicherheitsdefiziten seitens des Managements ihrer Ermittlungs- und Geheimdienstbehörden geplagt:

1) Januar 2000: Die CIA setzte weder den späteren Attentäter Khalid al-Midhar auf eine »Watchlist«, noch informierte sie das FBI darüber, dass al-Midhar über ein gültiges US-Visum verfügte.

2) Januar 2000: Die CIA entwickelte keinen Plan, um al-Midhar und seine Komplizen aufzuspüren, sodass man ihm nach Bangkok und weiter in die USA hätte folgen können.

3) März 2000: Die CIA setzte weder den späteren Attentäter Nawaf al-Hazmi auf eine »Watchlist«, noch benachrichtigte sie das FBI, dass al-Hazmi bereits am 15. Januar mit einem gültigen Visum in die USA eingereist war.

4) Januar 2001: Die CIA unterließ es, das FBI zu informieren, dass sowohl Khallad, als auch Tawfiq bin Attash, eine der Hauptfiguren beim Anschlag auf die USS Cole, als Mitglieder eines Treffens mit Khalid al-Midhar in Kuala Lumpur identifiziert wurden.

5) Mai 2001: Ein weiterer Mitarbeiter der CIA unterlässt es, nach erneuter Durchsicht der relevanten Akten das FBI über al-Midhars US-Visum, al-Hazmis Reise in die USA und Khallads Anwesenheit bei dem Treffen in Kuala Lumpur zu unterrichten.

6) Juni 2001: FBI und CIA stellten nicht sicher, dass alle relevanten Informationen über das Treffen in Kuala Lumpur mit den Ermittlern des Anschlages auf die USS Cole geteilt wurden.

7) August 2001: Das FBI verkannte die Bedeutung der Information über al-Midhars und al-Hazmis Ankunft in den USA und leitete keine angemessenen Maßnahmen zum Informationsaustausch ein. Dem Fall wurden weder ausreichende Ressourcen noch eine ausreichende Priorität zugeteilt.

8) August 2001: Das FBI-Hauptquartier verkannte die Bedeutung der Informationen über Moussaouis Flugtraining und seine religiösen Ansichten. Wieder fand kein angemessener Informationsaustausch statt; weder wurden weitere Nachforschungen über seine vermeintliche Zugehörigkeit zu Al-Qaida noch über seine Pläne angestellt.

9) August 2001: Die CIA konzentrierte sich nicht auf Informationen, nach denen Khalid Scheich Mohammed zur hochrangigen Führungsriege von Al-Qaida gehören soll. Eine sorgfältige Analyse hätte die Spur zu Ramzi Binalshibh und Moussaoui geführt.

10) August 2001: Die CIA und das FBI zogen keine Schlüsse aus der Anwesenheit von al-Midhar, al-Hazmi und Moussaoui in den USA und den vorliegenden Warnungen über unmittelbar bevorstehende Anschläge.

Nummer 4: Ein fehlendes Studentenvisum

Kurz nach der Jahreswende 2001 flog Mohammed Atta nach Deutschland, um Binalshibh einen Zwischenbericht zu erstatten. Als er am 10. Januar wieder in die USA einreisen wollte, gab es einen Zwischenfall mit einem aufmerksamen Beamten der Einwanderungsbehörde. Dem Beamten fiel auf, dass Atta nicht über das erforderliche Studentenvisum zur Wiedereinreise in die USA verfügte. Atta hatte ein Touristenvisum für einen achtmonatigen Aufenthalt in den USA (obwohl diese normalerweise maximal für sechs Monate ausgestellt werden). Er erklärte dem Beamten, dass er unbedingt in den USA seine Pilotenausbildung beendigen müsse. Dieser ließ ihn daraufhin einreisen. Ähnliche Schwierigkeiten erlebte Attas Mitverschwörer al-Shehhi am 18. Januar, nachdem er Mitte Januar 2001 seine Familie in Casablanca besucht hatte. Der Besuch war nötig geworden, weil ihn Angehörige bei der saudi-arabischen Regierung als vermisst gemeldet hatten. Die saudische Botschaft hatte sich mit der Bitte an die deutsche Polizei in Hamburg gewandt, al-Shehhi aufzuspüren. Als dieser davon erfuhr, meldete er sich telefonisch bei seiner Familie und erklärte, er würde weiter in Hamburg studieren. Daraufhin wurde die Suche nach ihm eingestellt. Allerdings war al-Shehhi ursprünglich mit einem auf vier Monate befristeten Geschäftsvisum eingereist. Attas und al-Shehhis Anträge auf Änderung ihres Status und Erteilung eines Studentenvisums gingen erst wesentlich später, am 17. Juli und am 9. August, bei den amerikanischen Behörden ein. Doch auch ihm gelang es offenbar ohne große Mühen, den INS-Beamten von der Notwendigkeit seiner Einreise zu überzeugen. Beide Fälle, das muss hier deutlich unterstrichen werden, sind aber eher unübliche Ausnahmen von der sonst strengen und rigorosen Handhabung der Einreiseformalitäten durch die amerikanische Einwanderungsbehörde und daher umso verwunderlicher. Aber Atta sollte einige Monate später noch einmal mit dem gleichen Glück gesegnet sein.

Am 8. Juli 2001 flog dieser nach Madrid, um sich mit Binalshibh zu treffen und die letzten Details der Anschläge, insbesondere die Ziele abzustimmen. Binalshibh gelang es wegen der angebrochenen Sommerferien nicht, rechtzeitig einen Direktflug nach Madrid zu buchen. Er und Atta verständigten sich auf ein Treffen in Barcelona. Am 9. Juli fuhr Atta mit einem Leihwagen von Madrid nach Reus, wo er Binalshibh am Flughafen abholte. Hotelbuchungen belegen, dass Atta anschließend in Cambrils zwei Hotelzimmer bis zum 19. Juli belegte. Am 16. Juli flog Binalshibh zurück nach Hamburg; Atta verließ Spanien am 19. Juli und flog direkt nach Fort Lauderdale. Erneut konnte er ungehindert einreisen, obwohl sein Visum es eigentlich nicht erlaubte. Der Antrag auf Abänderung des Status wurde von Atta erst am Tag seiner Rückkehr in die USA gestellt und einige Monate nach den Anschlägen »posthum« erteilt. Soviel zu amerikanischer Bürokratie …

Nummer 5: Das Versagen der FAA

Die FAA besitzt die Autorität, jederzeit neue Sicherheitsdirektiven zu erlassen, wenn es aus Sicht der Behörde angebracht erscheint. So hätte die FAA durchaus gründlichere Sicherheitsüberprüfungen vor dem Besteigen eines Flugzeuges anordnen können, als sich die Warnungen vor terroristischen Anschlägen oder Entführungen verdichteten. Doch geschah dies weder an den Kontrollpunkten in den Flughäfen noch an Bord der Maschinen. Die Mitteilungen der FAA wiesen die Airlines lediglich an,»wachsam zu sein«. Allerdings gab man eine CD-ROM an Flugbetriebe und Flughäfenadministrationen heraus, die über die gestiegenen Gefährdungen informierte. Die CD-ROM enthielt auch einen Hinweis auf die Möglichkeit einer Flugzeugentführung durch ein Selbstmordkommando, schwächte dies aber sofort ab. Man habe »glücklicherweise keine Anhaltspunkte dafür …, dass derzeit eine Gruppe in eine solche Richtung denken würde«. Neue Sicherheitsmaßnahmen wurden nicht implementiert,[125] obwohl eine Kommission 1997 noch unter Vizepräsident Al Gore[126] wegen umfassender Defizite gerade im Bereich der Passagier- und Gepäckkontrollen die FAA dringend angemahnt hatte, tätig zu werden.

Die Möglichkeiten der FAA, gegebenenfalls sogar aggressive, proaktive Abwehrmaßnahmen zu ergreifen, wurden wie so oft nicht ausgeschöpft. Dabei hätte eine seriöse Analyse des damals herrschenden Status quo sowie der historischen Entwicklung im Bereich von Entführungen und Attentaten die nach außen deutlich sichtbaren Verwundbarkeiten des Sicherheitssystems an den Tag gefördert. Auf dieser Grundlage hätte man frühzeitig – vor dem 11. September 2001 – Konsequenzen ziehen und die entscheidenden Lücken im Sicherheitssystem schließen können: so genannte »No-Fly-Listen«, die Erfassung von Passagierdaten und der Abgleich mit dem CAPPS-Überprüfungssystem, die Optimierung des Fluglotsentrainings bei den FAA-Kontrollzentren, die Koordination mit den militärischen Kollegen bei NORAD, der Einsatz von Sky Marshalls auch auf nationalen Flügen,[127] die Verstärkung der Cockpittüren und schließlich die Schulung der Piloten und Flugbegleiter. Hier liegt angesichts der Fülle der zu diesem Zeitpunkt verfügbaren Informationen und Analysen aus der Vergangenheit das größte Versäumnis der FAA. Die bis zum 11. September

2001 von der Aufsichtsbehörde propagierte Strategie im Falle einer Entführung war die Anweisung an die Besatzungen, das Eingehen auf die Forderungen von Flugzeugentführern sei der beste Weg, mit einer Entführung umzugehen. Das Flugzeug sollte sicher gelandet werden; dann war es Aufgabe der Polizei oder des Militärs, die Situation zu bewältigen. Je länger eine Entführung anhielt, je mehr stiegen die Aussichten auf einen friedlichen Ausgang, das hatten nach Ansicht der FAA die früheren Vorfälle gezeigt. Doch diese Strategie ging von der fundamentalen Annahme aus, dass es den Entführern vornehmlich um die Erfüllung ihrer Forderungen ging. In den meisten Fällen waren solche Ziele die Freilassung von Inhaftierten oder der Erhalt von Asyl. Die Trainingsmaterialien der FAA für die Flugzeugbesatzungen enthielten keinerlei Hinweise für den Fall, dass es zu Gewalt an Bord kommen sollte – weil die Entführer gar nicht verhandeln, sondern die gekaperte Maschine als Waffe missbrauchen wollten.

Bereits Anfang 2001 wurde in Arbeitsgruppen über die Einführung von verstärken Cockpittüren diskutiert. Aber es ist fraglich, ob die Installation »sicherer« Türen die Anschläge hätte verhindern können, obwohl Atta, wie man aus den Verhören mit Binalshibh heute weiß, keinen Alternativplan entwickelt hatte, falls das Eindringen in das Cockpit nicht auf Anhieb gelang.[128] Verbindliche Richtlinien für die Piloten gab es jedenfalls nicht. Ein Vertreter des amerikanischen Berufspilotenverbands USALPA bemerkte damals: »Selbst wenn sie einen Safe aus der Tür machen würden, in dem Moment, wo jemand einer Flugbegleiterin den Lauf einer Pistole an die Schläfe hält, würde ich die Tür öffnen.«[129]

Ein weiteres riesiges Loch in den Maschen des Sicherheitsnetzes war der Bereich der Passagierüberprüfung. Die FAA hatte die Fluggesellschaften angehalten, keine Personen zu befördern, die bekanntermaßen ein »direktes« Risiko für die Zivilluftfahrt darstellten. Am 11. September 2001 beinhaltete die »No-Fly-Liste« der FAA gerade mal die Namen von zwölf möglichen Terroristen, darunter pikanterweise auch den von Khalid Scheich Mohammed, aus amerikanischer Sicht also dem Planer der Anschläge, während die Listen des FBI oder der CIA die Namen von mehreren 1000 mutmaßlichen Terroristen umfassten. Obwohl bereits vier Jahre zuvor die Gore-Kommission sowohl das FBI als auch die CIA unmissverständlich aufgefordert hatte, ihre Listen tunlichst mit der FAA abzugleichen, bestand diese Diskrepanz nach wie vor. Man hatte es offenbar versäumt, der Aufforderung nachzukommen. Ein hochrangiger Beamter der FAA-Sicherheitsabteilung sagte aus, er habe von der so genannten »TIPOFF-Watchlist« des Außenministeriums, die immerhin die Namen von 60 000 Terroristen und Gewalttätern enthielt, schlichtweg nichts gewusst und erst in einer öffentlichen Befragung der 9/11-Untersuchungskommission am 26. Januar 2004 von deren Existenz erfahren.

Gravierender jedoch ist der Umstand, dass die eigene Nachrichtendienstgruppe der FAA so gut wie keine Aufmerksamkeit durch die Leitung der Behörde erhielt. Die 40-köpfige Gruppe war durch fortlaufende Informationen des FBI, der CIA und anderer Dienste zumindest auf einem halbwegs aktuellen Stand. Aber die damalige Administratorin Jane Garvey sowie ihr zweiter Mann Monte Belger haben die täglichen Bulletins einfach nicht gelesen. Jane Garvey gab vor der 9/11-Kommission zu, dass sie über den großen Umfang an Entführungswarnungen vor dem 11. September, von ihrer eigenen Arbeitsgruppe verfasst, keine Kenntnis hatte. Andererseits war diese Arbeitsgruppe auch nicht in die Entwicklung und Verabschiedung neuer Anweisungen für Sicherheitsmaßnahmen eingebunden. Ihre Aktivitäten konnten so nur gänzlich ins Leere gehen – bei der FAA leider kein Einzelfall.

Fazit

»Wir sollten niemals aus den Augen verlieren, dass der Weg zur Tyrannei mit der Zerstörung der Wahrheit beginnt.«

Bill Clinton

Die Lehre aus den Anschlägen vom 11. September kann nur sein, dass ein Umdenken stattfindet und es zu einer Abkehr von den bisher propagierten Prinzipien des möglichst geringen Widerstandes bei einer Entführung kommt. Besatzungen und Passagiere sind gleichermaßen aufgefordert, im Zweifelsfall schnell zu reagieren und alles in ihrer Macht Stehende zu versuchen, die Terroristen an Bord zu überwältigen. Die Zeiten der mitunter zähen Verhandlungen über die Freilassung von inhaftierten Gesinnungsgenossen gegen unschuldige

Urlaubs- und Geschäftsreisende sind vorbei. Der Terror gegen die Airlines hat eine völlig neue Dimension gewonnen, spätestens seitdem die Entführer des 11. September dies anschaulich unter Beweis stellten. Doch wurden die Lehren daraus wirklich gezogen? Wenn ich an Bord eines Flugzeuges auf einem Langstreckenflug immer noch Metallgabeln, dafür aber Plastikmesser erhalte, ist es mehr als naiv zu denken, damit die potenzielle Gefahr eines Übergriffs oder einer Entführung eingedämmt zu haben. Im Gegenteil, vielleicht sollte man den Besatzungen und Passagieren diese Möglichkeiten der Selbstverteidigung lieber zugestehen?

Die Ereignisse an Bord von United Airlines Flug 93, also der Maschine, die am 11. September 2001 ihr Ziel verfehlte, sprechen dafür. Im Unklaren liegen leider nach wie vor die genauen Umstände, warum die Revolte der Entführten scheiterte und die Maschine schließlich in einem Feld nahe der Stadt Shanksville niederging. Insbesondere stimmt nachdenklich, dass Trümmerteile der Boeing auch 14 Kilometer von der eigentlichen Absturzstelle entfernt gefunden wurden. War Flug 93 eventuell doch von einem der aufgestiegenen Abfangjäger oder einer Boden-Luft-Rakete abgeschossen worden?

Die Konsequenzen aus dem 11. September wurden schnell, aber nicht gründlich und weitblickend genug gezogen. Zwar machte man in hastigen Maßnahmen die Cockpittüren angeblich sicherer: Durch eine neue Verriegelung und eine Verstärkung aus Kevlar sollen die Türen für Angreifer aus der Kabine zum unüberwindlichen Hindernis werden, sofern man diese tatsächlich einbauen lässt. Auch knapp drei Jahre nach den Anschlägen und den aus den Ermittlungen gewonnenen Erkenntnissen waren insbesondere bei in Deutschland registrierten Flugzeugen nicht alle Cockpittüren, so wie von den Vorschriften und Behörden im Interesse der Sicherheit gefordert, modifiziert worden.

In der Vorschrift JAR-OPS 1.1255 heißt es in Absatz 2:»Ab 1. November 2003 muss die in JAR-OPS 1.735 (a) geforderte Tür zwischen dem Fluggastraum und dem Cockpit bei allen Passagierflugzeugen mit einer höchstzulässigen Startmasse über 45 500 Kilogramm oder mit einer Kapazität von mehr als 60 Fluggastsitzen so gestaltet sein, dass sie der Durchdringung von Handfeuerwaffen-Geschossen und Handgranaten, Schrapnellen sowie dem gewaltsamen Eindringen unbefugter Personen standhält. Die Tür muss von jedem Pilotensitzplatz aus verriegelt und entriegelt werden können.« Und weiter in Absatz 4: »In allen Flugzeugen, die mit der in Absatz 2 beschriebenen Tür ausgestattet sind, müssen Einrichtungen oder Verfahren vorhanden sein, mit deren Hilfe der gesamte Cockpit-Zugangsbereich von jedem Pilotensitzplatz aus überwacht werden kann, um Personen, die Einlass begehren, zu identifizieren, und um verdächtiges Verhalten sowie potenzielle Bedrohungen zu erkennen. Können derartige Einrichtungen nicht termingerecht installiert werden, kann das Luftfahrtbundesamt auf Antrag des Luftfahrtunternehmers eine befristete Ausnahme erteilen.«

Dazu teilte mir das Luftfahrtbundesamt am 23. März 2004 mit: »Spätestens am 1. Mai 2004 müssen alle von der Regelung der JAR-OPS 1.1255 (2) betroffenen D-registrierten Luftfahrzeuge mit einer verstärkten Cockpittür ausgerüstet sein. In der Vergangenheit erteilte Ausnahmegenehmigungen sind bis zum 30. April 2004 befristet.« Zur geforderten Verbesserung der Überwachungsmöglichkeiten des gesamten Cockpit-Zugangsbereichs heißt es: »Von dieser Vorschrift sind in Deutschland etwa 500 Flugzeuge betroffen, von denen rund ein Drittel bereits umgerüstet sind. Für die übrigen Flugzeuge hat das LBA auf Antrag befristete Ausnahmegenehmigungen erteilt. Innerhalb dieser Frist sind die Flugzeuge der Vorschrift entsprechend umzurüsten.«[130]

Diese Antwort offenbart, dass auch in Deutschland nicht überall die entsprechenden Lehren aus dem 11. September auf fruchtbaren Boden gefallen sind. Warum nicht? Sind wir und unsere Luftfahrt nicht genauso gefährdet wie andere auch? Was hindert Terroristen oder aber auch nur einen geistig Verwirrten, nicht doch einmal den Versuch zu unternehmen, beispielsweise einen voll besetzten Charterflieger der Air Berlin zu kapern? Sind solche Überlegungen völlig abwegig? Für Joachim Hunold, den Chef der Air Berlin offenbar schon, denn seine Flotte wurde nur sehr zögerlich den neuen Anforderungen angepasst. Videokameras im Cockpit, die bei anderen Airlines inzwischen zum Standard gehören, soll es auch weiterhin bei der Air Berlin nicht geben. Mit solchen Kameras können die Piloten von ihrem Sitz aus den kritischen Bereich vor ihrer Cockpittür und auch die Winkel der sich dort befindenden Galleys (Bordküchen) überwachen. Nicht so bei der Air Berlin. Hier vertraut man auf eine verbale Verifizierung durch eine Stewardess. Doch wie wird diese reagieren, wenn man ihr ein Messer an die Kehle hält? Somit wird die Air Berlin für einen Terroranschlag nach dem Muster des 11. September geradezu attraktiv. Vermutlich sind Joachim Hunold jedoch solche Maßnahmen einfach zu teuer, und da das Kind hier noch nicht in den Brunnen gefallen ist, braucht man auf diesen auch keinen Deckel zu setzen, zumal das LBA einer solchen Forderung keinen besonderen Nachdruck verleiht. Das ist in den USA glücklicherweise inzwischen ganz anders.

Aber: Wurden alle Piloten und Flugbegleiter ausreichend in Selbstverteidigung und Nahkampftechniken geschult? Ist das mittlerweile eine Anforderung an den Erwerb und Erhalt ihrer Lizenz, weltweit, bei jeder Airline? Erinnern wir uns kurz an einen Vorfall, der sich am 22. Dezember 2001 an Bord des American Airlines Fluges 63 von Paris nach Miami zutrug. Der Engländer Richard Colvin Reid, Jahrgang 1973, konvertierte zum Islam, hatte nach eigenen Angaben Kontakte zu Al-Qaida und versuchte an diesem Tag, ein mit 193 Menschen voll besetztes Passagierflugzeug mit in seinen Turnschuhen verstecktem Plastiksprengstoff in die Luft zu jagen. Es war nur dem Schwefelgeruch eines einzigen Streichholzes zu verdanken, wodurch die Aufmerksamkeit einer Stewardess erregt wurde. Sie sah, wie Reid sich zu seinem Schuh hinunterbeugte und daran herumfummelte. Aus dem Schuh ragte eine Zündschnur. Mehrere Passagiere und zwei Ärzte, die Reid eine Beruhigungsspritze verabreichten, überwältigten den Attentäter und fesselten ihn in seinem Sitz. Das Flugzeug landete in Boston, und der seitdem als »Schuhbomber« bekannte Richard Reid wurde festgenommen.

Im Oktober 2002 legte er ein umfassendes Geständnis ab. »Im Grunde bin ich mit einer Bombe in das Flugzeug gegangen. Im Grunde habe ich versucht, sie zu zünden. Im Grunde hatte ich die Absicht, das Flugzeug zu beschädigen.« Und er sagte auch: »Ich bin ein Mitglied der Al-Qaida, ich folge Osama bin Laden, und ich bin ein Feind eures Landes – und es ist mir egal.«[131] Im Gerichtsverfahren gegen Reid legte die US-Staatsanwaltschaft Abschriften von Al-Qaida-Dokumenten vor, die auf einem Laptop in Afghanistan gefunden wurden – und ausführlich beschreiben, wie Reid die Sicherheitsmaßnahmen an europäischen und israelischen Flughäfen testete, als er mögliche Ziele für einen Terroranschlag auskundschaftete. Richard Reid wurde im Januar 2003 zu einer lebenslangen Haftstrafe verurteilt. Aber trotz des glücklichen Ausgangs bleibt ein fader Beigeschmack: Reids Sitzplatz war so gewählt, dass eine Tragfläche und die zugehörigen Treibstoffleitungen von den Sprengungen betroffen gewesen wären. Die Zündung seiner Bombe wurde nur durch eine achtsame Stewardess und beherzt zugreifende Passagiere vereitelt – nicht aber durch die »optimierten« Sicherheitsvorkehrungen.

Die Verhaftung des britischen Staatsbürgers Hemant Lakhani in den USA Mitte August 2003 führte eine weitere terroristische Gefahr für den zivilen Flugverkehr erneut deutlich vor Augen. Lakhani ging verdeckten Ermittlern ins Netz, als er im Begriff war, eine russische Boden-Luft-Rakete in die USA zu verkaufen, mit der ein Flugzeug in der Nähe eines Flughafens abgeschossen werden sollte. Wenige Monate zuvor war eine israelische Charter-Passagiermaschine kurz nach dem Start im kenianischen Nairobi mit einer solchen Rakete beschossen worden, die jedoch zum Glück für die knapp 200 Menschen an Bord ihr Ziel verfehlte.

Zwar gibt es längst erprobte Abwehrsysteme, die verhindern, dass eine Boden-Luft-Rakete ein Flugzeug vom Himmel holt. Militärische Maschinen verfügen über derartige Systeme, und auch die Flugzeuge von Staatsoberhäuptern, beispielsweise die Air Force One. Zumindest für diese Risikogruppe wurden also die Erkenntnisse nachrichtendienstlicher Aktivitäten von 1973 umgesetzt. Damals hatten italienische Agenten in Erfahrung gebracht, dass palästinensische Terroristen eine SA-7 Flugabwehrrakete auf eine El-Al-Maschine abfeuern wollten. Und 1994 gelang es einem IRA-Kommando, vier Granaten aus einem in der Nähe des Flughafens Heathrow geparkten Nissan Micra abzufeuern.

So richtig wahrhaben will man diese Gefahr bei den Airlines offensichtlich nicht. Die deutsche LTU erntete den Missmut der Pilotenvereinigung Cockpit, aber auch der internationalen Dachbehörde IFALPA, als sie überraschend im Sommer 2003 eine wöchentliche Flugverbindung nach Kabul in Afghanistan ankündigte und kurz darauf auch durchführte. Die Pilotenvereinigung war sehr besorgt darüber, da es in der jüngsten Vergangenheit schon zu Anschlägen auf Zivilmaschinen der staatlichen Fluglinie Ariana gekommen war. In den Augen der deutschen Berufspiloten war das Risiko durch eine schulter- oder bodengestützte Flugabwehrwaffe, welches die LTU mit ihren Flügen klar einging,»unverantwortlich«. Die alliierten Streitkräfte flogen zu dieser Zeit Kabul ausschließlich mit gepanzertem Fluggerät und Raketenabwehrsystemen an. Sogar die deutsche Bundeswehr, die in Afghanistan Blauhelme einsetzt, lehnte es aus Sicherheitsgründen ab, die afghanische Hauptstadt mit ihren A310-Maschinen anzusteuern. Große Raketenkontingente wurden in den Achtzigerjahren von den Amerikanern an die afghanischen Rebellen geliefert. Klar ist, dass es noch erhebliche Stückzahlen davon gibt, unklar ist jedoch, in welchen Händen sie sich derzeit befinden. Aber auch in den USA fehlen nach Erhebungen des General Accounting Office einige 100 Waffensysteme aus den Militärarsenalen. Die Bedrohung durch eine solche Rakete ist somit sehr real, besonders in den USA, die sich durch ihre politischen Eskapaden weiterhin zu einem der potenziellen Hauptziele für islamistisch-fundamentalistischen Terror exponiert.

Apropos: Wenn das Fliegenlernen derart einfach ist wie in den Flugschulen der USA, muss dann nicht jeder lizenzierte Privatpilot als ein potenzieller Selbstmordattentäter angesehen werden? Werden alle Inhaber einer solchen Lizenz zumindest einmal einem intensiven Sicherheitscheck unterzogen? Ich erinnere mich an keinen Einzigen, erst recht nicht nach dem 11. September 2001. Meine FAA-Pilotenlizenz, die noch nicht einmal über ein Lichtbild verfügt, ist Legitimation genug, um auf den meisten Flughäfen dieser Welt ungehindert auf das Vorfeld und damit auch unmittelbar an und in dort geparkte Flugzeuge zu gelangen. Noch im vergangenen Frühjahr konnte ich mich so bis auf wenige Meter einer Boeing 757 auf dem internationalen Flughafen in Genf nähern. Auch als ich mich dort weiter umsah, erregte das nicht die Aufmerksamkeit irgendeines Sicherheitsbeamten. Wie vielen Pilotinnen und Piloten, die eventuell einer terroristischen Vereinigung angehören oder mit ihren Zielen sympathisieren, ist es inzwischen gelungen, eine offizielle Lizenz oder sogar einen Job bei einer Airline zu finden?

In diesem Zusammenhang sei noch einmal auf die Umstände hingewiesen, die am 31. Oktober 1999 zum Absturz einer Boeing 767 der ägyptischen Fluggesellschaft Egypt Air führten. Was waren die wirklichen Hintergründe des Absturzes kurz nach dem Start in New York, der 217 Menschen das Leben kostete?[132] Offenbar, so ergaben die Auswertungen, hatte der 59-jährige Copilot Gameel el-Batouty die Maschine vorsätzlich in einen steilen Sinkflug gebracht, mit der Absicht, sich und alle anderen an Bord umzubringen. Dabei wiederholte er mehrere Male:»Ich vertraue mich Gott an.«[133] Wurde die Wahrheit bei diesem Unfall verschleiert? Immerhin meldete *ABC News* am 21. November 1999, dass ägyptische und amerikanische Ermittler einen Anschlag auf die Passagiere und damit einen terroristischen Akt ausgeschlossen hatten. Doch was steckte wirklich hinter el-Batouty und seiner Tat? War er ein verzweifelter Selbstmörder, den mangelnde psychologische Betreuung an einen Abgrund gebracht hatte? Sollte es Angst vor disziplinarischen Konsequenzen wegen seines auffälligen Verhaltens in dem New Yorker Crew-Hotel gewesen sein, die ihn zu seiner Entscheidung trieb? Oder war der Absturz die Tat eines religiösen oder politischen Fanatikers? Bevor der Pilot von Egypt Air eingestellt wurde, war er im Range eines Majors als Ausbilder zunächst für die ägyptische Luftwaffe, später für das von der Regierung betriebene zivile Flug-Trainings-Institut tätig. Sieht so das Profil eines geisteskranken Selbstmörders aus?

Und was geschah mit TWA Flug 800 am 17. Juli 1996, als die Maschine mit 230 Menschen an Bord auf dem Flug von New York nach Paris zwölfeinhalb Minuten nach dem Start ins Meer stürzte? Bis heute halten sich nachhaltig Gerüchte, auch in Expertenkreisen, die das vom NTSB entworfene Szenario einer elektrisch verursachten Explosion des Gasgemisches im Haupttank der Boeing 747 anzweifeln. Wurde das Flugzeug gezielt durch eine Boden-Luft-Rakete von Terroristen abgeschossen? Immerhin geschah das Unglück kurz vor dem Beginn der Olympiade in Atlanta. Sicherheitsexperten warnten seit Wochen vor möglichen Anschlägen. Oder war es ein versehentlich abgeschossener Marschflugkörper der US-Marine, die in der Nähe der Absturzstelle an diesem Abend eine Übung abhielt? Anhaltspunkte gibt es genug, die von Behörden, namentlich vom FBI, aber auch vom NTSB zurückgehalten wurden.

Wann immer plausible Erklärungen fehlen und die manchmal übertrieben wirkende Geheimniskrämerei der an den Ermittlungen beteiligten Institutionen sogar einfache Fragen unbeantwortet im Raum stehen lässt, ist dies der ideale Nährboden für wilde Spekulationen und Verschwörungstheorien. Dies wird sicherlich auch noch für einige Jahre in Bezug auf die Anschläge des 11. September 2001 zutreffen, zumal eine neutrale und objektive Aufklärung bis heute, zumindest in der für die Öffentlichkeit erforderlichen Transparenz, nicht stattgefunden hat.

Weder die Bush-Regierung noch die US-Behörden scheinen ein Interesse zu haben, die Zusammenhänge wirklich lückenlos aufzuklären. Das hat nicht zuletzt auch die 9/11-Untersuchungskommission unter Vorsitz des ehemaligen Gouverneurs von New Jersey Thomas Kean erfahren müssen. Die Arbeit der Kommission war geprägt durch Steine und Hürden, die ihr bei der Wahrheitsfindung immer wieder durch das Weiße Haus in den Weg gelegt wurden. Dokumente wurden seitenweise geschwärzt, wichtige Mitteilungen zu Staatsgeheimnissen klassifiziert, was der Kommission den Zugang erschwerte. Erst nach einer deutlichen Warnung in den US-Medien, den Zugriff gegebenenfalls durch Gerichtsbeschlüsse zu erwirken, gelang es dem Republikaner Kean, als »sensitiv« eingestufte Dokumente in die Arbeit der Kommission einzubeziehen. Doch letztendlich war dem 9/11-Vorsitzenden klar, dass er nicht wirklich alle vorhandenen Informationen zur Auswertung erhielt. Überhaupt würden viele der inzwischen von offizieller Seite bemühten Beweise und Belege einer strengen juristischen Prüfung, zum Beispiel nach dem deutschen Strafrecht, nicht standhalten. Dies wird in Deutschland unter anderem anschaulich durch die Probleme der Hamburger Terroristenprozesse belegt.

Gerade in Kreisen ehemaliger Geheimdienstler kursieren auch heute, vier Jahre nach den Anschlägen vom 11. September, immer noch andere Szenarien, besonders in Bezug auf die Verantwortlichkeiten und die Rolle der Politik. Demnach ist es durchaus vorstellbar, dass es doch eine subtile Verbindung zwischen den Anschlägen und der Politik der Bush-Administration gab. Möglicherweise hat man die Anschläge seitens der Regierung bewusst in Kauf genommen, um sie innensowie außenpolitisch zu nutzen. Immerhin wurden im Nachgang nicht nur die Grundrechte der US-Bürger erheblich eingeschränkt. Die USA ist heute in den Krisenregionen der Welt, vor allem aber denen des Nahen Ostens, militärisch aktiver denn je. Wie nie zuvor in ihrer Geschichte unterliegen insbesondere administrative Vorgänge heute der Geheimhaltung. Auch andere westliche Nationen haben hier in großem Umfang nachgezogen, ohne jedoch die Notwendigkeit und die genauen Ursachen der amerikanischen Initiative kritisch zu hinterfragen.

Viel mehr als die politische Dimension beschäftigt mich jedoch der Gedanke, dass in der Wiederholung terroristischer Szenarien eine unmittelbare Gefahr für die Zivilluftfahrt liegt und wir bislang lediglich recht mangelhaft mit den bekannten Erkenntnissen aus dem 11. September umgegangen sind. Dabei spielt auch die mehr als nur zögerliche Informationspolitik der US-Regierung und ihrer zuständigen Behörden eine nicht unbeträchtliche Rolle. Erschreckend ist die erhöhte Gewaltbereitschaft und das von Terroristen inzwischen mehrfach an den Tag gelegte Konzept von Selbstmordanschlägen, bei denen es letztlich allein um die Zerstörung eines Flugzeuges und möglichst hohe Opferzahlen geht. Verhandlungen sind in solchen Fällen zwecklos, sinnvoll sind nur die Verteidigung und die Prävention. Schutz vor solchen Attentaten bieten ausschließlich gründlichere Kontrollen von Passagier, Gepäck und allen sonstigen Dingen, die an Bord eines Flugzeuges gebracht werden, und eine angemessene Schulung des Personals, die endlich mit den Konsequenzen dieses neuen terroristischen Bedrohungspotenzials vertraut gemacht werden muss. Dazu aber müssen die Airlines und vor allem die zuständigen Behörden bis hinauf in die Regierungskreise endlich aufwachen und an die Stelle von blindem Aktionismus ein vernünftiges, analytisches und vor allem kooperatives Präventionsdenken setzen und auch anwenden.

Ich denke, die Airlines werden stärker als bisher in nachrichtendienstliche Aktivitäten eingebunden sein und auch ihre betrieblichen Sicherheitsdienste mit qualifiziertem Personal aufstocken müssen. Biometrische Daten in Pässen und Ausweispapieren sowie jeweils auf den aktuellen Stand gebrachte Fahndungslisten nach verdächtigen Personen, bekannten Terroristen und ihren Sympathisanten müssen konsequent mit den Buchungssystemen der Reisebüros und Airlines abgeglichen werden. Verschärfte Sicherheitskontrollen beim Check-in und vor Betreten des Flugzeuges sollten eigentlich längst weltweit Standard sein, sind es aber nicht.

Die Frage bleibt: Wer soll oder wird den Attentäter aufhalten, der ganz offiziell als Pilot alle Sicherheitskontrollen passiert und zu gegebener Zeit den Piloten neben sich umbringt, um einen voll besetzten Urlauberjet in irgendein Nationalwahrzeichen zu manövrieren? Sky Marshalls zukünftig auch im Cockpit? Wohl kaum! Daher werden sich Piloten und Flugbegleiter auch in Zukunft genauere Überprüfungen gefallen lassen müssen. Doch wenn Schusswaffen – wie von einigen Pilotenvertretungen nach dem 11. September gefordert – schon bald zur offiziellen Cockpitausrüstung gehören sollen, kann sich ein Attentäter getrost ins gemachte Nest setzen. Sein »Werkzeug« befindet sich dann bereits im Cockpit, gleich neben dem Kartensatz …

Happy Landings

Ursachen- und Fehlerforschung sind unabdingbare Komponenten des die Luftfahrt umgebenden Sicherheitsnetzes. Werden Ursachen und Fehler von Vorkommnissen und Katastrophen in der Luftfahrt nicht schonungslos benannt, bekommt das Netz immer mehr Risse zwischen den einzelnen Maschen. Es ist dann nicht mehr in der Lage, den erwarteten und durch Vorschriften eingeforderten Sicherheitsgrad aufrechtzuerhalten. Flugkatastrophen wie die hier geschilderten sind die unvermeidliche Folge.

Besonders eindrucksvoll findet man das im Bericht zum Absturz der amerikanischen Raumfähre Columbia im Februar 2003 belegt. In einer Rekordzeit von nur sechs Monaten legte die Kommission unter Leitung des US-Navy Admirals a.D. Harold Gehman ihre sehr detaillierten Ergebnisse vor.Und diese zeigten anschaulich, dass gerade die Fehler auf den administrativen Ebenen den Unfall ermöglichten. Schon zuvor erhielt der Shuttle bis auf weiteres Flugverbot.[134]

Eine so drastische Maßnahme kommt in der Zivilluftfahrt dagegen recht selten vor. In keinem der hier geschilderten Fälle wurden vergleichbar schnell und konsequent die Lehren aus der Geschichte gezogen. Auch die Concorde wurde erst nach zähem Ringen, seitenweiser negativer Publicity und der Einsicht in die Unrentabilität des Prestigeobjekts »gegrounded«. Man muss die Untersuchungsberichte also schon sehr genau lesen um zu erkennen, wo die wahren Ursachen hinter den Katastrophen des Flugverkehrs liegen.

Anders im Fall der Raumfähre Columbia. Admiral Gehman empörte sich, dass nicht versucht wurde, die Astronauten aus ihrer am Hitzeschild beschädigten Raumfähre zu retten. Die NASA hätte, so Gehman, eine weitere Raumfähre ins All schießen sollen, um die Crew aus der dem Absturz geweihten Columbia zu befreien. Für den Militär ging es vornehmlich um Menschenleben, die einfach aufgegeben, statt gerettet wurden, weil etwaige Rettungsszenarien außerhalb des Vorstellungshorizontes der verantwortlichen NASA-Funktionäre lagen. Solch klare Worte sind selten zu hören. Die Regel sind Schutzbehauptungen, die

die Verantwortung wegdelegieren – von den Airlines zu den Herstellern zu den Behörden und dann letztlich zu den Piloten, die ihr Leben beim Flugzeugabsturz verloren haben und sich deshalb wie Sten Molin nach dem Unglück von Queens nicht mehr zur Wehr setzen können. Doch abgesehen davon, dass unter Umständen die Schuld an der falschen Stelle gesucht wird, erschwert diese einseitige Sichtweise die dringend notwendige Ursachenforschung und damit die Unfallprävention – wenn sie diese nicht gar unmöglich macht.

Die NASA hingegen wusste, was sie erwartete. Schon einen Tag vor der Veröffentlichung des Abschlussberichtes kündigte der damals amtierende Administrator der NASA Sam O'Keefe eine »wirklich hässliche Bilanz« an. Der Bericht machte schonungslos die individuellen Fehler von hochrangigen Ingenieuren und NASA-Managern publik, die das Unglück vom 1. Februar 2003 begünstigten. Dabei finden sich zahlreiche Verweise auf die vorangegangene Challenger-Katastrophe[135] von 1986, die damals ermittelten Schwachstellen bei der NASA sowie das ernüchternde Fazit, dass die gewonnenen Erkenntnisse über 17 Jahre nicht angemessen umgesetzt wurden. Insofern ist der Columbia-Unfallbericht sicherlich eine Rarität unter seinesgleichen und damit durchaus geeignet, neue Maßstäbe an zivile Flugunfalluntersuchungskommissionen und deren Arbeit zu setzen.

Der *ICAO Annex 13*, das internationale Regelwerk zur Flugunfalluntersuchung, fordert, dass binnen eines Jahres nach einem Unfall ein solcher Bericht vorliegen soll, zumindest ein ausführlicher Zwischenbericht, wenn die Untersuchung nicht in dieser Frist abgeschlossen werden kann.[136] *Genau gegen diese Regelung aber wird immer häufiger verstoßen.* Es ist erstaunlich, wie lange sich die Kommissionen, zum Beispiel nach dem Absturz von American Airlines Flug 587 über Queens im November 2001, Zeit lassen und ihre mitunter schon in einem sehr frühen Stadium gewonnenen Ergebnisse zurückhalten. Auffällig ist außerdem, dass Unfallberichte immer öfter erst nach Ablauf der gesetzlichen Verjährungsfristen für Schadenersatzforderungen veröffentlich werden, in der Regel also zwei Jahre nach einem Unfall. Schuld daran haben sicher auch die so genannten »Opferanwälte«, wie ein Unfallermittler im Zusammenhang mit dem Fall »Überlingen« unverhohlen erklärte. Doch selbst wenn es so ist: Gibt das den Ermittlungskommissionen einen legitimen Grund, ihr Wissen zurückzuhalten? Die

Kommission ist nach dem *ICAO Annex 13* unabhängig und arbeitet nicht nach Vorgaben und Weisungen einer höheren Instanz.[137] Und das aus gutem Grund: Sobald in deren Arbeit andere Interessen hineinspielen, Ursachen verschleiert oder erst gar nicht ermittelt und in der Folge entsprechend kommuniziert werden, wird es weitere Zwischenfälle und Unfälle geben, die eigentlich vermeidbar wären.

Aber nach wie vor dauert es viel zu lange, bis die einmal gesicherten und verifizierten Mängel nach einem Unfall abgestellt werden. Die Hersteller von Flugzeugen haben ihre Produkte auf einen höheren wirtschaftlichen Nutzen getrimmt und sind in Fragen der Crash-Sicherheit in den Siebzigerjahren stehen geblieben, obwohl heute nachweislich mehr geflogen wird. Durch solche Praktiken wird das Sicherheitsnetz zunehmend dünn, weil sich zum allzeit gegenwärtigen »human factor« im Cockpit oder am Boden die Fehlentscheidungen auf den Ebenen des Managements hinzugesellen. Daran können auch die internationalen bilateralen Abkommen nichts ändern, die dafür sorgen, dass beispielsweise die Anordnungen der FAA von den Schwesterbehörden übernommen werden. Denn die manchmal erst aus schmerzhaften Erfahrungen gewonnenen Erkenntnisse und Lehren von Flugunfällen werden nicht mit dem notwendigen Nachruck in für jeden verbindliche Vorschriften umgewandelt. Nur mit sehr unterschiedlichem Eifer fügen die nationalen Aufsichtsbehörden die während der Untersuchung entwickelten Sicherheitsempfehlungen den jeweiligen Tagesordnungen ihrer Fachgremien zu. Diese tagen dann irgendwann einmal und debattieren so lange und so kontrovers, als hätte es den zugrunde liegenden Unfall noch gar nicht gegeben. So können sich Anordnungen auf unbestimmte Zeit verzögern, die für die Flugsicherheit streng genommen unerlässlich sind. Man denke nur an die endlosen Diskussionen über die Flugdienstzeiten der Piloten, die auch nach dem Zwischenfall von Little Rock nicht forciert wurden. Kommt dann noch der enorme Einfluss von Lobbygruppierungen hinzu, scheint es fast aussichtslos, eine Optimierung des Sicherheitsnetzes zum Wohle aller zu erreichen. Solange es nicht eine mindestens genauso einflussreiche Gruppe gibt, die in den entscheidenden Gremien vorbehaltlos die Interessen der Passagiere vertritt, wird sich daran leider auch nichts ändern. Zwar gibt es die unterschiedlichsten Konsumentengruppen, doch die beschäftigen sich lieber mit der Temperatur des Champagners in der First Class oder dem dürftigen Zeitungsangebot in der Business und Economy Class statt mit einer Initiative im Bereich der Sicherheit oder aber mit so nahe liegenden Dingen wie humanen Sitzabständen, damit nicht noch mehr Passagiere auf Langstreckenflügen dem gefürchteten Economy-Class-Syndrom[138] zum Opfer fallen. Mit dem blinden Vertrauen, dass solche Interessen von den gewählten Volksvertretern wahrgenommen würden, lässt sich weder die Sicherheit noch der angemessene Komfort bei einer Flugreise erhöhen. Auf welcher Seite die hier angesprochenen Politiker zu finden sind, ist leicht zu erkennen, wenn ein neuer Flugzeugtyp wie kürzlich in Toulouse unter großem Presseaufwand aus der Taufe gehoben wird.

»Wer seine Zukunft bauen will, muss in der Gegenwart leben«, sagte einst der berühmte französische Autor und Pilot Antoine de Saint-Exupéry. »Wir bauen Flugzeuge in erster Linie, um zu fliegen, nicht um zu crashen«, sagte mir ein PR-Vertreter der Firma Airbus auf einer Informationsveranstaltung über den neuen »Giga«-Jumbo, den A380, in Miami im Jahr 2001. »Wenn es ein Leben rettet, ist es die Sache wert«, lautet das Motto des New Yorker Polytechnischen Instituts im Fach »Moral und Ethik im Flugzeugbau« von 1963. Blickt man hinter die Kulissen der Flugkatastrophen, muss man sich ernsthaft fragen, ob diese hehren Grundsätze ausschließlich in der wohlklingenden Theorie zu finden sind oder auch in der Praxis des Flugzeugbaus, des Fliegens und der Flugüberwachung eine gewichtige Rollen spielen.

Schon vor einigen Jahren interessierte ich mich insbesondere dafür, wie der Hersteller des heute wohl größten Passagierjets, des Airbusses

Der Airbus A380, die Zukunft des sicheren Fliegens?

A380, zum Beispiel eine Evakuierung aller Passagiere binnen 90 Sekunden durch die Hälfte aller verfügbaren Ausgänge organisieren wollte. Die Antwort überraschte und erschreckte mich gleichermaßen:»Das machen wir ganz einfach in Form einer Computersimulation.«

Ich wage mir kaum vorzustellen, wie eine leicht gebrechliche ältere Dame aus einer der Türen des Oberdecks eines A380 die Notrutsche hinuntergelangen soll … Aber das ist zunächst einmal das Problem von Airbus, und der A380 befindet sich nach wie vor in der Konstruktions- und Testphase. Überlegt man sich jedoch, dass unmittelbar über dem Haupttank auf zwei Decks bis zu 160 Passagiere verteilt sein können, die bei einem Crash wohl kaum eine reale Chance hätten, heil herauszukommen, dann legt sich zumindest bei mir ein dezentes»Unwohlsein«auf die Magengegend. Dabei habe ich keine sonderliche Flugangst, immerhin fliege ich leidenschaftlich selber.

Was mich persönlich immer wieder nachdenklich stimmt, ist die Tatsache, dass im Flugzeugbau hinsichtlich des Themas»Unfallsicherheit«gerne mehr Abstriche in Kauf genommen werden, als wir das von jedem simplen in Serie hergestellten PKW kennen. Auch die letzten Designs für die neuesten Modelle aus dem Hause Airbus oder Boeing verfügen über sehr gute und vor allem kosteneffiziente Flugeigenschaften, jedoch kaum über ein Mehr an Sicherheit für die Passagiere. Bei einem Auto wird schon in der Planungsphase konkret davon ausgegangen, dass es einmal einen Unfall geben könnte. In den vergangenen Jahrzehnten wurden deshalb verbesserte Seitenaufprallschutzsysteme, Airbags und Bordcomputer (zum Beispiel auch mit integrierten Eiswarnern) zum Standard. Kaum jemand würde heute einen Neuwagen ohne solche Sicherheitssysteme erwerben. Man kann davon ausgehen, dass bis zu 30 Prozent der Konstruktion eines modernen Autos einzig für den Fall eines Crashs konzipiert sind. Die Preisdifferenz zahlt der Kunde, und das in vielen Fällen sogar gerne. Autos sind konsequent mit einer höheren Sicherheitsmarge für den Crashfall gebaut, Flugzeuge leider überhaupt nicht. Das verwundert, denn laut den nüchternen Erkenntnissen der internationalen Flugunfalluntersuchungsbehörden könnten knapp 75 Prozent der tödlich endenden Flugunfälle»überlebbar«sein.

Aber solange kritische Sachverhalte bei den Airlines geschönt werden, um ja kein schlechtes Bild abzugeben, Behörden ihnen bekannte

Vorfälle derart »vertraulich« behandeln, dass sie der Öffentlichkeit vorenthalten werden, wird letztendlich genau diese Öffentlichkeit getäuscht und nur in einer »vermeintlichen« Sicherheit gewogen. Das ist umso bedenklicher, weil gerade diese Behörden eigentlich im direkten Auftrag der Bürger tätig sind.

In den USA, aber auch in fortschrittlichen europäischen Demokratien wie Schweden gibt es für solche Fälle ein Gesetz, das jedem Bürger die Möglichkeit einräumt, Informationen einzusehen, die staatliche Behörden im Zuge ihrer Tätigkeit gesammelt haben. Die Behörden müssen Auskunft erteilen, sonst kann dieses Recht eingeklagt werden. Auch die neue Europäische Verfassung sieht neuerdings dieses Grundrecht für jeden Europäer vor. Doch gerade die deutsche Bundesregierung möchte diese Rechte in der nationalen Umsetzung massiv einschränken. Verwaltung und Bürokratie sollen nicht gläsern werden, was nicht mehr heißt als: Der Bürger soll nicht zu viel erfahren dürfen. Und das, so denke ich, schützt nur Beamte und Politiker, während die Bürger damit weiterhin unmündig bleiben.

Die Industrie ist da cleverer: Es sind insbesondere Vertreter deutscher Industrieunternehmen in den USA die größten Nutznießer des »Freedom of Information Act«. Sie stellen einer Studie zufolge die meisten Anträge auf Auskunft, gerade in administrativen Bereichen.

Eine andere geeignete Möglichkeit, das allgegenwärtige Kartell des Schweigens in der Luftfahrtbranche zu durchbrechen, wäre ein regelmäßiges Auditieren von Behörden und Betrieben durch unabhängige Kommissionen. Solche Überprüfungen führten schlussendlich zu dem lange überfälligen Austausch von verantwortlichen Mitarbeitern in der Schweizer Administration, inklusive des Direktors der Aufsichtsbehörde. Auch der zuständige Verkehrsminister musste das Ressort »Luftfahrt« völlig umkrempeln. Doch leider wurde viel zu lange auf Zeit gespielt, versuchte man die Probleme auszusitzen – bis es in der Schweiz zu dem beschriebenen Sicherheitskollaps kam.

Möglich ist dies unter anderem, weil die Öffentlichkeit zumeist nur durch Katastrophen auf das Problem Flugsicherheit aufmerksam wird. Die Berichte mehren sich, je höher die Zahl der Todesfälle steigt, je spektakulärer wie am 11. September 2001 die Bilder sind und je näher das Unglück, wie im Fall der Concorde oder des Absturzes von Überlingen, an uns Europäer heranrückt. Haben sich dann aber nach ein paar Monaten die Wogen geglättet und die Medien beruhigt, geht man bei Herstellern, Airlines und Behörden zum »business as usual« über – und die Fluggäste steigen wie gewohnt in die Maschinen. Sogar nach dem 11. September 2001 haben sich die Verhältnisse wieder normalisiert. Man fliegt wieder, auch wenn die US-Regierung in regelmäßigen Abständen die Alarmstufe orange ausgibt.

Vielen Passagieren scheint es schlicht gleichgültig zu sein, was hinter der Cockpittür, im Kontrollraum der Fluglotsen oder in den Wartungshallen der Airlines geschieht. Entweder haben sie Flugängste und versuchen diese nach Vogel-Strauß-Manier zu verdrängen, oder sie sind vordergründig nur an einem interessiert: so billig wie möglich von A nach B zu kommen. Die Frage, ob sie auch sicher dorthin gelangen, wird zweitrangig oder gar nicht erst gestellt, solange man von den Schattenseiten nicht persönlich oder in seinem privaten Umfeld betroffen ist. Viele Menschen, die ich in den vergangenen 20 Jahren kennen gelernt habe, sind jedoch wie ich davon direkt betroffen: als Piloten, Mechaniker, Konstrukteure, Flugbegleiter, Passagiere, Angehörige von Unfallopfern oder engagierte Journalisten, wobei letztgenannte nicht nach »Kompensation«, sondern nach der Wahrheit hinter einer Katastrophe fragen. Sie alle wissen nur zu genau, welches Risiko jeden der vielen täglichen Flüge von A nach B begleitet und dass nur ein verschwindend geringer Teilaspekt dieses Risikos wirklich dem Zufall überlassen bleibt. Umso schmerzlicher ist für sie die Erkenntnis, dass Shareholder-Value heute ganz unverholen vor Menschlichkeit, Verantwortung, Ethik und Moral gestellt wird und das Präventionsdenken zu einer wohlklingenden Floskel für theoretische Betrachtungen in Seminaren und Lehrveranstaltungen verkommen ist.

Aber wir, und damit meine ich alle zahlenden Konsumenten von Flugreisen, dürfen uns damit nicht zufrieden geben. Wir wollen schließlich auch künftig nicht nur schnell, sondern eben auch sicher große Distanzen im Beruf, im Privatleben oder im Urlaub überwinden. Eine stillschweigende »Duldung« von Sicherheitsproblemen, lieber Leser, verhindert nämlich nicht, dass sich eine Katastrophe aus ähnlichen oder sogar denselben Gründen wieder ereignet.

In diesem Sinne: always happy landings!

Anmerkungen

1 Neuerdings wird diese Boeing-Prognose in den Medien plötzlich erst auf das Jahr 2005 bezogen. Das ist falsch! Vgl. Tim van Beveren, *Runter kommen sie immer,* 1. Auflage, Frankfurt 1995, S. 13

2 G = physikalische Bezeichnung für die Fallbeschleunigung. 3 G bedeutet die dreifache Fallbeschleunigung, also 3 x 9,81 m/s^2, knapp 30 Meter pro Sekunde zum Quadrat.

3 Seit November 2004 akzeptiert LTU die Kindersicherungssysteme von LUFTIKID und MAXI COSI auf allen Flugzeugen ihrer Flotte. Diese Sicherungssysteme können während des gesamten Aufenthalts an Bord genutzt werden. Hierzu muss ein eigener Sitzplatz für das Kind zum Kindertarif von 67 Prozent des aktuellen Flugpreises gebucht werden.

4 Siehe auch: van Beveren/Hubacher, *Flug Swissair* 111, werd-verlag, Zürich, 1999

5 Fly-by-Wire: Fliegen per Draht. In modernen, vor allem in Airbus-Flugzeugen und in der Boeing 777 werden die Steuerimpulse des Piloten über elektrische Kabel und Impulsgeber übertragen, statt wie bei konventionellen Maschinen über Gestänge und/oder Drahtzüge. Dabei wird nur bei der B 777 eine taktile Rückmeldung auf das Steuerhorn oder die Gashebel durch Stellmotoren simuliert. Im Airbus muss der Pilot darauf vertrauen, dass sein Lenk- oder Schaltbefehl auch wirklich, so wie beabsichtigt, ausgeführt wird.

6 Vgl. FAA, Office of Aviation Policy and Plans, Jeffrey H. Goode »Are Pilots at Risk of Accidents due to Fatigue?«, in: *Journal of Safety Research,* 2003

7 Siehe auch: Nicole Lamond, Drew Dawson, *Quantifying the Performance Impaired associated with Sustained Wakefulness,* The Centre for Sleep Research, The Queen Elizabeth Hospital, South Australia, April 1998

8 Vgl. FAA, Office of Aviation Policy and Plans, Jeffrey H. Goode »Are Pilots at Risk of Accidents due to Fatigue?«, in: *Journal of Safety Research,* 2003

9 Vgl. »An Assessment of Thunderstorm Penetrations and Deviations by Commercial Aircraft in the Terminal Aera«. 3. Juni 1999, Project Report NASA/A-2, MIT Lincoln Laboratory Report. Schlechtwettergebiete werden nach ihrer Stärke zwischen null (wenig) und sechs (intensives schweres Unwetter) eingeteilt: 3 (strong), 4 (very strong) und 5 (extreme).

10 Microburst: unter Piloten sehr gefürchtete, plötzlich auftretende starke Fallwinde im Bereich von Gewitterzellen

11 Das NTSB setzt hier nicht bereits bei dem Versäumnis der Besatzung an, den Hebel vor der Landung in die richtige Stellung zu bringen. Das ist nicht inkonsequent, zumal die Piloten noch jederzeit nach dem Aufsetzen die Störklappen durch entsprechendes Ziehen an diesem Hebel hätten manuell ausfahren können.

12 Nach der Landung versuchte der Kapitän, durch aggressive Betätigung des Umkehrschubes die Maschine abzubremsen, überschritt jedoch auch dabei die erlaubten Maximalwerte.

13 Vgl. NTSB AAR-94/04 »Uncontrolled Collision with Terrain, American International Airways Flight 808« am 18. August 1993 in Guantanamo Bay, Kuba vom 10. Mai 1994

14 Ebenda S. 45 ff.

15 Die Check-in-Zeiten, das Melden zum Dienst, waren bei beiden Piloten unterschiedlich.

16 Das NTSB veröffentlicht seine wichtigsten noch nicht umgesetzten Sicherheitsempfehlungen (nicht nur für die Luftfahrt, auch für den Zugverkehr, die Seefahrt und den öffentlichen und gewerblichen KFZ-Verkehr) auf seiner »Most Wanted List«, die im Eingang der Behörde sichtbar ist. Außerdem findet man diese unter www.ntsb.gov.

17 NTSB Safety Recommendation A-99-45

18 Bericht von Bill Lightfoot an das NTSB vom 9. Januar 1980, zitiert nach NTSB File No. IAD-79-I-AO57

19 Bericht von Bill Lightfoot an das NTSB vom 9. Januar 1980, zitiert nach NTSB File No. IAD-79-I-AO57

20 Zitiert nach Kapitel 2.5.1 ff., Abschlussbericht Concorde des BEA, f-sc000725a

21 Bericht der Sachverständigen Jean Belotti, Jacques Chauvin und Claude Guibert vom 25.11.2004

22 Allen voran hat Airbus für seine Flugzeuge eine besondere Sicherung entwickelt, die einen Strömungsabriss verhindern soll: die so genannte Alpha-Protection. Eine Computersoftware, die die Steuerungsmöglichkeiten des Piloten begrenzt, so dass der Anstellwinkel nicht zu groß gewählt werden kann. Eine weitere Software, die Alpha-Floor-Protection, soll verhindern, dass das Flugzeug aus irgendeinem Grund zu langsam geflogen wird und es deshalb zum Stall kommt. In einem solchen Fall wird automatisch der Schub erhöht, um das Flugzeug immer über der kritischen Geschwindigkeitsgrenze zu halten.

23 Siehe *Air Safety Week*, 18.6.2001.

24 Zum Fliegen benötigt das Flugzeug den Auftrieb der Tragflächen. Auftrieb entsteht dadurch, dass sich unter der Tragfläche ein Überdruck und über ihr ein Sog bildet. Wichtig ist, dass der Luftstrom um die Tragflächen herum »fließen« kann. Auftrieb lässt sich entweder durch eine höhere Geschwindigkeit oder einen größeren Anstellwinkel erreichen. Der Anstellwinkel wird in der Fliegerei allgemein mit dem griechischen Buchstaben α bezeichnet. Allerdings muss man beachten, dass es für den Anstellwinkel einen Grenzwert gibt, der nicht überschritten werden darf. Da die Luftströmung bei einer ständigen Erhöhung des Anstellwinkels zwangsläufig einen größeren Bogen um die Tragfläche machen muss, wird irgendwann einmal ein Punkt erreicht, an dem sich die Luftströmung von der Tragfläche abhebt und verwirbelt. Dann kommt es zum so genannten Strömungsabriss (engl.: Stall). Ein Strömungsabriss kann bei konventionellen Flugzeugen sehr plötzlich auftreten und führt in vielen Fällen zu einem Abkippen über die davon betroffene Tragfläche. Ein Stall ist ausschließlich vom Anstellwinkel abhängig, und es ist bei jeder Fluglage und allen Geschwindigkeiten möglich, durch genügend starkes Ziehen der Höhenruder einen überzogenen Flugzustand herzustellen. Da sich so schon viele Unfälle ereignet haben, wurde ein optisches beziehungsweise akustisches Überziehwarnsystem für alle Flugzeuge zur Bau- oder Betriebsvorschrift gemacht.

25 Steuerstift: Moderne Airbus-Flugzeuge werden mit einem Joystick gesteuert statt mit einer herkömmlichen Steuersäule wie bei konventionelleren Flugzeugen.

26 Diese Tabellen sind Bestandteil des Flughandbuches und geben dem Piloten Richtwerte für die zu wählende Geschwindigkeit, abhängig von Wind und Gewicht des Flugzeuges sowie der jeweiligen Landeklappenstellung.

27 26. Juni 1988: Air France Flug 296 (Demonstrationsflug)

28 14. Februar 1990: Air India Flug 605

29 14. September 1993: Lufthansa Flug 2904
30 Quelle: BFU Report 5X004-0/1
31 Verwendete Quellen: Report of German BFU as of May 2003 – file no: 5X004-0/01 sowie die CF-Info 2/2002 der Deutschen Lufthansa
32 Electronic centralized aircraft monitoring system
33 Vgl. Airbus A330 Aircraft Operation Manual (AOM)
34 Vgl. Rolls Royce SB RB.211-29-C625
35 Vgl. Pressekonferenz TSB Ottawa vom 28. August 2001
36 DGAC Recommandation Bulletin A330/A340, 20. März 2002
37 Dabei handelt es sich um eine Option, die Airbus anbietet. Die Modifikation ist nicht Pflicht. (Modification No. 49800H14467, SB A330-28-3080)
38 Vgl. Air Safety Week, 5.3.2001
39 Grounden = engl. »am Boden halten«, in der Regel eine behördliche Anweisung, bei der einzelne Maschinen oder ein Flugzeugtyp mit einem Flugverbot belegt werden.
40 Gierdämpfer: Ein Dämpfungsregler, der die Einwirkung äußerer Störungen (zum Beispiel Böen) auf die Bewegung eines Flugzeuges weitgehend beseitigt. Solche automatisch arbeitenden Komponenten sind erforderlich, weil sich Flugzeuge nicht in allen üblichen Höhen- und Geschwindigkeitsbereichen aerodynamisch stabil verhalten. Der andauernde Ausgleich hier entstehender Schwingungen durch den Piloten würde diesen zu stark ermüden.
41 Vgl. Presseveröffentlichungen der FAA, 15. – 28. November 2001
42 Damit die Anzeigenadeln und Bildschirmanzeigen nicht immer hin- und herwackeln, wurden alle Daten zunächst über einen Zeitraum betrachtet und dann erst als Mittelwert angezeigt beziehungsweise auf dem DFDR aufgezeichnet. Ein Computerprogramm macht es möglich.
43 Der amerikanisch-englische Begriff »squeak« trifft lautmalerisch das vom Mikrofon erfasste Geräusch.
44 Protokoll des NTSB Hearing, Public Docket, AA 587
45 Vgl. NTSB Safety Recommendation A 02-01 und 02 vom 8. Februar 2002
46 Von vorne gesehen rechts, in Flugrichtung jedoch links
47 Vgl. Transkript Final Report Board Meeting NTSB on Flight AA 587, Washington DC, 26. Oktober 2004
48 AA Submission to the NTSB, vom 1. März 2004
49 Original: »This investigation, however, has revealed that the Airbus A300-600 series aircraft and their close ›cousin‹, the A310, use a combination of flight control system features unlike those of any other transport category aircraft. These features make the A300-600/A310 aircraft acutely susceptible to a phenomenon known as adverse aircraft pilot coupling (APC), which can result in the generation of very large, rapid yawing moments resulting in high lateral load forces and ultimately structural failure.«
50 Zitiert nach Sylvia Adcock, »Officials says lobbying stalled Flight 587 report«, in: New York Newsday vom 6. Januar 2005
51 Zitiert nach »Near-crash uncovers crack in air safety system«, US Today vom 27. Mai 2003
52 Zitiert nach Clemente Lisi, »CHUCK BIDS TO REOPEN PROBE OF FLT. 587 CRASH«, in: New York Post vom 6. April 2005
53 Tim van Beveren und Simon Hubacher, Flug Swissair 111, Zürich 1999
54 Ende der Sechzigerjahre erfolgte bei neuen Verkehrsflugzeugen russischer Bauart der allmähliche Übergang zu Fluginstrumenten mit westlicher Darstellung, nicht zuletzt um diesen Typen Exportchancen zu verschaffen. Seit-

her haben sich 18 Spiralstürze ereignet, von denen 15 in einem Unfall gipfelten. Die Flugzeuge waren alle mit westlicher Instrumentierung versehen und wurden von Besatzungen bedient, die auf östlichen Instrumentierungen ausgebildet worden waren. In den drei Fällen, in denen der Spiralsturz ohne Unfall endete, waren die Maschinen zusätzlich auch noch mit östlichen Fluglageinstrumenten ausgestattet. (Stand Frühjahr 2000)

55 Im Kompass westlicher Bauart ist eine kreisrunde Kompasskarte mit Gradeinteilungen des Vollkreises an ihrem äußeren Rand derart gelagert, dass sie sich um ihren Mittelpunkt drehen kann. Eine Markierung am obersten Rand des Instrumentes steht dann jeweils über der Angabe des aktuellen Kurses auf der Skala. Bei einer Kursänderung dreht sich die Kompassskala unter dieser Markierung, in der dem Flugzeugdrehsinn entgegengesetzten Drehrichtung weg. Dreht das Flugzeug also nach links, dreht sich der Kompass nach rechts. Der russische Kompass sieht dem westlichen Kompass äußerlich ähnlich. Bei ihm wird jedoch die Kompasskarte so verstellt, dass der gewünschte Kurs unter der Markierung am obersten Rand des Instrumentes steht. Die Karte dreht sich nicht, wenn das Flugzeug seinen Kurs ändert. Der aktuelle Kurs oder seine Veränderung werden durch einen Zeiger angegeben, der über der Karte rotiert, wobei seine Spitze auf den aktuellen Kurs auf der Skala der Kompasskarte zeigt, die er überstreicht. Der Zeiger dreht sich somit in derselben Richtung, in der auch die Kursänderung des Flugzeuges erfolgt.

56 Knots Indicated Air Speed: die Geschwindigkeit in Knoten, die auf der Anzeige im Cockpit angezeigt wird.

57 Vgl. Untersuchungsbericht CRX 3597, S. 109 ff.

58 Vgl. auch Teil 1, AA 587

59 Vgl. Untersuchungsbericht CRX 3597, S. 26

60 Auch dieser Umstand zeigt, wie einfach es ist, dass ein Flugzeug beim Aufprall in weicheren Boden in diesem versinkt. So wie auch beim Absturz von United Flug 93 am 11. September 2001 bei Shanksville. Eine relativ klare Erklärung für »angebliche« Ungereimtheiten im Zusammenhang mit dem Absturz dieses Fluges. Auch im Fall von United 93 wurden Wrackteile in erheblichem Abstand von der Unfallstelle gefunden, und dies deutet möglicherweise auf einen Abschuss oder ein anderes Ereignis vor dem Aufprall hin.

61 Eigentlich ist hierfür ein entsprechender Staatsvertrag notwendig, den es jedoch zwischen der Schweiz und Deutschland bisher nicht gibt.

62 Der Transponder ist ein im Flugzeug befindlicher Sender, der konstant die gemessenen Daten über Flughöhe und Geschwindigkeit sendet. Diese Informationen werden auch beim Radarlotsen im Flugkontrollzentrum auf dem Bildschirm angezeigt. Beim von einem Radarlotsen kontrollierten Flug erhält jedes Flugzeug einen individuellen Zahlencode, der aus vier Ziffern besteht. Dieser Code kann im Cockpit eingestellt werden und wird dann ebenfalls vom Transponder gesendet. Dies erleichtert dem Lotsen die jeweilige Identifizierung der Maschinen im Luftraum.

63 Die Minimum Equipment List (MEL) und der Dispatch Deviations Guide (DDG) sind Bestandteile des Flughandbuches eines jeden Flugzeuges. Sie haben Gesetzescharakter. Bei der MEL handelt es sich um eine Aufstellung der für den sicheren Betrieb des Flugzeuges erforderlichen Ausrüstung und Systemfunktionen. Vor dem Hintergrund, dass wegen der Zulassungsanforderungen viele Systeme mehrfach, also redundant an Bord eines Flugzeuges vorhanden sein müssen, ist es tolerabel, dass ein Flugzeug auch geflogen wird, wenn Teile von einzelnen Systemen defekt oder nicht hundertprozentig

funktionstüchtig sind. Die MEL legt nun für solche Fälle fest, bei Ausfall welcher Systemteile das Flugzeug nicht mehr als lufttüchtig betrachtet wird. Ist ein Flugzeug nicht mehr lufttüchtig, so darf es nicht mehr starten, bis der Fehler behoben wurde. Fällt hingegen ein System während des Fluges aus, kann unter bestimmten Voraussetzungen der begonnene Flug bis zum Zielflughafen fortgesetzt werden. Die genauen zeitlichen Bestimmungen werden im Dispatch Deviations Guide aufgelistet.

64 Der Air Data Computer ist ein bordseitiger Rechner, der über verschiedene außen am Flugzeug angebrachte Sensoren die aktuelle Höhe, Geschwindigkeit sowie den Steig- oder Neigungswinkel berechnet. In modernen Glascockpits werden diese Daten dann den Piloten auf ihren primären Bildschirmen angezeigt.

65 Das Variometer zeigt dem Piloten an, mit welcher Rate (gemessen in Fuß pro Minute) er steigt oder sinkt. Es gehört zu den Standardinstrumenten im Cockpit eines jeden Flugzeuges.

66 Siehe auch: 1) Annex 2 – Rules of the Air, Chapter 3, 2) Annex 10 – Aeronautical Telecommunications, Volume IV – Surveillance Radar and Collision Avoidance Systems, Attachment A, 3) Annex 11 Air Traffic Services, 4) Procedure for Air Navigation Services – Aircraft Operations, Volume I, Flight Procedures (Doc 8186, PANS-OPS), 5) Procedure for Air Navigation Services – Air Traffic Management (Doc 4444, PANS-ATM), 6) State letter AN 11/19-02/82

67 Gemäß der Aufzeichnungen des BFU führte der DHL-Flug die Flugnummer 611 und nicht 600.

68 Intersection: Kreuzung zweier Luftstraßen

69 Siehe auch AX001-1-2/02, S. 40 ff.

70 Zitiert nach AX001-1-2/02, S. 84

71 Zitiert nach Pressemitteilung BFU

72 Ebenda

73 Ebenda

74 Joseph Chase, The Problem of Bogus Parts, FSF, 1957, sowie Bogus Parts: A Continuing Threat to Safety in Aviation, FSF, 1964

75 Aircraft Accident Investigation Board/Norway, Report on the Convair 340/580 LN-PAA Aircraft Accident North of Hirtshals, Denmark on September 8, 1989, published February 1993

76 Das Risiko fliegt mit, ausgestrahlt im März 1994 durch das ZDF, © 1994 Film & EB Full Service

77 Siehe auch »Prozessakte F., Panaviation u. a.«, Bezirksgericht Tempio Pausania, Sardinien

78 Vgl. ASA-The Update-Report, Vol. 10, Issue 2, Februar 2002, S. 13 ff.

79 Beverly Sharkey wurde später im Jahr 2004 Kenneth O'Reillys Nachfolgerin bei der FAA.

80 Undatiertes Schreiben der FAA AVR-20 von Kenneth O'Reilly, gefaxt am 9. November 2001, deponiert bei Gericht am 13. November 2001

81 Hauptwarnanzeigen-Schalttafel

82 Vgl. UPN ENAC HQ Rom, vom 31. Januar 2001

83 Vgl. Operation Latin Phoenix, ausgestrahlt am 19. Juli 2003 über Deutsche Welle TV, © tvbmedia productions, Miami

84 Stellungnahme der AUA an das österreichische Tourismusmagazin FAKTUM vom 21.Januar 2004

85 Siehe auch: YLE, Ann-Nina Finne in MOT 5/2004

86 Vgl. United States Code Title 18 USC

87 Siehe auch: *Die Story: Gefährliche Flüge*, WDR-Sendung vom 3. Februar 2003 © 2002 tvbmedia & Westdeutscher Rundfunk Köln

88 Siehe auch: Flugunfallbericht der BFU, Braunschweig AZ CX002-0/01, Mai 2003

89 Die EASA hat am 28. November 2003 verschärfte Vorschriften erlassen (»*COMMISSION REGULATION (EC) No 2042/2003 of 20 November 2003 on the continuing airworthiness of aircraft and aeronautical products, parts and appliances, and on the approval of organisations and personnel involved in these tasks*«). Diese jedoch beinhaltet eine Übergangsfrist von bis zu zwei Jahren und dürfte nach Ansicht von Insidern vor ihrer endgültigen Implementierung noch zahlreiche Verfahren vor dem europäischen Gerichtshof auslösen. Eine Strafgesetznovellierung wie beispielsweise in den USA gibt es in Europa bislang nicht.

90 Zitiert nach *The 9/11 Commission Report*, S. 6; zu finden unter www.9-11commission.gov

91 Siehe *The 9/11 Commission Report*, Chapter 1, S. 3 sowie das Interview mit Tim Jackson vom 12. April 2003

92 Vgl. Interview mit Ellen King vom 5. April 2004

93 ACARS (Aircraft Adressing And Reporting System) ist ein digitales Datensystem zur Übertragung von Daten und Meldungen im Flugfunkbereich. Es erlaubt den Airlines die Kommunikation mit ihrer Flotte. Dieses System könnte man auch als eine rudimentäre E-Mail für Flugzeuge bezeichnen.

94 Aus den späteren Verhören mit den Drahtziehern des 11. September weiß man, dass Osama bin Laden ein großes Interesse an einem Anschlag auf das Weiße Haus gehabt haben soll. Jedoch soll Mohammed Atta bin Laden gegenüber zum Ausdruck gebracht haben, dass er dieses Ziel für »zu schwierig« für einen erfolgreichen Angriff halte. Vgl. auch The 9/11 Commission Report, S. 244

95 Vgl. *The 9/11 Commission Report*, S. 14 ff.

96 Vgl.»9/11 Commission Meeting mit Präsident Bush und Vizepräsident Cheney vom 29.4.2004« sowie »White House Notes« und »Lewis Libby Notes« Sept. 11, 2001

97 Der Inlandsgeheimdienst in den USA

98 Vgl.»Before Attack U. S. Expected Different Hit«, in: *Washington Post*, vom 2. Oktober 2001

99 Vgl. *The 9/11 Commission Report*, S. 163

100 Am 26. Februar 1993 um 12.18 Uhr detonierte eine Zeitzünderbombe, die Ramzi Yousef in einem geparkten Pick-Up in der Tiefgarage des World Trade Centers deponiert hatte. Die Explosion riss ein Loch, das sich über sieben Stockwerke erstreckte. Sechs Menschen wurden bei dem Anschlag getötet, an die 1000 Personen wurden verletzt.

101 Vgl. Paul Monk, »A Stunning Intelligence Failure«, 2001 (vgl. www.austhink.org)

102 Siehe auch *World Tribune* vom 19. September 2001

103 Vgl. *New York Times* vom 3. Oktober 2001 und *Chicago Sun-Times* vom 27. September 2001

104 Dies war jedoch nicht die erste Erwähnung eines solchen Anschlages in der Literatur. Bereits 1984 tauchte die Idee, einen Jumbo-Jet über Washington DC zum Absturz zu bringen, in Don DeLillos Roman *White Noise* (Weißes Rauschen) auf.

105 Im Zuge der Ermittlungen waren dem FBI gleich mehrere Drahtzieher des Anschlages ins Netz gegangen, darunter Mohammed Salameh, der den

Truck gemietet hatte, der Ingenieur Nidal Ayyad, der die Chemikalien für den Bau der Bombe besorgte, und Mahmoud Abouhalima, der sie mischte. Einen weiteren Mitverschwörer konnte die Bundespolizei identifizieren: Ahmad Ajaj, der bereits im September 1992 wegen gefälschter Reisedokumente auf dem New Yorker John F. Kennedy Flughafen verhaftet wurde. Sein Mitreisender Ramzi Yousef, der ebenfalls mit gefälschten Dokumenten unterwegs war, bat in den USA um politisches Asyl, was ihm auch gewährt wurde. Sofort nach dem Bombenanschlag floh Yousef dann nach Pakistan. Und schließlich führten die Verhaftungen das FBI auf die Spur eines weiteren Mitverschwörers in der Farouq Moschee in Brooklyn. Dort predigte Sheich Omar Abdel Rahman, ein sunnitischer Extremist und moslemischer Geistlicher, der bereits 1990 aus Ägypten in die USA gesiedelt war. Rahman wird auch als der »Blinde Scheich« bezeichnet.

106 Vgl. Gerichtsakten »The people of the United States vs. Yousef« S 1293CR180 (KTD) (S.D.N.Y.) 22. Oktober 1997
107 Vgl. *The 9/11 Commission Report*, S. 72 ff.
108 Vgl. *The 9/11 Commission Report*, S. 242 und 273
109 Vgl. *The 9/11 Commission Report*, S. 274 f.
110 Vgl. *The 9/11 Commission Report*, S. 275
111 Vgl. *The 9/11 Commission Report*, S. 254
112 Vgl. CIA, Senior Executive Intelligence Brief »Sunni Terrorist Threat Growing«, 6. Februar 2001, sowie CIA Cable »Intelligence Community Terrorist Threat Advisory«, 30. März 2001
113 National Security Commission Memo Clark an (Stephen) Hadley, »Briefing Notes for Al-Qaida Meeting«, April 2001
114 Vgl. *The 9/11 Commission Report*, S. 256
115 Vgl. CIA Cable »Threat ULB Attack Against US Interests«, 22. Juni 2001
116 Vgl. *The 9/11 Commission Report*, S. 257 f.
117 Zitiert nach *The 9/11 Commission* Report, S. 258
118 Vgl. CIA SEIB »Bin Laden Plans Delayed but Not Abandoned«, 13. Juli 2001, sowie CIA SEIB »One Bin Laden Operation Delayed Others Ongoing«, 25. Juli 2001
119 Vgl. FAA Information Circular »Continued Middle Eastern Threat to Civil Aviation«, IC-2001-04A, 31. Juli 2001
120 Befragung von George Tenet am 28. Januar 2004 vor der 9/11-Untersuchungskommission
121 Vgl. CIA Cable »Efforts to locate al-Midhar«, 13. Januar 2000
122 Vgl. CIA Cable »UBL Associates: Identification of Possible UBL Associates«, 5. März 2000
123 Am 12. Oktober 2000 führten Al-Qaida Terroristen einen Selbstmord-Sprengstoffanschlag auf den Zerstörer USS Cole im Hafen von Aden im Jemen aus. 17 Besatzungsmitglieder kamen ums Leben, mehr als 40 wurden zum Teil lebensgefährlich verletzt.
124 Vgl. *The 9/11 Commission Report*, S. 221 ff.
125 Vgl. FAA report »Record of Air Carrier Briefings« 4/18/01 – 9/10/01, undatiert
126 Siehe auch: »Final Report of the White House Commission on Aviation Safety and Security«, Washington DC, 12. Februar 1997
127 Am 11. September 2001 gab es in den USA nur 33 ausgebildete Sky Marshalls, die überwiegend auf Auslandsflügen in Krisenregionen eingesetzt wurden.
128 Vgl. *The 9/11 Commission Report*, S. 245

129 Vor dem 11. September verlangten die FAA-Vorschriften, dass die Cockpittüren im Notfall jederzeit Zugang oder einen Fluchtweg bieten müssten. Gleichzeitig verlangte eine Vorschrift aus den Sechzigerjahren, dass die Piloten die Tür während des Fluges immer geschlossen und verriegelt hielten. Eine Vorschrift, an die sich jedoch viele Gesellschaften und Piloten nicht hielten.

130 Zitiert gemäß der Antwort des LBA, datiert vom 23. März 2004 auf meine Anfrage vom 9. September 2003

131 Zitiert nach *DIE WELT* vom 5. Oktober 2002.

132 Aus dem NTSB Final Report:»30 Minuten nach dem Start in New York und auf dem Flug nach Kairo richtete sich die Maschine plötzlich auf. Dann folgte ein rapider Sinkflug von Flugfläche 330 auf Flugfläche 191 innerhalb von nur 36 Sekunden. Kurz darauf schlug die Maschine auf der Wasseroberfläche auf. Die Passagiere waren aus Kanada, Ägypten, Deutschland, Sudan, Syrien, USA und aus Zimbabwe. Niemand überlebte den Aufprall. Zu Beginn der vom Flugdatenschreiber aufgezeichneten Anomalien befand sich der Entlastungspilot (el-Batouty) allein im Cockpit. Um 1.49 Uhr hat der Cockpit-Voice-Recorder von ihm folgenden Ausspruch aufgezeichnet: ›Ich vertraue mich Gott an.‹ Wenige Sekunden später wurden beide Gashebel aus der Reiseflugstellung in den Leerlauf gezogen. Dann gab es einen abrupten Lenkbefehl an der Steuersäule in Richtung ›Nase runter‹. Das Flugzeug begann daraufhin einen rapiden Sinkflug. In den folgenden Sekunden sagte der Pilot sieben weitere Male: ›Ich vertraue mich Gott an‹: Kurz darauf ist auf dem Cockpit-Voice-Recorder die Stimme des verantwortlichen Kapitäns zu hören, der ins Cockpit zurückgeeilt sein muss. Er fragte zweimal: ›Was geht da vor?‹ Gleichzeitig sagte el-Batouty zum 10. Mal ›Ich vertraue mich Gott an‹.« Wiederum einige Sekunden später verzeichnet der Flugdatenschreiber einen Lenkbefehl an das Höhenruder in Richtung Nase hoch, jedoch nach weiteren sechs Sekunden werden die beiden Höhenruder»gesplittet«, das linke und das rechte Höhenruder bewegten sich in entgegengesetzte Richtungen. Der Hersteller Boeing sowie die Ermittler des NTSB schlossen daraus, dass vermutlich der Kapitän seinen Sitz wieder eingenommen hatte und an der Steuersäule zog, um den Sinkflug zu beenden. Währenddessen muss el-Batouty jedoch weiter gedrückt haben. Dieser Zustand führte dann zu einem Splitten des linken und des rechten Höhenruders. Der Flugdatenschreiber wies außerdem auf, dass die Starthebel (damit verbunden die Treibstoffzufuhr) beider Triebwerke in die Aus-Position gestellt wurden. Annähernd gleichzeitig wurden die Gashebel aus der Leerlaufposition wieder auf Vollgas sowie der Hebel der Störklappen (Luftbremse) in die Ausfahrposition gesetzt. Auf dem Voice-Recorder ist die Stimme des Kapitäns zu hören, der fragt:»Was ist das? Hast du die Triebwerke abgestellt? Kümmere dich um die Triebwerke – stell die Triebwerke ab.« Daraufhin erwiderte el-Batouty:»Sie sind aus.« Der Kapitän bittet dann mehrfach, ihm zu helfen:»Zieh mit mir.« Die Flugschreiberaufzeichnungen weisen jedoch weiter die gesplittete Stellung der Höhenruder auf.

133 Die arabischen Worte könnte man allerdings auch mit»Ich vertraue auf Gott« übersetzen.

134 Die Columbia war die erste Raumfähre der NASA, deren erster Flug am 12. April 1981 stattfand. Für die NASA wurde es in den Folgejahren zunehmend schwieriger, wegen der auferlegten Budgetkürzungen und des damit einhergehenden Stellenabbaus angemessen auf plötzlich auftretende Probleme zu

reagieren oder den Gleiter technisch zu verbessern. Während des Starts am 16. Januar 2003 löste sich eine Schaumstoffisolierung von der Verbindungsstelle zum Außentank und beschädigte die linke Tragfläche. Dabei wurden die Flügelkante sowie einige der speziellen Hitzeschild-Kacheln in Mitleidenschaft gezogen. Daher konnte beim Wiedereintritt der Columbia in die Erdatmosphäre erzeugtes Plasma die unter den Kacheln befindliche Aluminiumkonstruktion schmelzen, was in der Folge zu noch schwerwiegenderen Schäden an der Tragfläche führte. Schließlich brach die Konstruktion auseinander und verglühte. Die sieben Astronauten und Wissenschaftler kamen ums Leben. Der Columbia-Abschlussbericht wurde am 26. August 2003 veröffentlicht. Die Kommission befand, dass die Tragödie auf technische und organisatorische Versäumnisse zurückzuführen war. Das Problem mit der Schaumisolierung hatte schon über mehrere Jahre bestanden, NASA-Ingenieure hatten verschiedene Lösungsmöglichkeiten theoretisch durchgespielt, aber sie wurden nicht umgesetzt. Eben wegen dieser Gründe, so die Kommission, hätte die Columbia nicht weiter betrieben werden dürfen. Obwohl es in früheren Missionen zu ähnlichen Beschädigungen gekommen war, glückten die Landungen. Trotzdem, so wurde hervorgehoben, hätten die NASA-Manager nicht einfach die Bitten der Ingenieure zurückweisen dürfen, sich zunächst einen genauen Überblick über die am 16. Januar 2003 aufgetretenen Schäden zu machen. Das Flugverbot für die Columbia wird voraussichtlich erst im Sommer 2005 wieder aufgehoben.

135 Am 28. Januar 1986 explodierte der US-Space-Shuttle Challenger 73 Sekunden nach dem Start. Auch hier kam die Untersuchungskommission zu dem Schluss, dass bekannte Gefahren und Bedenken in höchst fahrlässiger Weise von verantwortlichen Managern verdrängt wurden.

136 ICAO ANNEX 13, Kapitel 6:»**6.5** In the interest of accident prevention, the State conducting the investigation of an accident or incident shall release the Final Report as soon as possible. **6.6 Recommendation.**— **The State conducting the investigation should release the Final Report in the shortest possible time and, if possible, within twelve months of the date of the occurrence. If the report cannot be released within twelve months, the State conducting the investigation should release an interim report on each anniversary of the occurrence, detailing the progress of the investigation and any safety issues raised.**« (Hervorhebung im Original)

137 ICAO ANNEX 13, Kapitel 3:»3.1 The sole objective of the investigation of an accident or incident shall be the prevention of accidents and incidents. It is not the purpose of this activity to apportion blame or liability.«

138 Durch das beschränkte Raumangebot an Bord eines Flugzeuges kann es zum »*Economy-Class*«-*Syndrom* kommen. Die melustündige Immobilität in abgewinkelter Körperhaltung begünstigt die Ödementwicklung in den Beinen. Zugleich tritt eine Verlangsamung der Blutzirkulation besonders auf dem venösen Sektor ein. Die Zirkulationsstörungen sind mit der Gefahr von Beinvenenthrombosen verbunden, die auch bei gesunden Menschen plötzlich und unerwartet zur Embolie führen können. Zur besonders gefährdeten Risikogruppe gehören Raucher, Herz- und Gefäßkranke, Diabetiker, Frauen, die mit der Antibaby-Pille verhüten, vor kurzer Zeit Operierte, Übergewichtige, Schwangere und besonders ältere Menschen. Auch ein gegipstes Bein, zum Beispiel nach einem Sportunfall, erhöht das Risiko.

Danksagung

Den Flugzeugen, ihren Hersteller und Betreibern sowie den unzähligen Besatzungen für die bislang sichere Beförderung, Nat Sherman – New York, Lavazza und Molinari – Italien, Beth Davidow und tvbmedia productions, Sander und Ina-Miami, David Learmount, Andy Weir – London, Dr. Renato Perinu – Tempio Pausania, dem Westdeutschen Rundfunk – Köln, Hugo – Köln, John Sampson – Australien, Friedhelm Roth-Lange – Bonn, NTSB – Washington DC, TSB – Canada, IFALPA – London, ICAO – Montreal, FAA – Washington DC, JAA – Hoofdorp, »President« Al Gore und dem Internet, Apple Computers – Kalifornien, Fuji-Film, Canon, Discovery Channel – Washington, Casio, AT & T, Vodafone, Adobe, Travelocity, Focus, Facts, Sonntagszeitung, Bilanz, Spiegel, AP, Reuters, AFP, DPA, CNN, VdL, Süddeutsche Zeitung, HR – Frankfurt, Carmen Kölz, Simone Kreuzberger und Eichborn – Frankfurt, Hertz Autovermietung, Ruben Wey, Bruno Häflinger, Rene Lüchinger, Klaus Otto Kühne und dem Päda, BFU – Braunschweig, Patrick Herr – Skyguide, Simon Hubacher – Zürich, Victor Trombettas-New York, FRA-CF, Vereinigung Cockpit, LTU, Ted Lopatkeviz – NTSB Washington DC, Hans Ephraimson-Abt – New Jersey, Michael Moore, Günter Exel – Wien, Angela Giunta – München, Prof. Dr. Ronald Schmid – Wiesbaden, Prof. Dr. Rüdiger Haas – Karlsruhe, Dr. Barbara Werner – Stuttgart, Dr. Elke Maar, Klaus Schmid – Köln, GMX und Earthlink, US Department of Transportation, Francis van Hall, David Evans und PBI Media, meinen »Fellow-Pilots« und all den vielen, die ungenannt bleiben wollen, ohne die ein solches Buch nicht hätte geschrieben werden können.

Bildnachweis

Quellen- und Literaturverzeichnis

Verwendete und weiterführende Literatur
- Michel Asseline, *Le pilot, est-il coupable*, Paris 1993
- Stephen Barley, *Aircrash Detective*, London 1969
- Tim van Beveren, *Runter kommen sie immer*, 1. Auflage, Frankfurt 1995
- Tim van Beveren, *Runter kommen sie immer*, 6. Auflage, Frankfurt 2000
- Tim van Beveren und Simon Hubacher, *Flug Swissair 111*, Zürich 1999
- Roderich Cescotti, *Aerospace Wörterbuch*, Stuttgart 1994
- Andrew R. Goetz/Paul Dempsey, *Airline Deregulation and Laissez-Faire Mythologie*, USA 1992
- Jeffrey H. Goode »Are Pilots at Risk of Accidents due to Fatigue?«, in: *Journal of Safety Research*, 2003
- Paul E. Illman, *Aeronautical Knowledge*, 3. Auflage, USA 1995
- Nicole Lamond, Drew Dawson, *Quantifying the Performance Impaired associated with Sustained Wakefulness*, The Centre for Sleep Research, The Queen Elizabeth Hospital, South Australia, April 1998
- Mary F. Schiavo, *Flying Blind, Flying Safe*, 1. Auflage, USA 1997
- »An Assessment of Thunderstorm Penetrations and Deviations by Commercial Aircraft in the Terminal Aera«. 3. Juni 1999, Project Report NASA/A-2, MIT Lincoln Laboratory Report
- Andrew Weir, *The Tombstone Imperative*, London 2001

Pressemitteilungen
AUA-Wien, LTU, Lufthansa German Airlines, United Airlines, American Airlines, Luftfahrt Bundesamt-Braunschweig, National Transportation Safety Board- Washington DC, Federal Aviation Administration-Washington DC, Airbus Industrie-Toulouse, Boeing Commercial Airplane Group-Chicago, BFU-Bern, BFU-Braunschweig, ENAC-Rom, Canadian Transportation Safety Board, Air Transat, Iberia, AIIB-London, IFALPA-London, Vereinigung Cockpit, IATA, EASA-Köln, ICAO-Montreal, ATA-Washington DC, The 911 Commission- Washington DC, Department of Transportation-Washington DC, Federal Bureau of Investigation-Washington DC, Central Intelligence Service-Virginia,

The White House-Washington DC, Landgericht Hamburg, EURO-CONTROL-Maastricht, DFS-Karlsruhe.

Berichte und andere Publikationen
- NTSB AAR-94/04 »Uncontrolled Collision with Terrain, American International Airways Flight 808« am 18. August 1993 in Guantanamo Bay, Kuba vom 10. Mai 1994
- NTSB Safety Recommendation A-99-45
- Report of German BFU as of May 2003 – file no: 5X004-0/01
- CF-Info der Deutschen Lufthansa
- NTSB File No. IAD-79-I-AO57
- Abschlussbericht Concorde des BEA, f-sc000725a
- NTSB Hearing, Public Docket, AA 587
- NTSB Safety Recommendation A 02-01 und 02 vom 8. Februar 2002
- Transkript Final Report Board Meeting NTSB on Flight AA 587, Washington DC, 26. Oktober 2004
- AA Submission to the NTSB, vom 1. März 2004
- Schweizer BFU Untersuchungsbericht CRX 3597
- Schweizer BFU Untersuchungsbericht CRX 498
- ICAO Annex 2 – Rules of the Air, Kapitel 3
- ICAO Annex 10 – Aeronautical Telecommunications, Volume IV – Surveillance Radar and Collision Avoidance Systems, Attachment A, 3)
- ICAO Annex 11 Air traffic Services, 4) Procedure for Air Navigation Services – Aircraft Operations, Volume I, Flight Procedures (Doc 8186, PANS-OPS), 5) Procedure for Air Navigation Services – Air Traffic Management (Doc 4444, PANS-ATM), 6)
- ICAO Annex 13
- State letter AN 11/19-02/82
- Flugunfallbericht BFU, Braunschweig AX001-1-2/02, Mai 2004
- Joseph Chase, The Problem of Bogus Parts, FSF, 1957
- Bogus Parts: A Continuing Threat to Safety in Aviation, FSF, 1964
- Aircraft Accident Investigation Board/Norway, Report on the Convair 340/580 LN-PAA Aircraft Accident North of Hirtshals, Denmark on September 8, 1989, Februar 1993
- ASA-The Update-Report, Vol. 10, Issue 2, Februar 2002, S. 13 ff.
- Unapproved Parts Notification ENAC HQ Rom, vom 31. Januar 2001

- *FAKTUM, Wien* vom 21. Januar 2004
- United States Code
- Flugunfallbericht der BFU, Braunschweig AZ CX002-0/01, Mai 2003
- *The 9/11 Commission Report,* zu finden unter: www.9-11commission.gov
- *9/11 Commission Meeting mit Präsident Bush and Vizepräsident Cheney* vom 29.4.2004 sowie »White House Notes«
- *Lewis Libby Notes,* Sept. 11, 2001
- Paul Monk, »*A Stunning Intelligence Failure*«, 2001 (vgl. www.austhink.org)
- Gerichtsakten »*The people of the United States vs. Yousef*« S 1293CR180 (KTD) (S.D.N.Y.) 22. Oktober 1997
- CIA, Senior Executive Intelligence Brief »Sunni Terrorist Threat Growing«, 6. Februar 2001
- CIA Cable »Intelligence Community Terrorist Threat Advisory«, 30. März 2001
- National Security Commission Memo Clark an (Stephen) Hadley »Briefing Notes for Al-Qaida Meeting«, April 2001
- CIA Cable »Threat ULB Attack Against US Interests«, 22. Juni 2001
- CIA SEIB »Bin Laden Plans Delayed but Not Abandoned«, 13. Juli 2001
- CIA SEIB »One Bin Laden Operation Delayed, Others Ongoing«, 25. Juli 2001
- FAA Information Circular »Continued Middle Eastern Threat to Civil Aviation«, IC-2001-04A, 31. Juli 2001
- Transkript der Befragung von George Tenet am 28. Januar 2004 vor der 9/11-Untersuchungskommission
- CIA Cable »Efforts to locate al-Midhar«, 13. Januar 2000
- CIA Cable »UBL Associates: Identification of Possible UBL Associates«, 5. März 2000
- FAA report »Record of Air Carrier Briefings« 4/18/01 – 9/10/01, undatiert
- »Final Report of the White House Commission on Aviation Safety and Security«, Washington DC, 12. Februar 1997
- NTSB Final Report Egypt Airlines Flight 990, 31. Oktober 1999 – DCA00MA006
- NTSB Final Report TWA Flight 800, 17. July, 1996 – DCA96MA070
- NTSB Final Report AA 1420, 1. Juni 1999 – DCA99MA060

- NTSB Final Report AA 587, 12. November 2001 – DCA02MA001
- Report of the Presidential Commission on the Space Shuttle Challenger Accident, Washington DC 1986
- The Columbia Accident Investigation Board Report, Washington DC August 2003

TV-Dokumentationen

- *Das Risiko fliegt mit*, ausgestrahlt im März 1994 durch das ZDF, © 1994 Film & EB Full Service
- *Operation Latin Phoenix*, ausgestrahlt am 19. Juli 2003 über Deutsche Welle TV, © 2003 tvbmedia productions, Miami
- *Die Story: Gefährliche Flüge*, WDR-Sendung vom 3. Februar 2003 © 2002 tvbmedia & Westdeutscher Rundfunk Köln
- YLE, Ann-Nina Finne in *MOT* 5/2004

Presse und Agenturen

AP, Reuters, AFP, DPA, SMD, SDA, *Washington Post, World Tribune, New York Times, Chicago Sun-Times, Facts – Schweizer Nachrichtenmagazin, Süddeutsche Zeitung, FAZ, TAZ, Frankfurter Rundschau, Die Zeit, Die Welt, Spiegel, Focus, Stern, Herald Tribune, Miami Herald, The Times, US Today, Flight International, Air Safety Week, Aviation Week & Space Technology, Bilanz, Cash, The Wall Street Journal, Los Angeles Times*

Abkürzungsverzeichnis und Glossar

ADC	Air Data Computer, bordeigener Rechner, der Höhen-, Geschwindigkeits- und Lageinformationen verarbeitet und zur Anzeige umsetzt
AD-Note	Sicherheitsdirektive oder Anweisung einer Luftfahrtbehörde mit Gesetzescharakter
After Start Checklist	Checkliste nach dem Anlassen der Triebwerke
Aircraft Wiring Manual	Handbuch zur elektrischen Verkabelung von Flugzeugen
APC	Aircraft Pilot Coupling, wissenschaftlicher Begriff im Zusammenhang mit der modernen Unfallpräventionsforschung
APU	Auxillary Power Unit, Hilfsgasturbine zur Strom- und/oder Hydraulikdruckerzeugung im Heck eines Flugzeuges
ATC	Air Traffic Control, bodenseitige Radarüberwachung durch Fluglotsen
BAZL	Bundesamt für Zivilluftfahrt, Schweizer Luftaufsicht mit Sitz in Bern
BEA	Bureau Enquêtes-Accident, franz. Flugunfalluntersuchungsbehörde
BFU	Bundesstelle für Flugunfalluntersuchung (D) Büro für Flugunfalluntersuchung (CH)
CAA	Civil Aviation Administration, britische Luftaufsichtsbehörde
CAS	Calibrated airspeed, korrigierte angezeigte Geschwindigkeit
CIAI	Comisión de Investigación de Accidentes e Incidentes, spanische Flugunfallbehörde
CVR	Cockpit Voice Recorder, Sprachaufzeichnungsgerät für das Cockpit
DCIS	Militärischer Ermittlungsdienst des US-Verteidigungsministeriums
DFDR, FDR	(Digital) Flight Data Recorder, Flugdatenschreiber
DFS	Deutsche Flugsicherung
DGAC	Direction Génerale de l'Aviation Civile, französische Luftaufsichtsbehörde
DoT	Department of Transportation, US-Verkehrsministerium
EASA	European Aviation Safety Administration, europäische Flugsicherheitsbehörde in Köln
ECAM	Electronic centralized aircraft monitoring system, sozusagen ein elektronischer Flugingenieur. Bei Airbus-Flugzeugen ein elektronisches, rechnergestütztes Überwachungssystem für Triebwerke und die Fehlerbearbeitung. Die Anzeige erfolgt auf Monitoren im Cockpit.
ELAC	Elevator-Aileron-Computer, bei Airbus-Flugzeugen ein Steuerungscomputer für Höhen- und Querruderflächen
ENAC	Italienische Luftaufsichtsbehörde

FAA	Federal Aviation Administration, US-Luftaufsichts-behörde
FCOM	Flight Crew Operation Manual, Handbuch für die Piloten
Flight Control Check	Überprüfung aller Steuerflächen
Flight Director	graphische Vorgabe des Flugweges auf einer Cockpitanzeige
FMS	Flight Management System, Anbindung an die Systeme Autopilot und Autothrottle (Schub)
FSF	Flight Safety Foundation, private Flugsicherheitsinstitution in den USA
G	Phys. Bezeichnung der Fallbeschleunigung, $1\,G = 9{,}81\ m/sek^2$
Go-Around	Durchstartmanöver
GWPS	Ground Proximity Warning System, Warnsystem bei Bodenannäherung
ICAO	International Civil Aviation Organisation, internationale Dachorganisation der Luftfahrt mit Sitz in Kanada
IFR	Instrument Flight Rules, Instrumentenflugregeln
IGO	Inspector General's Office, Büro des Generalinspekteurs bei US Ministerien
JAA	Joint Aviation Administration, Vorgängerin der heute von der EASA überwiegend wahrgenommenen Aufgaben in Hoofdrop, Holland
JAR-OPS	Europäische Luftfahrt-Vorschriften
KIAS	Knots indicated airspeed, die im Cockpit angezeigte Geschwindigkeit in Knoten
LBA	Luftfahrtbundesamt, deutsche Luftaufsichtsbehörde in Braunschweig
Mach	Schallgeschwindigkeit
MEL	Minimum Equipment List, Vorschrift über zur Flugdurchführung vorgeschriebene Ausrüstung und Systeme, hat Gesetzescharakter
Minimum Approach Speed	Mindestanfluggeschwindigkeit
NASA	National Aeronautics and Space Administration, USA
NEADS	Northeast Air Defense Sector, nordöstlicher Verteidigunsgsektor des US Luftraumes
NORAD	North American Aerospace Defense Command, US Oberkommando zur Luftraumverteidigung
NPRM	Notice of Proposed Rulemaking, Begriff in den USA für einen Gesetzesentwurf
NTSB	National Transportation Safety Board US-Unfalluntersuchungsbehörde für das Transportwesen
RA	Resolution Advisory, Ausweichempfehlung
RTLU	Rudder Travel Limiter Unit, automatisches System, das bei zunehmender Geschwindigkeit die Seitenruderausschläge limitiert
STCA	Short Term Conflict Alert, bodenseitiges Warnsystem, das den Radarlotsen vor einer Kollision warnt

SUP	Suspected Unapproved Part, Falschteil in der offiziellen Sprachregelung der FAA
TA	Traffic Advisory, Mitteilung über anderen Flugverkehr
TAS	True airspeed, wahre Geschwindigkeit (um Fehler z. B. durch Luftdruck korrigiert)
TCAS, ACAS	Traffic (Aircraft) Alert and Collision Avoidance System, Kollisionswarnsystem
TSA	Transportation Safety Agency, nach dem 11.9.01 neu geschafffene US-Behörde
Type Rating	Typenspezifische Ausbildung auf ein bestimmtes Flugzeugmuster
Unapproved Part	Nicht zugelassenes Ersatzteil, im Jargon auch »Bogus Part« (Falschteil)
UTC	Universal Time Coordinated, abgestimmte Weltzeit
V_1	Vee One, Geschwindigkeit Eins, kritsche Geschwindigkeitsmarke im Startlauf eines Flugzeuges, nach der ein Start nicht mehr abgebrochen werden kann
VlS	Lowest selectable speed, geringst mögliche Geschwindigkeit